孙子兵法

大讲堂

双　色

图文版

刘凤珍◎主编　　［春秋］孙武等◎著

孙沛◎编

中国华侨出版社

北京

图书在版编目（CIP）数据

孙子兵法大讲堂 /（春秋）孙武等著；孙沛编 . —北京：
中国华侨出版社，2016.12
　（中侨大讲堂 / 刘凤珍主编）
　ISBN 978-7-5113-6543-9

　Ⅰ . ①孙… Ⅱ . ①孙… ②孙… Ⅲ . ①兵法—中国—春秋
时代—通俗读物 Ⅳ . ① E892.25-49

中国版本图书馆 CIP 数据核字（2016）第 292767 号

孙子兵法大讲堂

著　　者 /［春秋］孙武等

出 版 人 / 刘凤珍

编　　者 / 孙　沛

责任编辑 / 馨　宁

责任校对 / 王京燕

经　　销 / 新华书店

开　　本 / 787 毫米 × 1092 毫米　1/16　印张 /24　字数 /495 千字

印　　刷 / 三河市华润印刷有限公司

版　　次 / 2018 年 3 月第 1 版　2018 年 3 月第 1 次印刷

书　　号 / ISBN 978-7-5113-6543-9

定　　价 / 48.00 元

中国华侨出版社　北京市朝阳区静安里 26 号通成达大厦 3 层　邮编：100028

法律顾问：陈鹰律师事务所

编辑部：（010）64443056　　64443979

发行部：（010）64443051　　传真：（010）64439708

网　　址：www.OVEASCHIN.com

E-mail：oveaschin@sina.com

前言

Preface

  《三十六计》和《孙子兵法》是中国古典军事文化遗产中的璀璨明珠，是中国优秀传统文化的重要组成部分，更代表着炎黄子孙的智慧、思想、文化。

  《三十六计》作为我国古代一部讲述战争谋略的智慧读本，一经问世就受到兵家的关注与推崇，素有兵法、谋略奇书之称。它所体现的朴素的军事辩证法和所叙述的切实可靠的谋略计策，成为古代兵家行军作战的决胜宝典，是中国人无形的"智慧长城"，对后世影响深远。今天，三十六计已远远超出军事斗争的范畴，被广泛用于政治、商业、人生等各种领域，成为人们克敌制胜的重要法宝。

  《孙子兵法》是世界三大兵书之一，享有"兵学圣典"的美誉，其作者是春秋时期伟大的军事家孙武。该书大致成于春秋末年，共分 13 篇，总计 5900 余字，内容博大精深，思想精邃富赡，逻辑缜密严谨，是我国古代流传下来的最早、最完整、最著名的军事著作，也是世界现存最古老的军事理论著作。该书自问世以来，对中国古代军事学术的发展产生了巨大的影响，历代兵学家、军事家无不从中汲取养料，用于指导战争实践和发展军事理论。如今，其博大精深的思想，不但广为中外政治家、军事家学习和运用，而且被众多哲学家、文学家和企业家所借鉴，已成为人们日常生活的精神指导和成功指南。

  可以说，《三十六计》《孙子兵法》人人都在读，在国内外的军界、政界、商界以及职场中广为流传，但真正能领悟其博大智慧，并把它灵活运用到自己的工作、生活中以获取成功的人却并不多见。《三十六计》《孙子兵法》的精髓在哪里？怎样在具体的做人做事中恰到好处地运用这些智慧？本书即是讲解如何在工作、生活中灵活运用《三十六计》《孙子兵法》的理想读本。

  本书以通俗易懂的语言阐释了《三十六计》和《孙子兵法》的精神实质，

以谋略故事为例加深读者的感受和思悟，便于读者更好地领悟这两部经典的深刻内涵与博大精深，从中汲取营养，启迪智慧，成就人生。此外，本书在原著基础上还增设了计名探源、解语注译、原书按语、按语阐释和用计例说等栏目，力图通过简明的体例、精练的文字、新颖的版式等多种视觉要素的有机结合，丰富原著内涵，为读者扫除阅读与理解障碍，使读者在充满时空场景感的历史长廊中领略杰出军事家的必胜智慧。

在这里，我们详细阐述了每个计谋的适用情况及其优势所在，教会读者在现实生活中娴熟地运用《三十六计》《孙子兵法》的策略处理好人际关系，灵活应对各种局面，成为生活中的强者，获得事业成功和人生幸福。

目 录

Contents

❋ 上 篇 三十六计 ❋

胜战计

敌战计

败战计

下篇　孙子兵法

计篇

作战篇

谋攻篇

形篇

势篇

虚实篇

三十六计

治兵如治水，锐者避其锋，如导疏；弱者塞其虚，如筑堰。故当齐救赵时，孙子谓田忌曰："夫解杂乱纠纷者不控拳，救斗者不搏击，批亢捣虚，形格势禁，则自为解耳。"

◎胜战计◎

瞒天过海

◇计名探源

事见《永乐大典·薛仁贵征辽事略》。唐贞观十七年，唐太宗御驾亲征，领30万大军以平定东土。一日，大军浩浩荡荡来到大海边上，唐太宗见眼前白浪排空，茫茫无穷，即向众将询问过海之计，众将面面相觑。忽然一个近居海上之人请求见驾，并声称其家已经独备30万份过海军粮。太宗大喜，便率众将随此人来到海边。只见家家户户皆用一彩幕遮围，分外严密。此人东向倒步引帝入室。室内皆是绣幔彩锦，茵褥铺地。众将入座，宴饮乐甚。不久，风声四起，波响如雷，杯盏倾侧，人身动摇，良久不止。太宗惊警，忙令近臣揭开彩幕察看，不看则已，一看愕然，满目一片苍茫海水，横无际涯，哪里是在百姓家里做客，大军竟然已航行于大海之上了！原来此人由新招壮士薛仁贵扮成，这"瞒天过海"的计策就是他策划的。

唐太宗像

"瞒天过海"用在兵法上，实属一种示假隐真的疑兵之计，通过战略伪装，以期达到出其不意的战斗效果。

◇原书解语

备周则意怠[1]，常见则不疑。

阴在阳之内，不在阳之对[2]。太阳，太阴[3]。

【解语注译】

[1] 备周则意怠：防备十分周密，往往容易让人斗志松懈，削弱战斗力。

[2]阴在阳之内，不在阳之对：阴阳是我国古代传统哲学和文化思想的基点，其思想涉及大千宇宙，细尘末埃，并影响到意识形态领域。阴阳学说是把宇宙万物作为对立统一体来看待，表现出朴素的辩证思想。"阴阳"二字早在甲骨文、金文中出现过，但作为阴气、阳气的阴阳学说，最早是由道家始祖楚国人老子所倡导。此计中所讲的"阴"，指机密、隐蔽；"阳"，指公开、暴露。"阴在阳之内，不在阳之对"，在兵法上是说秘计往往隐藏于公开的事物里，而不在公开事物的对立面上，就是说非常公开的东西常常蕴藏着非常机密的东西。

[3]太：极、极大。

◇原书按语

陈谋作为，不能于背于秘处行之。夜半行窃，僻巷杀人，愚俗之行，非谋士之所为也。

【按语阐释】

这是说"瞒天过海"之谋略绝不可以与"欺上瞒下""掩耳盗铃"，或者诸如夜中行窃、剥人衣裳、僻处谋命之类等同，后者绝不是谋略之士所应当做的事情。虽然这二者在某种程度上都有一定的欺骗性，但其动机、性质、目的是不相同的，自然不可以混为一谈。

此计的兵法运用，在于使敌人因对某些事情习见不疑而不自觉地产生了疏漏和松懈，故能使我方乘虚而示假隐真，隐蔽某种军事行动，把握时机，出奇制胜。

◇用计例说

⊙飞渡长江，隋军灭陈

公元 589 年，隋朝将大举攻打陈国。这陈国是公元 557 年陈霸先称帝所建，都城位于建康，也就是今天的南京。战前，隋朝将领贺若弼因奉隋文帝之命统领江防，经常

唐五牙战船模型
唐朝海上军事力量颇为强大，战船成千上万，此为当时唐军的战船模型。

组织沿江守备部队调防。每次调防都命令部队于历阳（今安徽和县一带）集中，还特令三军集中时，必须大列旗帜，遍支营帐，张扬声势，以迷惑陈国。果真，陈国不辨虚实，起初以为大军将至，尽发国中士卒兵马，准备迎敌而战。可是不久，又发现是隋军守备人马调防，并非出击，陈国便撤回集结的迎战部队。如此三番五次，隋军调防频繁，蛛丝马迹一点儿不露，陈国也竟然司空见惯，戒备松

懈。直到隋将贺若弼大军渡江而来，陈国居然没有觉察。隋军如同天兵压顶，令陈兵猝不及防，隋军遂一举拔取陈国的南徐州。

⊙ 宋太祖借酒收巨资

北宋初年，宋太祖虽然登上了皇帝宝座，但心里却不踏实，总觉得跟自己打天下的那帮武夫对自己的宝座虎视眈眈，于是玩出了一招"杯酒释兵权"，将大权独揽于自己手中。在一段时间内，那些被解除兵权的将领们确实老实了不少，专心敛财，吃喝玩乐起来。宋太祖还是没有安心，他又开始忧心他们的财产过多，生怕他们的财产超过他。

宋太祖想啊想啊，又想出一计。他先赐给那些将领每人一块宅地，让他们修建住宅。因为宅地是皇上所赐，这些人全都不敢怠慢，大兴土木修宅筑院。住宅修建完毕，宋太祖又赐宴好酒好肉招待他们。这完全是故伎重施，这帮武夫，都傻愣愣地去了。酒席宴上太祖再三劝酒，结果个个喝得酩酊大醉，连

宋太祖赵匡胤像

家都回不去了。太祖于是让每位大将家中来一个子弟，把他们搀扶回去。宋太祖送他们到大殿门，对他们的子弟说："你们的父亲都表示愿意献给朝廷 10 万缗（通常以 1000 文为一缗）钱。"这可真是狮子大开口。那几个可怜孩子只有点头应声的份儿。

几个大将酒醒以后，一看已经到了自己家里，忙问家里人自己是怎么回来的，在皇上面前有没有胡言乱语。他们的子弟连忙说是皇上命他们进宫接回自己的父亲，皇上说你们每个人准备向朝廷贡献 10 万缗钱。诸大将一听傻了眼，打自己的、跺脚的都有，虽然心里骂皇帝太不地道，但酒醉之时的话，无从对证，第二天他们只好都乖乖地向朝廷缴了 10 万缗钱。

⊙ 蒙古军擂鼓破坚兵

1253 年，蒙古将军兀良哈台跟随忽必烈征伐大理。这可是一组黄金搭档，俗话说"强将手下无弱兵"。但人算不如天算，大兵攻到押赤城（今云南昆明）时出了问题，找不到进攻之路了。因为该城当时三面环水，易守难攻，蒙古军屡攻不破，忽必烈急得团团转。这时，兀良哈台献上一计：停止攻城，把所有鼓钲集中起来，要士兵不定时地擂鼓击钲。

在中国古代，军队是闻擂鼓则进，听到鸣钲就收兵。但蒙古军却光打雷不下雨，擂鼓后军队迟迟不出动。这样一连搞了 7 天，不分白天黑夜，想起来就擂上

一通，简直要把人神经搞乱。古人做事都讲究规矩，守城军哪里想得到，对方在耍他们玩呢。他们开始一听到蒙古军擂鼓就高度紧张进入警备状态，举城动员，严密防守，如此几趟下来，被折腾得够呛，士兵们一个个十分疲惫。后来看到蒙古军并不攻城，敌人们完全是一副随意的状态，士兵们的戒备就逐渐松弛下来。狡猾的兀良哈台于是就趁这个当口命令他的儿子阿术来个出其不意，趁夜间偷袭入城，里外夹击。疲惫不堪又松懈麻痹的大理军被打了个落花流水。

⊙罗斯福不露声色获敌密码

美日中途岛之战还未开锣，美军就侦破了日本海军的电报密码（这可是美军最拿手的活）。因此他们毫不费力就准确破译了日本海军的电报，对日本海军的活动情况了如指掌。谁知美国的一家报纸却为出风头而不顾国家利益，将这一秘密报道了出去。这无异于捅了马蜂窝，情况相当严重。当美国总统罗斯福的下属一边喊着"大事不好"，一边胆战心惊地将这一情况告知他时，罗斯福竟然若无其事，稳坐钓鱼台，只是下令不准官方任何人查问此事。这一招很灵验，日本方面可能没有注意到这张报纸，或注意到了，但看到美国官方没有任何反应，也就没当回事儿，照样用原来的密码。美国人长长地松了一口气，然后依然美滋滋地偷听日本人自以为保密的悄悄话。

结果可想而知了。后来日本的舰队在中途岛海战中被揍得很惨，从此一蹶不振。这场战役成为太平洋战争的转折点。

⊙勤杂工原来是卧底

克罗克是个穷小子，早先他在一家工厂当推销员，勤奋而又聪明的他干得不错。可一段时间后，有主见和想法的他不满足于给别人当雇员了，雄心勃勃地要创办自己的公司。

外国人做什么都讲究市场调查，克罗克也来了一番市场调查，之后发现餐饮业有前途。于是他选择了餐饮业，准备大干一场。但是，对于没有什么积蓄的克罗克来说，要自己拿出足够的钱开办餐馆简直就是白日做梦。思来想去，他终于想到了在做推销员时认识的开餐馆的麦克唐纳兄弟。他心想：要是能先进入其内部工作，不就可以学到自己需要的东西，有了机会不就可以实现自己的伟大抱负了吗？

主意已定，克罗克开始了他的"卧底"生涯。他找到麦氏兄弟，先是叙叙旧，接着夸了麦氏兄弟一番，兄弟俩顿时晕乎了。在克罗克掉转话头讲述自己目前的窘境后，兄弟俩马上对其表示了同情。克罗克诚恳地请求麦氏兄弟无论如何要答应他留在餐馆做工，多苦多累都无所谓，否则，他的生活就将陷入危机。他又主动提出在当店员期间兼做原来的推销工作，并把推销收入的5%让利给老板。这一招果然灵验，麦氏兄弟见有利可图且又考虑到眼下店里人手不足，便十分爽快地收留了他。

克罗克进入快餐店后，从最辛苦的勤杂工干起，跑堂、洗碗，没有他不干的。

为取得两位老板的信任，他工作勤奋，起早贪黑，任劳任怨，很快就掌握了餐馆的内部情况。此时的他已不再是个小勤杂工了，他向麦克唐纳兄弟提出了一系列有效的建议：改善营业环境，以吸引更多的顾客；配制份饭、轻便包装、送饭上门，以扩大业务范围；增加服务种类，获取更多的营业利润；在店堂里安装音响设备，使顾客更加舒适地用餐；大力改善食品卫生，狠抓饮食质量，以维护服务信誉；认真挑选店堂服务员，尽量雇用动作敏捷、服务周到的年轻姑娘当前台招待，而那些牙齿不整洁、相貌平常的人则安排到后面工作，做到人尽其才，确保服务质量，更好地招待顾客。

他的每一项建议都使老板感到满意，他的言谈举止总是表现得那么坦诚，那么可信赖，给人留下谦虚忠诚的极好印象。他经营有道，为店里招徕了不少顾客，生意越做越好，老板对他几乎是言听计从，百依百顺。他从来没有对老板提出权利或工资上的更高要求，因此也没有引起他们的戒心，他们哪知人家"醉翁之意不在酒"呢？

不知不觉，克罗克已在店里干了 6 年"卧底"，行动的时机渐趋成熟。他暗暗加快了行动步伐，通过各种途径筹集到了一大笔贷款。他觉得是与麦氏兄弟摊牌自己翻身做主人的时候了。

1961 年的一个晚上，克罗克与麦氏兄弟进行了一次很艰难的谈判。双方经过激烈的讨价还价，最终克罗克以 270 万美元现金买下麦氏餐馆，由他独自经营。麦氏兄弟尽管有种种忧虑与不安，但面对如此诱人的价格，他们动心了。双方很快办理了移交手续。

朋友们，麦克唐纳快餐店就这样主仆易位了。克罗克的"瞒天过海"之计用得真狠呀，跟越王勾践的"卧薪尝胆"有一拼。

◇简评

此计的中心就是一个"瞒"字，而且这种"瞒"不是泛指一般的欺骗，而是特指根据"物极则反"的原理进行的一种"公开"的欺骗。一般人都懂得，"天"极难"瞒"，"海"最难"过"。但正因为难，人们一般都认为不能欺骗和通过，反而恰恰因"瞒"可"过"。说得白些：骗人说起来是件很容易的事，但要把骗人这种事情做得不留痕迹就需要相当的技巧了。

如此看来，古人早就知道使用善意的谎言。马克·吐温说："生活是一大堆谎言。我宁愿相信谎言，天荒地老地相信，也不愿意知道真相，残忍的真相。"这就是生活中我们要说善意谎言的原因：残忍的真相要用谎言去掩盖，才不让人害怕和绝望。而善意的谎言在说的时候还得有诀窍，要表现得跟平常说话的语气没有两样，才能让人相信，要是支支吾吾、遮遮掩掩，准保露馅。

"瞒天过海"之术不但被广泛用于军事领域，政治、经济、外交等非军事领域也可借鉴。"瞒天过海"用于经营赚钱时，其技巧和方法的基本思想是用"欺骗"的手段暗中行动，将想要赚钱的企图隐藏在明显的事物中，以达到自己的目的。因为一般人对司空见惯的事物往往不会怀疑，此计就是利用人们的这一错觉，来掩盖自己的真正意图。如国外某牙膏厂为了增加牙膏的销量稍稍扩大了牙膏口的口径，一般的消费者是不会注意这小小的变化的，这样从整体上来说大大增加了牙膏的销售量。而消费者又浑然不觉，因为从表面上看不出受了损失。正因为如此，这很容易被人们忽视，从而使各商家在销售中容易实施，达到其推销产品、占领市场的真实目的。"瞒天过海"之计，是最常见的，也是用得最多的。

在现实中，人们出于各种需要，有隐瞒身份的，有隐瞒性别的。他们"瞒"的手法多元化，有的是伪装欺敌，用保护色来蒙混过关，最脍炙人口的是花木兰、祝英台，一个代父从军，宛若男儿；一个女扮男装，云游求学。有的则是公然欺敌，在最不可疑之处藏疑，用计而若无其事。

◎胜战计◎

围魏救赵

◇计名探源

　　事见《史记·孙子吴起列传》，是讲战国时期齐国与魏国的桂陵之战。公元前354年，魏惠王欲解丢失中山的旧恨，便派大将庞涓前去攻打。这中山原本是东周时期魏国北邻的小国，被魏国收服，后来赵国乘魏国国丧之机将中山强占了。魏将庞涓认为中山不过是弹丸之地，距离赵国又很近，不如直接攻打赵国都城邯郸，既解旧恨又一举两得。魏王欣然从之，即拨500辆战车，以庞涓为将，直奔赵国，围攻赵国都城邯郸。赵王在急难中只好求救于齐国，并许诺解围后以中山相赠。齐威王应允，令田忌为将，并起用从魏国救得的孙膑为军师，领兵出发。孙膑曾是庞涓的同学，对用兵之法谙熟精通。魏王用重金将他聘来，当时庞涓也正辅助魏国。庞涓自觉能力不及孙膑，恐其贤于自己，遂以膑刑将孙膑致残，并在他脸上刺字，企图使孙膑不能行走，又羞于见人。后来孙膑装疯，幸得齐使者救助，逃到齐国。这是一段关于庞涓与孙膑的旧事。且说田忌与孙膑率兵进入魏赵交界之地时，田忌想直逼赵都邯郸，孙膑制止他说，解乱丝结绳，不可以握拳去打；排解争斗，不能参与搏击，平息纠纷要抓住要害，乘虚取势，双方因受到制约才能自然分开。现在魏国精兵倾国而出，若我直攻魏国，那庞涓必回师解救，这样一来邯郸之围定会自解。我们再于庞涓归路中途伏击，其军必败，田忌依计而行。果然，魏军离开邯郸，归路中又遭伏击，与齐军战于桂陵，魏军长途跋涉后已很疲惫，溃不成军，庞涓勉强收拾残部，退回大梁。齐师大胜，赵国之围遂解。这便是历史上有名的"围魏救赵"。13年后，齐魏之军再度相交于战场，庞涓又遭到孙膑的伏击，自知智穷兵败，遂自刎。孙膑以此名扬天下，世传其兵法。

◇原书解语

　　共敌不如分敌 [1]，敌阳不如敌阴 [2]。

【解语注译】

　　[1] 共敌不如分敌：共，集中的；分，分散，使分散。句意为打集中的敌人，

不如设法将其分散而后再打。

[2] 敌阳不如敌阴：敌，动词，攻打。句意为打击气势旺盛的敌人，不如打击气势衰落的敌人。

◇原书按语

治兵如治水，锐者避其锋，如导疏；弱者塞其虚，如筑堰。故当齐救赵时，孙子谓田忌曰："夫解杂乱纠纷者不控拳，救斗者不搏击，批亢捣虚，形格势禁，则自为解耳。"（《史记》卷六五《孙子吴起列传》）

【按语阐释】

对敌作战，好比治水：敌人势头强大，就要躲过冲击，如用疏导之法分流洪峰；对弱小的敌人，就抓住时机消灭他，就像筑堤围堰，不让水流走。

孙子的比喻十分生动形象：想理顺乱丝和结绳，只能用手指慢慢去解开，不能握紧拳头去捶打；排解搏斗纠纷，只能动口劝说，不能动手参加；对敌人，应避实就虚，攻其要害，使敌方受到挫折，受到牵制，围困可以自解。

◇用计例说

⊙"啃"掉敌人的韦银豹

韦银豹，何许人也？其父是明朝中叶"古田壮人起事"的领头人，后来他爹被逮去处死之后，他就抄起父亲留下的家伙，继续起义造反。

正德十三年，韦银豹率领众小弟攻下了古田县城。附近农民也摩拳擦掌，拿起锄头和镰刀，纷纷加入了他的队伍。起义队伍壮大后，先后拿下了洛容、灵川、省会桂林，然后挥师长驱直入湖南省，城步县和武岗的新寨也先后被他们攻下。韦银豹之师如同猛虎出笼，越战越勇，队伍也越来越强大，很快明王朝的统治者就开始害怕了。明穆宗紧急召集群臣，商议对敌之策，后来决定任命江西按察使殷正茂为督察院右佥御史，负责围剿义军。皇帝劳民伤财，先后从湖南、浙江、福建、广西抓来临时兵员14万人之多，搜刮民脂民膏，积4万多两白银以备军饷，妄图一举消灭义军。

义军头领韦银豹面对这种严峻的形势，冷静分析了敌我双方的有利和不利因素：敌众我寡，但敌人大多数是远道而来，既疲乏又不熟悉地理。所以，韦银豹决定不要四面出击，采取逐渐瓦解敌人的办法来消灭明军。想到这个绝妙的主意，韦银豹一边暗夸自己聪明，一边部署军力。他命令部下带好家伙和干粮，主动收兵退回到古田根据地，集中兵力，沉着应战，先打垮了参将梁高率领的1.3万名首犯之敌，然后，又大败总兵俞大猷、参将王世科所率之部，吓得敌军一听到韦银豹的名字就要晕倒，明军只能乖乖地回朝廷总部歇着，对义军也只能睁一只眼闭一只眼了。

⊙单个劝降，化敌为友

唐朝名将郭子仪手下有一员虎将叫仆固怀恩，此人在安史之乱中立过战功。他不满意唐王朝对他的待遇，偏偏又不学先贤解甲归田，而要唯恐天下不乱地发动叛变。这些个兵头头动不动就要动刀动枪，还派人跟回纥和吐蕃联络，撒下弥天大谎说，郭子仪已经被宦官鱼朝恩杀害，要他们联合起来反对朝廷。那两个幼稚的首领信以为真，于是也跟着出兵兴风作浪。

公元 765 年，仆固怀恩带领回纥、吐蕃几十万大军向长安进发。仆固怀恩在半途上就得急病死了。回纥和吐蕃大军越战越酣，唐军抵抗不住。回纥、吐蕃联军一路高歌直打到长安北边的泾阳，对长安的威胁近在咫尺。唐代宗和朝廷上下官员再也坐不住了，大家商量了一番后认为，要打退回纥、吐蕃，只有依靠老将郭子仪。

那时候，郭子仪正在泾阳驻守，手下没有多少兵士。但姜还是老的辣，郭子仪不愧是久经沙场，他一面吩咐将士构筑防御工事，不许跟敌人交战；一面派探子去侦察敌军的情况。不久，探子回报："根据可靠情报，回纥和吐蕃两支大军虽说是联军，但其实貌合神离，内部矛盾重重。"接着，如此这般地细说了一番。

"干得好！"郭子仪微微一笑，似乎看到了胜利的曙光。当天晚上，郭子仪派他的部将李光瓒偷偷地到了回纥大营，去见回纥都督药葛罗。药葛罗颇感奇怪地说："郭大哥还活着？"

李光瓒说："他老人家现在人就好好地在泾阳呢。"

但是药葛罗还是说什么也不相信。李光瓒回到唐营，把回纥人的怀疑向郭子仪回报了。郭子仪可非鼠辈，决定自己去走一趟，给他们验明正身，看他们答不答应退兵。想当年在战场上，谁听见"郭子仪"的大名不惧三分呢？一帮忠诚的将领认为元帅亲自到敌营去太冒险。有人提出，派 500 个精锐的骑兵跟去做随从。

郭子仪大手一挥说："不行！带这么多随从，反而有损我的威名。我只要几个人陪我一起去就可以了。现在他们兵多，我们兵少，要力争不跟他们打。我这次去，如果和他们谈判成功，那就万事大吉了；假使我有什么三长两短，还有你们在嘛！"

说着，他跳上了马，带着几个随从，骑马出了城，向回纥营的方向奔去。

回纥兵士远远望见有几个人骑马过来，连忙报告药葛罗。药葛罗和回纥将领们大吃一惊，立即命令兵士摆开阵势，拈弓搭箭，准备迎战。

郭子仪带着随从兵士到了阵前，药葛罗和将领们睁大眼睛望着来人，最后异口同声地叫了起来："啊，真是郭大哥哩！"说着，大伙儿一起翻身下马，众士兵围住了郭子仪，又是问好，又是行礼，忙得不亦乐乎。

郭子仪跳下马来，走上前去握住药葛罗的手，一副惋惜的神态，和气地对他说："没想到呀，你们回纥人曾经给唐朝立过大功，朝廷待你们也不薄，为什么要跟着那个逆贼仆固怀恩起哄呢？回头是岸，你们快趁早退出吧！"

药葛罗一脸愧色地说："大哥再这么说我们脸可是没处搁了。我们对大哥的崇拜之情天地可鉴，我们上了仆固怀恩的当，以为皇帝和大哥都已经死了，要是知道大哥还在，仰慕还来不及，哪还会同您打仗呢？"

郭子仪说："吐蕃和唐朝是亲戚关系，现在也来侵犯我们，掠夺我们百姓的财物，实在太不像话了！我们准备好好地修理一下他们。如果你们能帮我们打退吐蕃，朝廷少不了你们的好处。"

两人一番谈论之后，回纥元帅终于被郭子仪说服，并答应去攻打吐蕃兵。这个时候，回纥兵慢慢靠近郭子仪，郭子仪的几个随从有点儿紧张起来，也挨到郭子仪身边，想保护他。郭子仪豪爽地挥了挥手，叫随从让开，接着就叫药葛罗派人拿酒来。药葛罗的左右送上酒，郭子仪把酒洒在了地上。郭子仪大喊："大唐天子万岁！回纥大汗万岁！"药葛罗也跟着郭子仪起了誓，洒了酒。双方订立了盟约。

吐蕃兵知道自己落单以后，非常害怕，就决定连夜逃走。唐军与回纥联合起来追击，大胜吐蕃。

⊙李秀成巧计救天京

太平天国后期，由于内讧加剧，大大削弱了太平军的力量。1860年，清朝派和春率领数十万大军进攻太平天国的都城天京（今江苏南京）。清军仗着人马众多，层层包围，使天京成为一座孤城。

为了解救天京，天王洪秀全召集诸王众将商讨对策，但对如此险恶的形势，大家一时也想不出什么好办法。这时，年轻的将领忠王李秀成为洪秀全献上一计。他说："如今，清军人马众多，硬拼只会凶多吉少。请天王拨给我2万人马，乘夜突围，偷袭敌军屯粮之地杭州。这样，敌人一定会分兵救援杭州。然后天王乘此机会突围，我也回兵天京，形成两面夹击之势，天京之围可解。"翼王石达开急忙响应，并表示愿带一支人马，协同忠王作战。

诸王众将都认为这是"围魏救赵"之计，有两位王爷亲率精兵突围，胜利是有把握的。可是洪秀全生性喜欢猜疑，他因天京被围，形势险恶，怀疑二王是不是想乘机脱逃，所以迟疑不决，没有吭声。

李秀成猜透了洪秀全的心思，突然跪倒在地，泪如泉涌，说道："天王，天国危在旦夕，我等若有二心，对得起天王和全军将士吗？"石达开也跪在天王面前，恳求洪秀全下令发兵。洪秀全深受感动，终于同意照计而行。

这年正月初二，正值新年，清军仗着人多势

太平军号衣

众，已把天京团团围住，也就略有松懈。这天半夜时分，李秀成、石达开各率一部人马，乘着黑夜，从敌人封锁薄弱的东南角突围出去。清将和春见是小股部队逃窜，也就没有追击。

二王突围后，分兵两路：李秀成奔杭州，石达开奔湖州。

李秀成抵杭州城下，见守备森严，他急令士兵攻城，但都被击退。李秀成见三天三夜未能攻下杭州，心中焦急。突然天降大雨，城内守军见太平军久攻不下，都很疲惫，天又降雨，就都躲进屋里休息，因为几天几夜没好生睡觉，倒在地上便呼呼入睡。李秀成乘着雨夜，派 1000 多名勇士，乘云梯偷偷爬上城墙，等守城士兵惊醒，城门已经大开，李秀成率部冲入城内，攻下了杭州。为了吸引围困天京的清军，李秀成下令焚烧清军的粮仓。

和春闻信，知道杭州已失，断了后勤供应，急令副将张玉良率 10 万人马，火速回救杭州。

洪秀全见清军已分兵解救杭州，敌军正在调动，于是下令全线出击。李秀成攻下杭州，放火烧了粮仓之后，火速回兵天京，石达开也率部回撤天京。两路兵马汇合一处，机智地绕道而行，避开了张玉良回救杭州的部队，终于顺利地赶回天京。

此时城内城外的太平军对清军形成夹击之势，清兵始料不及，阵势大乱，死伤 6 万余人，一败涂地。

清军惨败，天京之围已解。短时期内，清军已无力再攻打天京了。

⊙ "沙漠盾牌" 行动

1991 年，轰动一时的海湾战争爆发了。以美国为首的盟军一心想将伊拉克军队赶出科威特，将领们没有派兵直接去科威特与伊军交战，而是制订了先打击伊拉克腹地统帅机构和指挥控制系统，切断其补给线，再消灭科威特的伊拉克共和国卫队，然后攻克科威特城的作战计划。

这一招完全得了孙膑老师"围魏救赵"的真传，这个作战计划还有个大名鼎鼎的名号，就是"沙漠盾牌"行动。为实施这一计划，盟军对伊拉克境内的军事目标进行了一个多月持续不断的轰炸——这个办法比较节省人力资源，使伊军通信和指挥系统失灵，使在科威特的伊拉克军队作战能力大幅降低。在进行地面战役中，盟军主攻部队采取了"左勾拳"的打法，包围了伊拉克的共和国卫队。伊拉克驻科威特的军队就像一个正在打架的人被拽紧胳膊一样不好动弹，只能被迫在投降和被歼之间做出选择。

⊙ 可口可乐亚运大打温情广告牌

可口可乐公司在广告上向来是唱主角的，但是在第十一届亚运会上，它却有些默默无闻地当起了配角，它的广告没被安排在最显眼的地方。

相比之下，美国 MM 巧克力的广告却像花蝴蝶一样到处显摆——长安街上的"黄蘑菇"、天空中飘着的黄色飞艇、人们身穿的黄 T 恤衫……

可口可乐身为大公司，这次的广告宣传为何玩起了"低调"呢？人们很快发现，原来可口可乐公司另有高招，他们拐了个弯，采取了"围魏救赵"的招数：它把宣传重点放在了为亚运会提供服务上。可口可乐洋洋洒洒安排了1300多人直接为亚运会场服务，只有极少数人负责广告。可口可乐的目标是：通过一流服务，使人们喝了一杯可口可乐，就不会忘掉它。

依据计划，445台现调机被安装在亚运会活动场所，现场制作达到一定冰凉度、口感更佳的饮料。同时，1280名北京的学生被送进中国大酒店，按照享誉世界的麦克唐纳公司的快餐服务标准，接受台湾培训专家的严格训练。

谁能想到，当"可乐小姐"把一杯冷饮和一份热心一并递到运动员的手里后，竟然产生了这样的轰动效应——男子十项全能冠军金子宗弘领完奖，就立马跳下领奖台，直接冲到"可乐小姐"面前，一边把鲜花塞到她手里，一边说："要不是你们给我送饮料，我就拿不到这个冠军了。"

可口可乐的出色服务给其他人也留下了难忘的印象。

这可是有人情味儿但没有广告味儿的广告。在国外，向顾客提供优质服务是企业保持最佳形象的有力手段。可口可乐公司没有什么新花招，它的形象百年不衰，不是单靠配方，还在于它时刻想着顾客。这就是人家"牛"的原因。

◇简评

从军事上来说，与敌方硬碰硬打，不如先攻击敌人"虚"处，以调动、分散、削弱敌人之"实"，使其"实"转化为"虚"，然后再集中力量歼灭。

军事上如此，政治、外交、经济等领域亦如此。

"围魏救赵"这一计，运用到经营活动中，则是乘虚生产新产品、开辟新市场，为企业的生存和发展争得一席之地。

从另一个角度来说，不管对事还是对人，直接发生冲突是没法解决问题的，有时应该反其道而行之，找到对方的软肋或是用怀柔策略打动对方，使其与自己合作。所以，企业间的竞争也可以运用"围魏救赵"之计，因为竞争的最高境界不是以巨大的代价去彻底消灭对方，而是抓住对方的需要寻求合作获得双赢。卡耐基告诉我们说："如果不能打败他们，就和他们结合。"这就是他的绝佳竞争策略。这也就是古人所说的"不战而屈人之兵"战术，也可以说是"围魏救赵"的精髓与延伸。

生活中也是这样，有的时候以硬碰硬并不是好办法，只需避实就虚，改变一种方式就能以逸待劳，化被动为主动。这样做事往往就会变得轻松顺利，也避免了消耗过大的精力。比如当我们面对与自己有过节或者有误会的人时，与其争个你死我活，激化矛盾，不如沉着冷静、宽容大度，尽量设法抛弃前嫌、化解矛盾、化敌为友。毕竟多一个朋友比多一个敌人好得多！

◎胜战计◎

借刀杀人

◇**计名探源**

借刀杀人，是为了保存自己的实力而巧妙地利用矛盾的谋略。当敌方动向已明，就千方百计诱导态度暧昧的友方迅速出兵攻击敌方，自己的主力即可避免遭受损失。此计是根据《易经》六十四卦中《损》卦推演而得。象曰："损下益上，其道上行。"此卦认为，"损""益"不可截然分开，二者相辅相成。此计谓借人之力攻击我方之敌，我方虽不可避免有小的损失，但可稳操胜券，大大得利。

春秋末期，齐简公派国书为大将，兴兵伐鲁。鲁国实力不敌齐国，形势危急。孔子的弟子子贡分析形势，认为唯吴国可与齐国抗衡，可借吴国兵力挫败齐国军队。于是，子贡游说齐相田常。田常当时蓄谋篡位，急欲铲除异己。子贡以"忧在外者攻其弱，忧在内者攻其强"的道理，劝他莫让异己在攻弱鲁中占据主动，扩大势力，而应攻打吴国，借强国之手铲除异己。田常心动，但因齐国已做好攻鲁的部署，转而攻吴，怕师出无名。子贡说："这事好办。我马上去劝说吴国救鲁伐齐，这不是就有攻吴的理由了吗？"田常高兴地同意了。子贡赶到吴国，对吴王夫差说："如果齐国攻下鲁国，势力强大，必将伐吴。大王不如先下手为强，联鲁攻齐，吴国不就

万仞宫墙

曲阜旧城的正南门，又称仰圣门，前门上嵌有"万仞宫墙"石额。这源于《论语》中的一个典故：鲁国的大夫议论说子贡比孔子要强，子贡以墙比作学问，称自己的墙只有肩头高，而"夫子之墙数仞"，后世增为"万仞"，以此赞誉孔子的道德学问渊博高深。今石额为清乾隆皇帝重书。

可抗衡强晋，成就霸业了吗？"子贡马不停蹄，又说服赵国，派兵随吴伐齐，解决了吴王的后顾之忧。子贡游说三国，达到了预期目的。他又想到吴国战胜齐国之后，定会要挟鲁国，鲁国不能真正解危。于是他偷偷跑到晋国，向晋定公陈述利害关系：吴国伐鲁成功，必定转而攻晋，争霸中原。劝晋国加紧备战，以防吴国进犯。公元前484年，吴王夫差亲自挂帅，率10万精兵及3000越兵攻打齐国，鲁国立即派兵助战。齐军中吴军诱敌之计，陷于重围，齐师大败，主帅国书及几员大将死于乱军之中。齐国只得请罪求和。夫差大获全胜之后，骄傲狂大，立即移师攻打晋国。晋国因早有准备，击退吴军。子贡充分利用齐、吴、越、晋四国的矛盾，巧妙周旋，借吴国之"刀"，击败齐国；借晋国之"刀"，灭了吴国的威风。鲁国损失微小，从危难中得以解脱。

◇原书解语

敌已明，友未定[1]，引友杀敌，不自出力，以《损》[2]推演。

【解语注译】

[1] 友未定："友"指军事上的同盟者，亦即除敌、我两方之外的第三者中，可以一时结盟而借力的人、集团或国家。"友未定"，就是说盟友对主战的双方，尚持徘徊、观望态度，其主意不明不定的情况。

[2]《损》：出自《易经·损》："损：有孚，元吉，无咎，可贞，利有攸往。"孚，信用。元，大。贞，正。意即取抑省之道去行事，只要有诚心，就会有大的吉利，没有错失，合于正道，这样行事就可一切如意。又卦《象》曰："损，损下益上，其道上行。"意指"损"与"益"的转化关系，借用盟友的力量去打击敌人，势必要使盟友受到损失，但盟友的损失正可使自己获得利益。

◇原书按语

敌象已露，而另一势力更张，将有所为，便应借此力以毁敌人。如：郑桓公将欲袭郐，先向郐之豪杰、良臣、辨智、果敢之士，尽书姓名，择郐之良田赂之，为官爵之名而书之，因为设坛场郭门之处而埋之，衅之以鸡缎，若盟状。郐君以为内难也，而尽杀其良臣。桓公袭郐，遂取之。（《韩非子·内储说下》）诸葛亮之和吴拒魏，及关羽围樊、襄，曹欲徙都，懿及蒋济说曹曰："刘备、孙权外亲内疏，关羽得志，权心不愿也。可遣人蹑其后，许割江南以封权，则樊围自释。"曹从之，羽遂见擒。（《长知经》卷九《格形》）

【按语阐释】

古按语举了几则战例：春秋时期，郑桓公袭击郐国之前，先打听了郐国有哪些有本领的文臣武将，开列名单，宣布打下郐国，将分别给他们封官爵，把郐国的土地送给他们。并煞有其事地在城门处设祭坛，把名单埋于坛下，对天发誓。

邻国国君一听到这个消息，怒不可遏，责怪臣子叛变，把名单上的贤臣良将全部杀了。结果当然是郑国轻而易举灭了邻国。还有，三国时诸葛亮向刘备献计，联络孙权，用吴国兵力在赤壁大破曹兵。蜀将关羽围困魏地樊城、襄阳，曹操惊慌，想迁都避开关羽的威胁。司马懿和蒋济力劝曹操说："刘备、孙权表面上是亲戚，骨子里是疏远的，关羽得意，孙权肯定不愿意。可以派人劝孙权攻击关羽的后方，并答应把江南地方分给孙权，那么樊城被围的困境自然会得到解脱。"曹操用了他们的计谋，关羽最终兵败，于麦城被俘。

此计多是封建官僚之间尔虞我诈、相互利用的一种政治权术。用在军事上，主要体现在善于利用第三者的力量，或者善于利用、制造敌人内部的矛盾，达到取胜的目的。学会识别这一计谋，可以防止上大当，吃大亏。

◇用计例说

⊙借人之力，秦昭王打败对手

周赧王二十九年（前 286 年），齐国一举消灭了宋国，一时间国家势力大增，声名远扬。齐国的强盛被秦昭王看在眼里，记在心上，他心想：齐国一时飞扬跋扈，目中无人，长此以往，我的地位唯恐不保，得好好教训教训他们。

为了彻底整治这一潜在的强劲对手，秦昭王决定利用中原各诸侯国的矛盾打击、削弱齐国。为此，秦国开展了一系列的外交活动，如先后会见楚顷襄王于宛（今河南南阳），会见赵惠文王于中阳（今属山西），会见魏王于宜阳（今属河南），会见韩王于新城（今河南伊川西南），大行离间之能事。

为了"先出声于天下"，以给其他国家做出榜样，秦昭王又派将军蒙武攻齐，夺占了齐国 9 座城。

通过这一系列的外交活动和军事上的"示范"行为，秦昭王挑起了中原各诸侯国联合伐齐的战争。

公元前 284 年，乐毅以燕上将军职，佩赵国相印，率燕、秦、赵、韩、魏 5 国军队联合攻齐，半年内就占领了齐国 70 余座城，使齐国元气大伤。秦昭公不费力就把自己的对手打败了。

⊙晏婴二桃诱三士争功残杀

春秋时期，齐国有田开疆、古冶子、公孙接三勇士，很得齐景公的宠爱。三人结义为兄弟，他们自封了一个名号为"齐国三杰"。他们挟功恃宠，横行霸道，颇有"老子们天下第一"的派头，就是在他们的主子齐王面前也"你我"相称。乱臣陈无宇、梁邱据等乘机收买他们，阴谋夺取政权。

这令相国晏婴很头大，他不能眼睁睁看着这种恶势力逐渐扩大，妨害他的治国大计。他明白奸党的主力在于武力，三勇士就是王牌，所以屡次想把他们三个干掉。但他们正得宠，如果直接行动齐王肯定不同意，反而会弄巧成拙。

有一天，邻邦的鲁昭公带了司礼的叔孙婼来做国事访问。景公立即设宴款待，为了面上有光，景公把场面安排得有样有派：相国晏婴司礼，文武官员全体列席，以壮威仪，三勇士也陪伴左右，虎虎生威。

三杯酒下肚，晏婴心中有了数，上前奏请齐王说："眼下御园里的金桃熟了，难得有此盛会，可否摘来宴客？"

　　景公即派掌园去摘取，晏婴却说："金桃是难得的仙果，必由我亲自去监摘，这才显得庄重。"

　　金桃摘回，装在盘子里，每个有碗口那么大，香浓色艳，看了都让人流口水。景公问："只有这么几个吗？"

　　晏婴答："树上成熟的就只有这6个！"

　　两位大王各拿一个吃，鲜美可口，互相赞赏。景公乘兴对叔孙婼说："这仙桃是难得之物，叔孙大夫贤名远播，有功于邦交，赏你一个吧！"

　　叔孙跪下答："我哪里及得上贵国晏相国呢？仙桃应该赐给他才对！"晏婴一听，自然少不了一阵谦虚，给对方也来几句吹捧。

　　景公便说："既然你们这么谦让，就各赏一个吧！"

　　最后盘里只剩下两个金桃了，晏婴一看时机到了，便对景公说："难得大王今天这么高兴，我们来个评选大赛，名额不限，文武百官都可参加，各人自报功绩，功最大的两位就可以享受金桃。"景公点头赞许。

　　这下，"三杰"哪会放过这显摆的机会。勇士公孙接一马当先，说："从前我跟主公在桐山打猎，亲手打死一只吊睛白额虎，解了主公的围，这功劳大不大？"

　　晏婴说："嗯，擎天保驾之功，应该受赐！"

　　公孙接得意地笑了，很快把金桃咽到肚里去，傲视左右。古冶子不服，蹦起来说："打虎有什么了不得，我在黄河的惊涛骇浪中浮沉5千米，斩骄龟之头，救主上性命，你看这功劳怎样？"

　　景公说："真是难能可贵，要不是将军，一船人都要到河里喂鱼！"说罢，把金桃和酒赐给他。

　　这时，另一位勇士田开疆坐不住了，他本来几次想跳出来都被抢了先，他不甘示弱地说："本人曾奉命去攻打徐国，俘虏500多人，逼徐国纳款投降，威震邻邦，使他们上表朝贡，为国家奠定盟主地位。这算不算功劳？该不该受赐？"

　　晏婴立刻回奏景公说："哇，田将军的功劳，确比公孙接和古冶子两位将军大很多倍，可惜金桃已经赐完了，可否先赐一杯酒，待金桃熟时再补？"

　　景公安慰田开疆说："田将军！你的功劳最大，可惜你说得太迟了。"

　　田开疆听了这话，急得脸红脖子粗，头一扬，按剑大喊："斩龟打虎有什么了不起！我为国家跋涉千里，血战功成，反受冷落，在两国君臣面前受辱，为人耻笑，还有什么颜面立于朝廷之上？"于是拔剑自刎。

　　公孙接大吃一惊，亦拔剑而出，说："我功小而得到赏赐，田将军功大反而吃不着金桃，于情于理，绝对说不过去，我也不活了！"手起剑落，也自杀了。

　　古冶子也跳出来，激动得几乎发狂说："我们三人是结拜兄弟，誓同生死，今两位已亡，我又岂可独生？"话刚说完，人头已经落地，景公想制止也来不及了。

　　可惜这三个莽夫，就这么被两个桃送掉了性命！

⊙ "碧眼小儿"移祸曹阿瞒

东汉建安二十四年（219年），夏侯渊与刘备在阳平打仗，夏侯渊光荣牺牲。曹操不服气，亲自率领大军来到阳平，准备与刘备来个大决战，为他的爱将夏侯渊报仇。本来大家可以看一出两大枭雄大战的好戏，谁知人家刘备玩起了闭关，依据险要的地势，就是坚守不出。曹操急得只好悻悻而归，回了长安，派于禁协助曹仁前往挑衅。

正当于禁、庞德大军屡战屡胜之时，天公不作美，一场大雨把魏军困在了一片汪洋之中。刘备的二弟关羽闻信狂喜，立即带兵前往，将魏军围得跟铁桶似的。魏军四面冲杀，结果大都被关羽放倒了。于禁一时动了求生之念，便下跪投降了关羽。

许昌城内，曹操听到于禁投降后，破天荒地流下泪来。这令他的手下很费解：主公以前可从没在人前流过泪。曹操说道："于禁跟我打打杀杀多年了，立的战功也不少，想不到他会晚节不保呀！"贾诩提醒道："主公，现在还须要想救援樊城之事。"曹操说道："你说得对，谁愿意再领兵前往？"徐晃说道："主公，让俺去吧！"曹操说道："一定要小心，不可重蹈于禁等人的覆辙。"徐晃说道："俺一定不辱使命！"

话分两头，就在关羽战樊城的同时，东吴的都督吕蒙又突然告病，陆逊成了接班人。这个陆逊也不简单，提笔给关羽写来了书信，信中满是对关羽的敬佩之情。关羽心想：小后生一个，不足惧也。他一时得意，就将荆州全部驻军都撤了出来，加大攻打樊城的力量。

这边，关羽听得徐晃前来，自信满满地说道："徐晃与我是多年的朋友，这回他可能不会全力攻我。"两军阵前，关羽上前说道："多年不见，公明一向可好？"徐晃也施礼道："云长头发可都白了，故人在这里有礼了。"关羽正要说话，就见徐晃提着大斧说道："众士兵有谁能取关羽首级的，赏金千两，封万户侯！"关羽以为自己听错了，大惊道："公明，你，你这是做什么呀？"徐晃说道："我与云长的交情，是私事；现在为俺大哥效力，救援樊城，这是公事。徐晃虽只是一个粗人，也不能因私废公！"说完，拿着大斧摆了几个姿势，魏军就"啊啊"地冲杀了过来。关羽见状，只得拿出他的青龙偃月刀应战。

两边战得正酣之时，樊城内的曹仁也带兵冲了出来，这样蜀军受到了魏军的两面夹击。关羽见势不妙，就说道："众人随我撤回荆州，以后再图樊城。"蜀军一阵冲杀，终于冲了出来，但是人马死的死，伤的伤，损失惨重。

就在关羽返回荆州的途中，却听到荆州已落入东吴之手的消息。起初关羽还不信，他说道："吕蒙已是一个病人，陆逊又是一个书生，荆州定然不会有失。"但再向前走，荆州守将赵累却狼狈地逃了出来。关羽大惊道："莫非荆州真的丢了？"赵累对关羽哭诉了荆州的丢失经过。原来，就在关羽调全部荆州守军支持樊城时，东吴的都督吕蒙用白衣渡江之计，成功越过了长江。荆州防备已是形同虚设，吕蒙没用什么劲就成功突袭取了荆州。关羽无奈之下，只得退往麦城避避风头，又让人去周围请求援军。但关羽驻荆州时太不懂为人低调，气势太盛，早已将周围的同僚都得罪完了。结果公安太守傅士仁、糜芳投降了东吴，上庸守将孟达则投降了曹魏，全都没有发来援军。这下，关羽可说是叫天天不应，叫地地不灵了。东吴都督吕蒙四面围住了麦城，最后活捉了关羽。

关公秉烛夜读图

吕蒙将关羽带到建业，孙权对关羽父子又是好酒好肉地招待，又是让美女天天表演歌舞节目。自己好言好语地劝慰，但关羽这个铁骨头誓死不降。孙权那个气呀：嘿！我放下身份劝他，这人却这么不识抬举！气愤之下就将关羽父子斩了首。张昭从外面视察回来，听说孙权杀了关羽，大惊道："吴侯，这一下子你可闯了大祸哟！"孙权问道："啥大祸？"张昭说道："关羽和刘备、张飞可是拜了把子的生死兄弟。刘备要是晓得吴侯杀了关羽，肯定要带着大队人马过来为他兄弟报仇！刘备现在是兵多地广，到时候领着几十万人马杀过来，我们哪里扛得住呀！"孙权后悔道："也是我一时气愤，才把那关羽给杀了。那现在应该怎么办呢？"张昭道："不如将关羽首级送往许都，让刘备以为是曹操杀了关羽，那时候就是他替我们挨砍了。"孙权点头称妙，立即命人将关羽首级送往许都。

曹操接到关羽首级后先是一愣，继而问道："孙权把关羽的脑袋送来，是搞什么名堂？"司马懿说道："魏王，这是孙权的移祸之计。他一定是一时脑袋发热才杀了关羽，事后又怕刘备来报复，才将关羽首级送给魏王。他想一旦这样，刘备就会认为杀关羽是魏王之意。"曹操笑道："碧眼小儿，还会有这样的鬼法子！不过我可不会上他的当，传令百官，将关羽按王侯之礼安葬，我和文武百官都要挂孝给他送葬。"曹操感叹道："当年我与云长相识，哪想到会有今天！"次日，许都城内一片白色，曹操带着文武百官，亲自为关羽挂孝。曹操在关羽坟前站了很长时间，流了好多眼泪，最后才慢步回府去。

⊙猜忌心重，崇祯自毁长城

明天启六年，努尔哈赤挟后金政权（1636年改国号为清）连胜明王朝之威，亲自率部攻打宁远，以13万之众围攻宁远守兵1万余人。13：1，力量悬殊。宁远守将袁崇焕，身先士卒，奋勇抗敌，击退后金军三次大规模的进攻。明军奋勇抵抗，力挫骄横的金兵。袁崇焕乘后金军气馁之时，开城反攻，追杀数十里，击伤努尔哈赤，后金军惨败。努尔哈赤遭此败绩，身负重伤，取代明朝的壮志难酬，羞愧愤懑而死。皇太极继位，过了两年，又率师攻打辽定。袁崇焕早有准备，皇太极又兵败而回。

又经过几年的准备，皇太极再次攻打明朝。崇祯三年，他为避开袁崇焕守地，由内蒙古越长城，攻山海关的后方，气势汹汹，长驱而入。袁崇焕闻报，立即率部入京勤王，日夜兼程，比金兵早三天抵达京城的广渠门外，做好迎敌准备。后金军刚到，即遭迎头痛击，后金军先锋巴添狼狈而逃。皇太极视袁崇焕为从未有过的劲敌，又忌又恨又害怕，袁崇焕成了他的心病。

明袁崇焕墓

皇太极为了除掉袁崇焕，绞尽脑汁，定下借刀杀人之计。他深知崇祯帝猜忌心特别重，难以容人，于是秘密派人用重金贿赂明廷的宦官，向崇祯告密，说袁崇焕已和皇太极订下密约，故此后金军才有可能深入内地。崇祯勃然大怒，将袁崇焕下狱问罪，并不顾将士吏民的请求，将袁崇焕斩首。皇太极借崇祯之刀，除掉心腹之患，从此肆无忌惮，再也不用惧袁崇焕这样的劲敌了。

⊙无辜丧命的图哈切夫斯基

1936 年冬天，苏联国内的肃反运动进行得轰轰烈烈，无数无辜的共产党人被抓进了监狱，不明不白地被枪决了。德国法西斯像老鹰般时刻关注着苏联国内形势的发展。

一天，盖世太保将一份情报送到了希特勒的案头上。这份情报可是有来头的，上面说：根据各种情况进行综合判断，苏联元帅图哈切夫斯基有可能发动反对斯大林的政变。希特勒反复研究了这份情报，心想：这群饭桶也太低估我的智商了，居然弄份没证据的情报来糊弄我，便随手把它丢在了一边。

当他离开办公室时，又漫不经心地看了一眼这份情报——这一眼可是杀伤力巨大，就是这一眼要了图哈切夫斯基的命。突然，他脑筋灵机一动，一个阴谋诡计新鲜出炉了：不管图哈切夫斯基发动政变是真是假，他作为苏联红军中一位能征善战、功勋卓著的高级将领，将来必然是德国军队的一个难缠的对手。如果乘此机会将他除掉，不就等于扫除了德军进攻苏联的一大障碍了吗？于是，他急忙将情报头子海德里希召进他的办公室，命令他组织"搜集"、编造图哈切夫斯基所谓的反苏"证据"。

海德里希也是个"天才"，在不长的时间里，即编造了大量的"证据"，其中有伪造的图哈切夫斯基和他的同事与德国法西斯高级将领之间制订政变计划的密信，图哈切夫斯基向德国法西斯出卖情报所获巨款的收据，德国盖世太保给图哈切夫斯基复信的抄本，等等。这些东西弄得比真的还真。接着，海德里希指示手下情报人员把这些情报暗示给苏联谍报人员。不久，苏联统帅部以 300 万卢布的代价，通过谍报人员买下了这份假情报。

苏联最高当局虽然对这份假情报进行了详细的研究，但最终还是没能识破希特勒的阴谋，很快将图哈切夫斯基及涉嫌"谋叛"的 8 名高级将领逮捕。在军事法庭上，图哈切夫斯基等人在大量的"证据"面前有口难辩，只得听凭法庭的指控。整个审讯过程只用了十几分钟，图哈切夫斯基等人即以"里通外国的反叛罪"被判处了死刑，并在 12 小时内全部被枪决。

◇简评

此计多是封建官僚之间尔虞我诈、相互利用的一种政治权术。用在军事上，主要体现在善于利用第三者的力量，或者善于利用、制造敌人内部的矛盾，达到取胜的目的。

本计的核心要点是：借他人的手来除掉某个对手，引诱别人去杀人；利用间接的方法去伤害别人，自己却不抛头露面；利用自己以外的人或事达到目的，借的刀不一定是人，也可能是一种物或一种势力。所以，此计在使用上没有固定的程式，要因地、因时、因势而"借刀"。

《三十六计》中，"借刀杀人"的含义很宽泛，它利用事物之间普遍存在的矛盾，使其互相对立、斗争、抵消，不用力或用小力制敌、歼敌。"鹬蚌相争，渔翁得利""螳螂捕蝉，黄雀在后""卞庄刺虎""二桃杀三士"等典故，都是人尽皆知的故事，其中都包含着"借刀杀人"的原理。

借刀杀人除了用于军事和政治谋略外，也经常用于现代经商赚钱。俗话说，商场如战场，企业之间的残酷竞争就类似于国与国之间的势力、地位争夺。企业为了维护自身的形象和保存实力，在竞争中会更多地运用"借刀杀人"之计来消除其他同类企业对自己的威胁，如一些谈判高手总善于利用一切可以利用的机会与条件：借用社会力量（社会舆论等）给对方施加压力；借助法律条文或财经制度等驳斥对方的无理要求，维护自己的正当利益；借助他人之言与对方进一步讨价还价，实现谈判成功的最终目的。还有企业之间的价格战、广告战、人才战等，最后都是"鹬蚌相争，渔翁得利"。

◎胜战计◎

以逸待劳

◇计名探源

以逸待劳，语出《孙子·军争篇》："故三军可夺气，将军可夺心。是故朝气锐，昼气惰，暮气归。故善用兵者，避其锐气，击其惰归，此治气者也。以治待乱，以静待哗，此治心者也。以近待远，以佚（同逸）待劳，以饱待饥，此治力者也。"又，《孙子·虚实篇》："凡先处战地而待敌者佚（同逸），后处战地而趋战者劳。故善战者，致人而不致于人。"原意是说，凡是先到达战场而等待敌人的，就从容、主动，后到达战场的只能仓促应战，一定会疲劳、被动。所以，善于指挥作战的人，总是调动敌人，而绝不会被敌人调动。

战国末期，秦国少年将军李信率20万军队攻打楚国。开始时，秦军连克数城，锐不可当。不久，李信中了楚将项燕的伏兵之计，丢盔弃甲，狼狈而逃，秦军损失数万。后来，秦王又起用已告老还乡的王翦。王翦率60万军队，陈兵于楚国边境。楚军立即发重兵抗敌。老将王翦毫无进攻之意，只是专心修筑城池，摆出一种坚壁固守的姿态。两军对垒，战争一触即发。楚军急于击退秦军，相持年余。王翦在军中鼓励将士养精蓄锐，吃饱喝足，休养生息。秦军将士人人身强力壮，精力充沛，平时操练，技艺精进，王翦心中十分高兴。一年后，楚军绷紧的弦早已松懈，将士已无斗志，认为秦军的确防守自保，于是决定东撤。王翦见时机已到，下令追击正在撤退的楚军。秦军将士人人如猛虎下山，只杀得楚军溃不成军。秦军乘胜追击，势不可当。公元前223年，秦灭楚。此计强调：让敌方处于困难局面，不一定只用进攻之法。关键在于掌握主动权，待机而动，以不变应万变，以静待动，积极调动敌人，创造战机，不让敌人调动自己，而要努力占据主动地位。所以，不可把以逸待劳的"待"字理解为"消极被动地等待"。

◇原书解语

困敌之势[1]，不以战；损刚益柔[2]。

【解语注译】

[1] 困敌之势：迫使敌人处于困顿的境地。

[2] 损刚益柔：语出《易经·损》卦。"刚""柔"是两个相对的现象，在一定条件下对立的双方又可相互转化。

"损"，卦名。本卦为异卦相叠（兑下艮上）。上卦为艮，艮为山；下卦为兑，兑为泽。上山下泽，意为大泽浸蚀山根之象，也就是说有水浸润着山，抑损着山，故卦名叫"损"。"损刚益柔"是根据此卦象讲述"刚柔相推，而生变化"的普遍道理和法则。

此计正是根据《损》卦的道理，以"刚"喻敌，以"柔"喻己，意谓困敌可用积极防御、逐渐消耗敌人有生力量的方法，使之由强变弱，而我因势利导，又可使自己变被动为主动，不一定要用直接进攻的方法，同样可获胜。

◇原书按语

此即致敌之法也。兵书云："凡先处战地而待敌者佚，后处战地而趋战者劳。故善战者，致人而不致于人。"（《孙子·虚实篇》）兵书论敌，此为论势，则其旨非择地以待敌，而在以简驭繁，以不变应变，以小变应大变，以不动应动，以小动应大动，以枢应环也。管仲寓军令于内政，实而备之（《史记》卷六二《管晏列传》）。孙膑于马陵道伏击庞涓（《史记》卷六五《孙子吴起列传》）。李牧守雁门，久而不战，而实备之，战而大破匈奴。（《史记》卷八一《廉颇蔺相如列传》）

【按语阐释】

古按语举了管仲治国备战、孙膑马陵道伏击庞涓、李牧大破匈奴的战例来证明调敌就范，以逸待劳，是"无有不胜"之法。强调用中心枢纽，即关键性的条件，来对付无穷无尽、变化多端的"环"，即四周的情况。掌握战争的主动权是本计的关键。谁人不知，两个拳师相对，聪明的拳师往往退让一步，而蠢人则气势汹汹，劈头就使出全副本领，结果往往被退让者打倒。《水浒传》里的洪教头，在柴进家中要打林冲，连唤几个"来来来"，结果却是被退让的林冲看出破绽，一棒将其打翻。

◇用计例说

⊙周亚夫巧解"七王之乱"

公元前154年，吴王刘濞有了点儿实力之后，变得野心勃勃。他与楚汉等7个诸侯国串通一气，发动了号称"七王之乱"的兵变。

俗话说吃柿子拣软的捏，打仗也不例外。他们首先攻打汉朝的小诸侯国——梁国。吓破了胆的梁国赶紧派人向朝廷求援，哭诉说已经抵挡不住了，请朝廷急速发兵救援。汉景帝下令周亚夫发兵去梁国解危。周亚夫说："刘濞率领的吴楚大

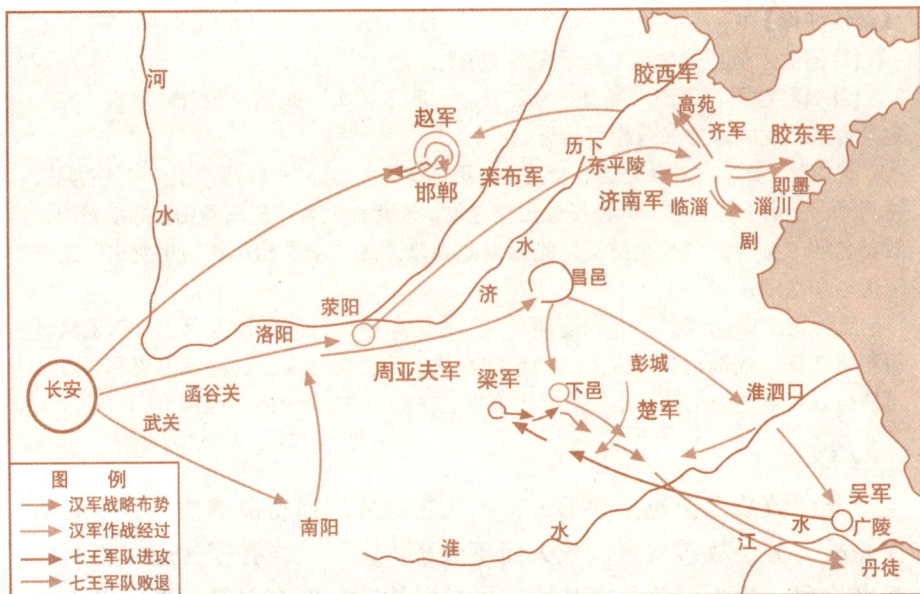

平定七国之乱示意图

军，军强马壮，来势汹汹，我要正面与他们干仗，肯定是我玩完。"汉景帝问周亚夫准备用什么计谋击退敌军。周亚夫又说："他们出兵征讨，粮草供应特别困难，不如我们聚兵严防，长期坚守，待敌锐气衰落时再做打算。"

这个时候，叛军们正围着梁国猛打一气，梁国只剩一口气了。急得跳脚的梁王多次请周亚夫救援，都被周亚夫拒绝了。梁王恼羞成怒，上书汉景帝。汉景帝碍于亲兄弟的情分，不得不下旨命令周亚夫速发兵解救梁国之围。

周亚夫索然无味地听了汉景帝的使者宣读圣旨后，把圣旨接下了，但并没有同意发兵。使者发飙了，大骂周亚夫抗旨不遵。周亚夫不紧不慢地说："将在外，君命有所不受。梁国虽然危急，但尚有5万守军，粮草充足，坚守10日不成问题。我大军远道而来，军力疲乏，且叛军强大，不宜决战，因此要先行休整，伺机出击，绝对不能轻举妄动。"使者见周亚夫坚决不出兵，只好回去复命。

周亚夫的不合作让叛军将领很是高兴。他们认定周亚夫是个缩头乌龟，不敢出战，根本不把周亚夫放在眼里，放心大胆地猛攻梁国，对自己的后院却没有防范之意了。

荥阳可是个军事要地，谁先占着对谁有利。周亚夫派重兵镇守荥阳，然后兵分两路杀敌军后方个措手不及：派一支部队袭击吴、楚供应线，断其粮道；自己亲自率领大军袭击敌军后方重镇昌邑。

昌邑成功地被周亚夫占领后，他们开始了坚守的准备工作。另外一路兵也切断了叛军的粮道。刘濞听到来报后，大吃一惊，想不到自己的后院已经起了火。看到自己已失去了粮草供应，无法长久坚持，刘濞于是放弃梁国，掉回头来，摆开阵势，要与周亚夫决一死战。

— 024 —

胸有成竹的周亚夫才不会上困兽般的敌军的当，宁愿省省力气，坚守城池，就是不出战。任敌军喊破喉咙，任他们在城墙上捣乱，大不了用箭把他们射回去。刘濞实在没辙，眼看就要挨饿了。饥饿的士兵们都有气无力的，哪还有心情打仗，蔫的蔫，逃的逃。机不可失，时不再来，周亚夫迅速调集部队，发起猛攻。叛军不战自乱，刘濞落荒而逃，在东越被杀。

⊙坚壁清野，陆逊破刘备

三国时，吴国杀了关羽，刘备怒不可遏，亲自率领 70 万大军伐吴。蜀军从长江上游顺流进击，势如破竹。举兵东下，连胜十余仗，锐气正盛，直至夷陵一带，深入吴国腹地五六百里。孙权命青年将领陆逊为大都督，率 5 万人迎战。陆逊深谙兵法，正确地分析了形势，认为刘备锐气始盛，并且居高临下，吴军难以进攻。于是决定实行战略退却，以观其变。吴军完全撤出山地，这样，蜀军在五六百里的山地一带难以展开攻势，反而处于被动地位，欲战不能，兵疲意阻。相持半年，蜀军斗志松懈。陆逊看到蜀军战线绵延数百里，首尾难顾，在山林安营扎寨，犯了兵家之忌。时机成熟，陆逊下令全面反攻，打得蜀军措手不及。陆逊一把火，烧毁蜀军七百里连营，蜀军大乱，伤亡惨重，慌忙撤退。陆逊创造了战争史上以少胜多、后发制人的著名战例。

⊙马燧变劳为逸得胜利

唐建中三年（公元 782 年），河东节度使马燧指挥的在洹水（今河南安阳河）挫败魏博节度使田悦的作战，采取的就是攻其必救，以达以逸待劳目的的战术。当时马燧军越过漳水，只带十来天的粮食进屯仓口，隔洹水与田悦军相持。

马燧在洹水这边想方设法地引诱、激怒田悦，却不想对方一直不为所动。田悦坚壁不出，急坏了马燧："你不打仗事小，饿死人事大……"马燧克制住要骂人的冲动，静想了一天，想出一条妙计。半夜，他命令部队吃饭，做出"秘密"沿洹水直趋田悦要地魏州（今河北大名东北）的样子，只留百骑兵力于营中击鼓鸣角，抱薪持火，并命令他们在大部队出发后停止鼓角之声而藏匿桥旁，看到田悦军全部过河之后就焚烧河桥，截断他们的退路。马燧军东行 10 多公里后，田悦得到马燧攻打魏州的消息，为救魏州，他匆忙率步骑 4 万人追击唐军。马燧在中途结阵而待，从而变客为主，变劳为逸；田悦则由主成客，由逸成劳。马燧因此而大胜田悦。

⊙美国"汽车城"的没落

底特律市曾是美国最牛的汽车生产基地，素有"汽车城"之美称。但是，从 20 世纪 70 年代开始，它的风光就被"外来靓妹"——日本汽车抢了。到了 80 年代，日本汽车风头更劲，比以前更畅销了。

这是为什么呢？原来，70 年代发生了石油危机后，美国制定了法规对节能汽车实行税金归还法：规定 4 升汽油能跑 30 千米以上的汽车归还 200 美元，达不到这一标准的车则要罚 200 美元。

美国最大的福特汽车公司为此东奔西跑寻求节能方法，但大部分汽车还是要受罚。而日本汽车公司早已积累了40多项改革方案，他们估计到了汽车市场可能有这种变化，生产的汽车正是这种体积小又省油的车，在美国市场上，几乎全部达到法定标准。而美国的那些汽车厂家，有的天真地认为石油不久又会变得充足廉价，有的则自信地认为美国人还会买大车显示自豪感。当市场无情地告诉他们这些想法都不符合现实的时候，日本的汽车已经以逸待劳，占据了美国汽车市场，这时再去改进设计新型汽车已经晚了！

◇简评

鸭子划水，表面上无为，暗中积极谋划。欲成大事，须要暗中等待和谋划，就像鸭子划水般。"以逸待劳"的策略核心是以静制动，挫敌锐气，待其势弱而攻之。

在军事上，指挥员要在战争中以静制动，以逸待劳，要做到如下4点：一能静以待机；二能静以应猝；三能大动反静；四能静中求策。

"以逸待劳"虽出自兵法，但其包容面和应用范围其实很广泛。凡是"以简驭繁，以不变应变，以小变应大变，以不动应动，以小动应大动，以枢应环"，都属"以逸待劳"，但前提是要抓住主要矛盾，而不是眉毛胡子一把抓。抓住了问题的关键，就会治国举重若轻，用兵易胜。

◎胜战计◎

趁火打劫

◇计名探源

趁火打劫的原意是：趁人家家里失火，一片混乱而无暇自顾的时候，去抢人家的财物。此计用在军事上指的是：当敌方遇到麻烦或危难的时候，就要乘此机会进兵出击，制服对手。《孙子·始计篇》云："乱而取之。"唐朝杜牧解释孙子此句时说，"敌有昏乱，可以乘而取之"，讲的就是这个道理。

春秋时期，吴国和越国相互争霸，战事频仍。经过长期战争，越国终因不敌吴国，只得俯首称臣。越王勾践被扣押在吴国，失去行动自由。勾践立志复国，卧薪尝胆。表面上对吴王夫差百般逢迎，终于骗得夫差的信任，被放回越国。回国之后，勾践依然臣服于吴国，年年派范蠡进献美女财宝，以麻痹夫差，而在国内则采取了一系列富国强兵的措施。越国几年后实力大大加强，人丁兴旺，物资丰足，人心稳定。吴王夫差却被胜利冲昏了头脑，被勾践的假象迷惑，不把越国放在眼里。他骄横凶残，拒绝纳谏，杀了一代名将忠臣伍子胥，重用奸臣，堵塞言路；生活淫靡奢侈，大兴土木，搞得民穷财尽。公元前473年，吴国颗粒不收，民怨沸腾。越王勾践选中吴王夫差北上和中原诸侯在黄池会盟的时机，大举进兵吴国。吴国国内空虚，无力还击，很快就被越国击破灭亡。勾践的胜利，正是乘敌之危、就势取胜的典型战例。

◇原书解语

敌之害大[1]，就势取利，刚决柔也[2]。

【解语注译】

[1] 敌之害大：害，指敌人所遭遇到的困难、危厄的处境。

[2] 刚决柔也：语出《易经·夬》夬卦。夬，卦名。本卦为异卦相叠（乾下兑上）。上卦为兑，兑为泽；下卦为乾，乾为天。兑上乾下，意为有洪水涨上天之象。《夬卦》的《象》辞说："夬，决也。刚决柔也。"决，冲决、冲开、去掉的意思。因《乾卦》为六十四卦的第一卦，乾为天，是大吉大利的贞卜，所以此卦的本义是力争上游，

刚健不屈。所谓刚决柔，就是下乾这个阳刚之卦，在冲决上兑这个阴柔的卦。

此计是以"刚"喻己，以"柔"喻敌，言乘敌之危，就势而取胜的意思。

◇原书按语

敌害在内，则劫其地；敌害在外，则劫其民；内外交害，则劫其国。如：越王乘吴国内蟹稻不遗种而谋攻之，后卒乘吴北会诸侯于黄池之际，国内空虚，因而捣之，大获全胜。（《国语·吴语·越语下》）

【按语阐释】

这则按语把"趁火打劫"之计具体化了。所谓"火"，即敌方的困难、麻烦。敌方的困难不外乎两个方面，即内忧、外患。天灾人祸，经济凋散，民不聊生，怨声载道，农民起义，内战连年，都是内忧；外敌入侵，战事不断，都是外患。敌方有内忧，就占他的领土；敌方有外患，就争夺他的百姓；敌方内忧外患岌岌可危，赶快兼并他。总之，抓住敌方大难临头的危急之时，赶快进兵，肯定稳操胜券。《战国策·燕二》中的著名寓言"鹬蚌相争，渔翁得利"，也是"趁火打劫"之计的形象体现。

◇用计例说

⊙乘人之危，齐宣王兴兵占燕

公元前 314 年，燕王哙受相国子之及其党羽的愚弄，仿效尧舜让贤的故事，将王位让给了相国子之。子之执政三年，燕国大乱，各宗族痛恨子之。将军市被和太子平谋反，准备攻击子之。

当时，有人劝齐宣王：乘此时机进攻燕国，一定可以大败它。齐宣王派人转告太子平，表示自己愿意为太子平效劳。太子平于是急招党羽，将军市被包围王宫，攻打子之，结果失败，太子平和将军市被殉国，燕国内战数月，几万人死去，燕国民众怨声载道。

这时又有人对齐宣王说："现在攻打燕国，正如同周文王、周武王讨伐殷纣一样，机不可失。"齐宣王于是派大将匡章率 10 万大军攻打燕国。而燕国人早已对子之深恶痛绝，齐兵

泰山齐长城遗址

战国时期混合兵种的大兵团作战频繁发生，各国除了兴建具有防御功能的城市，还在各军事要地构筑军事城垒，作为驻扎军队和囤积粮草的基地。为防御骑兵的侵扰，一些诸侯国沿国境修筑了绵延数百里以至上千里的高大城墙，称为长城。长城的出现，有效防止了小部队的袭扰和骑兵军团的长驱直入。最早修筑长城的是位于长江流域的楚国，规模较大的则是位于北方的秦、赵、燕三国。

一到，就敞开城门迎接。

匡章很快占领了燕国的都城，子之逃亡，燕王哙被杀。从此，燕的 3000 里国土都被趁火打劫的齐国占领。

⊙曹操助袁氏兄弟相残后渔翁得利

东汉末年，袁绍在官渡惨败后，没多久便极度郁闷而死。临死前，他把小儿子袁尚立为自己的接班人。可怜曾经势力显赫的袁氏家族经此打击，已今非昔比。不过，袁绍的儿子和女婿仍手握重兵，占据大量地盘。

此时，曹操率领的军队所向披靡，斗志旺盛。对头袁绍的死对曹操来说可是个天赐良机。曹操率领大军前去讨伐，想一举消灭袁氏集团。曹操首先将进攻的矛头指向占据黎阳的袁绍长子袁谭。袁谭抵抗不住，火速向弟弟袁尚求援。袁氏兄弟同仇敌忾，合力死守冀州城。曹操久攻不下，非常着急。

这时，谋士郭嘉献计："袁绍死后，让他的小儿子接班，却没有立他的大儿子，这种废长立幼的做法，肯定会引起兄弟之间的争权大战。这种争夺之所以还没有开始，是因为我们的进攻使他们没有时间去顾及。如果我们这时撤兵去攻打势力较弱的荆州，讨伐刘表，那么，袁氏兄弟肯定会反目。只要他们打起来，我们再来个浑水摸鱼，乘乱出兵，就可以轻而易举打败他们兄弟。"

"妙，妙！"曹操立即采纳了这一计谋。果然，曹操的大军刚一撤走，袁绍的长子袁谭便和袁尚争夺起继承权来了。双方大动干戈，都恨不得把对方置之死地。斗到最后袁谭没有打过弟弟，于是向曹操求援。

曹操本来准备坐山观虎斗，不予理睬。但谋士荀攸力劝他改变主意："当下正是多事之秋，刘表虽然占有江汉之地，却无四处扩张之意，可见这个人是井底之蛙，胸无大志，目前就可以忽略不计。倒是袁氏兄弟甲兵 10 万，占地千里，俗话说初生牛犊不怕虎，他俩要是和睦相处，要算计他们不是易事。但如今袁氏兄弟翻脸，势不两立，如果一方取胜，兵力归一人所有。等到那时，我们再要降伏他就困难重重了。现在机会就在眼前，机不可失，时不再来，请主公三思。"

曹操从善如流，采纳了荀攸"趁火打劫"之计，发兵至黎阳，先与袁谭联手，进攻袁尚。次年八月，终于铲除了袁尚集团。第三年春，曹操又以"负约背盟"为名，消灭了袁谭。袁氏家族几代打下的江山，就这样送入了曹操之手。这为曹操后来统一北方奠定了基础。

⊙多尔衮乘势入中原

明朝末年，政治腐败，民不聊生。崇祯皇帝倒是有忧国忧民之心，想振兴大明。可惜，他耳根子软，听不得人家的挑拨，加上疑心大，鼠目寸光，贤臣良将根本不能在朝廷立足。他一连更换了十几个宰相，又把一个铁骨铮铮的护国良将袁崇焕一刀刀给割死了。他周围就只剩下一帮使奸耍滑、拍马屁的小人。明朝的江山如暴风雨中的破茅草屋，摇摇欲坠。

1644 年，那个被我们称为闯王的李自成率领着一批农民兄弟一举攻下了京城，

李自成陵园

建立了大顺王朝。可惜农民军进京之后，还没站稳脚跟，将领们就学人家腐化堕落起来。

还有一位当时的名人不得不说，那就是吴三桂。此时他带着 10 多万士兵守山海关。他这人本是小人，像墙头草一样。他看明朝大势已去，李自成称帝，想投奔李自成巩固自己的实力。而李自成此时沉浸在胜利的骄傲之中，根本没把吴三桂看在眼里，抄了他的家，扣押了他的父亲，掳了他的爱妾陈圆圆。本来就朝三暮四的吴三桂，"冲冠一怒为红颜"，发誓要与李自成战斗到底，但是在李自成 40 万大军面前又不得不老实下来，不敢轻举妄动。

吴三桂思来想去，最后决定找清王朝做自己的靠山，借清兵势力消灭李自成。吴三桂报仇心切，决意亲自去见多尔衮。那时因清朝顺治皇帝年仅 7 岁，所以一切军国大事都由摄政王多尔衮做主。

吴三桂言辞恳切地说："咱们明清两国，以前关系都不错。当年清国遇上战乱，我明朝二话不说就发兵相助。现在明朝有了不幸，盗贼四处横行，京都又沦落敌手，君王也驾崩了，百姓的生活艰难，我明朝跟那帮叛贼有不共戴天之仇。平定叛贼，本来是我的分内之事，惭愧的是我兵微将寡，怕挡不住那一帮乌合之众。如果清国看在两国以前的交情上，就应该发兵助我一臂之力。"多尔衮本来早就有了入侵中原之心，只是在等待一个好时机，吴三桂这番话正中下怀。他听完暗自欣喜，认为时机成熟，可以实现多年的愿望了。

但多尔衮是一个老谋深算的人，为了有充足的时间准备，他虽心里高兴，脸上却显出为难之色，说："按理说，明国内乱，我国作为邻邦应该出手相助，但我国国小兵弱，恐怕到时候不但帮不上忙，反倒拖累你们的大计。我们现在是心有余而力不足，实在对不住了。"

吴三桂只好悻悻而归。后来，吴三桂又多次苦苦哀求，多尔衮仍不松口。其实，多尔衮暗地里已经开始秣马厉兵了。等准备妥当，他才假惺惺地对吴三桂说："既然将军三番五次请求，本帅也被将军的诚心所感动，我国愿出兵援助你们，马上就可以启程。"

吴三桂一听大喜，于是，吴军与多尔衮的清兵合兵一处，浩浩荡荡穿过山海关，向中原腹地大举进兵。这时中原已是战火纷飞，多尔衮与吴三桂联合进攻，像秋风扫落叶一样，只用了几天的时间就打到京城，赶走了李自成。

清兵占据北京，堂而皇之地登上了金銮宝殿。消灭李自成后，清军接着进攻明朝的残兵，最终建立了清王朝。

⊙摩根因机而发，玩转美国白宫

摩根是美国证券界的明星人物，他的能力被公认为举世无双。

1873 年，美国经济危机期间，几乎每小时都有破产的消息。在这场危机中，达布尼－摩根公司和在伦敦的摩根公司及巴林兄弟公司、费城的安东尼·德雷克塞尔、纽约的利瓦伊莫顿以及纽约其他几位大银行家联合，共同渡过了危机，使德雷克塞尔－摩根公司一跃成为美国实力最雄厚的投资银行，控制了美国政府的债券市场，同时继续向欧洲抛出优惠证券。摩根也因此而出名。

1884 年的金融危机又给了摩根一个表演的舞台，使他名声大噪。他从这时起一直到 1913 年去世，都是美国投资银行业的头号人物。

自 1884 年 11 月以来，美国财政部的黄金开始大量外流，市场上开始疯狂抢购黄金。一个谣言很快传遍了华尔街，说美国政府不得不放弃以黄金支付货币的做法。格罗·克利夫兰总统担保这不是事实，但是用抛售美国证券换回黄金的做法仍在进行，致使国库告急，落到了几乎无力清偿债务的地步。

为了救济金库空虚带来的经济恐慌，就必须立即筹集到一笔巨额资金，财政当局估计至少要 1 亿美元。摩根知道在这股抢购黄金的风潮中，政府已到了无计可施的地步，于是他同贝尔蒙商定，由他们两家银行组成一个辛迪加，承办黄金公债。这样，他们既可解救财政部危机，又可获得高额利润。但因他们的条件苛刻，美国国会并没有通过这个建议，总统也难以接受。当时的财政部长卡利史尔计划发行 5000 万美元的公债，其余半数委托美国国内银行存款。由于正值恐慌之际，任何银行都自身难保，就算这位财政部长逼迫他们也没人理会了。于是，他又使出苦肉计，以超出面额的 117 点公开募集 5000 万美元公债。这一招打破了投资金融界的惯例，也欺骗了投资银行，并重创和惹恼了摩根。俗话说强龙难压地头蛇，财政部长先生太小看摩根了。由于摩根的操纵，当这位财政部长匆匆忙忙赶赴纽约召集银行家寻求帮助时却遭到了白眼。这是因为他没有接受摩根提出的要么认购全部公债，要么完全拒绝认购的谈判条件。

出于无奈，摩根再次被总统召入白宫，互相摊牌。当探知国库存金只剩下 900 万美元时，摩根更是固执己见，并进而胸有成竹地说："除了能使伦敦的黄金重新流入国内外，似乎没有第二种办法来解救陷于破产状况的国库了。现在，我手头就有一张 1200 万美元的支票没有兑现，若是今天将这张支票兑现了，一切就都完了，要不要我在这里拍电报，立刻汇到伦敦去呢？"

看来，总统的面子也没有美元的面子大。在这种威胁下，克利夫兰总统不得不以去洗手间为由，每隔 5 分钟就去与正在另一房等候的财政部长卡利史尔商量对策。摩根耐着性子等了几次，眼看总统去厕所越来越频繁，终于失去了耐心，直接逼问总统结果，急得总统背着手在房间里开始来回踱步。摩根干脆点起雪茄烟，跷起二郎腿，悠悠然地等待着总统做出选择。结果总统在快要把地板磨出坑的情况下答应了摩根提出的条件，这表明白宫在华尔街面前甘拜下风。

当夜摩根即取出大量美元交给财政部，帮助财政部渡过了难关。摩根在向政府承包的公债价格与市场差价中就净赚了 1200 万美元。

◇简评

《孙子兵法》上说："乱而取之。"唐朝杜牧注曰："敌有昏乱，可以乘而取之。"趁火打劫的精髓，便是一个"乱"字。这等于是告诉我们要把握好对敌斗争的时机，乱，就能暴露对方的弱点；乱，对方就会对外界的进攻无力招架。这样，我方才有可乘之机。乘敌之危，方能就势而取胜。

此计主要被应用于军事、国际政治、外交和企业竞争上。需要说明的是，"趁火打劫"之计只能用于对敌，不能用于自己人内部，在生活中尤其不可照搬。

◎胜战计◎

声东击西

◇计名探源

声东击西，是忽东忽西，即打即离，制造假象，引诱敌人做出错误判断，然后乘机歼敌的策略。为使敌方的指挥发生混乱，必须采用灵活机动的行动，本不打算进攻甲地，却佯装进攻；本来决定进攻乙地，却不显出任何进攻的迹象。似可为而不为，似不可为而为之，敌方就无法推知我方意图，被假象迷惑，做出错误判断。东汉时期，班超出使西域，目的是团结西域诸国共同对抗匈奴。为了使西域诸国便于共同对抗匈奴，必须先打通南北通道。地处大漠西缘的莎车国，煽动周边小国归附匈奴，反对汉朝。班超决定首先平定莎车，莎车国王遂向龟兹求援。龟兹王亲率5万人马，援救莎车。班超联合于阗等国，兵力只有2.5万人，

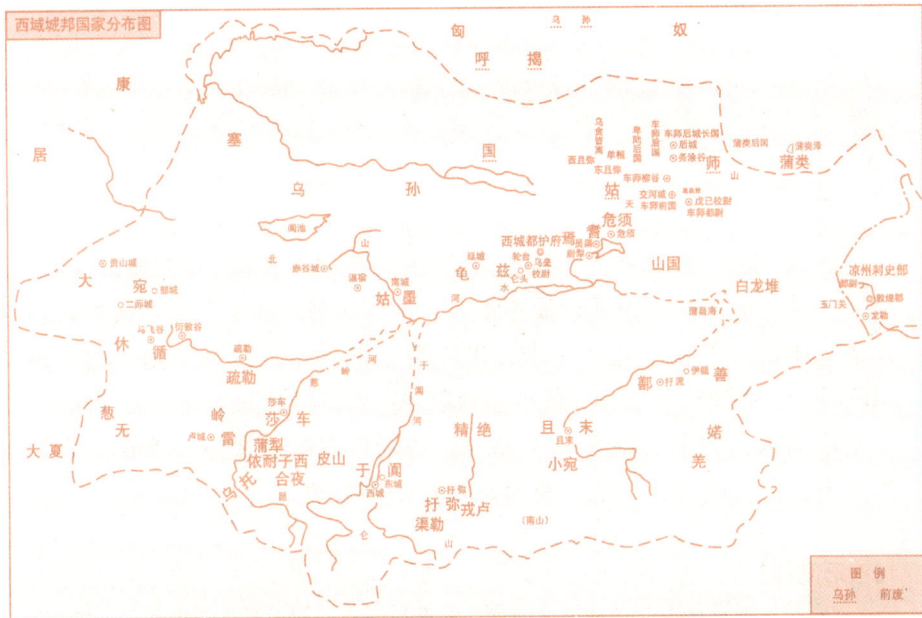

西域城邦国家分布示意图

敌众我寡，难以力克，必须智取。班超遂定下声东击西之计，迷惑敌人。他派人在军中散布对班超的不满言论，制造打不赢龟兹，准备撤退的迹象。并且特别让莎车俘虏听得一清二楚。这天黄昏，班超命于阗大军向东撤退，自己率部向西撤退，表面上显得慌乱，故意让俘虏趁机逃脱。俘虏逃回莎车营中，急忙报告汉军慌忙撤退的消息。龟兹王大喜，误以为班超惧怕自己而慌忙逃窜，想趁此机会，追杀班超。他立刻下令兵分两路，追击逃敌。他亲率1万精兵向西追杀班超。班超胸有成竹，趁夜幕笼罩大漠，撤退仅10里地，部队即就地隐蔽。龟兹王求胜心切，率领追兵从班超隐蔽处飞驰而过。班超立即集合部队，与事先约定的东路于阗人马，迅速回师，杀向莎车军。班超的部队如从天而降，莎车军猝不及防，迅速瓦解。莎车王惊魂未定，逃走不及，只得请降。龟兹王气势汹汹，追赶一夜，未见班超部队踪影，又听得莎车已被平定、人马伤亡惨重的报告，只得收拾残部，悻悻然返回龟兹。

◇原书解语

敌志乱萃[1]，不虞[2]，坤下兑上[3]之象，利其不自主而取之。

【解语注译】

[1] 敌志乱萃：援引《易经·萃》卦中《象》辞"乃乱乃萃，其志乱也"之意。萃，悴，即憔悴。是说敌人神志混乱而且疲惫。

[2] 不虞：意料之外，没有预料到。

[3] 坤下兑上：萃卦为异卦相叠（坤下兑上）。上卦为兑，兑为泽；下卦为坤，坤为地。有泽水淹及大地、洪水横流之象。

此计是运用"坤下兑上"之卦象的缘理，使"敌志乱萃"，使其陷于错乱丛杂、危机四伏的处境，而我则要抓住敌人不能自控的混乱之势，机动灵活地运用时东时西、似打似离、不攻而示他以攻、欲攻而又示之以不攻等战术，进一步造成敌人的错觉，出其不意地一举夺胜。

◇原书按语

西汉，七国反，周亚夫坚壁不战。吴兵奔壁之东南陬，亚夫便备西北；已而，吴王精兵果攻西北，遂不得入。（《汉书》四十《周勃传》附）此敌志不乱，能自主也。汉末，朱隽围黄巾于宛，张围结垒，起土山以临城内，鸣鼓攻其西南，黄巾悉众赴之；隽自将精兵五千，掩其东北，遂乘虚而入。此敌志乱萃，不虞也。然则声东击西之策，须视敌志乱否为定。乱，则胜；不乱，将自取败亡，险策也。

【按语阐释】

这则按语通过使用此计的两个战例，来提醒用此计的人必须考虑对手的情况：确可扰乱敌方指挥，用此计必胜；如果对方指挥官头脑冷静，识破计谋，此计就不可能发挥效力了。黄巾军中了朱隽佯攻西南方之计，遂丢失宛城（今河南南阳）。而周亚夫处变不惊，识破敌方计谋。吴军佯攻东南角，周亚夫下令加强西北方向的防守。当吴军主力进攻西北角时，周亚夫早有准备，吴军无功而返。

　　声东击西之计，早已被历代军事家熟知，所以使用时必须充分估计敌方情况。方法虽是一个，但可变化无穷。

◇用计例说

⊙冯谖谋划，孟尝君官复原职

　　战国时期，齐国有一个丞相，叫孟尝君。孟尝君颇得人心，但齐王听信谣言，害怕孟尝君会夺去自己的王位，于是没收了他的相印，撤了他的职位，让他回老家薛地去了。

　　孟尝君的门客冯谖，为了使孟尝君官复原职，跑到魏国，对魏惠王说："齐王放逐了他的大臣孟尝君，诸侯谁先迎接他的，谁就国富兵强。"于是魏王空出相位，三次花重金去迎接孟尝君，都遭拒绝，因为孟尝君知道齐国会知道这种情况的。

　　果然，齐王听说后，心里害怕了，便派太傅带了黄金千斤、豪华的高级马车两辆和佩剑一把，以及齐王亲笔信一封，向孟尝君道歉，请他回来治理国家。这以后孟尝君任相国数十年，再没有任何灾祸，这归功于冯谖成功地运用了声东击西之计。

⊙韩信偷渡黄河

　　汉二年（前201年）四月，汉王刘邦兵败彭城，退到荥阳、成皋一线与项羽相持。五月，原与刘邦在一个战壕里的魏王豹背汉降楚，派大将柏直、冯敬扼守黄河临晋渡口，企图阻挡汉军北进。八月，刘邦决定把魏王派的这两个除掉，于是任命韩信为左丞相，率曹参、灌婴二将，领兵伐魏。

　　韩信率领大军来到临晋渡口，遥见对岸魏军把守很严，硬拼不是个办法，于是就下令暂且安营扎寨。他一面派人收集船只，做出准备从此处攻打的样子；一面派探马暗察上游地势。不久，探卒来报，说上游夏阳地方魏军防守很松。韩信就带领曹参、灌婴二将前去查看地形，但到夏阳实地一看才明白为什么魏军不在此防守了。只见夏阳河段水深滩险，波涛汹涌，别说是行船，就是扔片树叶下去只怕也很难浮起来，而且河中布满了礁石，船只根本无法通行。曹参、灌婴二将看后都把头摇得跟拨浪鼓似的。韩信却饶有兴味地站在那凝神苦想了好一阵子。

　　回到营地，韩信仍然决定利用夏阳河段，采用声东击西之计，出其不意击败魏军。他当即传来曹、灌二将，命曹参领兵上山伐木，大小都行，越快越好；又令灌婴带人前往市场，购买数千瓦罂，每个瓦罂要能容纳二石的物品。二人听后，都感到很意外，一齐问道："将军要这些东西有什么用？"韩信说道："二位不必急问，到时自知。"二人只得奉命退出，分头行事。

　　两天之后，曹参、灌婴二人将所需物品都办齐了，就向韩信复命。韩信又命令道："你二人再将所备物品制成木罂，制法均在这封函中，制成后立刻回报。"

说完，将一封函交到二人手中。

二人受命出帐，马上指挥将士，按函中要求，用4根木头夹住一个瓦罂，捆绑牢固，然后再将木罂用绳连起，数十个连成一排，分别连成数十排。由于日夜赶制，几天后，木罂已制造完毕。

韩信见准备工作已经做好，等到黄昏，又召来曹、灌二将，命灌婴率领数千人马守住前些天收集来的船只，命令士兵只准击鼓呐喊，不准擅自渡河，违令者斩。而自己与曹参统领大队人马暗中搬运木罂，连夜赶到夏阳，然后指挥将士把木罂放入河中，每个木罂内载二至三人，用浆划水，缓缓向对岸渡去。因木罂体轻，浮力又大，四周都是木头，即使撞到河中礁石也不会破损，因此顺利渡过了这段险峻的河段。

与此同时，傻守在临晋渡口的魏将柏直、冯敬，忽然听到对岸汉军鼓响如雷，喊声震天，以为韩信真要强行渡河，急忙调动人马，严密注视对岸动静。他们哪里知道，对岸汉军只是虚张声势，而真正汉军主力正在韩信的指挥下，在他们认为滩险水急、难以行船的夏阳，用木罂徐徐渡过黄河。

汉军过了河，魏军还浑然不觉。韩信率领大军，以迅雷不及掩耳之势，下东张，拔安邑，直逼魏都平阳。魏王豹兵败后逃到东垣，被汉军包围，走投无路，只得下马就擒。不到一个月，韩信就平定了魏地。

⊙跨海越洋，郑成功收复台湾

台湾被荷兰殖民者统治数十年，民族英雄郑成功立志收复台湾。1661年4月，郑成功率2.5万名将士顺利登上澎湖岛。要占领台湾岛，赶走殖民军，必须先攻下赤嵌城（今台湾台南）。郑成功亲自寻访熟悉当地地势的老人，了解到攻打赤嵌城只有两条航道可进：一条是攻南航道，这条道港阔水深，船只可以畅通无阻，又较易登陆。荷兰殖民军在此设有重兵，工事坚固，炮台密集，对准海面。另一条是攻北航通，直通鹿耳门。但是这条航道海水很浅，礁石密布，航道狭窄。殖民军还故意凿沉一些船只，阻塞航道。他们认为这里无法登陆，所以只派少量兵力防守。郑成功又进一步了解到，这条航道虽浅，但海水涨潮时，仍可以通大船。于是决定趁涨潮时

赤嵌楼 清
此楼位于今台湾省台南市民族路，原为荷兰人修筑的普罗文查城。郑成功收复台湾以后在此设立应天府，作为处理政务的场所。

先攻下鹿耳门，然后绕道从背后攻打赤嵌城。

郑成功计划已定，首先派出部分战舰，浩浩荡荡，装作从南航道进攻。荷兰殖民军急忙调集大批军队布防。为了迷惑敌人，郑成功的部队声威浩大，喊声震天，炮火不断。这一下，郑成功非常成功地把殖民军的注意力全部吸引到了南航道。北航道上一片沉寂，殖民军以为平安无事。趁南航道激战正酣，在一个月明星稀之夜，郑成功率领主力战舰，神不知，鬼不觉，在海水涨潮时迅速登上鹿耳门，守军从梦中惊醒，发现已被包围。郑成功乘胜进兵，从背后攻下赤嵌城。荷兰殖民军狼狈逃窜，台湾重归祖国怀抱。

⊙拿破仑铤而走险，声东击东

1805 年，法军在奥斯特里茨附近同俄奥联军决战之前，法军的代表拿破仑与俄皇代表道戈路柯夫进行谈判，双方讨价还价、谈了好几天也没什么结果。实际上大家都心照不宣，决战在所难免，谈判可有可无——当然，若是凭口才即可获胜是再好不过了。

在谈判期间，拿破仑发现对方代表是位性格非常多疑的人，于是立即心生一计。他让传令官故意泄露法军的作战计划，计划中说，法军将在决战开始后攻击俄奥联军的"要倒霉"高地。拿破仑眼光可谓够毒的，那位道戈路柯夫还真就是一位疑心很重的人。他得到这一情报后，冷笑一声："哼哼，和我玩这套，你还嫩着呢！"他认定了这是拿破仑使用的"声东击西"的诡计，自己偏不据守"要倒霉"高地，反而把军队从那里全调出来加强其他地方的防御。

就这样，拿破仑未费一枪一弹，就占领了"要倒霉"这一军事要地。

⊙植树带活宾馆生意

美国有一家宾馆地处偏僻的郊区，自开业以来，生意一直像荒山里的破庙——冷冷清清。

一天，心情郁闷的宾馆主人出来散步，不觉来到了宾馆后面的那一片荒山秃岭旁。宾馆的主人望着这一片荒山，感觉似乎缺点儿什么，想着想着，他一拍脑门：有了！他连忙回到宾馆写了一个广告："亲爱的游客，您好！本宾馆后山有大片空地，即宽阔又幽静，专门留作投宿本店的游客植树之用。您若有雅兴，欢迎您前来种下小树一棵，本店可委派专人给您拍照留念。树上还可以挂上一块木牌，上面刻下您的姓名和植树时间。这样，当您再度光临之时，定能看到您亲手栽下的小树已经枝繁叶茂，到时候带给您的肯定是美好的感受和遐想。本店不收取任何服务费，并将永久代管您植的树。"

此广告一出，就有好奇的游人过来尝试。长期生活在拥挤的城市的人，平时见不到自然风光，更别说有植树的机会了，而且还能挂个木牌扬名于世，说不准将来就会成为珍贵的文物呢。所以节假日到空气清新的荒郊野外一游，再亲手栽下一棵树，无疑是令人愉快的选择，那感受肯定是其乐无穷。

后来一传十，十传百，植树游玩的游人成群结队，宾馆的生意自然不用说，乐得宾馆老板嘴都合不拢了。

◇简评

　　声东击西的意思就是，表面上要攻打这里，实际上却攻打那里。它是以假象让敌人产生错觉从而出奇制胜的一种谋略。总的来说，就是用并不是自己目标的事物来迷惑别人、遮掩自己，以达到主要目的。

　　从实践上看，使用"声东击西"之计能否成功的关键在于是否造成了"敌志乱萃"的条件。而要使敌心志昏乱，就要善于隐蔽自己的意图，示假隐真，迷惑对方，用连环式的多个欺骗行动使敌人产生错误判断。这样的条件一旦形成，"声东击西"之计就有了成功的把握。

　　"声东击西"之计的基本原理在刑侦、审问、谈判、辩论、商战、医疗、教学等不同行业都可借鉴。如护士给怕打针者打针，常常会在用手指按一下病人某一部位的同时，迅速将针头刺进应刺的地方；教师为了讲清现实的某一问题，会先从"古时候"讲起，"古时候"的故事讲完了，现实问题也接近解决了；高明的法官在问案时，有时变有意交谈为无意交谈，在对方警觉松懈时，突然提出要害的问题，使之在猝不及防中露出马脚。战国时许多辩士在说服对手时大都善于使用此法。如触龙为了说服赵太后同意派她的小儿子长安君去齐国做人质，以换取齐国出兵援救邯郸，就先从问安、吃饭、让自己的儿子充当侍卫等看似与派长安君为人质无关的问题谈起，逐步讲到怎样才算为子女打算长远等，终于使顽固的赵太后回心转意，一些精明的企业家为了使自己的产品能在甲国卖个好价钱，首先千方百计叩开乙国大门，在乙国有了市场之后，以此作为在甲国抬高这一产品价格的筹码等。这些都包含着"声东击西"的原理。

◎敌战计◎

无中生有

◇**计名探源**

　　无中生有，这个"无"，指的是"假"，是"虚"。这个"有"，指的是"真"，是"实"。无中生有，就是真真假假，虚虚实实，真中有假，假中有真，虚实互变，从而扰乱敌人，造成敌方判断与行动上的失误。此计可分解为三部：第一步，示敌以假，让敌人误以为真；第二步，让敌方识破我方之假，掉以轻心；第三步，我方变假为真，让敌方误以为假。这样，敌方思想已被扰乱，主动权就被我方掌握。使用此计有两点应予注意：第一，敌方指挥官性格多疑、过于谨慎的，此计特别奏效。第二，要抓住敌方思想已经迷惑不解之机，迅速变虚为实，变假为真，变无为有，出其不意地攻击敌方。唐朝安史之乱时，许多地方官吏纷纷投靠安禄山、史思明。唐将张巡忠于唐室，不肯投敌。他率领两三千人的军队守孤城雍丘（今河南杞县）。安禄山派降将令狐潮率4万人马围攻雍丘城。敌众我寡，张巡虽

取得几次突然出城袭击的小胜，但无奈城中箭矢越来越少，赶造不及。没有箭矢，很难抵挡敌军攻城。张巡想起汉末时诸葛亮草船借箭的故事，心生一计。急命军中搜集秸草，扎成千余个草人，将草人披上黑衣，夜晚用绳子慢慢往城下吊。夜幕之中，令狐潮以为张巡又要乘夜

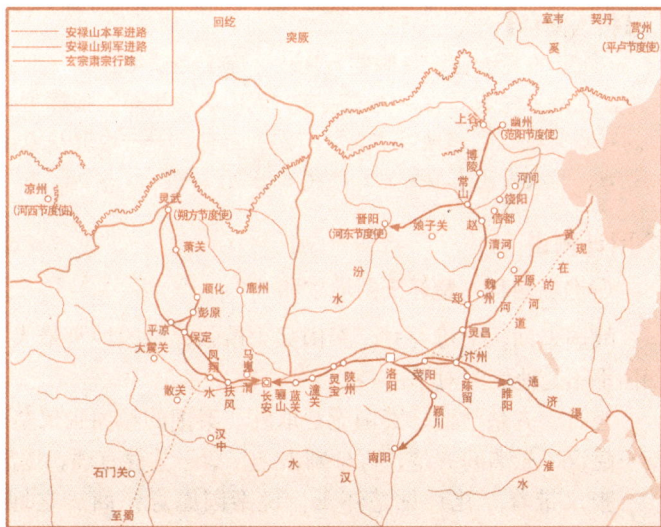

安史之乱示意图

出兵偷袭，急命部队万箭齐发，急如骤雨。张巡轻而易举获敌箭数十万支。令狐潮天明后，知道中计，气急败坏，后悔不迭。第二天夜晚，张巡又从城上往下吊草人。众贼见状，哈哈大笑。张巡见敌人已被麻痹，就迅速吊下500名勇士，敌兵仍不在意。500名勇士在夜幕掩护下，迅速潜入敌营，打得令狐潮措手不及，营中大乱。张巡乘此机会，率部冲出城来，杀得令狐潮大败而逃，损兵折将，只得退守陈留（今河南开封东南）。张巡巧用无中生有之计保住了雍丘城。

◇原书解语

诳也，非诳也，实其所诳也 [1]。少阴、太阴、太阳 [2]。

【解语注译】

[1] 诳也，非诳也，实其所诳也：诳，欺诈、诳骗。实，实在，真实，此处作意动词。句意为：运用假相欺骗对方，但并非一假到底，而是让对方把受骗的假象当成真相。

[2] 少阴，太阴，太阳："阴"指假相，"阳"指真相。句意为：用大大小小的假象去掩护真相。

◇原书按语

无而示有，诳也。诳不可久而易觉，故无不可以终无。无中生有，则由诳而真，由虚而实矣。无，不可以败敌，生有，则败敌矣。如：令狐潮围雍丘，张巡缚蒿为人千余，披黑衣，夜缒城下，潮兵争射之，得箭数十万。其后复夜缒人，潮兵笑，不设备，乃以死士五百砍潮营，焚垒幕，追奔十余里。（《新唐书》卷一九二《张巡传》）

【按语阐释】

此计的关键在于真假要有变化，虚实必须结合。一假到底，易被敌人发觉，难以制敌。先假后真，先虚后实，无中必须生有。指挥者必须抓住敌人已被迷惑的有利时机，迅速地以"真""实""有"——也就是以出奇制胜的速度，攻击敌方，等敌人还未清醒时，便将其击溃。

◇用计例说

⊙追名图利，楚怀王割地求和

战国末期，七雄并立。秦国兵力最强，楚国地盘最大，齐国地势最好。其余四国都不是他们的对手。

当时，齐楚结盟，秦国无法取胜。秦国的相国张仪是个著名的谋略家，他向秦王建议，先离间齐楚，再分别击之。秦王觉得有理，遂派张仪出使楚国。

张仪带着厚礼拜见楚怀王，说秦国愿意把商於之地600里（今河南淅川、内江一带）送与楚国，但要楚国绝齐之盟。怀王一听，觉得有利可图：一是得了地盘，二是削弱了齐国，又可与强秦结盟。于是不顾大臣的反对，痛痛快快地答应了。

怀王派逢侯丑与张仪赴秦，签订条约。二人快到咸阳的时候，张仪假装喝醉酒，从车上掉下来，然后回家养伤。逢侯丑只得在馆驿住下。过了几天，逢侯丑见不到张仪，只得上书秦王。秦王回信说：既然有约定，寡人当然遵守。但是楚未绝齐，怎能随便签约呢？

逢侯丑派人向楚怀王汇报，怀王哪里知道秦国早已设下圈套，他立即派人到齐国，大骂齐王，于是齐楚之盟破裂。

这时，张仪的"病"也好了，碰到逢侯丑，说："咦，你怎么还没有回国？"逢侯丑说："正要同你一起去见秦王，谈送商於之地一事。"张仪却说："这点儿小事，不要秦王亲自决定。我当时已说将我的邑6里，送给楚王，我说了就成了。"逢侯丑急忙说："你说的是商於600里！"张仪故作惊讶："哪里的话！秦国土地都是征战所得，岂能随意送人？你们听错了吧！"

逢侯丑无奈，只得回报楚怀王。怀王大怒，发兵攻秦。可是现在秦齐已经结盟，在两国夹击之下，楚军大败，秦军尽取汉中之地600里。最后，怀王只得割地求和。

楚怀王中了张仪无中生有之计，不但没有得到好处，相反却丧失了大片国土。

⊙石显以真讹真

西汉宦官石显特爱摆弄权术，经常受到大臣们的指责。他很担心有朝一日被告倒而失宠，因此使出了苦肉计，骗得汉元帝对他更加信任。

这一天，石显奉命出宫办事。他事先就禀告元帝，说恐怕回宫时时辰已晚，宫门关闭，请皇上命令掌管宫门的官吏开启宫门。皇上自然应允了他。石显公干完毕时是下午时分，回宫还来得及，但他故意不归，在菜市场转了一圈又一圈，接着又去大牲口交易所看毛驴，和人打赌母驴肚子里的崽儿是公是母……如此这般，他直等到天黑透了才回宫，称皇上有旨，令宫门官开门而入。

事后，果然有人向皇帝告状，说石显专权，假传圣旨开启宫门。元帝见事情果然不出石显所料，便笑着拿出告发信给石显看。石显故作悲戚地哭诉道："陛下平常私爱小臣，让小臣管理事务，惹人妒忌，他们时常想谋害小臣，类似这样检举攻击的事情小臣想不止一件！只是明君知小臣忠诚，才能保护小臣平安。但小臣唯恐一人难称万人之心，请求陛下准小臣归还职权，即便在宫里做杂役也心甘情愿，望陛下哀怜，让小臣活命。"一席话说得元帝心里戚戚然，认为石显为主子办事得罪了大臣，受了许多委屈，因而更加怜爱和信任石显。

⊙吴用施计，卢俊义逼上梁山

《水浒传》中梁山好汉听说京城大员外卢俊义有一身好武艺，棍棒天下无双，军师吴用施"无中生有"之计，将卢俊义赚得落草为"寇"。

吴用首先领着李逵装成算命先生，替卢员外算了一命。吴用算道："员外这命，目下不出百日之内，必有血光之灾。家私不能保守，死于刀剑之下。"卢俊义讨教回避之法，吴用说："只除非去东南方巽地上，1000里之外，方可免此大难。"卢俊义算卦之后，坐立不安。第二天便离家避难去了。

经过梁山泊路边时，卢俊义被早已在此等候的英雄们"请"到了梁山泊的忠义堂。宋江等盛情邀请卢员外来梁山泊一起替天行道，卢坚决不从。宋江、吴用也不勉强，只留他多住几天，并让其家人李固等回家报信。

吴用背地里对李固说："你的主人，已和我们商议定了，今坐第二把交椅。他在未曾上山时，预先写下4句反诗在家里壁上。我教你们知道，壁上28个字，每一句包藏着一个字。'芦花荡里一扁舟'，包藏个'卢'字；'俊杰那能此地游'，包藏个'俊'字；'义士手提三尺剑'，包藏个'义'字；'反时须斩逆臣头'，包藏个'反'字。这4句诗，包藏'卢俊义反'4字。"李固回去后将卢俊义告发了。

吴用计赚玉麒麟

吴用扮成算命先生给卢俊义算卦，说卢俊义百日内有血光之灾。卢俊义索求避难之法。吴用叫他远去东南千里之外避难，又叫他在墙壁上写下四句诗："芦花丛里一扁舟，俊杰俫从此地游；义士若能知此理，反躬逃难可无忧。"卢俊义不知是计，最终被吴用赚上梁山。

软禁了两个月后，卢俊义回到京城，家和妻子已属李固。官府把他抓了起来，将他脊杖40，发配到3000里之外。被李固收买了的当差又要将卢俊义置于死地，几经周折，卢俊义免于一死，却又被捉拿归案，即将斩首，梁山好汉将其救下，走投无路的卢俊义，最后只有投奔梁山泊。

⊙小店主导演王妃购物秀

你有没有见过无声的电视新闻？没有吧，但这却真有其事。英国伦敦的电视台就曾播放了没有一句话、也没有解说词的新闻，更加搞怪的是，新闻的主角是大众痴迷的偶像戴安娜王妃，她很有兴致地在一个不知名的小珠宝店选购珠宝饰品。电视台唱的哪出戏呢？这让人们一头雾水，好奇的人们争先恐后地来到这家珠宝店一探究竟，看看是怎样的珠宝迷住了自己的偶像，结果珠宝店的生意也跟着红火了起来。

这样的结果正在珠宝店老板的预料之中，因为这则"新闻"就是他精心策划的广告。话说回来，他怎么能把戴安娜王妃请来为他做宣传呢？原来，这个王妃是以假乱真的。

这家小型的珠宝店开张后经营一直不景气，已经快要关门大吉了。店主抓破

了头皮，总算想到了一条妙计。他想：戴安娜王妃是很多青年人尤其是爱美的女孩崇敬的偶像，如果能让她带来引领效应，必定能使自己的珠宝店摆脱困境，大发其财。

珠宝店的老板于是四处搜罗跟戴安娜王妃长得相像的年轻女子，后来找到了一个相貌酷似戴安娜的时装模特。他重金聘用这个模特，对她进行了严格的模仿训练。待到已经真假难分时，店老板便向电视台记者发出了暗示：明晚将有英国最著名的嘉宾光临自己的珠宝店，采访这条新闻的条件是电视片中不得加入解说词。

第二天晚上，珠宝店里装扮一新，灯火辉煌，衣冠楚楚的店老板精神抖擞地站在店门口，恭候着"要人"的光临。此番景象吸引了许多过往行人驻足观望。不一会儿，一辆豪华的轿车开过来并缓缓停在门口，车刚停下来，店老板便立即迎上前去，彬彬有礼地打开车门。那位相貌酷似戴安娜王妃的模特从容地从车上走下来，面带微笑，还向聚拢来的行人点头示意。有人喊了一声："看，戴安娜王妃。"这引起了人群的轰动，大家蜂拥而上，争相一睹"戴安娜王妃"的风采，求签名的求签名，拍照的拍照。电视台的记者更是忙得热火朝天，跑前跑后地录像。"王妃"进店后，店老板笑容可掬地引她参观，热情地介绍项链、耳环、钻石等名贵饰品。"戴安娜王妃"则面露欣喜，边挑边称赞，偶尔还兴致勃勃地试戴一下。一切都进行得非常顺利。

第二天，这则以假乱真的无声录像成了电视台的新闻头条，人们纷纷议论，并打听这家珠宝店的地址，都想到"戴安娜王妃"去过的珠宝店里买一件首饰，以显示自己的品位。小小的珠宝店起死回生，从原来的惨淡经营变成了门庭若市，让老板和店员们忙得团团转。短短的几天内，珠宝店就获利 10 万英镑。

◇简评

《三十六计》中的"无中生有"与我们现在常说的"无中生有"意义大不相同。我们现在常说的"无中生有"往往与"无事生非""捏造罪名""栽赃陷害"等词连用。而《三十六计》中的"无中生有"则是一条运用有无相生原理诳骗敌人达到制胜目的的军事欺骗谋略，其手段和方式是灵活多变的，有可能是"无中生有"，也有可能是"有中生无"或是"有中生有"，总之用种种假象和欺瞒的手段蒙骗对方，达到以假乱真的目的。

此谋略不仅在军事上得以运用，在政治、经济等领域中也屡屡被运用。古代官场有人用此计打击和排除异己，经济领域用此计来加强竞争力和吸引消费者等。

◎敌战计◎

暗度陈仓

◇计名探源

暗度陈仓，意思是采取正面佯攻，当敌军被我牵制而集结固守时，我军悄悄派出一支部队迂回到敌后，乘虚而入，进行决定性的突袭。

此计与声东击西计有相似之处，都有迷惑敌人、隐蔽进攻的作用。二者的不同处是：声东击西，隐蔽的是攻击点；暗度陈仓，隐蔽的是攻击路线。

此计是汉大将军韩信创造的。"明修栈道，暗度陈仓"，是古代战争史上著名的成功战例。

秦朝末年，政治腐败，群雄并起，纷纷反秦。刘邦的部队首先进入关中，攻进咸阳。势力强大的项羽进入关中后，逼迫刘邦退出关中。鸿门宴上，刘邦险些丧命。刘邦此次脱险后，只得率部退驻汉中。为了麻痹项羽，刘邦退走时，将汉中通往关中的栈道全部烧毁，表示不再返回关中。其实刘邦时刻想着一定要击败项羽，夺得天下。公元前206年，已逐步强大起来的刘邦，派大将军韩信出兵东征。出征之前，韩信派了许多士兵去修复已被烧毁的栈道，摆出要从原路杀回的架势。关中守军闻信，密切注视栈道修复的进展情况，并派主力部队在这条路线各个关口要塞加紧防范，阻止汉军进攻。

韩信"明修栈道"的行动，果然奏效。由于他吸引了敌军的注意力，敌军的

鸿门夜宴图

主力调至栈道一线，于是韩信立即派大军绕道到陈仓（今陕西宝鸡东）发动突然袭击，一举打败章邯，平定三秦，为刘邦统一中原迈出了决定性的一步。

◇原书解语

示之以动[1]，利其静而有主[2]，"益动而巽"[3]。

【解语注译】

[1] 示之以动：示，给人看。动，此指军事上的正面佯攻、佯动等迷惑敌方的军事行动。

[2] 利其静而有主：主，专心，专一。言敌方静下心来专注（我方的佯动）则于我方有利。

[3] 益动而巽：语出《易经·益卦》。益，卦名。此卦为异卦相叠（震下巽上）。上卦为巽，巽为风；下卦为震，震为雷。意即风雷激荡，其势愈增，卦名为益。与损卦之义互相对立，构成一个统一的组卦。《益》的《象》说："益动而巽，日进无疆。"这是说益卦下震为雷为动，上巽为风为顺，那么，动而合理，是天生地长，好处无穷。

此计是利用敌人被我"示之以动"的迷惑手段所蒙蔽，而我即乘虚而入，以达到军事上的出奇制胜。

◇原书按语

奇出于正，无正不能出奇。不明修栈道，则不能暗度陈仓。昔邓艾屯白水之北，姜维遣廖化屯白水之南而结营焉。艾谓诸将曰："维令卒还，吾军少，法当来渡，而不作桥，此维使化持我，令不得还。必自东袭取洮城矣。"艾即夜潜军，径到洮城。维果来渡。而艾先至，据城，得以不破。此则是姜维不善用暗度陈仓之计，而邓艾知其声东击西之谋也。

【按语阐释】

这则按语讲出了军事上"奇""正"的辩证关系。奇正相互对立，又相互联系。

孙子曰："凡战者，以正合，以奇胜。"所谓"正"，指的是兵法中的常规原则；所谓"奇"，指的是与常规原则相对而言的灵活用兵之法。其实，奇正也可以互相转化。比如说，"明修栈通，暗度陈仓"，写入兵书，此法可以说由奇变为正，而适时的正面强攻又可能转化为奇了。邓艾识破姜维"暗度陈仓"之计，认定姜维派廖化屯白水之南，不过是想迷惑自己，目的是袭洮城。等姜维偷袭洮城时，邓艾已严阵以待了。邓艾懂得兵法中奇正互变的道理，识破姜维之计。由此可见，对于熟悉兵法的人来说，要掌握战场上的千变万化，使用各种计谋，必须审时度势。机械地使用某种计谋，是难以成功的。

◇用计例说

⊙吕蒙夺荆，关羽败走麦城

东汉末年，自从刘备"借"去了荆州，孙权一直耿耿于怀，将夺取荆州的重任交给了吕蒙。吕蒙得知镇守荆州的关羽正在讨伐曹操的樊城，但还留下部分兵力驻守后方，于是决定装病回建业，为的是让关羽听说这消息后，撤掉后方兵力，以全部兵力开赴樊城，到时自己的大军走水路，乘船昼夜逆流而上，乘他不备，袭取他的空虚所在。

于是，吕蒙得了"重病"，孙权公开发布文书征召吕蒙回建业。关羽果然相信了，逐渐撤掉后方兵力开赴樊城，拿下樊城后，他便得意忘形了。

孙权见时机成熟，便派吕蒙带精兵全部埋伏在大船中，让人穿上白衣装作老百姓摇橹驾船，船上坐的人都是商人打扮，昼夜兼程，直捣蜀军后方，把荆州顺利地夺回，并且活捉了败走麦城的荆州守将关羽。

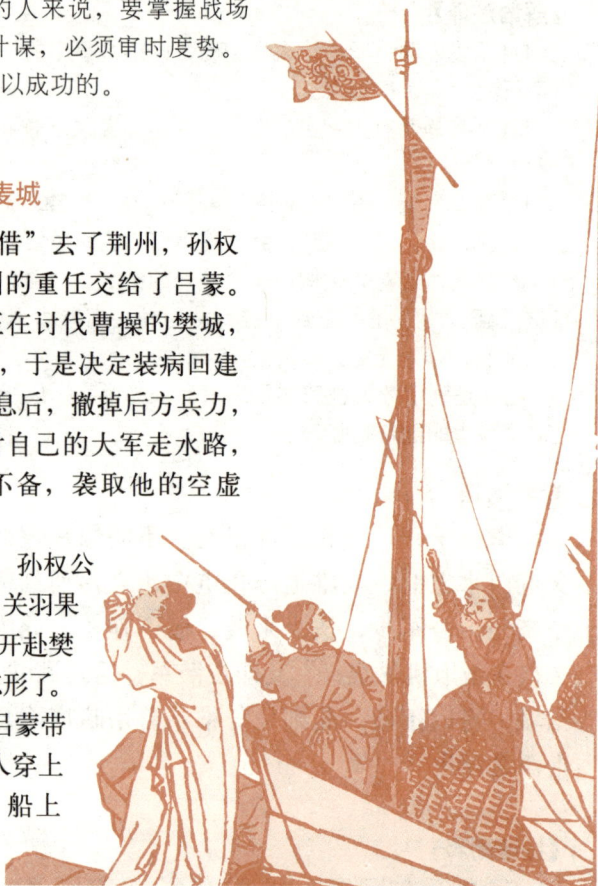

吕子明（吕蒙）白衣渡江

⊙绕着弯子修城防敌的李允则

北宋真宗年间，李允则任雄州知州时，打算修建城池以防御契丹大军的进犯。但是当时契丹与宋签订了合约，公开修城筑墙，怕契丹以此为口实进行挑衅。于是，李允则想了一个明修栈道，暗度陈仓的办法。

雄州门外原来有一座小瓮城，李允则想修一座大城，于是先在城北门外修建了东岳祠，用黄金百两购置了许多供奉用的器具，同时让吹鼓手在路旁吹吹打打，以此引起百姓的注意，结果许多居民争着向神祠奉献财物。过了许多天，李允则让手下人把香炉等供奉用的器具撤下来，秘密运走。神祠中的香炉丢了，大家都非常关心。这时传说盗贼是从北边来的，于是李允则下令捉拿盗贼，一时间闹得满城风雨。盗贼当然没有拿住，李允则乘机放风说：祠中器具屡次丢失，非筑城围护不可。这样，他就征集民工开始修筑城墙。城墙很快就筑好了，接着又疏通了城壕，筑起了堤坝。这时，原来在瓮城中居住的人，全都被纳入这个新修的大城之中了。

每年到了该祭祀河神的时候，李允则就让大家在界河里比赛划船，并欢迎北方人随便观看，其实是在悄悄地练习水战。雄州的北面原来设置了许多陷马坑，城上有瞭望敌情的土堡，可以望见 5 千米以外的情况。自从签订了合约，契丹与宋双方停止征战以来，人们都不敢登上土堡。李允则说："宋与契丹既然讲和，要这些还有什么用？"于是命令把土堡拆掉，把陷马坑填平，改为驻军的菜地，同时挖井修渠，开垦菜田，建筑矮墙，使之纵横其中，周围还种了许多荆棘，于是这个地方比以前更难行走了。接着，他又治理小巷街道，把佛塔迁到北原上，州里居民早晚可以登塔远望，15 千米外的景象尽收眼底。李允则对同僚们说："现在这里成了步兵的好战场，长起来的榆树成了障碍物，敌人骑兵来了将无用武之地。"

⊙拿破仑的真假预备队

1800 年，拿破仑为越过阿尔卑斯山大圣伯纳德山口从侧后袭击奥军，采取了一系列欺骗行动。他让莫罗指挥的莱茵战线 10 万大军在巴伐利亚一带活动，以吸引奥军的力量；同时制造假情报，让人风传他在瑞士附近的第戎建立了一支预备队，吸引了许多间谍前去刺探情报。他还在那里"检阅"了这支不到 8 000 人、大部分没有穿制服的预备队（其中有很多新兵和伤残人员）。间谍们将获得的这些假情报飞快地传到了伦敦、维也纳和意大利。奥军总司令梅拉斯据此得出结论："拿破仑根本就没有什么预备队，他只是企图以此来迷惑我们，迫使我们解除对热那亚的包围。"并对这一结论坚信不疑，对拿破仑放松了警惕。由此，拿破仑成功地骗过了敌人的耳目。其实，这支预备队的战斗人员达 3.6 万多人，拥有 40 门大炮。他们按照拿破仑的命令，神不知鬼不觉地开始了翻越阿尔卑斯山的行动，克服了天寒地险等种种困难，终于通过了这一欧洲天险，突然出现在梅拉斯军的后方。

这一行动为拿破仑取得意大利战役的胜利奠定了基础。

⊙闪电战前的烟幕弹

1967 年 6 月 5 日，以色列在美国的支持下，以闪电战的方式，向阿拉伯国家发动了大规模的侵略战争，即第三次中东战争。为了实现突然袭击的目标，以色列在袭击前采取了一系列迷惑阿拉伯世界的措施。

6 月 3 日夜晚，适逢周末。刚上任不久的以色列国防部长达扬公开发表讲话，排除了采取军事行动的可能性，他说："打仗是最没意思的事情，文明人绝对不该随便打仗。现在好了，政府在我上任之前就采取了很管用的外交手段来解决问题。

我们一定要在外交上解决问题。"为了使人们相信他所发表的声明，第二天，他就让数千名以色列官兵休假，故意到热闹繁华的场所游玩，免费喝扎啤，尽情狂欢。同时，各报星期六的头版头条，都是以照片的形式大肆报道这些官兵在海滩和酒吧游乐的情况。这一切不仅使普通的以色列百姓信以为真，就连埃及高级将领们都松了一口气：尽管传言形势已剑拔弩张，但从这一切迹象来看，这仗在近期内似乎是打不起来的。

同以色列政治外交上采取的这些欺骗活动相一致，以色列军队也采取了一些明修栈道的措施。为了把埃及军队的注意力从地中海吸引到红海方面来，在开战前几天，以色列海军装着准备在红海亚喀巴湾为中心的地区实施登陆的样子，并在白天大摇大摆地从陆路将4艘鱼雷快艇运往埃拉特，到了晚上再偷偷地运回原地。第二天，又这样来回运送，给埃及人留下了以色列在红海设置重兵的假象。以色列海军的这一欺骗行动，迫使埃及的两艘驱逐舰从地中海调出，而这两艘驱逐舰相当于埃及海军战斗力的30%。

为了不让埃及方面掌握其在西奈地区展开行动的地面部队的真实情况，以色列陆军南线的部队让小规模坦克部队在实际配备的后方地域来回移动，并且在其周围堆积许多土堆，看上去好像有大规模的坦克部队正在那里进行集结。

开战前，沙龙将军为了使埃及误以为以色列西奈中部军队的进攻方向是西奈南部，制作了许多假坦克，以增强部队实力，装出一副要从两个方面展开作战的样子，并且利用这一假象成功地使埃及人产生了这样一种错误的印象，即以色列主力部队在战争爆发之后，便会通过孔蒂拉向亚喀巴进攻。与此同时，以色列空军也与海军采取了同样的欺骗措施，增加了对亚喀巴湾和红海地区的空中巡逻。埃及方面信以为真，把第一线的苏制先进战斗机从北部基地转移到了南部基地。

以色列明修栈道的计策收到了明显成效，欺骗蒙蔽了埃及人。6月5日7时45分，可了不得了，以色列借口封锁亚喀巴湾，向埃及、约旦、叙利亚等阿拉伯国家发动了突然袭击。以军乘埃军开饭和军官上班前戒备松懈之机，集中使用200架飞机空袭埃及空军基地，将埃及大部分飞机摧毁于地面，而后又击毁叙利亚、约旦大量飞机。接着，以军出动22个旅的兵力，实施多方面快速突击，仅用4天时间就攻占了埃及的西奈半岛、约旦河西岸及耶路撒冷的约旦管辖区、加沙地带和叙利亚的戈兰高地。阿拉伯国家对以军的突然袭击缺少应有的准备，在突然打击面前损失惨重。这场战争一共打了6天，约、叙、埃被迫同意停火。以色列以伤亡809人的轻微代价，夺占了阿拉伯国家6.5万平方千米的土地，使50万阿拉伯人沦为难民。

⊙免费拍照引来茶生意

某君同友人去日本著名的鸣门大桥游览。天公不作美，细雨蒙蒙，某君一行边在小卖店前避雨，边观赏秀丽的海边景色。忽然，不知是谁发现小卖店前有两位穿着日本和服的男女，仔细一看才知是塑像，头部是空的，游人可以探进头去照相。正当他们因不知照一次相要多少钱而犹豫不决时，店主人走过来，和蔼地说这塑像是属于他们店的，请客人随便使用。一行人一听不用付钱，自然高高兴兴地留了影。这时，店主手端茶盘热情地邀请几位客人尝尝当地的特产——纯金茶，同时还绘声绘色地介绍起纯金茶来，比如喝此茶可治疗高血压、糖尿病，还可以滋阴壮阳，等等。由于主人的殷勤，再加上茶的香味及合理的价格，临走时他们每人都买了一盒纯金茶。其实这都是该店推销产品的环节，一行人在不知不觉中被引入了"圈套"。

◇简评

　　暗度陈仓，是用正面佯攻、佯动的手段来迷惑敌人，以掩盖自己的攻击路线和突破点的谋略。此计与"声东击西"都是示假隐真的谋略，二者有相同之处。比如"明修栈道"即是"声东"，"暗度陈仓"则是"击西"，两计都是手段与目标背离。因二者在内容上有重叠的部分，所以人们往往将其等同起来。

　　其实，这两计还是有些区别的："声东击西"是"利其不自主而取之"（见此计正文），即利用"声东"造成敌人思想混乱，在敌犹豫不决、缺乏统一指挥之际攻其不虞，有乱中取胜之意，其行动顺序是先致其乱再攻击。而"暗度陈仓"是"利其静而有主"，即通过"明修栈道"这一明确的"示形"手段，使敌人做出判断，且其行动可以同步进行，即一边"明修栈道"，一边"暗度陈仓"。打个比方，如果说"声东击西"是烟幕弹，"暗度陈仓"就是定心丸。两者另外的不同点是：声东击西，隐蔽的是攻击点；暗度陈仓，隐蔽的是攻击路线。

　　"暗度陈仓"着重讲"度"，即"通过"，这种"通过"实际是一种迂回行进的策略，它既可用于攻击，也可用于部队调动，还可用于逃跑。韩信"明修栈道，暗度陈仓"就是用于攻击。

　　总体而言，"明修栈道，暗度陈仓"是为政治、战法、战术等不同层面达成突然袭击目的而采取的军事欺骗手段。在现代，此计不仅在战争中被广泛使用，在现实生活中也不乏使用者。一些不法分子就常常用这种手段达到欺骗的目的。掌握此计的特点，对于我们识破他们的阴谋诡计，防止受骗或少受骗会有帮助。

◎敌战计◎

隔岸观火

◇计名探源

隔岸观火，就是"坐山观虎斗""黄鹤楼上看翻船"。敌方内部分裂，矛盾激化，相互倾轧，势不两立，这时切切不可操之过急，免得他们暂时联手对付你。正确的方法是静止不动，让他们互相残杀，力量削弱，甚至自行瓦解。东汉末年，袁绍兵败身亡，几个儿子为争夺权力互相争斗，曹操决定击败袁氏兄弟。袁尚、袁熙兄弟投奔乌桓，曹操进兵击败了乌桓，袁氏兄弟又去投奔辽东太守公孙康。曹营诸将向曹操进言，要一鼓作气，平服辽东，捉拿二袁。曹操哈哈大笑说："你等勿动，公孙康自会将二袁的头送上门来的。"于是下令班师，转回许昌，静观辽东局势。公孙康听说二袁来降，心有疑虑。袁家父子一向都有夺取辽东的野心，现在二袁

公孙康像

兵败，如丧家之犬，无处存身，投奔辽东实为迫不得已。公孙康如收留二袁，必有后患。再者如收容二袁，肯定会得罪势力强大的曹操。但他又考虑，如果曹操进攻辽东，只得收留二袁，共同抵御曹军。当他探听到曹操已经转回许昌，并无进攻辽东之意时，认为收容二袁有害无益，于是预设伏兵召见二袁，一举擒拿，割下首级，派人送到曹操营中。曹操笑着对众将说："公孙康向来惧怕袁氏吞并他，二袁上门，他必定猜疑。如果我们急于用兵，反会促成他们合力抗拒。我们退兵，他们肯定会自相火并。"

◇原书解语

阳乖序乱[1]，阴以待逆[2]。暴戾恣睢[3]，其势自毙。顺以动豫，豫顺以动[4]。

【解语注译】

[1] 阳乖序乱：阳，指公开的。乖，违背，不协调。此指敌方内部矛盾激化，以致秩序公开地表现出多方面的混乱，相互倾轧。

[2] 阴以待逆：阴，暗暗地。逆，叛逆。此指我暗中静观敌变，坐待敌方出现更进一步的恶化局面。

[3] 暴戾恣睢：戾，凶暴，猛烈。睢，任意胡为。

[4] 顺以动豫，豫顺以动：语出《易经·豫》。豫，卦名。本卦为异卦相叠（坤下震上）。本卦的下卦为坤为地，上卦为震为雷。是雷生于地，雷从地底而出，突破地面，在空中自在飞腾。《豫卦》的《象辞》说："豫，刚应而志行，顺以动。"意即顺时而动，正因为豫卦之意是顺时而动，所以天地就能遂其意，做事就顺当自然。

此计正是运用本卦顺时以动的哲理，坐观敌人的内部恶变，我不急于采取攻逼手段而顺其变，"坐山观虎斗"，最后让敌人自相残杀，时机一到，我即坐收其利，一举成功。

◇原书按语

乖气浮张，逼则受击，退则远之，则乱自起。昔袁尚、袁熙奔辽东，尚有数千骑。初，辽东太守公孙康，恃远不服。及曹操破乌丸，或说操逐征之，尚兄弟可擒也。操曰："吾方使斩尚、熙首来，不烦兵矣。"九月，操引兵自柳城还，康即斩尚、熙，传其首。诸将问其故，操曰："彼素畏尚等，吾急之，则并力；缓之，则相图，其势然也。"或曰：此兵书火攻之道也。按兵书《火攻篇》前段言火攻之法，后段言慎动之理，与隔岸观火之意，亦相吻合。

【按语阐释】

按语提到《孙子·火攻篇》，认为孙子言慎动之理，与隔岸观火之意，亦相吻合。这是很正确的。在《火攻篇》后段，孙子强调，战争是利益的争夺，如果打了胜仗而无实际利益，这是没有作用的。所以，"非利不动，非得（指取胜）不用，非危不战。主不可以怒而兴师，将不可以愠（指怨愤、恼怒）而致战。合于利而动，不合于利而止"。所以说一定要慎用兵，戒轻战，战必以利为目的。有时轻举妄动，倒不如隔岸观火更为有利。当然，隔岸观火之计，不等于站在旁边看热闹，一旦时机成熟，就要改"坐观"为"出击"，以取得胜利为目的。

◇用计例说

⊙陈轸献计，秦王坐山观虎斗

战国时期，韩国和魏国打了一年的仗也没有决出胜负。秦国的大臣们有的说参战好，有的说参战不好，弄得秦惠王左右为难。

于是，秦惠王就此事征求楚国谋士陈轸的意见。

陈轸讲了卞庄子刺虎的故事：卞庄子看见两只老虎吃牛，立即想去把虎刺死，一个小孩子劝阻他说："两虎刚刚开始吃牛，等它们尝到香甜滋味的时候必然相争，相争就一定要厮斗，厮斗就会使强壮的受伤，弱小的死亡。这时你再去刺杀受伤的，必定是只杀死一只老虎，而实际上却能得到两只老虎。"卞庄子认为这个主意不错，于是站在一旁观看。一会儿，两只老虎果然争斗起来了，强壮的老虎受了伤，弱小的老虎被咬死。卞庄子上去把受伤的老虎刺死，一举得了两只老虎。现在韩魏争战，难解难分，结果一定是强国受损，弱国灭亡。那时再去攻打已经受损的国家，一举两得。这同卞庄子刺虎的道理是一样的。

秦王依计而行，没有参战。结果大国受损，小国灭亡。秦这时才起兵攻打，大获全胜。

⊙苏代点离间之火乱秦

战国后期，秦猛将白起（武安君）在长平一战中，创下了歼敌40万大军的纪录，大败赵军。接着，他又拿下赵国的17座城池，杀到国都邯郸附近，赵国的城墙指日可破。赵国情势危急，国内一片恐慌。不想当亡国奴的赵王与群臣商议，平原君的门客苏代向赵王献计，表示愿意冒险赴秦，以救燃眉之急。无计可施的赵王决定依计而行。

经过一番准备，苏代带着厚礼到咸阳拜见应侯范雎，开始对范雎吹耳边风："长平一战，赵括被活捉还做了刀下鬼，现在邯郸也不保了，白起军的气势很盛呀。您想一想，赵国一旦灭亡，秦王就要称帝。白将军立下了那么大的功劳，肯定会被秦王当成统一天下的头号功臣。您到那时候的处境我很担心呀！您现在的地位在他之上，恐怕将来您不得不位居其下了。再说像白起这样不好相处的人，将来一旦得宠，您的日子还能好过？所以最好不要让他再得到灭赵的功劳。"苏代一番煽阴风，点鬼火，把范雎心里说得七上八下的，没了主意，倒向苏代求对策。苏代乘机说："赵国已很衰弱，须要好好休整，不如暂时宣谕息兵，允许赵国割地求和。"范雎果然如此去向秦王吹风了。糊涂的秦王依了此计，结果，以赵国献出6城为条件而休战。

胜仗正打得过瘾的白起突然被召回，心中大不痛快，后来知道是应侯范雎的建议，表面上无可奈何，但心里结下了冤仇。两年后，秦王又发兵攻赵，白起此时正闹病呢，不能出征了。于是改由王陵率10万大军前往。这时赵国已不同往日了，老将廉颇出马，严防死守，秦军久攻不下，气得秦王吹胡子瞪眼。恰巧这时白起病好了，于是秦王决定让白起挂帅出征。白起听后说："现在赵国的统帅廉颇，精通战略，不是当年乳臭未干的赵括可比，再说，两国已经议和，现在进攻，会失信于诸侯。所以，这次我也无能为力。"秦王又派范雎去动员白起，白起便装病不搭理。看到白起如此不给面子，秦王赌气地又派王陵攻邯郸，但连攻5个月也没有攻下。秦王只好又令白起挂帅，白起却假装病重，拒绝出征。秦王的面子这下挂不住了，把白起炒了鱿鱼，赶出咸阳。这时范雎还不放心，对秦王说："白起心怀怨恨，如果让他跑到别的国家去，肯定是秦国的祸害。"秦王一听，赐白起自刎。可惜曾为秦国当牛做马立下赫赫战功的白起，因中了挑拨计而落此下场。

⊙诸葛亮未折一兵得渔翁之利

赤壁之战后，诸葛亮算计到周瑜必乘势攻南郡（今湖北江陵东北），而且他还料定曹操也知晓这个情况，于是开始布置"隔岸观火"之计。实际上最想得到南郡的人是诸葛亮，但他不会和曹操真刀真枪地干。诸葛亮觉得要取南郡，设鹬蚌相争、从中渔利之法最好，既可不战而夺地，又可让周瑜没话说。

曹操顾不得修一下在赤壁之战中被烧焦了的胡子，急令曹仁持破敌之策固守南郡。诸葛亮为周瑜打气："快去打呀快去打呀，将军是常胜将军，是智慧的化身，古人云'一鼓作气，再而衰，三而竭'，现在是你进攻的最好时机啊……"一席话说得周瑜飘飘然，于是他就率领众多将士气势汹汹地杀将出去，与曹仁拼命厮杀。诸葛亮则派赵云伏于南郡城郊，他算定，无论哪家得胜，必会追击对方，伏兵即可乘势夺城。后来吴将甘宁打败曹仁，果然挥兵掩杀，周瑜等大队人马在后，埋伏在城郊的赵云已乘机夺占了南郡。然后诸葛亮又以南郡兵符星夜诈调荆州守军来援，却教张飞又乘机袭了荆州。接着他又用兵符去襄阳诈称曹仁求救，诱曹兵出援，关羽又乘机袭取了襄阳。至此，诸葛亮未折一兵而得南郡、荆州、襄阳三郡。周瑜拼命厮杀，却一无所得。

《三国演义》所描写的诸葛亮使用的这一连串的隔岸观火、乘机取利之计，真可谓是环环相扣、妙不可言，读后足可使人拍案叫绝。掩卷而思，又可使人举一反三，益智增慧。

⊙英迪拉智坐总理宝座

英迪拉·甘地从出生起就注定了不同寻常的人生之路，她是印度第一任总理尼赫鲁之女。她遗传了父亲的很多优秀基因，也走上了从政的道路，并在1966年当选为印度总理。

不过，这个位置对她来说是来之不易的，因为她的政治道路一直就不平坦。当年1月，印度总理夏斯特里突然去世。消息传出，印度政坛各派纷纷摩拳擦掌，准备把新总理职位一举拿下。

当时，英迪拉就其政治实力而言，算不上强大。最具竞争力的是国大党最有资历的德赛和代总理南达。但英迪拉很有角逐的决心。如何打败强劲的对手呢？经过和幕僚们冷静的分析，英迪拉决定等到政敌们两败俱伤时再予以出击。主意已定，她表面对竞选无动于衷，暗地里却静观形势的变化，等待时机到来。

一切都在英迪拉的预料之中。对手们的弱点都暴露出来了，骄横固执的德赛，以唯一候选人的身份自居，他的这种表现伤害了党内擅长于幕后操纵的辛迪加派的感情。有势力的辛迪加派对德赛的表现很不满，决定阻止德赛上台，并开始物色新的候选人。当时的代总理南达也不甘示弱，四处奔走，为其升任正式总理摇唇鼓舌，与政敌明争暗斗。各派争斗越发激烈，互相攻击，各不相让。

静观其变的英迪拉由于没有趟入这场浑水，因而政坛各派无人向她发难。在公众心目中她仍是一个有谦恭风范的政治家。就在人选难定的情况下，英迪拉不失时机地开始行动。她凭借尼赫鲁之女的有利身份，党内各派及社会舆论对她无恶感等有利条件，施展其卓越的政治才华。她说服了辛迪加派和担心专横的德赛上台的人，并得到了他们的支持。接着，她又利用政治手腕把国大党的多数党员笼络在自己的麾下。经过辛迪加派的疏通，国大党执政的10个邦的首席部长表示愿意支持英迪拉。南达见称雄政坛无望便退出了竞选。唯有德赛欲与英迪拉决一死战。德赛对英迪拉大肆攻击和谩骂，意在抓住英迪拉反击时露出的破绽而大做文章。而英迪拉仍然保持谦和的风度，舆论大加赞赏。

结果英迪拉在几乎一边倒的优势中当选为印度总理。

⊙复印机厂相机行事坐收渔利

一架豪华客机徐徐降落在东南亚某国首都机场。从机上走下一位个子不高、穿着讲究的中年男子，他就是日本富士现代办公用品公司驻该国的业务代理加藤先生。

此次前来，他肩负着一项重大的使命，即与该国的恒达公司签订一个有关进口日本某型号复印机的合同。复印机在这个经济刚刚起飞的国家还完全是个新事物，有着广阔的发展前景，占领这一市场对公司的前景无疑有着十分重要的意义。

走出机场，加藤先生却惊奇地发现，恒达公司并没有如约派人来接他。加藤先生以自己多年在商海中摸爬滚打积累起的经验，敏锐地觉察到事情有变。他来不及细细思考下去，迅即叫了出租车赶往恒达公司。

果然，恒达公司的老板见到他只是冷冰冰地抛过来一句话："对不起，加藤先生，我公司已有新的打算，不准备签订这项合同了，很遗憾。"说完，一摊手走开了。面对这迎面而来的打击，加藤先生黯然神伤。想到临行前公司老板的嘱托，加藤先生果断决定，不能再沮丧、抱怨下去，唯有冷静头脑，振奋精神，查清事实真相才能解决这个大问题。

在他看来，恒达公司绝对不会轻易放弃复印机这个大生意不做，无缘无故松开牵着财神爷的手。那他们现在拒绝签合同，又该作何解释呢？难道又有了新主顾？对，很有这个可能。哪儿的呢？其他国家的？可能性不大。因为就目前国际市场上的复印机来说，只有日本产品才是一流的，恒达公司绝对不会见利忘义，为公司的长远发展及信誉着想也不会贪图便宜买进现已淘汰的产品。那么，与恒达公司做生意的肯定也是一家日本公司。

他们是以什么样的优惠条件吸引恒达公司更张易辙、舍此适彼的呢？所有这些问题都要一一搞清楚。

加藤先生厘清思路，谋划好了行动方案。他首先向国内公司汇报了有关情况，并请公司协助查清事情原委。不久，公司有了回音，证明国内确实有一家公司从中作祟，暗中与恒达公司取得联系，要为其提供价格更低、性能更高的某型复印机，致使恒达公司改变初衷并拒绝签合同。

目前，要战胜竞争对手，须立即着手解决两个问题：一是赶在对方前面尽快与恒达公司签约；二是立刻与厂家联系，无论如何都要取得某型复印机在该国的经销权。

作战计划已定，公司便兵分两路，仍由加藤先生负责与恒达公司签订合同，公司另派人马去厂家联系进货业务。

当加藤先生第二次出现在恒达公司老板面前时，还未等对方开口，他便开门见山地说："总裁先生，别来无恙，我未约而至，您不会介意吧？我这次来是与您专门洽谈关于某型复印机的进口问题的，我想您一定是感兴趣的吧？不错，此复印机确实比其他机子优越。所以，我们决定在这方面与贵公司合作，而且我还要高兴地告诉您，我们提供给贵公司的产品比贵公司前些天联系的那一家价格要低3%。"

听罢此言，恒达公司老板好生奇怪："怎么只短短的三天，这个日本人就什么都知道了？不过，这与自己又有何关系呢？只要有利可图，和谁做生意还不一样？既然富士公司价格比那家公司优惠得多，我又何乐而不为呢？"他马上笑容满面地上前与加藤先生握手成交，并随即签订了进口1500台此机的合同。

待合同一到手，加藤又马上飞回日本，找到复印机生产厂家。其实厂家早已从近日富士公司不同寻常的举动中发现了问题，经过调查才知道他们在与另一家公司争夺复印机客户及东南亚的独营权。厂家暗自高兴：看来自己发大财的机会来了！他们明明知道富士公司急于促成此项生意，为从中渔利，便对来者不慌不忙地解释：因与其他公司达成协议，授予其在该国的经销权。为了自己的信誉，他表示不能再与富士公司签约或干脆顾左右而言他。加藤先生当然知道其用意，便告知对方：富士公司已拿到合同，抢先占领了该国市场，请厂家把复印机及辅助材料与设备的经销权授给富士，富士愿意把其进价全部再加一成。

又经过一番讨价还价，复印机生产厂家认为近来一段时间的"坐山观虎斗"好戏该收场了。现在对方出价已足够高了，超过了自己的预期目标，若不趁势取利，恐怕"时不再来"。于是，他们便爽快地答应与富士公司签约。

当然，精明的商人也不会吃亏，他高买低卖复印机倒赔的钱也从随后高价卖出的辅助材料与设备中得到了补偿。

◇简评

此计的精义是：缓和敌人外部矛盾，使其内部矛盾凸显，从而达到令其自败的目的。

在失控、脱序的局势中，作壁上观往往是最佳的策略。《孙子兵法》说："主不可以怒而兴师，将不可以愠而致战，合于利则动，不合于利而止。"领导者、政策执行者不可意气用事，合于利才采取行动，不合于利就要观望。

观望，可以等到竞争者两败俱伤，此时便是最佳的介入点。企业竞争、商场规则亦如此。在现代的经营活动中，利用此计主要是在国内外市场激烈的竞争之中，采取静观其变的态度，等待有利的时机一举进入，趁机占领市场。

运用此计应该注意的是：对敌方的矛盾判断要准确，并且最好还要创造条件，促使敌方内部加速分裂，矛盾激化，相互倾轧，势不两立。

◎敌战计◎

笑里藏刀

◇计名探源

笑里藏刀，原意是指那种口蜜腹剑、两面三刀的做法。此计用在军事上，是运用政治外交上的伪善手段，欺骗麻痹对方，来掩盖己方的军事行动。这是一种表面友善而暗藏杀机的谋略。

战国时期，秦国为了对外扩张，夺取地势险要的黄河崤山一带，派公孙鞅为大将，率兵攻打魏国。公孙鞅大军直抵魏国吴城城下。这吴城原是魏国名将吴起苦心经营之地，地势险要，工事坚固，正面进攻很难奏效。公孙鞅苦苦思索攻城之计。他探到守将是与自己曾经有过交往的魏国公子，心中大喜，马上修书一封，主动与之套近乎，信中说，虽然我们俩现在各为其主，但考虑到我们过去的交情，还是两国罢兵，

公孙鞅像

订立和约为好。念旧之情，溢于言表。他还建议约定时间会谈议和大事。信送出后，公孙鞅还摆出主动撤兵的姿态，命令秦军前锋立即撤回。魏国公子看罢来信，又见秦军退兵，非常高兴，马上回信约定会谈日期。公孙鞅见他已钻入了圈套，暗地在会谈之地设下埋伏。会谈那天，魏国公子带了300名随从到达约定地点，见公孙鞅带的随从更少，而且全部没带兵器，更加相信对方的诚意。会谈气氛十分融洽，两人重叙昔日友情，表达双方交好的诚意。公孙鞅还摆宴款待公子。魏国公子兴冲冲入席，还未坐定，忽听一声号令，伏兵从四面包围过来，他和300名随从反应不及，全部被擒。公孙鞅利用被俘的随从，骗开吴城城门，占领吴城。魏国只得割让西河一带，向秦求和。秦国用公孙鞅笑里藏刀之计轻取崤山一带。

◇原书解语

信而安之[1]，阴以图之[2]；备而后动，勿使有变。刚中柔外[3]也。

【解语注译】

[1] 信而安之：信，使相信。安，使安，安然，这里指不生疑心。

[2] 阴以图之：阴，暗地里。

[3] 刚中柔外：表面柔顺，实质强硬。

◇ **原书按语**

兵书云："辞卑而益备者，进也……无约而请和者，谋也。"故凡敌人之巧言令色，皆杀机之外露也。宋曹玮知渭州，号令明肃，西夏人惮之。一日，玮方对客弈棋，会有叛卒数千，亡奔夏境。堠骑（骑马的侦察员）报至，诸将相顾失色。公言笑如平时，徐谓骑曰："吾命也，汝勿显言。"西夏人闻之，以为袭己，尽杀之。此临机应变之用也。若勾践之事夫差，则竟使其久而安之矣。

【按语阐释】

曹玮闻知有人叛变投奔西夏，非但不惊恐，反而随机应变，谈笑自如，不予追捕，说叛逃者是自己有意派到西夏去的。消息传开，敌人误认为叛逃者是曹玮派来的内奸，把他们全部杀光。曹玮把笑里藏刀和借刀杀人之计运用得何其自如！古代兵法早就提醒过：切不可轻信对方的甜言蜜语，要谨防他们暗中隐藏的杀机。此计用于军事、政治与外交的伪装上，有时竟能打得对方措手不及，悔之晚矣。

◇ **用计例说**

⊙ 被"温柔之刀"割鼻的美人

魏国国君赠送楚王一个美人，楚王十分喜欢她。

楚王的夫人郑袖是一个善妒的女人。她看见楚王很喜欢新来的美人，便装出高兴的样子，对这个美人爱护照顾得无微不至，不管是衣服首饰，或者房间床被，都挑选最好的给她使用。别人看起来，郑袖简直比楚王还要喜爱这个美人。

楚王非常满意郑袖的作为，说："女人倚仗自己的美色来博取丈夫的欢心，如果因为丈夫喜爱别的女人而心生忌妒的话，这也是人之常情。现在郑袖明知我喜爱美女，因而冷落了她，她不但不妒忌，反而比我更加喜欢她。这就好像孝子侍奉父母、忠臣侍奉君主一般，尽心尽力，毫无不满，当真难能可贵。"因此对郑袖大为赞许。

郑袖等到获得楚王的充分信任后，就找了个机会向美人说："大王十分欣赏你的美貌，可是他却很讨厌你的鼻子，认为长得很丑。所以你见到大王，一定要记得把鼻子捂住，别增加他对你的反感。"

由于郑袖一直对自己很好，美人也就相信了她的"好意"。

尔后美人每次见了楚王，都听从郑袖的指示，把鼻子捂住。

过了一阵子，楚王觉得奇怪，便问郑袖说："为何每次美人见到我都要捂着鼻子呢？"

郑袖回答说："臣妾知道，只不过不敢说……"

楚王见郑袖一直对美人很好，一点儿也不怀疑她会刻意相害，便对她说："你尽管说好了，就算是坏话也不需要隐瞒。"

于是郑袖说："她好像很讨厌闻到大王身上的臭味。"

楚王听后勃然大怒，下令削去美人的鼻子，从此不再召见她。

⊙关云长大意失荆州

东汉末年，荆州由于地理位置十分重要，成为兵家必争之地。公元217年，鲁肃病死，孙、刘联合抗曹的"蜜月"已经结束。当时关羽镇守荆州，孙权久存夺取荆州之心，只是时机尚未成熟。不久以后，关羽发兵进攻曹操控制的樊城，怕有后患，留下重兵驻守公安、南郡，保卫荆州。孙权手下大将吕蒙认为夺取荆州的时机已到，但因有病在身，就建议孙权派当时毫无名气的青年将领

关羽擒将图 明 商喜

陆逊接替他的职位，驻守陆口。陆逊上任，并不显山露水，他定下了假与关羽和好、真备战的策略。他给关羽写去一封信，信中极力夸耀关羽，称关羽功高威重，可与晋文公、韩信齐名。自称一介书生，年纪太轻，难担大任，要关羽多加指教。关羽为人，骄傲自负，目中无人，读罢陆逊的信，仰天大笑，说道："无虑江东矣！"马上从防守荆州的守军中调出大部人马，一心一意攻打樊城。陆逊暗地派人向曹操通风报信，约定双方一起行动，夹击关羽。孙权认定夺取荆州的时机已经成熟，派吕蒙为先锋，向荆州进发。吕蒙将精锐部队埋伏在改装成商船的战舰内，日夜兼程，突然袭击，攻下南郡。关羽得信，急忙回师，但为时已晚，孙权大军已占领荆州。关羽只得退走麦城。

古代兵书告诫指挥员们，没有文字条约的求和一定有诈，要防止敌方在卑躬屈膝、甜言蜜语的背后加紧战备、暗藏杀机。

⊙赵匡胤杯酒释兵权

宋太祖赵匡胤曾导演过一部"笑里藏刀"的连续剧。

起初，赵匡胤佯装后周忠臣，制造黄袍加身、被众将强拉做皇帝的把戏，在

谈笑声中夺得后周江山，建立宋王朝。

赵匡胤建立大宋后，唯恐江山被自己的功臣夺走，于是请部将石守信等人饮酒。酒过三巡，宋太祖说："没有你们的力量，我不可能有今天，我将永远铭记你们的恩德。但是做天子也不容易，别人也想得到这个位置，我现在是夜不安枕啊。"群臣大惊，说："如今天命已定，谁还会有异心？"宋太祖接着说："你们当然不会有这个异心，但假如有一天你们手下的人弄件黄袍披在你们身上，你们不当皇帝也没有生路啊。"石守信等人大惊失色，慌忙请求太祖指条生路。太祖说："你们何不放弃兵权，去过荣华富贵的日子？我们君臣之间，也可免去一些猜忌。"石守信等人听了这番恩威并施的话，第二天便主动提出辞职，请求太祖解除他们的兵权。这样，赵匡胤就在饮酒谈笑之间，巧妙地解除了功臣们的兵权，免去心头之患。

赵匡胤称帝之初，十名节度使势力强大，骄横跋扈，难以管制，时称"十兄弟"。赵匡胤把他们10人召来，每人授佩剑一把，强弓一副，良马一匹。然后只身上马，不带卫士，和"十兄弟"到皇宫外林子中去饮酒。几杯酒后，赵匡胤说："这里僻静无人，你们谁想当皇帝，杀了我，便可以去登基。""十兄弟"被镇住了，一个个不寒而栗，拜伏在地，连声说："不敢不敢。"赵匡胤再三催问，他们不敢言语。从此，节度使们对宋太祖顺从有加。

雪夜访赵普图 明 刘俊

⊙出口骗局

据美国纽约《美洲华侨日报》报道，日本盗走我国的景泰蓝生产工艺就是用的笑里藏刀这一计。

日本某个首饰制造厂一直很仰慕我国的景泰蓝生产工艺，开始在家里看着我国生产的景泰蓝工艺品琢磨，想自学成才，结果怎么仿造也是个四不像。后来，这家首饰厂收买了一个华侨，交给他盗窃景泰蓝制作工艺的任务和方法。（这家工厂老板像中情局出身的）该华侨回国后，打扮成海外成功富商模样，装出一副救世菩萨面孔，自愿担当景泰蓝的代理商，主动提出帮助景泰蓝厂扩大出口。厂方被他的笑脸迷住了眼睛，接待他参观了制作的全部过程，并允许他拍了全部照片。不久，所谓日本制造的景泰蓝投入了国际市场，与我国的景泰蓝展开竞争。

◇**简评**

此计主要体现了"刚中柔外"的原理，"刀"属刚性，"笑"是柔性。作者把"刚中柔外"引入对敌斗争的谋略中，一般是指在政治、外交、军事斗争上向对手示好，以麻痹敌人，然后出其不意给敌以打击的欺骗谋略。

使用这一计时，要根据敌方指挥员的特点实施：对骄傲自大的要增加他的傲气；对心怀畏惧的要表示我方的诚意，使敌方放松警惕。我方则暗中准备，寻找有利时机对其发难。在生活中，笑是一种伪装、一种武器、一种润滑剂。笑里不一定要藏刀，面对难缠的对手、棘手的任务，笑里藏着热诚，便是一块敲门砖！

在学会使用这一计的同时，一定要学会识破别人使用此计。

在 20 世纪初，美国总统罗斯福一方面以温和态度宣示其政策，一方面以武力贯彻其主张。据此政策，美国介入中美洲事务、调停日俄纷争。当时有一幅讽刺漫画：山姆叔叔像一个超级巨人，一手抱着政策宣言，一手抓着大棒，睥睨一切。地球上各种被矮化的民族，都仰其鼻息。这是典型的笑里藏刀，一手拿花，一手持剑，顺我者送花，逆我者看剑！

◎敌战计◎

李代桃僵

◇计名探源

　　李代桃僵中的僵，是僵硬、干枯的意思。此计语出《乐府诗集·鸡鸣篇》："桃生露井上，李树生桃旁。虫来啮桃根，李树代桃僵。树木身相代，兄弟还相忘？"本意是指兄弟要像桃李共患难一样相互帮助，相互友爱。此计用在军事上，指在敌我双方势均力敌，或者敌优我劣的情况下，用小的代价，换取大的胜利的谋略。很像在象棋比赛中"舍车保帅"的战术。

　　战国后期，赵国北部经常受到匈奴及东胡、林胡等部落骚扰，边境不宁。赵王派大将李牧镇守北部门户雁门。李牧上任后，日日杀牛宰羊，犒赏将士，只许坚壁自守，不许与敌交锋。匈奴摸不清底细，也不敢贸然进犯。李牧加紧训练部队，养精蓄锐，几年后，兵强马壮，士气高昂。公元前250年，李牧准备出击匈奴。他派少数士兵保护边寨百姓出去放牧。匈奴人见状，派出小股骑兵前去劫掠，李牧的士兵与敌骑交手，假装败退，丢下一些人和牲畜。匈奴人占得便宜，得胜而归。匈奴单于心想，李牧从来不敢出城征战，果然是一个不堪一击的胆小之徒。于是亲率大军直逼雁门。李牧早料到骄兵之计已经奏效，于是严阵以待，兵分三路，给匈奴单于准备了一个大口袋。匈奴军轻敌冒进，被李牧分割成几处，逐个围歼。单于兵败，落荒而逃。李牧用小小的损失，换得了全局的胜利。

匈奴武士像

◇原书解语

　　势必有损，损阴以益阳[1]。

　　【解语注译】

[1] 损阴以益阳：阴，此指某些细微的、局部的事物。阳，此指整体意义上的、全局性的事物。这是说在军事谋略上，如果暂时要以某种损失、失利为代价才能最终取胜，指挥者应当机立断，以某些局部或暂时的牺牲，去保全或者争取全局的、整体性的胜利。这是运用我国古代阴阳学说的阴阳相生相克、相互转化的道理而制定的军事谋略。

◇原书按语

我敌之情，各有长短。战争之事，难得全胜。而胜负之诀，即在长短之相较；而长短之相较，乃有以短胜长之秘诀。如以下驷敌上驷，以上驷敌中驷，以中驷敌下驷之类，则诚兵家独具之诡谋，非常理之可测也。

【按语阐释】

两军对峙，敌优我劣或势均力敌的情况是很多的。如果指挥者指导思想正确，常可变劣势为优势。李代桃僵，就是趋利避害。指挥的高明之处，是要会"算账"。古人云："两利相权从其重，两害相衡趋其轻。"以少量的损失换取较大的胜利，这就是李代桃僵之计的实质。

◇用计例说

⊙牺牲亲子，程婴义救赵氏孤儿

春秋时期，晋国大奸臣屠岸贾鼓动晋景公灭掉于晋国有功的赵氏家族。屠岸贾率3000人把赵府团团围住，将赵家全家老小，杀得一个不留。幸好赵朔之妻庄姬公主已被秘密送进宫中。屠岸贾闻信欲赶尽杀绝，要晋景公杀掉公主。景公念在姑侄情分，不肯杀公主。公主已身怀有孕，屠岸贾见景公不杀她，就定下斩草除根之计，准备杀掉婴儿。公主生下一男婴，屠岸贾亲自带人入宫搜查，在忠臣韩厥的帮助下，一个心腹假扮医生，入宫给公主看病，用药箱偷偷把婴儿带出宫外，躲过了搜查。屠岸贾估计婴儿已偷送出宫，立即悬赏缉拿。赵家忠诚门客公孙杵臼与程婴商量救孤之计：如能将一婴儿与赵氏孤儿对换，我带这一婴儿逃到首阳山，你便去告密，让屠贼搜到假赵氏遗孤，方才会停止搜捕，赵氏嫡脉才能保全。程婴的妻子此时正生一男婴，他决定用亲儿子替代赵氏孤儿。他以大义说服妻子忍着悲痛把儿子让公孙杵臼带走了，并且依计向屠岸贾告密。屠岸贾迅速带兵追到首阳山，在公孙杵臼居住的茅屋，搜出一个用锦被包裹的男婴。于

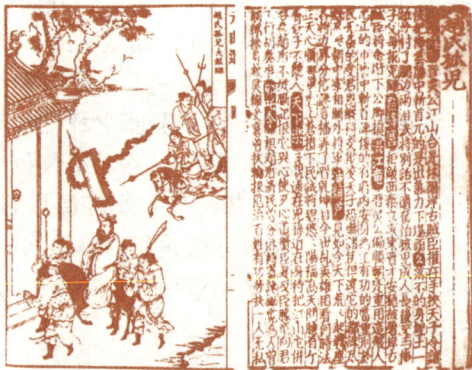

《赵氏孤儿》书影与插图
《赵氏孤儿》主要依据《史记·赵世家》所记录春秋晋灵公时赵盾与屠岸贾两个家族矛盾斗争的历史故事演绎而成。

是屠岸贾摔死了婴儿，认为已经斩草除根，从此放松了警惕。程婴虽已听说自己的儿子被屠岸贾摔死，但强忍悲痛，带着孤儿逃往外地。过了十五年，孤儿长大成人，知道自己的身世后，在韩厥的帮助下，起兵讨贼，杀了奸臣屠岸贾，报了大仇。

程婴见赵氏大仇已报，沉冤已雪，不肯独享富贵，于是拔剑自刎。他与公孙杵臼合葬一墓，后人称为"二义冢"。

⊙完子以身救国

春秋末期，齐国大夫田成子独揽了齐国大权。当时齐国面临内外交困的局面：内部百姓怨气很大，外部诸侯不服。田成子因上台的"名分不正"，所以对此一直苦无良策。终于，越国借口田成子谋逆篡权，出兵伐齐。田成子紧急召开幕僚会议，意见分歧很大。争来争去，田成子都觉得不是破敌良策。他心里琢磨：倾城出动迎敌，可是国力有限，而且仅靠一批善战勇士带领老百姓去打仗，不一定能获胜。现在自己地位又不太稳定，弄不好反而会出现被反戈一击的局面。割让城池也非上策，自己刚刚掌权就舍城丢池，将来难以建立威望，后患无穷。

正在这时，他的哥哥完子献计说："我请求兄弟准许我率领一批贤良之士出城迎敌，迎敌一定要真打，打一定要战败，不仅要战败而且一定要全部战死。唯有如此，才能退赵兵，保齐国。"

此语一出，满座皆惊。田成子也感到迷惑不解，问道："你为什么要带一批贤良之士出城迎敌？"

完子从容回答："王弟现在占据齐国，老百姓还不了解你的治国本领，没有看到你的政绩，有的私下里议论纷纷，说你是窃国之盗，不一定愿意为你打仗。现在越国来犯，而贤良之中又有不少骁勇善战的爱国之臣，认为我们蒙受了耻辱，急于出兵迎战。在我看来，出现这样的情况，我们齐国已经很令人忧虑了。"

"王兄所言极是，可为什么非得你主动战死才能保全国家呢？难道没有别的办法吗？"田成子面对仁爱而又勇敢的哥哥仍然不得其解。

完子说："越国出兵无非是要在诸侯面前抖抖威风，捞个正义的名声，况且，以其现在的实力还不可能完全吞并我们。我带领一批贤良之士出兵迎敌，战而败，败而死，这叫以身殉道。越国一看杀了你的兄长，教训我国的目的也就达到了。而随我战死的那些人也为国尽了忠心，没有战死的也不敢再回到齐国来。这样一来，国内的人心也就稳定了。所以，据我看来，这是唯一的救国之道了。"

田成子边听边流泪，他为兄长的自我牺牲精神所感动。为挽救齐国，他只好听从了兄长的意见。果然不出完子所料，越国军队在杀死包括完子在内的一批贤良之士后，立即撤兵，齐国终于转危为安。

⊙孙膑献计，田单赛马一输二赢

战国时期，孙膑因遭庞涓陷害被削去膝盖骨之后，在齐国大使的帮助下从魏国逃到齐国，住在大将田忌家中，被田忌奉为上宾。田忌喜欢赛马，多次与齐国贵族公子赌赛，但总是失败。孙膑仔细研究了双方赛马的情况之后，对田忌说："您再去赛马，我一定能使您获胜。"田忌深信不疑，就与齐王及诸公子以千金做赌注再赛一次马。到比赛时，孙膑对田忌说："现在您用下等马对他们的上等马，用您的上等马对他们的中等马，用您的中等马对他们的下等马。"赛了三次，结果田忌的马输一次赢了两次，于是得到了齐王的千金赏赐。田忌见孙膑见识不凡，便把他推荐给齐王，当了军师。

齐国殉马坑 战国

⊙稀缺的替罪羔羊

　　第二次世界大战期间，美国本土的重要工业将受到日本轰炸的传言甚嚣尘上。加州米高梅制片厂有感事态严重，聘请伪装工事专家，不惜一切将制片厂予以伪装。这位专家坚决拒绝，追问之下他才道出真相：依照美国陆军部的指令，当他们伪装一个重要工厂之后，要另外设置一个替代目标，米高梅制片厂已经被指定为道格拉斯飞机厂的替代目标。换句话说，米高梅已获得替罪羔羊的"殊荣"，怎么可以溜呢？

⊙博士伦轻装上阵得兴隆

　　1981年，当丹尼尔·吉尔成为博士伦公司总裁时，该公司的销售额跌入最低谷，许多企业都严重亏损。吉尔毫不犹豫地甩掉了那些亏损企业，放弃了占该公司销售额一半的业务，解雇了大部分高级管理人员，对总部进行了彻底改组。他将裁减的那些单位、部门所得的收入投入到隐形眼镜、透镜维护产品和雷明太阳眼镜等核心产业中，以实现技术现代化。他还派出市场调查人员开展"在全球我们能有什么作为"的调查，在充分调查论证的基础上又扩展了4项业务。投资总额不到2000万美元，就开拓了中国的隐形眼镜市场。这一系列措施，使博士伦公司的销售额从原来一年大约4亿美元猛增到将近20亿美元，利润率从8%上升到20%左右。

⊙"椰菜娃娃"开创新潮流

　　20世纪80年代，一种须要办理领养手续的玩具娃娃风靡全美。

　　心理学家认为，这种玩具有助于培养儿童的爱心和责任感；

　　玩具专家认为，这种玩具代表着欧美玩具业的发展趋势；

　　营销学者认为，这种玩具的促销成功证明"创造市场"的时代已来临。

　　椰菜娃娃是美国克莱克公司制造并推出的一种以领养方式出售的布娃娃。它不像其他布娃娃那样被摆在货架上，而是放在小小的婴儿床上，身旁还有出生证明，上面写着姓名、性别、出生年月、地点。有心"领养"的小朋友们先要办好手续，才能将自己的"孩子"抱回家中。1983 年，它刚投放市场就赢得了广大消费者的青睐，在不到 6 个月的时间里，这种娃娃一下子销售了 300 万个。它迅速成为美国家喻户晓的人物，成为连环画、漫画的主角，甚至成为"爱"和"成功"的代名词。

椰菜娃娃的促销活动之所以取得如此大的成功，一方面是因为克莱克公司的公共关系人员通过深入的调查研究，了解了公众心理，掌握了市场动态，从而以"李代桃僵"的形式使宣传工作深入人心，一举中的；另一方面也是因为该公司善于利用新闻媒介扩大影响。在整个促销活动中，克莱克公司向各大电讯网、报道及图片辛迪加发送的文字和图片报道有 50 余篇，通过电视网播放的有关椰菜娃娃的电视节目达 50 多个，从而达到了促销的目的。

◇简评

桃树要受罪遭难了，由李树来代替，桃活李死，谓之"李代桃僵"。这是一个比喻，用来概括各种替代受过、受难的现象或做法。

在战场上较量时，兵家们往往牺牲局部保全整体，或牺牲小股兵力，保存实力，以获得最后的胜利，这是一种"李代桃僵"法。

大难当前，主动站出来代人受苦受难也是一种代僵法。在历史上，这类事迹很多，当然，与高风亮节并存的还有统治者割发代首的荒诞权术，更有作奸犯科的恶棍抓替罪羊的卑劣行径。在历史上、文学中以及现实里随处可见。

在现代，李代桃僵之计依然在军事、政治上被广泛地运用。第二次世界大战中，英军竟然刻意制造假船舰，停泊在港口当诱饵，以吸引德军的攻击。英国首相丘吉尔看了扮演"李代桃僵"的船舰后说："应该撒些食物，让海鸥在四周飞翔，才够逼真！"

俗话说商场如战场，在经济领域，此计也被一些有远见的企业家运用。一家企业的负责人接受某商业杂志访问时说："做生意与下围棋一样，要能体会'交换''相对'的概念。企业经营在无法全赢、通吃的状况下，'舍小就大'就成为必要的选择了。"

◎敌战计◎

顺手牵羊

◇计名探源

　　顺手牵羊是看准敌方在移动中出现的漏洞，抓住薄弱点，乘虚而入获取胜利的谋略。古人云："善战者，见利不失，遇时不疑。"意思是要捕捉战机，乘隙争利。

战阵图 东晋

　　公元383年，前秦统一了黄河流域，势力强大。前秦王苻坚坐镇项城，调集90万大军，打算一举歼灭东晋。他派其弟苻融为先锋攻下寿阳，初战告捷。苻融判断东晋兵力不多并且严重缺粮，建议苻坚迅速进攻东晋。苻坚闻信，不等大军齐集，立即率几千骑兵赶到寿阳。东晋将领谢安得知前秦近百万大军尚未齐集，决定抓住时机，击败敌方前锋，挫敌锐气。于是派谢石为大将军，马上统兵出征。谢石先派勇将刘牢之率精兵5万，强渡洛涧，杀了前秦守将梁成。刘牢之乘胜追击，重创前秦军。谢石率师渡过洛涧，顺淮河而上，抵达淝水一线，驻扎在八公山边，与驻扎在寿阳的前秦军隔岸对峙。苻坚见东晋阵势严整，立即命令坚守河岸，等待后续部队。谢石感到机会难得，只能速战速决。于是，他决定用激将法激怒骄狂的苻坚。他派人送去一信，说道，我要与你决一雌雄，如果你不敢决战，还是趁早投降为好。如果你有胆量与我决战，你就暂退一箭之地，让我渡河与你比个输赢。苻坚大怒，决定暂退一箭之地，等东晋部队渡到河中间，再回兵出击，将晋兵全歼水中。他哪里料到此时秦军士气低落，撤军令下，顿时大乱。秦兵争先恐后，人马冲撞，乱成一团，怨声四起。这时指挥已经失灵，几次下令停止退却，但如潮水般撤退的人马已成溃败之势。这时谢石指挥东晋兵马，迅速渡河，乘敌大乱之际，奋力追杀。前秦先锋苻融被东晋军在乱军中杀死，苻坚也中箭受伤，慌忙逃回洛阳。前秦大败。淝水之战，东晋军抓住战机，乘虚而入，是古代战争史上以弱胜强的著名战例。

微隙在所必乘[1]，微利在所必得。少阴，少阳[2]。

【解语注译】

[1] 微隙在所必乘：微隙，微小的空隙，指敌方的某些漏洞、疏忽。

[2] 少阴，少阳：少阴，此指敌方小的疏漏；少阳，指我方小的得利。此句意为我方要善于捕捉时机，伺隙捣虚，将敌方小的疏漏转化为我方小的胜利。

◇**原书按语**

大军动处，其隙甚多，乘间取利，不必以胜。胜固可用，败亦可用。

【按语阐释】

大部队在运动的过程中，漏洞肯定很多。比如，大兵急促前进，各部运动速度不同，给养可能造成困难，协调可能不灵，战线拉得越长，可乘之隙一定越多。看准敌人的空隙，抓住时机一击，只要有利，不一定完全取胜也行。这个方法，胜利者可以运用，失败者也可以运用；强大的一方可以运用，弱小的一方也可以运用。战争史上经常用小股游击队，钻进敌人的心脏，神出鬼没打击敌人，攻敌薄弱处，随手得利。这样用顺手牵羊法取胜的例子，不胜枚举。

◇**用计例说**

⊙赵匡胤"出师湖南，假道荆渚"

北宋建立以后，依旧是"卧榻之侧，皆他人家"的局面。在其南面，尚有南平、武平、后蜀、南唐、吴越等割据政权；在其北面，还有辽和北汉政权。为了统一天下，赵匡胤决定采取先易后难、先南后北的战略方针，首先将兵锋对准荆湖地区的南平和武平割据势力。

南平是后梁时高季兴所建立的割据政权，定都江陵，拥有荆、归、峡三州之地。武平原为唐末武安节度使马殷在湖南建立的割据政权。建隆三年（962 年）九月，武平节度使周行逢病死，其 11 岁的儿子周保权继位。衡州刺史张文表不服，

宋太祖赵匡胤像

发动兵变，然后率部伪装成奔丧的样子，直奔朗州（今湖南常德）。在武平发生内乱的时候，南平也发生了变故。周保权得知张文表起兵反叛，一面派兵前去平叛，一面遣使向宋廷求援。赵匡胤正在计议吞并荆湖，苦于没有充足的理由，这下一见周保权上门求援，不禁大喜过望，于是决定采用顺手牵羊之计，"出师湖南，

假道荆渚"，一箭双雕，以借道为名灭南平，以救援为由灭武平。

赵匡胤任命慕容延钊为湖南道行营都总署，李处耘为都监，率领大军南下。乾德元年（963年）正月初七，宋军开始行动。当宋军尚未进入湖南时，张文表的反叛已被平定，但宋军依旧按原计划南下。李处耘率兵到襄州（今湖北襄阳）后，即派人到荆南借路。高继冲不仅答应了宋军的要求，还派他的叔父高保寅去慰劳宋军。

二月初九，带着大量慰问品的高保寅来到荆门，同宋军相遇。李处耘热情接待了他们，并挽留他们在军营中过夜。当晚，慕容延钊大

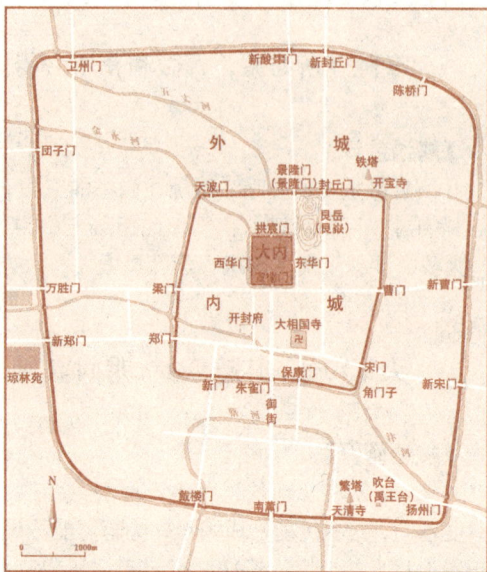
北宋东京城平面图

摆宴席，为高保寅接风洗尘。在开怀畅饮的同时，李处耘已暗中率数千骑直扑江陵。高继冲听说宋军已至，只好出城迎接。李处耘令他在城外等候慕容延钊大军，自己则率兵进入城中，迅速占领城内要地。高继冲见大势已去，只得率军投降。

宋兵占领荆南后，马不停蹄地向湖南进发。周保权一见宋军来意不善，立即派兵抵抗。赵匡胤遣使劝降："应你们的请求，才发大军相助。如今你们出尔反尔，抗拒王师，是何道理？希望诸位明形势，识时务，不要螳臂当车，自取灭亡，并连累百姓遭殃！"可是，宋廷的劝降遭到了周保权的拒绝。宋军一见劝降不成，便决定使用武力。

慕容延钊分兵两路，水陆并进。水军东趋岳州（今湖南岳阳）；陆军则出澧州（今湖南澧县），直指朗州。宋水军从江陵沿长江顺流而下，二月底在岳阳北的三江口大败武平军，缴获战船700余艘，歼敌4000余人，接着占领岳阳。陆路由李处耘率部先行，慕容延钊率大军继后。三月初进抵澧州南，同周保权大将张从富遭遇。两军尚未交锋，张从富便望风而溃。宋军尾随追击，直入朗州城。周保权只剩下孤家寡人，乖乖地当了俘虏。武平割据政权就这样灭亡了。

荆湖地区"南通长沙，东踞建康，西迫巴蜀"，具有重要的战略地位。赵匡胤巧用顺手牵羊之计，首战告捷，没费多大力气便平定荆湖，为后来入川灭蜀、进军岭南和消灭南唐割据政权创造了极为有利的条件。

⊙打劫邀功的败军之将

1702年夏天的一日，一支英国舰队突然出现在西班牙的加的斯港。此前英国和西班牙多次进行海战，争夺海上老大的地位。而这次，英国舰队作战意图是十

分明显的，即夺取加的斯港，进而控制地中海的入海口。

英国舰队的司令官是奥蒙德公爵。当他的舰队驶近港口时，由于敌情不明，奥蒙德公爵过于谨慎，没有立即下达进攻命令。实际上，该港口的西班牙军队军备懈弛，兵力不足，如果立即发动攻击，西班牙人必败无疑。奥蒙德公爵的迟疑给了西班牙军队喘息的时机。过了一段时间，当西班牙守军已完全准备好后，奥蒙德公爵却下令英军攻击，结果战斗打得异常艰苦。双方相持了一个多月，西班牙人仍坚持战斗，英国人无法登陆。

面对与日俱增的伤亡和军需的消耗，乔治爵士向奥蒙德公爵建议说："老奥啊，如果我们再这样打下去，会支持不住的，不如带着兄弟们回国吧！以后再收拾他们不迟，保存一些实力也好回去向老大交代。"奥蒙德公爵这时情绪很低落，看到这种现状，也只好同意，并命令手下通知各舰，清点人数和食品、淡水的储备量，计算好每日的消耗，准备启程回国。

正当英国人准备撤离时，有人向奥蒙德公爵报告说：有一批西班牙的运宝船，刚刚停泊在离加的斯港不远的比戈湾内。奥蒙德公爵听到这个消息后，马上就来了精神。他想：这次舰队远征一无所获，如果抢下西班牙这批宝物，大家发财不说，也好在国王面前有个交代。于是，他下令舰队驶向比戈湾。在发财欲望的刺激下，英国舰队全速前进。比戈湾内的西班牙海军还未反应过来便遭到英国水兵暴风骤雨般的打击，西班牙运宝船被英国人洗劫一空。

奥蒙德公爵将劫得的价值100万英镑的宝物献给英国国王威廉三世，不提攻占港口的失策，而将抢劫西班牙运宝船的经过添油加醋地描绘了一番。由于奥蒙德公爵顺手牵了一头"大羊"，国王不仅没有责怪他指挥作战不利，反而大大夸奖了他一番。

⊙天天低价的沃尔玛巧取微利

沃尔玛一直特别注重价格竞争，长期奉行薄利多销的经营方针。沃尔玛的名言是："一件商品，成本8毛，如果标价1元，销售数量是1.2元时的3倍。我在一件商品上所赚不多，但卖多了，我就有利可图。"所以，沃尔玛提出了一个响亮的口号："销售的商品总是最低的价格。"然而，维持长期低价并不是一件轻而易举的事，沃尔玛之所以能长期保持价格优势还得益于其有效的成本控制。

第一步，争取低廉进价。

第二步，使用完善的物流管理系统。沃尔玛被称为零售配送革命的领袖，其独特的配送体系大大降低了成本，加速了存货周转，成为"天天低价"最有力的支持。至1996年，沃尔玛已拥有30个配送中心、2000多辆运货卡车，保证货物从仓库到任何一家商店的时间不超过48小时。相对于其他同业商店平均两周补货一次，沃尔玛可保证分店货架平均一周补货两次。由于这套快捷运输系统的有效运作，沃尔玛85%的商品通过自己的配送中心运输。其结果是沃尔玛的销售成本因此低于同行业平均销售成本2%～3%，这成为沃尔玛全年低价策略的坚实基石。

第三步，营销成本的有效控制。沃尔玛对营销成本的控制非常严格。沃尔玛的广告开支仅相当于美国第二大连锁店西尔斯的 1/3，每平方米销售额比美国第三大连锁店凯马特高一倍。沃尔玛的营销成本仅占销售额的 1.5%，商品损耗率仅为 1.1%，而一般美国零售商店这两项指标的平均值分别高达 5% 和 2%。这些都使得沃尔玛实施低价策略的实力进一步增强。

◇简评

顺手牵羊是看准敌方在移动中出现的漏洞，抓住薄弱点，乘虚而入获取胜利的谋略。此策略的核心，即在一个"顺"字。

顺，有时须要坐待，多半须要营造。作为一种计谋，顺手牵羊常常不是等"羊"自动找上门来，而是着意寻找敌方的空子或诱使敌方出现漏洞，并进一步利用漏洞，从而使自己牵羊时很"顺手"。

这里必须说明的是，"微隙"是否"必乘"，"微利"是否"必得"还得依据全局的需要来定。有时局部的损失可以换来全局的胜利，就如同第十一计"李代桃僵"里面讲的一样。另外，我方要乘敌之隙，得敌之利，敌人同样也会如此对我方。对付敌人此计的方法，是要严密防范，使敌无隙可乘，特别是要防止在关键点上出现漏洞。

◎攻战计◎

打草惊蛇

◇计名探源

打草惊蛇，语出段成式《酉阳杂俎》：唐代王鲁任当涂县县令，搜刮民财，贪污受贿。有一次，县民控告他的部下主簿贪赃。他见到状子，十分惊骇，情不自禁地在状子上批了八个字："汝虽打草，吾已惊蛇。"

打草惊蛇作为谋略，是指敌方兵力没有暴露，行踪诡秘，意向不明时，切切不可轻敌冒进，应当查清敌方主力配置、运动状况再说。

◇原书解语

疑以叩实[1]，察而后动；复者[2]，阴之媒也[3]。

【解语注译】

[1]疑以叩实：叩，问，查究。意为发现了疑点就应当考察研究清楚。

[2]复者：反复去做，即反复去叩实而后动。

[3]阴之媒也：阴，此指某些隐藏着的、暂时尚不明显或未暴露的事物、情况。媒，媒介。"复者，阴之媒也"，意即反复叩实查究，而后采取相应的行动，实际是发现隐藏之敌的重要手段。

◇原书按语

敌力不露，阴谋深沉，未可轻进，应遍挥其锋。兵书云："军旁有险阻、潢井、葭苇、山林、翳荟者，必谨复索之，此伏奸所处也。"（《孙子·行军篇》）

【按语阐释】

兵法早已告诫指挥者，进军的路旁，如果遇到险要地势、坑地水洼、芦苇、密林、野草遍地，一定不能麻痹大意，稍有不慎，就会"打草惊蛇"而被埋伏之敌所歼。可是，战场情况复杂，变化多端，有时己方巧设伏兵，故意"打草惊蛇"，让敌军中计的战例也层出不穷。

打草惊蛇之计，一则指对于隐蔽的敌人，己方不得轻举妄动，以免敌方发现我军意图而采取主动；二则指用佯攻助攻等方法"打草"，引蛇出洞，使其中我埋伏，然后聚而歼之。

◇用计例说

⊙弦高惑敌救国

春秋时代，郑国商人弦高的打草惊蛇之计，表现得非常高明。俗话说"山中无老虎，猴子称霸王"，一点儿没错。公元前627年，晋文公去世，秦穆公不顾老臣蹇叔、百里奚的劝谏，企图再次进攻中原。他命孟明视等三位大将率军攻打郑国。

伐郑大军浩浩荡荡地出发了，到了距离郑国不远的滑国时，碰到了郑国商人弦高，他将去东周辖地做生意。知道了秦军此行的目的后，弦高让人偷偷赶回郑国去给国君报信，自己以郑国使者的身份求见，说："我国国君听说秦军不远千里而来，特派我备送4张皮革和12头牛，犒赏秦军。"孟明视见弦高未带任何国书，怀疑他的身份。弦高不紧不慢地说："将军在去年十二月就出发了，我国国君在仓促间唯恐来不及犒军，只好以口谕替代书。"孟明视心头一惊：郑国情报精确，连我何时出发都了如指掌，想必早已挖好了坑等着我们去跳呢！于是改变计划，灭了滑国之后，不敢再打郑国的主意，班师而回。

弦高此举使郑国避免了一场大灾难。郑穆公以存国之功赏之，弦高辞而不受。

⊙甘露寺东吴招亲

东汉末年诸葛亮用计，帮刘备"借"走了荆州。周瑜为了讨回荆州，设下一计，派吕范前往荆州说媒，提出要刘备到东吴入赘，娶孙权之妹为妻。为的是把刘备骗来拘禁，若不把荆州来换，便杀了刘备。周瑜此计，对诸葛亮来说"正中下怀"。他要刘备应允下来，并依从了周瑜的安排，去了江东。诸葛亮交给随行的赵云三个锦囊妙计，第一个就是让随行的军士披红挂彩，大张旗鼓，在城里买办物品，大肆宣传，让全城的人都知道吴国太嫁女给刘备。刘备牵羊担酒去拜见周瑜的丈人乔国老，告诉他入赘的事。乔国老便入府向吴国太祝贺。但吴国太还蒙在鼓里，立即派人找孙权来问个明白。得知是周瑜之计，吴国太大为恼怒，大骂周瑜："他当了六郡大都督，无计讨还荆州，却使我女儿做美人计。杀了刘备，我女儿便是望门寡，误了我女儿一世！"乔国老也说："若用此计讨还荆州，必被天下人耻笑！此事如何行得？"说得孙权默默无语，最后只得依从母命，将妹妹嫁给了刘备。最后刘备带着夫人离开江东，让周瑜赔了夫人又折兵。刘备手下人在城里大肆张扬，

甘露寺东吴招亲 年画

谓之"打草",孙权无法应付母亲,只得将妹妹嫁给刘备,谓之"惊蛇"。

⊙徐庶以马试刘备

徐庶是东汉末年有名的谋士。他听说刘备是一个为人宽厚仁慈的贤明之主,很想投靠他,但不知刘备是否像人们所说的那样。于是,徐庶想试探一下刘备的虚实。

一天,徐庶见刘备专心致志地欣赏坐下的战马,便上前对刘备说:"我以前学过一点儿相马术,让我来看看您的马。"刘备叫人把战马绕徐庶转了几圈,徐庶突然故作惊讶地说:"主公的马虽是一匹好马,但终究要伤害一人。主公可以先把这匹马送给您所痛恨的人,等伤害他之后,您再骑它就平安无事了。"

刘备一听这话,很不高兴地说:"我希望先生告诉我做善事的道理,不要教我害人的办法。"徐庶在旁哈哈大笑:"主公,得罪了!我一直听人说主公仁德,今日特用这番话试探您,果然名不虚传。"

从此,徐庶尽心辅佐刘备,以后又为刘备推荐了旷世之才诸葛亮。

徐庶采用试探手法,诱使刘备暴露其真实品性,这是"打草惊蛇"的策略。

⊙萧衍两封信引蛇相斗

南朝齐永元二年(500年),雍州刺史萧衍拥兵自重,齐王萧宝卷甚为不安。当时,西中郎长史萧颖胄具体负责州府事务,在地方很有实力。萧宝卷派遣辅国将军、巴陵和临潼两郡太守刘山阳率领3000名兵士,会同萧颖胄的兵力一起袭取军事重地襄阳,想剿灭萧衍的势力。

萧衍得知这一阴谋后,就派遣参军王天虎去江陵,给荆州和西中郎府的官员们每人送去一封信,信中说:"刘山阳率兵西进,要同时袭击荆州和雍州。"萧衍对部将们说:"荆州本来就惧怕襄阳人,加上唇亡齿寒,不怕萧颖胄他不有所畏惧。"

萧颖胄收到萧衍的信件以后,果然迟疑不决。刘山阳到了巴陵,萧衍再次命令王天虎送信与萧颖胄兄弟。王天虎出发之后,萧衍对幕僚说:"用兵之道,攻心为上。前不久,我派遣王天虎去荆州,给每个人都送了信。近来驿使四处传信,忙个不停,但只有两封信给萧颖胄兄弟,信中只写:'王天虎口述'。他们问具体情况时,王天虎又一句也说不上来,因为我压根就没有向他交代过一句话。王天虎是萧颖胄信得过的心腹之人,所以萧颖胄身边的人见问不出个所以然来后,肯定会认为萧颖胄与王天虎一起隐瞒着什么事情,不知道朝廷的用意何在,于是人人心中都会疑窦丛生。刘山阳被众人的议论搞迷糊了,就一定会对萧颖胄产生怀疑,他们互相之间将不再信任。这样的话,萧颖胄进退两难,无论如何也解脱不了自己,必然要落入我的圈套之中。这是以两封空函定一州之妙计啊!"

刘山阳到了江安,迟疑了10多天,不往前开进。萧颖胄对此大为恐惧,然而又想不出什么良策妙计来。夜里,他叫来幕僚一起商议对策。众人说:"萧衍在雍州招兵买马,已经不是一天两天的事了。要收拾他们是难上加难,即使能制服他们,最后也不会为朝廷所容忍。如果斩了王天虎,把王天虎的首级送给刘山阳,那么他的疑虑就可以消除。等他来了之后，再把他收拾掉，一定可以成功。"

第二天早晨，萧颖胄令人斩了王天虎，把首级送给刘山阳，并且调用民众的车，声称派遣步军去征讨襄阳。刘山阳见状便打消了疑虑，只带了几十个随从去见萧颖胄。萧颖胄在城内埋伏了兵力，待刘山阳进入城门之后，就在车中把他斩首。

襄阳之围随之不战而解。

⊙李自成大破开封

李自成起义部队逐步壮大，所向披靡，1642年，围困明朝开封城。

崇祯连忙调集各路兵马，援救开封。李自成部队已完成了对开封的包围部署，正待进攻，敌人25万兵马和1万辆炮车增援开封，集中在离开封西南45里的朱仙镇。李自成为了不让援军与开封守敌合为一股，在开封和朱仙镇分别布置了两个包围圈，把敌军分割开来。又在南方交通线上挖了一条长100里、宽1丈6尺的大壕沟，一断敌军粮道，二断敌军退路。敌军各路兵马，貌合神离，心怀鬼胎，互不买账。李自成兵分两路，一路突袭朱仙镇南部的虎大威的部队，造成"打草惊蛇"之势，一路牵制力量最强的左良玉部队。击溃虎大威部后，左良玉果然因被围困得难以脱身，人马损失过半，拼命往西南突围。李自成故意放开一条路，让败军溃逃。左良玉退了几十里又遇截击。面对李自成挖好的大壕沟，马过不去，士兵只得弃马过沟，仓皇逃命。这时李自成早已部署在此地的伏兵迅速出击，很快把左良玉的军队打得人仰马翻，尸填沟堑，全军覆没。

◇简评

打草惊蛇之计，一则指对于隐蔽的敌人，己方不得轻举妄动，以免敌方发现我军意图而采取主动；二则指用佯攻、助攻等方法"打草"，引蛇出洞，中我埋伏，聚而歼之。

《孙子兵法·行军篇》中告诫指挥者：进军的路旁，如果遇到险要地势、坑地水洼、芦苇密林、野草遍地，一定不能麻痹大意，稍有不慎，就会"打草惊蛇"而被埋伏之敌所歼。可是，战场情况变化万端，一方巧设伏兵，故意"打草惊蛇"，让敌军中计的战例也层出不穷。

◎攻战计◎

借尸还魂

◇**计名探源**

借尸还魂，原意是说已经死亡的东西，又借助某种形式得以复活。用在军事上，是指利用、支配那些没有作为的势力来达到我方目的的策略。战争中往往有这类情况，对双方都有用的势力，往往难以驾驭，很难加以利用。而没有什么作为的势力，往往要寻求靠山。这个时候，利用和控制这部分势力，往往可以达到取胜的目的。

说到此计名，还有一个传说。

铁拐李原名叫李玄，原来不跛，也没有那么落魄，本来玉树临风、潇洒风流。问题就出在李玄有一种特异功能：灵魂出窍。有一天，他要随着太上老君神游太虚，便交代徒弟说："你要好好守着我的躯体，我7天之内就会还魂。若7天未回，便是成仙了，可将躯体火化。"事不凑巧，到了第六天，这徒弟的母亲病危。徒弟不能做个不孝子，只能选择回家。在孝与义无法两全之下，徒弟只好忍痛将李玄的躯体火化。第七天，李玄神游归来，完了，躯体找不着了，眼看要做孤魂野鬼了。情急之中，他在路边找到一个刚刚死去的乞丐。李玄想，顾不了那么多了，虽然他没有自己帅，但多少还是个肉身，于是用他的尸体还了自己的魂。从此，李玄一变，成为蓬头垢面的跛脚乞丐李铁拐了。

李玄借尸还魂，巧妙地把自己依附在废物上。乞丐的尸体看似无用，但只要有了适当的依托，一样可以活灵活现，正如此计正文中说的：一些有用的东西（如权势、实力、财富等），往往掌控在别人手中，是借不到的，不容易为我所用；一些看似不能用的东西（名义、旗号、声望），只要借助于它，善加利用，往往能发挥一定程度的作用。因此，要假借那些看似无用之物，发挥"无用之用"，创造奇效。《易经·蒙卦》指出，这并不是我求助于愚昧之人，而是愚昧之人求助于我。

◇**原书解语**

有用者，不可借[1]；不能用者，求借[2]。借不能用者而用之，"匪我求童蒙，童蒙求我[3]。"

【解语注译】

[1]有用者，不可借：意为世间许多看上去很有用处的东西，往往不容易去驾驭，为己所用。

[2]不能用者，求借：此句意与上句相对。即有些看上去无甚用途的东西，往往有时还可以借助它，使其为己发挥作用。犹如我欲"还魂"还必得借助看似无用的"尸体"的道理。此言兵法，是说兵家要善于抓住一切机会，甚至是看上去无甚用处的东西，努力争取主动，壮大自己，及时采取行动变不利为有利，乃至转败为胜。

[3]匪我求童蒙，童蒙求我：语出《易经·蒙》。蒙，卦名。本卦是异卦相叠（下坎上艮）。本卦上卦为艮为山，下卦为坎为水为险。山下有险，草木丛生，故说"蒙"。这是蒙卦卦象。这里"童蒙"是指幼稚无知、求师教诲的儿童。此句意为不是我求助于愚昧之人，而是愚昧之人有求于我。

◇原书按语

换代之际，纷立亡国之后者，固借尸还魂之意也。凡一切寄兵权于人，而代其攻守者，皆此用也。

【按语阐释】

历史上常有这种情况，在改朝换代的时候，都喜欢推出亡国之君的后代，打着他们的旗号，来号召天下。用这种"借尸还魂"的方法，达到夺取天下的目的。在军事上，指挥官一定要善于分析战争中各种力量的变化，要善于利用一切可以利用的力量。有时，我方即使受挫，处于被动局面，但如果善于利用敌方矛盾，利用一切可以利用的力量，也能够变被动为主动，改变战争形势，达到取胜的目的。

◇用计例说

⊙借鸡下蛋在称帝上的妙用

秦灭六国后，楚人对秦的怨愤最深，反抗最烈。所以当时即有人预言："别小瞧了楚国，只要还剩下几个喘气的，那么最后消灭秦国的必是楚国。"果然，后来首先举起义旗的是以陈胜、吴广为首的农民军，他们中的大多数原为楚国人。他们建立的农民政权，即号为"张楚"。响应陈胜、吴广而继起的是项梁、项羽叔侄，他们杀了会稽（今江苏苏州）郡守殷通，举兵反秦。

当时有广陵人召平过江来找项氏叔侄，并假传张楚王陈胜的命令，拜项梁为张楚政权的上柱国（相当于丞相之位），要他领兵过长江参战。于是项梁、项羽便率领江东精兵800人西渡长江，转战于江淮之间，屡战屡胜。接着他们又先后收编了陈婴、黥布、蒲将军等多路起义军，部队迅速发展到六七万人。

秦二世元年（前209年），当项梁、项羽部队进驻薛城（今山东南部）不久，突然传来陈胜在陈县（今河南淮阳）被秦将章邯打败、为车夫庄贾所杀的消息。项梁听说后，便召集部属商议应变之策。当时有些部将、谋士极力怂恿项梁自立为楚王，项梁一时拿不定主意。恰在这时，从居鄛（今安徽巢县）来了一位70岁的老人求见。老人姓范名增，很有些知识和见解，常能给人出些奇特的计谋。项梁当即接见了范增，范增说："依我看，陈胜的失败是必然的。陈胜不是出身名门大族，声望不高，又无大的才干，虽首先起义抗秦，但骤然据地称王，而不立楚国王室的后裔为王，显然并不明智。上柱国如能顺应民心，扶植楚王的后裔，楚地百姓自然会闻风而至，聚集于你的麾下，天下便一举可定了。"项梁很高兴地采纳了范增的建议，派人四处寻访楚国王室的后裔。

事有凑巧，他们正好在民间寻访到一个名叫熊心的牧童，查问起来，确实是90年前客死于秦的楚怀王的孙子。于是项梁立即将牧童迎来奉为楚怀王，定盱眙为国都，项梁则自称武信君。之后，楚项部众迅速扩大到数十万。公元前208年，项梁战死。公元前207年，项羽在巨鹿以破釜沉舟的决心与胆识，击溃秦军主力章邯军40万人，与刘邦等部共同推翻了秦王朝的暴虐统治。灭秦之后，项羽自称西楚霸王，而依范增借尸还魂之计借来的楚怀王熊心这具政治僵尸，由于已无再利用的价值，便被项羽改号义帝流放异地。

⊙一呼百应，陈胜揭竿而起

公元前209年七月，阳城人陈胜、阳夏人吴广等900人被征戍守渔阳，行进之中天降大雨，道路被阻，估计难以如期到达目的地。按秦时法律，被征者没有按时到达，都要被处死。陈胜、吴广商议：既然难免一死，还不如起义与秦拼个你死我活。

陈胜说："天下的人早就受够了秦朝暴政的苦难，如果借公子扶苏和楚将项燕之名揭竿反秦，响应的人一定很多。"

公子扶苏是秦始皇的长子，本应继承王位，由于他多次对秦王的残暴提出意见，被父亲派到

陈胜像

边远地区守边去了。其弟秦二世即位后，将他杀害。很多老百姓都知道他的贤德，并不知道他已经死了。项燕是楚国大将，屡建战功而体恤下士，深得楚国人的崇拜。

主意既定，陈胜、吴广听信占卜人之言，先造声威，用朱砂在丝帛上写上"陈胜王"，将它放在鱼肚中，士卒买回这条鱼，剖开发现丝帛，大为惊异。吴广半夜跑到附近的荒庙中，点上篝火，学狐狸叫："大楚兴，陈胜王。"士兵们听到叫声，以为是天意。

陈胜、吴广杀了两个带队的将尉，号召士卒举起义旗，死里求生。士卒们表示愿意服从。陈胜、吴广便顺应民意，借扶苏和项燕之名正式起义，立号"大楚"。

陈胜为将军，吴广为都尉。义军一举攻下数城，陈胜被立为王，国号"张楚"。

⊙引狼入室，刘璋痛失益州

赤壁大战之后，刘备势力增强，但还不具备雄厚的实力。他和孙权都把眼睛盯住四川，那里地理位置好，资源丰富，是个可以大展宏图的好地方。但是，曹操统一中原的决心已定，虎视眈眈，牵制住了孙权的力量。刘备、孙权一时都无法对四川下手。公元215年，曹操进攻汉中，张鲁降曹，益州刘璋集团形势危急。这时，刘璋集团内部争权夺利，分崩离析。刘璋深怕曹操进攻四川，心想，不如请刘备来，共同抵御曹操。刘备得信，正中下怀，喜不自胜，这不正是他进军四川的大好时机吗？他派关羽留守荆州，亲自率步卒万人进入益州。刘璋推举刘备为大司马领司隶校尉，自己为镇西大将军兼益州牧。

刘备、刘璋的这段"蜜月"肯定长不了。一日，刘备接到荆州来信，说曹操兴兵侵犯孙权。刘备请刘璋派3万精兵、10万斛军粮前去助战。刘璋怕削弱了自己的力量，只同意派3000名老兵出川。刘备乘机大骂刘璋，我为你抵御曹操，你却吝惜钱财。我怎能和你这种人合作共事！于是向刘璋宣战，乘胜直捣成都，完成了占领四川的计划。刘备就是借刘璋这个"尸"，扩充了实力，占据了四川，为以后建国打下基础的。

⊙杨延昭借水筑冰墙

宋太宗年间，赫赫有名的杨令公杨继业死后，他的儿子杨延昭（原名杨延朗）继承了他的遗志，继续保卫宋朝的边疆。咸平二年（999年）冬，辽军攻打边关，杨延昭此时正镇守河北的遂城。这座城很小又没有做好准备。而且辽军的攻击非常猛烈，辽军每次攻城，城中的宋军心里都会十分害怕。杨延昭集中城中所有壮丁登城坚守。这时天气十分寒冷，辽军又以20万人马攻打遂城，杨延昭率3000人御敌，坚持了一个多月。一天，突然寒潮来到，气温骤降，滴水成冰。杨延昭一拍脑门，顿生妙计。他命令士兵们撒尿时都到城垛子上去解决，违令者杀头。可是3000人太少，起不了多大作用。于是他又连夜命人挑水浇城，浇完一次，结一层冰，反复地浇，反复结冰，第二天城墙就成了又牢固又光滑的冰墙。辽军无法攀登，只好望墙哀叹。时间久了，辽军兵将想家且饿肚子，再无心恋战。杨延昭打开城门，率骑兵杀

宋代武士复原图

入辽营，吓得辽军仓皇而逃。

⊙面对资源缺乏的新思路

1978 年，美国政府把路易斯安那－太平洋公司所有成材的树木列入不许砍伐的范围。该公司总裁默罗为了获得足够的原材料以增加公司的收益，也是受他爱吃的三明治夹心面包的启发，决定把那些过去谁也不在意的属于无用树种的小树木利用起来。他们将树木锯成薄片，排成三层，使中间的一层纹理同外面的两层相交叉，制成了比原木板更便宜、更坚硬的三合板材料。后来，他们又将碎报纸和石膏搅拌在一起来提高石膏板的质量，由此而制成的板材坚固耐用，其隔音效果也比过去的石膏板好，钉入的钉子不易脱落，还可以用作贴砖等。该公司的生产效率大大提高，成本却大幅度降低。

◇简评

借尸还魂，尸，是名义、旗号、白手套；魂，是目标，是潜在的企图。借尸还魂的策略核心在于有效转移声势，鱼目混珠，借用一股现成的声势为自己图利。

此计的妙谛就在一个"借"字，即善于凭借那些在一般人看来"不能用"的东西为己所用。运用此计的关键是要能找到"好尸"，并且这"尸体"必须来头大，但又毫无作为，通俗地说就是要能起到花瓶或是纸老虎的作用。

"借尸还魂"之计主要被应用于军事、政治和经济领域。军事上主要求借于"势"，即"天时、地利、人和"等在别人看来不能借用者；政治上主要借助于"名"，即名义，如我国古代的朝代更替、起事，现代国家对外出兵、发动政变等；经济领域可借助的就比较广泛了，可能是某个人，也可能是不可用的事物，也可能是一次失误。

◎攻战计◎

调虎离山

◇**计名探源**

调虎离山，此计用在军事上，是一种调动敌人的谋略。它的核心在于"调"字。虎，指敌方。山，指敌方占据的有利地势。如果敌方占据了有利地势，并且兵力众多，防范严密，此时，我方不可硬攻。正确的方法是设计相诱，把敌人引出坚固的据点，或者把敌人诱入对我军有利的地区，这样做才可以取胜。

东汉末年，军阀并起，各霸一方。孙坚之子孙策，年仅 17 岁，年少有为，继承父志，势力逐渐强大。公元 199 年，孙策欲向北推进，准备夺取江北卢江郡。卢江郡南有长江之险，北有淮水阻隔，易守难攻。占据卢江的军阀刘勋势力强大，野心勃勃。孙策知道，如果硬攻，取胜的机会很小。他和众将商议，定出了一条调虎离山的妙计。针对军阀刘勋极其贪财的弱点，孙策派人给刘勋送去一份厚礼，并在信中把刘勋大肆吹捧了一番。信中说刘勋功名远播，令人仰慕，并表示要与刘勋交好。孙策还以弱者的身份向刘勋求救。他说，上缭经常派兵侵扰我们，我们力量薄弱，不能远征，请求将军发兵降服上缭，我们感激不尽。刘勋见孙策极力讨好他，万分得意。上缭一带，十分富庶，刘勋早想夺取，今见孙策软弱无能，免去了后顾之忧，决定发兵上缭。部将刘晔极力劝阻，刘勋哪里听得进去？他已经被孙策的厚礼、甜言迷惑住了。孙策时刻监视刘勋的行动，见刘勋亲自率领几万兵马去攻上缭，城内空虚，心中大喜，说："老虎已被我调出山了，我们赶快去占据它的老窝吧！"于是立即率领人马，水陆并进，袭击卢江，几乎没遇到顽强的抵抗，就十分顺利地控制了卢江。刘勋猛攻上缭，一直不能取胜。突然得报，孙策已取卢江，情知中计，后悔已经来不及了，只得灰溜溜地投奔曹操。

◇**原书解语**

待天以困之[1]，用人以诱之[2]，往蹇来连[3]。

【解语注译】

[1]待天以困之：天，指自然的各种条件或情况。此句意为战场上我方等到天

然的条件或情况对敌方不利时，再去围困他。

　　[2] 用人以诱之：用人为的假象去诱惑他（指敌人），使他就范。

　　[3] 往蹇来连：语出《易经·蹇》。蹇，卦名。本卦为异卦相叠（艮下坎上）。上卦为坎为水，下卦为艮为山。山上有水流，山石多险，水流曲折，言行道之不容易，这是本卦的卦象。蹇，困难；连，艰难。这句意为：往来皆难，行路困难重重。

　　此计运用这个道理，战场上若遇强敌，要用假象使敌人离开驻地，诱他就范，使他的优势丧失，寸步难行，由主动变为被动，而我则出其不意获取胜利。

◇原书按语

　　兵语曰："下政攻城。"若攻坚，则自取败亡矣。敌既得地利，则不可争其地。且敌有主而势大：有主，则非利不来趋；势大，则非天人合用，不能胜。

【按语阐释】

　　《孙子兵法》早就指出，不顾条件地去攻城池是下等策略，是会失败的。敌人既然已占据了有利地势，又做好了应战的准备，就不能去与他争地。应该巧妙地用小利去引诱敌人，把敌人诱离坚固的防地，引诱到对我军有利的战区，我方可以变被动为主动，利用天时、地利、人和等条件，击败敌人。

◇用计例说

⊙楚汉人才之争

　　楚汉相争之前，项羽手下拥有陈平、韩信、范增、钟离昧，这些人都是一时之选。因为项羽缺乏智慧，使得陈平与韩信这两位高手中的高手相继投入了刘邦阵营。

　　项羽损失的最大"一头猛虎"就是范增。要说这个范增，可不是个简单人物。范增一向好出奇计，是一个不轻易抛头露面的满腹经纶的谋略家。陈平、张良等人使用的计谋，每次都会被他识破。他被项羽尊称为"亚父"。其他人被调走，还不能使项羽真正伤筋动骨，而范增这一撂挑子，项羽就真正中了陈平的调虎离山之计。

　　公元前206年，范增跟随项羽攻入关中，劝项羽趁机消灭刘邦以绝后患，但项羽没有采纳他的意见。刘邦后来赴鸿门宴，范增几次暗示项羽除掉刘邦，项羽犹豫不决。范增又让项庄舞剑，想寻机刺杀刘邦，又因为项伯也出来舞剑从中作梗，除掉刘邦的计划落空，最后刘邦逃脱。范增那时就已经预见到了后来的结局："竖子不足与谋。夺项王天下者，必沛公也，吾君属今为之虏矣。"

　　后来，刘邦被困在荥阳（今河南荥阳东北），项羽胜利在望时，刘邦用了陈平的离间计，使范增受到项羽猜忌。范增一气之下辞官回乡，但走到半路就病死了。没有了范增的辅佐，项羽终于兵败，自刎于乌江。

⊙日夜兼程，虞诩平羌乱

东汉末期，北边羌人叛乱。朝廷派虞诩平定叛乱，虞诩的部队在陈仓、崤谷一带受到羌人阻截。这时，羌人士气正旺，又占据有利地势，虞诩不能强攻，又不能绕道，真是进退两难。虞诩决定骗羌人离开坚固的据点，他命令部队停止前进，就地扎营。对外宣称行军受阻，向朝廷请派增援部队。羌人见虞诩已停止前进，等待增援部队，就放松了戒备，纷纷离开据点，到附近劫掠财物去了。虞诩见敌人离开了据点，下令部队急行军，日夜兼程，每日超过百里。他命令在急行军时，沿途增加灶的数量，今日增灶，明日增灶，敌人误以为朝廷援军已到，自己的力量又已经分散，不敢轻易出击。虞诩顺利地通过陈仓、崤谷，转入外线作战，羌人在时间和空间上都转入被动局面，不久羌人叛乱被平定。

虞诩像

⊙里应外合，夏侯惇战关公

东汉末年，曹操为了攻下下邳城，采用了程昱的计谋。头天夜里，曹操派了数十名降卒投奔下邳，关羽以为是被打散了的士兵逃回来，丝毫没有怀疑就留了下来。第二天，夏侯惇带了5000人马来到下邳城下挑战。关公大怒，率兵2000人出城与夏侯惇交战。夏边战边退，关公追了20多里，心上牵挂着下邳的安危，打算撤兵往回赶。这时，左右两侧杀出两队人马，关公急于回下邳奋力拼杀，无奈被夏侯惇缠住，厮杀不已，一直战到天黑，关公被逼到一小山上。曹兵将小山围住。夜里关公几次往下冲，都被乱箭射回。这时的下邳城成了一片火海，曹操已破下邳。

⊙诸葛亮与司马懿同用"调虎离山"计

诸葛亮兵出祁山后，为了对付老奸巨猾的司马懿，做好打持久战的准备，下令蜀兵与魏民相杂种田于渭滨，此计叫"就地取食，以战养战"。司马懿见蜀兵跑到魏国来当农民，四散种田，虽然害怕诸葛亮率蜀兵安居日久，根深蒂固，难以动摇，但他是个非常谨慎的人，更怕中蜀军之计，所以仍旧坚守不出。

诸葛亮见司马懿不出战，密令马岱率军去葫芦谷内暗中布置干柴、引火之物及地雷等；令高翔佯作运粮，驱驾木牛流马，往来于上方谷内。司马懿见状，令部将不时出击，捉住蜀兵询问。蜀兵都说："诸葛丞相并不在祁山，而是在上方谷西10里下寨安住，每日运粮于上方谷。"司马懿由此坚信：诸葛亮的屯粮之所即在上方谷。于是他当即传令众将说："诸葛亮不在祁山，而在上方谷安营，汝等于明日可一齐并力攻取蜀军祁山大寨，吾自引兵前去接应。"众将去后，司马懿的儿子司马师问道："您为什么要大举反攻诸葛亮的后方呢？"司马懿嘿嘿一笑："祁山乃蜀人根本，若见我兵攻之，各营必尽来相救。我却去上方谷烧其粮草，使彼首尾不接，必大败也。"这里，司马懿本意也是用调虎离山计，准备攻上方谷。而诸葛亮在其用计前所做的一切，也正是为了调他离开营寨而进入上方谷。

⊙范先生巧破"卜内门"

范旭东出生于19世纪晚期，那时像他一样有远见的企业家还非常少。他靠贩卖私盐起家，后来从事盐业生产，从老百姓的餐桌上赚了许多银子。第一次世界大战爆发后，"洋碱"向中国的输入大幅度减少，中国的碱市场出现供应稀缺的状况。机会难得，在范旭东先生的极力倡导下，中国第一家制碱工厂永利制碱公司于1918年宣告成立。

永利制碱公司的成立，引起了英国卜内门公司的极大不快。卜内门公司驻华经理对范先生说："碱在中国的确非常重要，只可惜先生办得早了些，就条件上说，再晚30年不迟。"范先生立刻反驳道："我还恨不得能早办30年呢！事在人为，今日急起直追还不算晚。"

英国卜内门公司当然不希望多出个竞争对手，长期以来他们一直垄断着中国碱市场。第一次世界大战后，它又卷土重来，见到中国自己的制碱企业成立了，便恼羞成怒地向永利制碱公司发起猛烈进攻。卜内门公司不甘心与永利制碱公司共享市场，便又调来一大批纯碱，以低于原价40%的价格在中国市场倾销，企图以此挤垮永利制碱公司。

面对卜内门公司的屡屡侵犯，永利制碱公司老板范旭东决心还击。永利公司与卜内门公司实力相差悬殊，无法正面与其抗衡。如果永利公司也降价销售产品，用不了多久，实力就会损失殆尽；如果不降价，产品卖不出去，资金无法收回，再生产无法进行，用不了多久，永利公司照样破产。如何是好呢？

范旭东先生苦思冥想。某日，他在书房踱步，瞥见了自己年轻时因参加"戊戌变法"失败而逃亡日本时的相片，触景生情，受到启发：现在，为什么就不能暂避卜内门公司的锋芒而去日本发展呢？公司的创立，不就是钻了卜内门公司无暇顾及的空隙吗？范先生决定东渡日本，替永利制碱公司谋求生存和发展。他立即着手市场调查分析及计划实施："日本是卜内门公司在远东的最大市场，说成是他们的老巢也不为过。战争刚刚结束，卜内门公司碱产量有限，能运到远东来的数量就不会太多。卜内门公司现在在中国市场倾销这么多碱，运到日本的数量肯定不多，日本碱市场肯定缺货。我何不来个'调虎离山'之计，乘虚打入日本市场呢？等他回顾日本市场时，我公司再猛击中国市场，令他穷于应付，首尾难顾。"

永利制碱公司的纯碱，虽然在日本的销量只及卜内门公司的1/10，但是却如一支从天而降的轻骑兵，向卜内门公司在日本的碱市场发起突袭。

卜内门公司为了保住日本的大市场，迫不得已停止在中国碱市场进攻永利制碱公司，主动要求谈判，并希望永利制碱公司在日本停止挑战行动。范旭东先生理直气壮地说："停战可以，但得有个说法，卜内门公司今后在中国市场变动碱价，必须事先征得永利公司的同意。"卜内门公司别无选择，只好同意了。

⊙ 如此出价

美国某公司有一部旧设备出售，这家公司事先商定这部设备能卖 6 万美元就满足了，而对外标价是 10 万美元。其实这种伎俩和现如今各大商场大行其道的"打折扣""挥泪大甩卖"等差不多。

在谈判中，有几位买主竞争，有位买主愿出 7 万美元当场成交，而另一位买主则表示愿出 9 万美元的高价，并愿先付 10% 的订金。卖主没想到这部旧设备竟能卖这么好的价钱，便决定不再考虑其他，当场成交。

三天后，买方来人说，当时出的价钱太高，由于合伙人不同意，所以难以成交，还说这部设备顶多值 5 万美元。于是，卖方又被迫与买方进行谈判，几经讨价还价，最后按卖主原先商定的 6 万美元成交。

这位当初愿出 9 万美元的买主，运用"调虎离山"之计，以"假出价"的手段，成功地拆散了愿出 7 万美元当场成交的生意。卖主忘记了"赊千不如现八百"的商界交易原则，以至于损失了 1 万美元。

买主用 9 万美元的假价钱，成功地破坏了卖方有多种选择的有利地位，然后又和卖方讨价还价，买方就处于有利地位了。这确实是运用了"调虎离山"之计。

但值得注意的是，常用这种办法会失掉自己的信誉，因此应慎用，同时也应该警惕对手使用此计，以免使自己失掉有利条件。

◇ 简评

本计名为"调虎离山"，调虎离山本意是指调动猛虎，使它离开有利于它活动的深山。用于军事上，"调虎离山"是一条调动敌人的谋略。常言道"龙游浅水遭虾戏，虎落平阳被犬欺"，说的是叱咤风云的巨龙，出了深潭大渊便无法施展本领，连虾蟹都斗不过；威震山林的百兽之王，离了大山森林，便威风尽失，连犬羊之类的小家伙也奈何不得。反过来，虾蟹入龙潭斗龙，犬羊入虎穴擒虎，纵使攻得进去，也只是白白送死。

军事较量、政治斗争以及社会生活的其他方面，情形不也是惊人地相似吗？

军事上，敌人势力强大，又占据坚固阵地和天然屏障，如龙在潭虎在穴，硬攻是白费精力。所以，孙子以为攻打这类坚固城池是下等战策，上策是引龙离潭，调虎出山，然后消灭它们。虞诩以小计引诱羌敌离陈仓、崤谷，予以全歼；赤风子反复挑衅，激原伯贯带兵出城，然后生擒；郑庄公诱太叔段出京城，然后克之，等等，都是高招。

◎攻战计◎

欲擒故纵

欲擒故纵中的"擒"和"纵"是一种矛盾，在军事上，"擒"是目的，"纵"是方法。古人有"穷寇莫追"的说法，实际上不是不追，而是看怎样去追。把敌人逼急了，他只得竭尽全力，拼命反扑。不如暂时放松一步，使敌人丧失警惕，斗志松懈，然后再伺机而动，歼灭敌人。

诸葛亮七擒孟获，就是军事史上一个"欲擒故纵"的绝妙战例。

蜀汉建立之后，定下北伐大计。当时西南少数民族酋长孟获率10万大军侵犯蜀国。诸葛亮为了解决北伐的后顾之忧，决定亲自率兵先平孟获。蜀军主力到达泸水（今金沙江）附近，诱敌出战，事先在山谷中埋下伏兵，孟获被诱入伏击圈内，兵败被擒。

按说，擒拿敌军主帅的目的已经达到，敌军一时也不会有很强的战斗力了，乘胜追击，自可大破敌军。但是诸葛亮考虑到孟获在西南夷中威望很高，影响很大，如果让他心悦诚服，主动请降，就能使南方真正稳定。不然的话，南夷各个部落仍不会停止侵扰，后方难以安定。诸葛亮决定对孟获采取"攻心"战，断然释放孟获。孟获表示下次定能击败蜀军，诸葛亮笑而不答。孟获回营，拖走所有船只，据守泸水南岸，阻止蜀军渡河。诸葛亮乘敌不备，从敌人不设防的下游偷渡过河，并袭击了孟获的粮仓。孟获暴怒，要严惩将士，激起将士的反抗，于是相约投降，趁孟获不备，将孟获绑赴蜀营。诸葛亮见孟获仍不服，再次将其释放。以后孟获又用了许多计策，都被诸葛亮识破，他6次被擒，6次被释放。最后一次，诸葛亮火烧孟获的藤甲兵，第七次生擒孟获。孟获终于感动了，他真诚地感谢诸葛亮7次

诸葛亮像

不杀之恩，誓不再反。从此，蜀国西南安定，诸葛亮得以举兵北伐。

◇原书解语

逼则反兵，走则减势[1]。紧随勿迫，累其气力，消其斗志，散而后擒，兵不血刃。需，有孚，光[2]。

【解语注译】

[1]逼则反兵，走则减势：走，跑。逼迫敌人太紧，他可能因此拼死反扑，若让他逃跑则可减削他的气势。

[2]需，有孚，光：语出《易经·需》。需，卦名。本卦为异卦相叠（乾下坎上）。需的下卦为乾为天，上卦为坎为水，是降雨在即之象，也象征着一种危险存在着（因为"坎"有险义），必须去突破它，但突破危险又要善于等待。"需"，等待。《易经·需》卦辞："需，有孚，光亨。"孚，诚心。光，通广。句意为：要善于等待，要有诚心（包括耐心），就会大吉大利。

◇原书按语

所谓纵者，非放之也，随之，而稍松之耳。"穷寇勿追"，亦即此意。盖不追者，非不随也，不迫之而已。武侯之七纵七擒，即纵而随之，故蹑辗转推进，至于不毛之地。武侯之七纵，其意在拓地，在借孟获以服诸蛮，非兵法也。若论战，则擒者不可复纵。

【按语阐释】

打仗，只有消灭敌人，夺取地盘，才是目的。如果逼得"穷寇"狗急跳墙，垂死挣扎，己方损兵失地，是不可取的。放他一马，不等于放虎归山，目的在于让敌人斗志逐渐懈怠，体力、物力逐渐消耗，最后己方寻找机会，全歼敌军，达到消灭敌人的目的。诸葛亮七擒七纵，绝非感情用事，他的最终目的是在政治上利用孟获的影响，稳住南方，在地盘上，乘机扩大疆土。在军事谋略上，有"变""常"二字。释放敌人主帅，不属常例。通常情况下，擒住了敌人不可轻易放掉，免贻后患。而诸葛亮审时度势，采用攻心之计，七擒七纵，主动权操在自己的手上，最后终于达到目的。这说明诸葛亮深谋远虑，随机应变，巧用兵法，是个难得的军事奇才。

◇用计例说

⊙先予后取，石勒设计平复幽州

西晋末年，幽州都督王浚企图谋反篡位。晋朝名将石勒闻信后，打算消灭王浚的部队。王浚势力强大，石勒恐一时难以取胜。他决定采用"欲擒故纵"之计，麻痹王浚。他派门客王子春带了大量珍珠宝物，敬献王浚，并写信向王浚表示愿意拥戴他为天子。信中说，现在社稷衰败，中原无主，只有你威震天下，有资格称帝。王子春又在一旁添油加醋，说得王浚心里喜滋滋的，信以为真。正在这时，王浚有个部下名叫游统，正伺机谋叛王浚。游统想找石勒做靠山，石勒却杀了游统，将游统之首级送给王浚。这一着，使王浚对石勒绝对放心了。

公元314年，石勒探听到幽州遭受水灾，老百姓没有粮食，王浚不顾百姓生死，苛捐杂税，有增无减，民怨沸腾，军心浮动。石勒亲自率领部队攻打幽州。这年四月，石勒的部队到了幽州城，王浚还蒙在鼓里，以为石勒来拥戴他称帝，根本没有准备应战。等到他被石勒的将士突然捉住时，才如梦初醒。王浚中了石勒"欲擒故纵"之计，身首异处，美梦成了泡影。

⊙后发制人，尚婢婢鏖战大夏川

唐朝时，吐蕃鄯州节度使尚婢婢为人宽厚，有勇有谋，深得另一贵族论恐热的忌妒。

公元843年，论恐热阴谋篡权，他害怕尚婢婢袭击他的后方，想先下手为强，消灭尚婢婢。这年六月，论恐热率大军进攻尚婢婢。部队来到镇西时，风雨雷电大作，人畜死伤不少。论恐热徘徊不敢轻进。尚婢婢看出论恐热的意图和犹豫，因此派人送上金钱、绸缎、牛羊、美酒等，并致信给他："相公兴仁义之师以挽救国难，全国谁不拥护！您有什么吩咐，只要派一个人送封信来，我们怎敢不唯命是从！哪里用得着远道兴师动众，亲自前来呢！我性情愚蠢而且孤僻，只爱读书，已故君长任命我的官职，确实担当不起，我朝夕惶恐不安，只求退让隐居。若蒙相公允许我告老，退居乡里，就满足我生平的愿望了！"论恐热见信后大喜，以为尚婢婢是书呆子，就回信答应了尚婢婢的要求，随即率军返回。

吐蕃疆域示意图

九月，论恐热部队驻在大夏川，尚婢婢带领精兵强将前去军营挑衅，令1000名骑兵将辱骂论恐热的信绑在箭上，向其驻地射去。论恐热大怒，亲率数万人追击，尚佯败退走，论恐热步步紧逼，追了数十里后，尚的伏兵突然发起进攻，将论恐热的军队打得尸横遍野，只剩下论恐热一人骑马逃回。

⊙忍中求胜的冒顿单于

东胡人认为冒顿新立，部属并不归心，再说自己以前也是一贯欺负匈奴，没太将他们当回事儿，就派了使者对冒顿单于说："东胡想要那匹先王活着时所坐的千里马。"冒顿召集群臣商议此事，群臣都说："这是匈奴的宝马，怎么可以随便送人？"冒顿单于听了，说："我们和东胡是邻居，用一匹马就可以换来两国的和平共处，又怎么可以吝啬呢？"于是就把马送给了东胡。

没过几天，东胡又派使者来称："听说单于的阏氏是匈奴第一美女，我们东胡王生平最大嗜好就是收集美女，请把阏氏送给我们。"冒顿单于又召集群臣商议，大臣们都无比愤怒，说："东胡人简直是太藐视我们匈奴了，竟然想得到单于的阏氏。这是羞辱我们全体匈奴人，请求单于发兵讨伐东胡。"冒顿单于听群臣说完，语气平缓地说道："我们和东胡世世代代都是朋友，怎么可以为了一个女人而伤了和气呢？"当下就派人护送阏氏去了东胡。

东胡王得到了宝马和冒顿单于的阏氏，更加骄横起来。这时匈奴和东胡之间有500多千米没人居住的土地，匈奴和东胡都在这块土地上建立了哨所。东胡王第三次派出使者对冒顿单于说："这块无人的土地是我们和匈奴的缓冲地，现在我们东胡要占有。"冒顿单于再次召集群臣商议，大臣们已经对冒顿单于丧失了信心，想这家伙连老婆都能送给东胡，这没用的土地还不是照样说一句："我们和东胡是友好邻邦，区区一块土地又怎么能破坏我们之间长期的友谊呢？"料想是这样的结局，于是就有人漫不经心地说："这是没用的土地，送给东胡也可以，不送也可以。反正您单于大人看着办吧。"不想冒顿单于大发雷霆，道："土地是国家的根本，怎么可以和骏马、女人相提并论，白白送人呢？"说完立即斩杀了主张送土地的大臣。冒顿单于直接召集了他的亲信骑兵，说道："有胆敢不随从我去征伐东胡的，全部响箭伺候！"冒顿单于响箭的威力大家都是见识过的，哪里还敢怠慢。

匈奴能打仗的男人立即全体出动，去攻打东胡。东胡人正等着冒顿单于乖乖送上土地来呢，不料土地没得到，迎接来的却是匈奴的大军。东胡人毫无准备，匈奴军队每天都以数百里的速度推进，东胡王还没有来得及组织有效的抵抗，就被冒顿单于的闪电战打得一败涂地。东胡就这样被匈奴给吞并了。

⊙"三缺一"的妙用

明永乐十七年（1419年）六月十四日，明将刘江镇守辽东，在望海埚发现有倭寇来犯。倭寇抢走了许多财物，还杀人放火。刘江闻报，当即调兵遣将，做好了全歼来犯之敌的安排。刘江命令士兵依山埋伏，另外派兵截断敌人归路。

六月十五日拂晓，倭寇在前日得了便宜，就想着继续来讨乖。1500余众分乘31条大船于马雄岛（今金州大李家镇城山头到青云河口一带）登陆，以长蛇阵向望海埚奔袭而来。刘江先用小股兵士迎战敌人，并假装失败，将敌人引入伏击圈中。迎接敌人的先是大炮的轰击，然后是伏兵的冲杀。倭寇大败，逃到附近樱桃园的一个空堡里，摆出拼死决斗的架势。

为避免与拼命的敌人交锋，刘江采取"围师必缺"战术：三面围堡，在堡西留一缺口，诱骗敌人逃走。倭寇果然上当。明军在其逃跑途中进行两路夹击，将敌人歼灭。此时，倭船已被刘江派兵全数焚毁，倭寇未死者均被生擒。此战全歼倭寇1500余人。此后100余年，倭寇不敢再犯辽东。

⊙罗斯福智取巴拿马运河

巴拿马运河是美国控制的一条重要航线，美国每年都要从这条运河上赚一大笔钱，而且这条河的战略地位十分重要。但是巴拿马运河最早却不是由美国开凿的。

19世纪末，有一家法国公司和哥伦比亚签订了一项合同，打算在哥伦比亚的巴拿马省内开凿一条连通大西洋和太平洋的运河。

主持这项工程的总工程师就是因开凿苏伊士运河而闻名世界的法国人雷赛布。凭着过去的成功经验，他认为完成这项任务不在话下。但工程一开始就遇到了麻烦。原来，巴拿马的环境和苏伊士有很大的不同，工程进度很慢，而且公司的资金也开始短缺，陷入了困境。

美国总统罗斯福听到这个消息后，心里非常高兴。他决定购买运河公司，由美国开凿巴拿马运河。因为美国对开凿这条运河也早有打算，只因法国下手太早，抢先和哥伦比亚签订了合同，使美国被动一步。这下机会来了。

法国也知道美国早有此意，便先下手抢到了这块肥肉。但法国运河公司目前又面临无法经营的困境，不得已，法国公司代理人布里略访问了美国，提出要出卖运河公司，开价是1亿美元。法国认为，美国一定会很高兴地买下。

美国尽管早就对运河垂涎三尺，知道法国公司要出售更是欣喜若狂，但表面上显得并不怎么热情。罗斯福故作姿态，指使美国海峡运河委员会提出一个调查报告，以证明在尼加拉瓜开运河省钱。报告煞有介事地称："在尼加拉瓜开运河的全部费用不到2亿美元。在巴拿马开运河直接费用虽然只有1亿多美元，但并不合算，因为须要另外付出一笔收购法国公司的费用。这样加起来，开巴拿马运河全部费用就将达到2.5亿美元。"这个报告自然要让法国公司代理人布里略先生"过目"。

布里略一看报告吓了一跳，心想：如果美国不在巴拿马开运河，法国不是一分钱也收不回来了吗？于是他马上游说，表明法国愿意降价出售运河公司，只要4000万就可以了。罗斯福一听，立即指示用4000万买下了运河公司。仅此一项美国就少花了6000万美元。法国人还以为挺幸运，总算收回了4000万，却不知上了罗斯福的当。

买下公司后，罗斯福又对哥伦比亚政府故伎重施。他指使国会通过一项法案，规定美国如果能在适当时间内和哥伦比亚政府达成协议，美国就将考虑开凿巴拿马运河，否则，美国还将选择开凿尼加拉瓜运河。

这样一来，该轮到哥伦比亚政府坐不住了，马上指使驻美国大使找到美国国务卿海约翰协商，签订了一项条约，同意以1000万美元的代价长期租给美国一条两岸各宽2千米的运河区，美国每年另外付给哥伦比亚10万美元。而这个协议给美国带来的却远不只几千万美元的利益。

◇简评

此计的关键在于一个"纵"字，"纵"在此计中至少有三个含义：一是放纵，即让敌人逃走，所谓"穷寇莫追"，目的是虚留生路，瓦解敌人斗志，使之不做困兽之斗，然后乘机歼灭之；二是"放长线钓大鱼"，即放走敌人，对之进行跟踪，在其与大股或其他小股敌人会合时，将其一网打尽；三是骄纵，即先使敌人骄傲、麻痹，存有幻想或侥幸心理，然后将其消灭。

欲擒故纵的策略，以各种不同的内涵呈现：

先纵再擒：暂时放任目标，等到最佳时机行动，效益最大；

再纵再擒：纵与擒不断交替为用，像诸葛亮七擒七纵孟获一样；

以纵代擒：让对手的存在产生更积极的意义，纵容对手的成长；

只纵不擒：一味纵容，毫无"欲擒"的打算。

欲擒故纵，在现实生活中有广泛的运用：

对孩子管教太严，适得其反；适度地放手，效果更好。

对另一半紧迫盯住，也会把人吓跑。

对部属太过苛求，怨声载道；偶尔放松一下，才有缓冲调适的空间。

《礼记》上说："水至清则无鱼，人至察则无徒。"太过求全责备，没有人会追随你。待人也一样，不能只擒不纵，绷得太紧！

在人生事务中，"擒"是奋斗、目标、动力；"纵"是松懈、看得开、无为。擒与纵运用得宜，人生才会抑扬顿挫，丰富多味。

◎攻战计◎

抛砖引玉

◇计名探源

抛砖引玉，出自《传灯录》。相传唐代诗人常建，听说赵嘏要去游览苏州的灵岩寺，便欲请赵嘏作诗。于是常建先在庙壁上题写了两句，赵嘏见到后，立刻提笔续写了两句，而且比前两句写得好。后来文人称常建的这种做法为"抛砖引玉"。此计用于军事，是指先用相类似的事物去迷惑、诱骗敌人，使其懵懂上当，中我圈套，然后乘机击败敌人的计谋。"砖"和"玉"，是一种形象的比喻。"砖"，指的是小利，是诱饵；"玉"，指的是作战的目的，即大的胜利。"抛砖"，是为了达到目的的手段，"引玉"，才是目的。钓鱼需用钓饵，让鱼儿尝到一点儿甜头，它才会上钩。敌人占了一点儿便宜，才会误入圈套，身不由己。公元前700年，楚国用"抛砖引玉"的策略，轻取绞城。这一年，楚国发兵攻打绞国（今湖北郧县西北），大军行动迅速。楚军兵临城下，气势旺盛，绞国自知出城迎战，必定凶多吉少，决定坚守城池。绞城地势险要，易守难攻。楚军多次进攻，均被击退。两军相持一个多月。楚国大夫莫傲屈瑕仔细分析了敌我双方的情况，认为绞城只可智取，不可力克。他向楚王献上一条"以鱼饵钓大鱼"的计谋。他说："攻城不下，不如利而诱之。"楚王向他问诱敌之法，屈瑕建议，趁绞城被围月余，城中缺少薪柴之时，派些士兵装扮成樵夫上山打柴运回来，敌军一定会出城劫夺柴草。头几天，让他们先得一些小利，等他们麻痹大意，大批士兵出城劫夺柴草之时，先设伏兵断其后路，然后聚而

春秋楚长城遗址

歼之，乘势夺城。楚王担心绞国不会轻易上当，屈瑕说："大王放心，绞国虽小而轻躁，轻躁则少谋略。有这样香甜的钓饵，不愁它不上钩。"楚王于是依计而行，命一些士兵装扮成樵夫上山打柴。绞侯听探子报告有樵夫进山的情况，忙问这些樵夫有无楚军保护。探子说，他们三三两两进山，并无兵士跟随。绞侯马上布置人马，待"樵夫"背着柴草出山之机，突然袭击，顺利得手，抓了30多个"樵夫"，夺得不少柴草。一连几天，果然收获不小。见有利可图，绞国士兵出城劫夺柴草的越来越多。楚王见敌人已经吞下钓饵，便决定迅速逮大鱼。第六天，绞国士兵像前几天一样出城劫掠，"樵夫"们见绞军又来了，"吓得没命地逃奔"，绞国士兵紧紧追赶，不知不觉被引入楚军的埋伏圈内。只见伏兵四起，杀声震天，绞国士兵哪里抵挡得住，慌忙败退，又遇伏兵断了归路，死伤无数。楚王此时趁机攻城，绞侯自知中计，已无力抵抗，只得请降。

◇原书解语

类以诱之[1]，击蒙也[2]。

【解语注译】

[1] 类以诱之：出示某种类似的东西去诱惑他。

[2] 击蒙也：语出《易经·蒙》。击，撞击，打击。句意为：诱惑敌人，便可打击这种受我诱惑的愚蒙之人了。

◇原书按语

诱敌之法甚多，最妙之法，不在疑似之间，而在类同，以固其惑。以旌旗金鼓诱敌者，疑似也；以老弱粮草诱敌者，则类同也。如：楚伐绞，军其南门，屈瑕曰："绞小而轻，轻则寡谋，请勿捍（保护）采樵者以诱之。"从之，绞人获利。明日绞人争出，驱楚役徒于山中。楚人坐守其北门，而伏诸山下，大败之，为城下之盟而还。又如孙膑减灶而诱杀庞涓。（《史记》卷六十五《孙子吴起列传》）

【按语阐释】

战争中，迷惑敌人的方法多种多样，最妙的方法不是用似是而非的方法，而是应用极相类似的方法，以假乱真。比如，用旌旗招展、鼓声震天来引诱敌人，属"疑似"法，往往难以奏效。而用老弱残兵或者遗弃粮食柴草之法诱敌，属"类同"法，这样做反而更容易迷惑敌人，可以收到效果。因为类同之法更容易造成敌人的错觉，使其判断失误。当然，使用此计，必须充分了解敌方将领的情况，包括他们的军事水平、心理素质、性格特征，这样才能让此计发挥效力。正如《百战奇略·利战》中所说：凡与敌战，其将愚而不知变，可诱以利，彼贪利而不知害，可设伏兵击之，其军可败。法曰："利而诱之。"庞涓就是因为骄矜自用，才中了孙膑减灶诱敌之计，死于马陵道。

◇用计例说

⊙五只神牛换国土

战国时期，蜀国是一个既小又地形奇特的国家，地处僻壤。李白曾有诗云："蜀道难，难于上青天。"说的就是入蜀之路艰险，故诸多大国虽对它的富庶垂涎欲滴，却终因进兵艰难，鞭长莫及，只得眼巴巴地看着它存在而无法将其征服。因此，蜀国虽小却能长期生存。与蜀国北部边界相连的是强大的秦国，秦惠文王便利用蜀侯的贪婪与愚蠢，设计运用了一条抛"金"砖、香"饵"引蜀侯上钩，再夺取蜀国之地以引"玉"的妙策。

当时，秦王得悉蜀国有 5 个大力士，俱有神力，举国上下都十分钦佩他们。于是，秦王便命人用生铁铸造成 5 头大铁牛，放在秦蜀两国交界的地方。牛肚子里放有许多散金，用机关控制，定期从屁股处"漏"出几粒。然后秦王派人四处扬言说：此铁牛乃是天降神牛，每天能拉出五斗金矢（屎），且天天不断，这些牛粪价值连城。有此神牛之后，秦国更加富强，人民都为之惊喜，等等。借以招引蜀侯的贪欲与获取之心。

与此同时，秦王还估算时间，借到秦蜀交界的边境一带打猎之机，故意装作与蜀侯相遇，并向蜀侯谈及铁牛之事，且立即赠送给蜀侯许多金子。蜀侯问及来处，秦王则告之此为神牛的排泄之物。蜀侯开始并不相信，但经不住左右一再大肆渲染，加上秦王亲手赠予自己神牛的"果实"，便也深信不疑了。蜀侯为回报秦王的馈赠之礼，便送了一块蜀国的国土给秦王，以做答谢。同时，秦王得到蜀侯的国土回赠后，又装作十分慷慨大方的样子，表示愿意将天降于秦国的 5 头能遗金矢（屎）的铁牛送给蜀侯。蜀侯一听，真是喜出望外，美不自禁，一再感谢秦王的厚赠。但是，秦王却要求蜀侯自己派人来边界搬取铁牛。蜀侯连连答应，说好如此照办。

蜀侯回国之后，急欲取这每日能遗金矢（屎）的铁牛，便决定指派这 5 个大力士开通通往秦国边界的道路，然后取回这 5 头铁牛。结果，这 5 个蜀国的大力士历尽艰险，终于带兵将蜀国首都通往秦国边界的道路开通了。他们也真的将铁牛搬回了蜀国，发现铁牛的肚子里确实藏有很多金子。但是，诡计多端的秦王却派军沿着搬运铁牛的这条路进军，很快便打到了蜀国，夺取了蜀国的首都，活捉了蜀侯。秦王不但将这些铁牛与金子全部收了回去，而且灭蜀后将蜀地划为了自己的属地。

⊙契丹骑兵重创唐军

公元 690 年，契丹攻占营州。武则天派曹仁师、张玄遇、李多祚、麻仁节 4 员大将西征，想夺回营州，平定契丹。契丹先锋孙万荣熟读兵书，颇有机谋。他想到唐军声势浩大，正面交锋于己不利。他首先在营州制造缺粮的舆论，并故意让被俘的唐军逃跑。唐军统师曹仁师见一路上逃回的唐兵面黄肌瘦，并从他们那里得知营州严重缺粮，营州城内契丹将士军心不稳，心中大喜，认为契丹不堪一击，攻占营州指日可待。唐军先头部队张玄遇和麻仁节部，想夺头功，向营州火速前进。一路上，还见到从营州逃出的契丹老弱士卒，他们自称营州严重缺粮，士兵纷纷逃跑，并表示愿意归降唐军。张、麻二将更加相信营州缺粮、契丹军心不稳了。他们率部日夜兼程，赶到西峡石谷，只见道路狭窄，两边是悬崖绝壁。按照用兵之法，这里正是设埋伏的险地。可是，张、麻二人误以为契丹士卒早已饿得不堪一击了，加上夺取头功的心情驱使，就下令部队继续前进。唐军络绎不绝，进入谷中，艰难行进。黄昏时分，只听一声炮响，绝壁之上，箭如雨下，唐军人马自相践踏，死伤无数。孙万荣亲自率领人马从四面八方进击唐军。唐军进退不得，前有伏兵，后有骑兵截杀，不战自乱。张、麻二人被契丹军生擒。孙万荣利用搜出的将印，立即写信报告曹仁师，谎报已经攻克营州，要曹仁师迅速到营州处理契丹头人。曹仁师早就轻视契丹，接信后，深信不疑，马上率部奔往营州。大部队急速前进，准备很快穿过峡谷，赶往营州。不用说，这支不知敌情的部队又重蹈覆辙，在西峡石谷，遭到契丹伏兵围追堵截，全军覆没。

⊙ 小铜牌招来大主顾

有一家刚成立的厨具公司，经理为了联系业务并扩大公司的宣传力度和影响力，带着公司产品和资料参加了一次全国性的大型产品博览会。到了展览馆后，他发现在显眼位置的都是一些名气较大的公司。他的展品被可怜兮兮地搁到了展厅最偏僻的转角里，要想在这个地方谈下大业务和扩大知名度可真是瞎猫撞死耗子了。情急之下，他找主办者协调换一个位置。主办人说："好的位置早就被那些名牌大公司预订了，这些位置对他们来说无疑也是最合适的。"经理一看没辙，只好另外想招。他琢磨了一会，一拍脑门，有主意了。开馆的前一天晚上，他连夜制作了一些小铜盘，并把它们撒在从入口到展厅的每一个角落。

博览会开始第一天，参观者络绎不绝，但光顾他的柜台的人果真很少。虽然这一天没有什么业务，但经理却姜太公钓鱼，稳坐展台，似乎成竹在胸。第二天，展厅的地面上突然出现很多精美的小铜盘，上面刻着一行字："拾得此铜盘者可到展厅某处某厨具公司柜台领取一件纪念品。"于是拾到铜盘的人纷纷涌到了此厨具公司的柜台前。场面发生了大逆转，从没有多少人光顾一下子变成水泄不通。街上也到处在传诵小铜牌这件新鲜事，记者还在报纸上做了专门报道。

这个经理通过这一举动带来了一箭双雕的效应，一是在这次博览会上大赚了一笔，二是把公司的名气打了出去。

⊙ "金鹰"巧购"宫灯"后名声大振

名不见经传的宁波金鹰集团前不久用 1380 万元买了两个大红灯笼，成为天安门城楼一对退役宫灯的新主人，一时成为新闻。对此豪举，多数人不解。只为两个灯笼，一掷千万，此举是否值得？

3月初的北京，从颐和园西行至温泉，在一片旷野的晨雾中，淡淡地透出一大片漂亮的仿古建筑群。它就是宁波金鹰集团在北京投资 5 亿元人民币兴建的高级游乐场——中华百亭鱼乐园。两只红红的大宫灯飘飘扬扬地悬挂在尚未竣工的门楼上。

当初，参加拍卖宫灯的都是很具实力的企业，并无盛名的金鹰集团成为宫灯的新主人，结果出人意料。人们惊奇地发现：金鹰是一个新兴的企业集团，其组成人员平均只有 35 岁，却运作着数亿元资产。

当记者问起年轻的总裁吴彪为何钟情于这对宫灯时，他说："我们首先认为这对宫灯是中国文物中的无价之宝，是新中国的历史见证。待中华百亭鱼乐园建成后我们要把它挂在园门口，让海内外游人参观。另外，'金鹰'作为一个实力雄厚的集团，有义务保护好国家的文物。"百亭鱼乐园的确景色不凡：高大华丽的城楼，黑白相间的小屋依水而建，一幅江南风景画；1400米长的游廊，百座亭台与琉璃交相辉映，配上中华5000年历史长卷壁画和1080座中国姓氏源流石碑，令人耳目一新。大红宫灯找到了一个新家。

"金鹰"仅仅因为鱼乐园是仿古建筑园林，就天真地挂上了这对大红宫灯锦上添花吗？确实，金鹰集团竞买宫灯是出于中华百亭鱼乐园本身建筑风格的需要，也是出于保护文物、爱国情愫等原因。但作为商家，"金鹰"竞买宫灯毕竟是一项投资，由此引发的大红宫灯效应，除了政治的、文化的、社会的，还有经济的。金鹰集团以巨额的付出换回了更多的回报。

有人算了这样一笔账：自1月9日中国嘉德国际拍卖公司向传媒发布了一对天安门旧宫灯将被拍卖的消息，至2月19日这对宫灯拍卖，国内外有400～500家新闻媒介对此事进行了报道。如果"金鹰"刻意去做广告的话，将投入上亿元的资金。难怪有人说：与花钱做广告相比，"金鹰"的这种传播方式才是真正一流的策划。

"金鹰"人买到宫灯后，突出的感觉就是生意好做极了。人们毫不置疑地认为："金鹰"有实力。前不久，金鹰集团在上海某大钢厂欲买钢材，因钢厂不了解这一新客户的资信情况，致使产品合同没有签成。宫灯拍卖以后，"金鹰"二次赴沪，对方闻听是买宫灯的企业，二话没说，立即签订合同。金鹰集团在近期有意向北京发展，想在北京找地建立总部大厦，无奈近期不再新批基建项目。北京某大股份公司手里有立好的项，只因资金缺乏而迟迟不能开工。当听说竞买宫灯的企业有合作意向后，两家立刻进行谈判，意欲合作。宫灯使企业赢得了意外的市场优势，其商业价值不言而喻。

◇简评

《三十六计》中的"抛砖引玉"主要被应用于军事领域，意为用极巧妙的伪装欺骗敌人，用小失换大得。"砖"和"玉"是一种形象的比喻。"砖"，指的是小利，是诱饵；"玉"，指的是作战的目的，即大的胜利。"引玉"才是目的，"抛砖"是为了达到目的的手段。钓鱼需用钓饵，先让鱼儿尝到一点儿甜头，它才会上钩。敌人占了一点儿便宜，才会误入圈套，吃大亏。

这里有两点极为重要：一是砖比玉的价值小得多，故"抛砖引玉"含有以小的代价换取大的利益的意思；二是砖与玉在形状上有相似之处，所以此计要求以相类似的事物引诱敌人，这就必须进行巧妙的伪装，否则就难以达到欺骗敌人的目的。

此计具体应用方法是：用相类似的事物去迷惑、诱骗敌人，使其懵懂上当，中我圈套，然后乘机击败敌人。在军事战斗中，"抛砖"能否引来玉，关键在于选"砖"的水平和抛"砖"的技巧。首先，此"砖"一定要极类同于"玉"；其次，军事指挥员还必须善于因时、因势、因地制定能够欺骗敌人的计策。

◎攻战计◎

擒贼擒王

◇计名探源

擒贼擒王，语出唐代诗人杜甫《前出塞》："挽弓当挽强，用箭当用长。射人先射马，擒贼先擒王。"此计用于军事，是指打垮敌军主力，擒拿敌军首领，使敌军彻底瓦解的谋略。擒贼擒王，就是捕杀敌军首领或者摧毁敌人的首脑机关，使敌方陷于混乱，便于我方彻底击溃之。

唐朝安史之乱时，安禄山气焰嚣张，连连大捷。安禄山之子安庆绪派勇将尹子奇率 10 万人的劲旅进攻睢阳。御史中丞张巡驻守睢阳，见敌军来势汹汹，决定据城固守。敌兵 20 余次攻城，均被击退。尹子奇见士兵已经疲惫，只得鸣金收兵。

晚上，敌兵刚刚准备休息，忽听城头战鼓隆隆，喊声震天。尹子奇急令部队准备与冲出城来的唐军激战。而张巡"只打雷不下雨"，不停播鼓，像要杀出城来，可是一直紧闭城门，没有出战。尹子奇的部队被折腾了一整夜，没有得到休息，将士们疲乏至极，眼睛都睁不开了，倒在地上就呼呼大睡。这时，城中一声炮响，突然之间，张巡率领守兵冲杀出来。敌兵从梦中惊醒，惊慌失措，乱作一团。张巡一鼓作气，接连斩杀 50 余名敌将、5000 余名士兵，敌军大乱。张巡急令部队擒拿敌

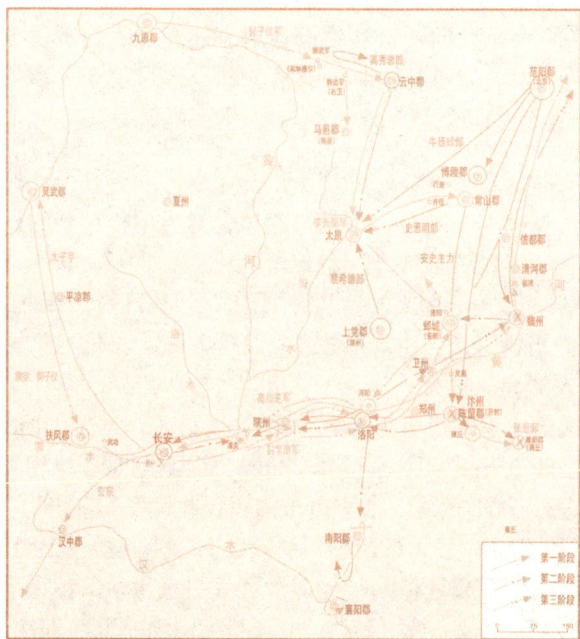

平定安史之乱示意图

军首领尹子奇，部队一直冲到敌军帅旗之下。张巡从未见过尹子奇，根本不认识，现在他又混在敌军之中，更加难以辨认。张巡心生一计，让士兵用秸秆削尖作箭，射向敌军。敌军中不少人中箭，他们以为这下完了。但却发现，自己中的是秸秆箭，心中大喜，以为张巡军中已没有箭了。他们争先恐后向尹子奇报告这个好消息。张巡见状，立刻辨认出了敌军首领尹子奇，急令部将神箭手南霁云向尹子奇放箭，正中尹子奇左眼。这回可是真箭。只见尹子奇鲜血淋漓，抱头鼠窜，仓皇逃命。敌军一片混乱，大败而逃。

◇原书解语

摧其坚，夺其魁，以解其体。龙战于野，其道穷也[1]。

【解语注译】

[1]龙战于野，其道穷也：语出《易经·坤》。坤，卦名。本卦是同卦相叠（坤下坤上），为纯阴之卦。

引本卦上六《象辞》："龙战于野，其道穷也。"是说即使是强龙，争斗在田野大地之上，也是走入了困顿的绝境。比喻战斗中擒贼擒王谋略的威力。

◇原书按语

攻胜则利不胜取。取小遗大，卒之利、将之累、帅之害、功之亏也。舍胜而不摧坚擒王，是纵虎归山也。擒王之法，不可图辨旌旗，而当察其阵中之首动。

【按语阐释】

战争中，打败敌人，利益是取之不尽的。如果满足于小的胜利而错过了获取大胜的时机，那是士兵的胜利，将军的累赘、主帅的祸害、战功的损失。打了个小的胜仗，而不去摧毁敌军主力，不去摧毁敌军指挥部，捉拿敌军首领，那就好比放虎归山，后患无穷。古代交战，两军对垒，白刃相交，敌军主帅的位置比较容易判定。但也不能排除这样的情况：敌方失利兵败，敌人主帅会化装隐蔽，让你一时无法认出。

◇用计例说

⊙李愬夜擒吴元济

唐朝中后期，朝廷因无力镇压反叛，各州郡的节度使对朝廷怀有异心，纷纷招兵买

王建《赠李愬仆射》诗中记叙了夜袭蔡州城时风雪交加、人马息声的行军场面，从这组唐骑兵蜡像可以想见当时的情景。

马，抢占地盘，气焰十分嚣张。朝廷多次遣将前往镇压，但所遣将领均不得力。朝中大将李愬被激怒，自荐讨贼。李愬认为要平定叛乱，必须先平定淮西，要平定淮西，又必须要首先抓住淮西节度使吴元济，于是他决定先拿下贼窝蔡州。

由于李愬优待俘虏，降将们都愿意将吴元济的情况告诉李愬，甚至出谋划策。一降将对李愬说："你要想攻打蔡州，没有李祐是不行的，我无能为力啊。"于是李愬设计活捉了李祐。李愬对民愤极大的李祐以礼相待，使李祐感激不尽，愿为李愬效劳。

李祐当即献策："蔡州吴元济的主力均配置在洄曲，防守城的外围，守蔡州城的都是些老弱残兵，可乘虚夺取蔡州。等吴元济的部将知道后再救援时，吴元济已当了俘虏了。"

李愬采纳了李祐的建议，带兵向蔡州进发，一举攻下了蔡州，吴元济只好举手投降。从而平定了淮西。

⊙战场上的亲情牌

宋代开国不久，李继迁聚集一支队伍造反，在偏远的西部边境大肆骚扰老百姓。太宗很是恼火。就在这时，宋朝的边防部队奏报说捉住了李继迁的母亲，此时太宗想处死李母。因为寇准任枢密副使，皇帝便单独召见，跟他商量此事。寇准回去时，经过宰相吕端办公之处，寇准告诉了他事情的原委。吕端问道："怎么处理这件事？"寇准说："我想在北门外把李母杀掉算了，看那些叛贼还敢不敢再嚣张。"吕端说："如果一定要这么做，可真是个不是办法的办法。您还是暂时缓一缓，我去跟皇上说说。"

进了朝堂，吕端对太宗皇帝说："从前项羽抓住了太公（刘邦之父），想以烹刑把他处死。高祖说：'（如果你一定要烹他）希望能分给我一杯肉羹。'办大事的人，是不会顾及儿女私情的，更何况李继迁这样的悖逆之人呢？皇上今天杀了李母，明天就能捉住李继迁吗？如果不能捉住他，那就只会跟他结下怨仇，更加坚定他的叛逆之心而已。"

太宗说："那怎么办呢？"

吕端说："依我看，应当在延州安置李母，使李继迁对我归心，而他母亲的生死又掌握在我们手里。"

太宗连连称好，并说："要不是爱卿，就误了我的大事。"于是采用了他的对策。这对李继迁后来的行动果然有很大的制约作用。

如果当时宋太宗杀了李继迁的母亲，手中就失去了制约李继迁的"牌"，李继迁的反叛行动只会加剧。事实证明，擒住了敌人的"王"，就掌握了主动权。换句话说，"擒王"是"擒贼"的重要手段。所以，聪明的决策者往往都把着眼点放在"擒王"上。

⊙明军遭伏土木堡

明英宗宠幸太监王振。王振是个奸邪之徒，恃宠专权，朝廷内外，没有人不害怕他。

当时北方瓦剌逐渐强大起来，有觊觎中原的野心。王振拒绝了大臣们在瓦剌通往南方的要道上设防的建议，千方百计讨好瓦剌首领也先。1449 年，也先亲自率领大军攻打大同，进犯明朝。明英宗决定御驾亲征，命王振为统帅。粮草还没有准备充分，50 万大军就仓促北上。一

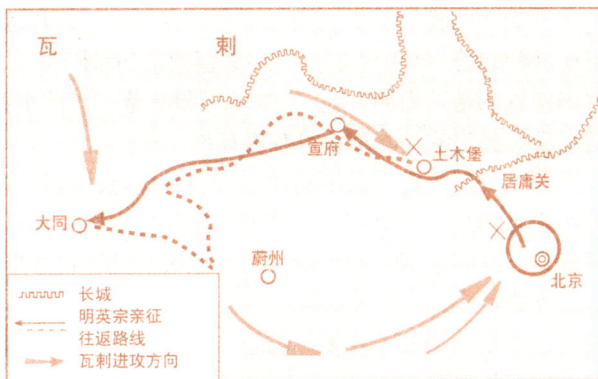

土木堡之役示意图

路上，因连降大雨，道路泥泞，行军缓慢。也先闻报，满心欢喜，认为这正是捉拿英宗、平定中原的大好时机。等明朝大军抵达大同的时候，也先命令大队人马向后撤退。王振认为瓦剌军是害怕明朝的大部队，畏战而退，于是下令追击瓦剌军。也先早已料到，就派骑兵精锐分两路从两侧包围明军。明军先锋朱瑛、朱晃遭到瓦剌军伏击，全军覆没。明英宗无可奈何，只得下令班师回京。

明军撤退到土木堡，已是黄昏时分。大臣们建议，部队再前行 20 里，到怀来城凭险据守，以待援军。王振以车辆辎重未到为理由，坚持在土木堡等待。也先深怕明军进驻怀来，据城固守，所以下令急追不舍。在明军抵达土木堡的第二天，也先就趁势包围土木堡。土木堡是一处高地，缺乏水源。瓦剌军控制了当地唯一的水源——土木堡西侧的一条小河。明军人马断水两天，军心不稳。也先又施一计，派人送信给王振，建议两军议和。王振误以为这正是突围的好时机，急令部队往怀来城方向冲出。这一下正中也先的诱敌之计。明军离开土木堡不到 4 里地，瓦剌军从四面包围。明英宗在乱军中，由几名亲兵保护，几番突围不成，终于被也先生擒。王振在仓皇逃命时，被护卫将军樊忠一锤打死。明军没有了指挥中心，溃不成军，50 万大军全军覆没。

⊙屈臣氏巧用名人效应

现在说起屈臣氏，妇孺皆知，可以说是爷爷级的长寿企业了。说起它最先在我国的发展，那就更有历史了。在 1842 年，"屈臣氏大药房"以香港为进军中国内地市场的根据地，成立了分公司。当时，屈臣氏卖的药可是够令人眼花的，什么"眼药水""嫩面水""花露水"等，以及各种治疗花柳病毒、内外痔、牙痛耳聋、男女诸症的药水、药饼、药膏、药酒，应有尽有，简直就是疑难杂症药店了。

说起现在各企业五花八门的广告，屈臣氏也可称得上鼻祖了，早在 1843 年，其上海分公司就出版了一部《惠济全书》，介绍各种药品的疗效。屈臣氏还在报纸上大做宣传，同时刊出李鸿章、左宗棠、曾国荃、沈葆桢、刘坤一等 17 位清朝名臣政要题赠的匾额，这些当朝有鼎鼎大名人物的墨宝刊登出来后，很是吸人眼球。

看看这些晚清政要名流们都写了些什么，让屈臣氏如此有派头。李鸿章为屈臣氏题赠的是"妙手回春"，左宗棠题的是"仙术佛心"、沈葆桢题的是"慧心仁术"、曾国荃题的是"海西仙药"、刘坤一题的是"惠此中国"，就这几个汉字匾额就将屈臣氏大药房的品牌点缀得有声有色。

那么，屈臣氏到底用的什么攻心术，能让清朝台面上的政治大腕们为他宣传呢？说来倒是一个讽刺，在英国用鸦片对中国人进行摧残时，起源于英国的屈臣氏却借《惠济全书》的出版，力推龙头产品"戒洋烟精粉"广告，宣称要斩断数百万人的烟瘾，并将戒烟药呈送给诸位总督、巡抚，请他们分送给瘾君子们除害。就是这个举动撬开了政要们的心，于是他们才慷慨题赠匾额，表示嘉勉。精明的屈臣氏于是将匾额集中，趁机宣传了一把。

◇简评

指挥员不能满足于小的胜利，要通观全局，扩大战果，以得全胜。如果错过时机，放走了敌军主力和敌方首领，就好比放虎归山，后患无穷。

此计除了应用于军事领域以外，还可以延及政治、外交、经济等领域。

"擒贼擒王"的"王"包括：偶像、明星、意见领袖、专家、政要。"贼"是：信徒、选民、支持者、消费者、市场。

此策略思维的前提是：群众（贼）是盲目的，须要"以王领贼"，只要一举擒王，众贼都会望风披靡。

擒王是控制和消灭一个组织的首要任务或核心任务，但具体的实施又有很多做法，并可以联用很多计谋。三十六计中，很多计都可以用于擒王。而方法之中，又可以有很多变通。

硬擒硬杀是一种办法，但往往要付出极高的代价而且不易成功。调虎离山是一种行之有效的方法。王是虎，王和部众在一起，如龙在潭、虎在穴，王和部众结成一体，坚不可摧。设法引诱王离开部众，使王和部众无法接触与联系，先擒孤立的王，再打击部众，如同捣无虎之穴，敌对组织便能迅速被破坏或消灭。

◎混战计◎

釜底抽薪

◇计名探源

釜底抽薪，语出北齐魏收《为侯景叛移梁朝文》："抽薪止沸，剪草除根。"古人还说："故以汤止沸，沸乃不止，诚知其本，则去火而已矣。"这个比喻很浅显，道理却说得十分清楚。水烧开了，再掺开水进去是不能让水温降下来的，根本的办法是把火灭掉，水温自然就降下来了。此计用于军事，是指对强敌不可靠正面作战取胜，而应该避其锋芒，削减敌人的气势，再乘机取胜。釜底抽薪的关键是善于抓住主要矛盾。很多时候，一些影响战争全局的关键点，恰恰是敌人的弱点，指挥员要准确判断，抓住时机，攻敌之弱点，比如粮草辎重，如能乘机夺得，敌军就会不战自乱。

◇原书解语

不敌其力[1]，而消其势[2]，兑下乾上之象[3]。

【解语注译】

[1]不敌其力：敌，动词，攻打。力，最坚强的部位。

[2]而消其势：势，气势。

[3]兑下乾上之象：《易经》六十四卦中，《履》为"兑下乾上"，上卦为乾为天，下卦为兑为泽。又，兑为阴卦，为柔；乾为阳卦，为刚。兑在下，从循环关系和规律上说，下必冲上，于是出现"柔克刚"之象。此计正是运用此象理，喻我用此计可胜强敌。

◇原书按语

水沸者，力也，火之力也，阳中之阳也，锐不可当；薪者，火之魄也，即力之势也，阴中之阴也，近而无害。故力不可当而势犹可消。《尉缭子》曰："气实则斗，气夺则走。"而夺气之法，则在攻心。时谓非长儒，则一城涂炭矣！此即攻心夺气之用也。或曰：敌与敌对，捣强敌之虚以败其将成之功也。

【按语阐释】

锅里的水沸腾，是靠火的力量。沸腾的水和猛烈的火势是势不可挡的，而产生火的原料薪柴却是可以接近的。强大的敌人既然一时阻挡不住，何不避其锋芒，以削弱他的气势？《尉缭子》上说：士气旺盛，就投入战斗；士气不旺，就应该避开敌人。削弱敌人气势的最好方法是采取攻心战。所谓"攻心"，就是运用强大的思想攻势。这就是用攻心的方法削弱敌人气势的一个极好例子。还有人说，敌人再强大，也会有弱点，我方突然击败敌人的薄弱之处，再击败敌人主力，这也是釜底抽薪法的具体运用。战争中也常使用袭击敌人后方基地、仓库，断其运输线等战术，同样可以收到釜底抽薪的效果。

◇用计例说

⊙楚鹿之征

据《管子·轻重戊》载：齐桓公想制服强大的楚国，但又怕军事手段打不赢，就向管仲讨教计策，管仲建议从经济上入手来制服它。于是，按照管仲的建议，齐桓公先是建起了一片方圆几十千米的鹿苑，贮存起国内一半以上的粮食，然后派人到楚国高价收购活鹿。楚国鹿的价钱大约是一头8万钱。管仲对楚国的商人说："您给我贩来20头活鹿，我给您金（铜）100斤；鹿增加10倍，我给您金1000斤。"楚王听说此事后，认为这是获取财富的大好时机，就下令楚国百姓都放弃农业而从事猎鹿，所以楚国的男人们都忙着在野外捉鹿，女人们则为侦察鹿的行迹而住在路旁。总之，楚国举国上下都在弃农而猎鹿。

过了一段时间后，齐国百姓藏粮增加了5倍，楚国则因出卖活鹿存钱增加了5倍。正当楚人自鸣得意之际，齐桓公采纳管仲的建议，声言鹿已购足，关闭了关口，并下令各诸侯国封闭与楚国的所有关卡，不再与楚国发生贸易关系，相当于现代的"经济制裁"。楚国因老百姓忙于捕鹿而放弃了农业，结果手中虽有钱，但买不到粮食，其国内粮价高达每石400钱，还不够食用，全国上下闹起了粮荒。楚国人因此而归顺齐国的有4/10。经过三年的"制裁"，楚国败给了齐国。

⊙美女逼走孔夫子

春秋时，鲁国重用孔子，国泰民安。为此，刚刚失去贤相晏婴的齐景公感到了失落和威胁。他对大夫黎弥说："自打孔子辅佐鲁国以来，鲁国就一天天兴旺发达起来，将来它要是成就了霸业，我们国家就是第一个受害者，这该怎么办呢？"

黎弥作沉思状："想办法逼走孔丘，鲁国就会恢复以前的样子了。"

齐景公："孔子在鲁国地位稳固，怎么逼得走他？"

黎弥："俗话说，饱暖思淫欲，贫穷起盗心。现在鲁国一片太平盛世，鲁定公肯定有好色的念头。我们如果选一群美女送给他，让他夜夜笙歌艳舞，一本正经的孔夫子哪里会受得了，更不会有诚心辅佐好色的定公了。这样一来，准保气走孔夫子，那大王就可以安枕无忧了。"

齐景公连称妙计，令黎弥挑选了80多个能歌善舞的美女，另外选了120匹宝马，特别修饰后一并送到鲁国，说是给鲁定公享受的。

鲁国的另一位丞相季斯听到这个消息后，即刻换了便服，坐车到南门去看美女。看到美女们歌舞翩翩，娇笑之声不绝于耳，他立即神魂颠倒，忘乎所以了。哈喇子把衣襟都打湿了。等到定公宣召他入宫，把齐国国书给他看时，他立刻答道："这是齐王的好意，不应该推辞。"于是定公便在季斯的带领下去看这群美女，只见美女们摇臂摆身，似临风之芍药；歌声乍起，疑为群莺出谷。鲁定公乐得神魂颠倒，手舞足蹈。

鲁定公当即回宫，叫季斯多谢齐王，重赏齐使，把两批厚礼收于宫中。定公从此沉迷酒色，不理朝政。

孔子见状，十分忧心。他几次劝谏鲁定公，毫无效果。孔子感到自己的抱负无法在鲁国施展，于是又带领弟子周游列国去了。至此，齐景公达到了自己的目的。

孔子讲学图 清

⊙曹孟德夜袭乌巢

东汉末年，割据势力相互混战，袁绍与曹操是两股最大的势力，他们为了争夺中原，在官渡展开大战。当时曹操只有 2 万人左右的兵力，袁绍却有 10 万大军。曹操能审时度势，灵活作战，先解白马之围，诱歼袁军追兵，初战告捷。然后主动转移兵力，在粮食不充足的情况下仍然坚守官渡阵地。袁绍自恃兵力强盛，傲慢轻敌，对部下也很残忍。曹操了解到袁绍在乌巢屯集了大量粮食，而且那里的守军戒备不严，如果烧掉了他屯集的物资，即使不与他交战，袁绍也会自败。于是曹操亲自带领步骑 5000 人，用袁绍的旗号，冒充袁军，每人抱一束柴草，夜里偷偷地从小路出击袁绍的乌巢粮囤。曹操带领的军队路过一些地方，有人问是怎么回事，曹军就告诉他们说："袁绍因为怕曹操派兵从背后偷偷地来包抄他，所以调遣部队去加强戒备。"听的人都信以为真，未加注意。曹军到了乌巢，围住粮囤，放起大火，将乌巢屯集的粮食都烧光了。袁绍军队一听后方粮草被烧，一时全军大乱，士兵们或逃或亡或降，袁绍仅带了 800 多名骑兵渡河逃走。在官渡一战中，曹操共歼灭袁绍的军队 7 万多人。这一战役为曹操统一北方奠定了基础。

水陆攻战画像石 汉

◇简评

此计用于军事，是指对强敌不可正面作战，而应该避其锋芒，削减敌人的气势，再乘机取胜的谋略。釜底抽薪的关键是抓住主要矛盾。很多时候，一些影响战争全局胜负的关键点，恰恰是敌人的弱点。指挥员要准确判断，抓住时机，攻敌之弱点。比如粮草辎重，如能乘机夺得，敌军就会不战自乱。

◎混战计◎

浑水摸鱼

◇计名探源

　　浑水摸鱼，原意是在混浊的水中，鱼晕头转向，乘机下手，可以将鱼抓到。此计用于军事，指当敌人混乱无主时乘机出击，夺取胜利。在混浊的水中，鱼儿辨不清方向；在复杂的战争中，弱小的一方经常会摇摆不定，这时就有可乘之机。更多的时候，这个可乘之机不能只靠等待，而应主动去创造。

　　唐朝开元年间，契丹叛乱，多次侵犯唐朝。朝廷派张守珪为幽州节度使，平定契丹之乱。契丹大将可突干几次攻幽州，未能攻下。可突干想探听唐军虚实，派使者到幽州，假意表示愿意重新归顺朝廷，永不进犯。张守珪知道契丹势力正旺，主动求和，必定有诈。他将计就计，客气地接待了来使。第二天，他派王悔

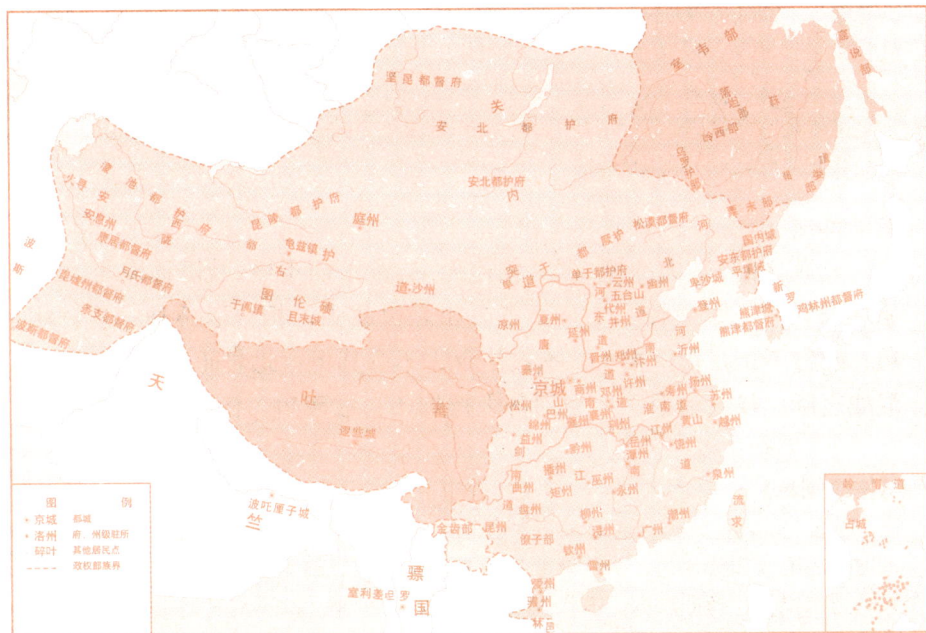

唐代疆域图

代表朝廷到可突干营中宣抚，并命王悔一定要探明契丹内部的底细。王悔在契丹营中受到热情接待，他在招待酒宴上仔细观察契丹众将的一举一动。他发现，契丹众将在对朝廷的态度上并不一致。他又从一个小兵口中探听到分掌兵权的李过折一向与可突干有矛盾，两人貌合神离，互不服气。王悔特意去拜访李过折，装作不了解他和可突干之间的矛盾，当着李过折的面，假意大肆夸奖可突干的才干。李过折听罢，怒火中烧，说可突干主张反唐，使契丹陷于战乱，人民十分怨恨。并告诉王悔，契丹这次求和完全是假的，可突干已向突厥借兵，不日就要攻打幽州。王悔乘机劝说李过折，唐军势力强大，可突干肯定失败，他如脱离可突干，建功立业，朝廷保证一定会重用他。李过折果然心动，表示愿意归顺朝廷。王悔任务完成，立即辞别契丹王返回幽州。第二天晚上，李过折率领本部人马，突袭可突干的中军大帐。可突干毫无防备，被李过折斩于营中。这一下，契丹营大乱。忠于可突干的大将砸礼招集人马，与李过折展开激战，杀了李过折。张守珪探得消息，立即亲率人马赶来接应李过折的部从。唐军火速冲入契丹军营，契丹军内正在火并，混乱不堪。张守珪乘势发动猛攻，生擒砸礼，大破契丹军。

◇原书解语

乘其阴乱[1]，利其弱而无主。随，以向晦入宴息[2]。

【解语注译】

[1] 乘其阴乱：阴，内部。意为乘敌人内部发生混乱。

[2] 随，以向晦入宴息：语出《易经·随》。随，卦名。本卦为异卦相叠（震下兑上）。本卦上卦为兑为泽，下卦为震为雷。言雷入泽中，大地寒凝，万物蛰伏，故卦象名“随”。随，顺从之意。《随》的《象辞》说：“泽中有雷，随。君子以向晦入宴息。”意为人要随应天时去作息，向晦就当入室休息。

此计运用此象理，是说打仗时要善于抓住敌方的可乘之隙，而我借机行事，使乱顺我之意，我便乱中取利。

◇原书按语

动荡之际，数力冲撞，弱者依违无主，乱蔽而不察，我随而取之。《六韬》曰：“三军数惊，士卒不齐，相恐以敌强，相语以不利；耳目相属，妖言不止，众口相惑，不畏法令，不重其将：此弱征也。”是鱼，混战之际，择此而取之。如刘备之得荆州、取西川，皆此计也。

【按语阐释】

局面混乱不定，一定存在着多种互相冲突的力量，那些弱小的力量这时都在考虑到底要依靠哪一边，从而就分散躲避，使人难以察觉。这个时候，己方就要乘机把水搅浑，随即攻取。古代兵书《六韬》中列举了敌军的衰弱之象：全军多次受惊，兵士军心不稳，互相恐吓说敌方强大，相互传言说己方不利，交头接耳，妖言不断，谣言惑众，不怕法令，不尊重将领……这时，可以说是水已浑了，就应该乘机捞鱼，取得胜利。运用此计的关键，是指挥员一定要正确分析形势，发挥主观能动性，千方百计把水搅浑，主动权就牢牢掌握在自己的手中了。

◇ 用计例说

⊙ 魏吴相争，孔明坐收渔利

赤壁大战中，曹操大败。为了防止孙权北进，曹操派大将曹仁驻守南郡（今湖北公安县）。这时，孙权、刘备都在打南郡的主意。周瑜因赤壁大战获胜，气势如虹，下令进兵，攻取南郡。刘备也把部队调到油江口驻扎，眼睛死死地盯住南郡。周瑜说："为了攻打南郡，我东吴花多大的代价都行，南郡唾手可得。刘备休想做夺取南郡的美梦！"刘备为了稳住周瑜，首先派人到周瑜营中祝贺。周瑜心想，我一定要见见刘备，看他有何打算。第二天，周瑜亲自到刘备营中回谢。在酒席之中，周瑜单刀直入，问刘备驻扎油江口，是不是要取南郡。刘备说："听说都督要攻打南郡，特来相助。如果都督不取，那我就去占领。"周瑜大笑，说南郡指日可下，为何不取。刘备说："都督不可轻敌，曹仁勇不可当，能不能攻下南郡，还很难说。"周瑜一向骄傲自负，听刘备这么一说，很不高兴，他脱口而出："我若攻不下南郡，就听任豫州（即刘备）去取。"刘备盼的就是这句话，马上说："都督说得好，子敬（即鲁肃）、孔明都在场作证。我先让你去取南郡，如果取不下，我就去取。你可千万不能反悔啊。"周瑜一笑，哪里会把刘备放在心上。周瑜走后，诸葛亮建议按兵不动，让周瑜先去与曹兵厮杀。

周瑜发兵，首先攻下彝陵（今湖北宜昌）。然后乘胜攻打南郡，却中了曹仁的诱敌之计，自己中箭而返。

曹仁见周瑜中了毒箭受伤，非常高兴，每日派人到周瑜营前叫阵。周瑜只是坚守营门，不肯出战。一天，曹仁亲自带领大军，前来叫阵。周瑜带领数百骑兵冲出营门大战曹军。开战不多时，忽听周瑜大叫一声，口吐鲜血，坠于马下，被众将救回营中。原来这是周瑜定下的哄骗敌人的计谋，一时间传出周瑜箭伤发作而死的消息。周瑜营中奏起哀乐，士兵们都戴了孝。曹仁闻信，大喜过望，决定趁周瑜刚死、东吴无心恋战的时机前去

士兵屯营图 三国

劫营，割下周瑜的首级，到曹操那里去请赏。

当天晚上，曹仁亲率大军去劫营，城中只留下陈矫带少数士兵护城。曹仁大军趁着黑夜冲进周瑜大营，只见营中寂静无声，空无一人。曹仁情知中计，急忙退兵，但是已经来不及了。只听一声炮响，周瑜率兵从四面八方杀出。曹仁好不容易从包围中冲出，退返南郡，又遇东吴伏兵阻截，只得往北逃去。

周瑜大胜曹仁，立即率兵直奔南郡。等周瑜率部赶到南郡，只见南郡城头布满旌旗。原来赵云已奉诸葛亮之命，趁周瑜、曹仁激战正酣之时，轻易地攻取了南郡。诸葛亮利用搜得的兵符，又连夜派人冒充曹仁求援，轻易地诈取了荆州、襄阳。周瑜自知这一回上了诸葛亮的大当，气得昏了过去。

⊙李渊趁乱而夺天下

隋朝末年，出身于关陇贵族集团的太原留守李渊早就与隋朝离心离德，想要自己单独撑起一片天空。当时民间有"李氏当天子"的传言，说来说去时间久了，李渊也觉得自己大有帝王之相了。隋炀帝对他也一直怀有猜忌之心。

李渊为了保护自己，就每日纵酒行乐，大肆收受贿赂，以表示自己胸无大志。另一方面，他静观天下大势，积极做举兵起事的准备。到大业十二年(616年)年底，全国各地农民起义风起云涌，已成不可阻遏之势。李密领导的瓦岗军成为河南地区最强大的反隋武装力量；河北起义军在窦建德的领导下发展到10多万人；杜伏威、辅公祐祐领导的江淮起义军迅猛发展；林士弘则在江西不断扩大地盘。一些军阀也乘机起事。萧铣占据江陵，拥兵40余万人；王世充盘踞洛阳，成为中原地区最大的政治势力；薛举、薛仁杲父子割据金城；李轨拥兵于凉州；刘武周、梁师都等雄踞北方等等。而隋炀帝则坐困江都，不能西返。当时真可以说是天下大乱，"弱而无主"，隋朝灭亡已成定局。李渊集团正是在这样混乱的形势下，决定在晋阳起兵，乘关中空虚之机，南下攻占长安，开始他夺取天下的战争。

⊙朴正勋搅浑水乱中取利

某贸易公司是一家刚成立不久的小公司，主要经营山东生产的罐装蔬菜。有一天，公司的李经理在某大型贸易网站认识了一个叫朴正勋的韩国客户，他对他们的产品很感兴趣，并决定亲自到他们公司来洽谈，如果对产品和价格都满意可能会大量采购。

几天后，朴正勋来了。李经理自走马上任以来，可是第一次遇到这样一位大买主，自然不肯轻易放过。鞍前马后地热情招待不说，还对朴正勋表达出殷切合作的诚意。朴正勋在与李经理交谈多次，又看了样品后表示满意，问李经理以什么价格成交。李经理报了一个当时的市场价，每箱150美元。没想到朴正勋听后立马翻脸了："李经理，想不到你还是没有诚意，居然要这么高的价，我看这笔买卖就不要谈了。"说罢直接走人了。

李经理还是不想放弃，虽然见不到朴正勋的面，但还是打电话给朴正勋说价格的事好商量。朴正勋那边却仍然保持沉默，弄得李经理一头雾水。一天，李经理接到当地另一家贸易公司的电话："请问韩国的朴正勋先生是否与你公司商谈过进口罐装蔬菜的事宜？""是的。"李经理回答。"你们出什么价？""每箱150美元。"

挂断电话，李经理坐不住了，心想，我一定要搞掂朴正勋，否则他要另找合作伙伴了。李经理夜里驱车赶到朴正勋下榻的宾馆，表示愿意降价5美元成交。朴正勋却还是不置可否地摇头。李经理没辙了，因为再降价就基本没利润了。过了几天，李经理又接到了来自国内两家同类企业的电话，内容还是询问与朴正勋谈判的价格。

李经理心想：这个朴正勋还真是狡猾。这笔生意做下去吧，真要不赚钱了；罢手吧，又太不甘心了，白白浪费了这么多时间和精力。不行，我一定要把这笔买卖做成！

他又去找朴正勋，把价格压到了每箱142美元，这已经是最低价格了。即以此价格成交，几乎没有什么利润可言了。但朴正勋狡猾地一笑，道："李经理，实不相瞒，我也与外地几家公司洽谈过，他们的最低报价是每箱140美元。"

李经理心中一打算盘：妈呀，这人太鬼精了，140美元，正是进货价。不过如果他要的量大，进货时还可以压压价，多少能赚点儿。李经理一咬牙答应了："好吧，以140美元成交。"

朴正勋的脸上总算阴转晴，笑着说："这样吧，我马上与公司联系，待请示后，后天一早签协议。"

李经理这才如心中卸下了石头般松了口气，但到了签合同的那天，朴正勋连个人影也没有。李经理跑到宾馆去找，服务人员说朴正勋昨天就已退房了。

李经理一下子懵了，想不到他又上套了。

这场闹剧结束几个月之后，李经理在一次洽谈会上，见到了另一家贸易公司的经理。谈到此事，他才明白真相。原来朴正勋在与李经理周旋的同时，他的助手正在另一家食品公司那里讨价还价。因为他知道那家公司有现货，为了用最低价格购进，他精心设计了与数家公司联系讨价还价，借助各公司之间没有什么联系来相互压价，最后坐收渔翁之利。

◇简评

此计与第五计"趁火打劫"有相似之处：都强调乘敌不利时（一为"敌之害大"，一为"乘其阴乱"）取利。其不同点在于取利的手段有所区别："趁火打劫"更强调取利的强势性、进攻性（"刚决柔"）；而"浑水摸鱼"则更强调取利的隐蔽性和随机性。

"浑水摸鱼"应着眼于长远、取大利，而不应该搞小动作、取小利，这一点在经济领域尤为重要。而在商战中也经常有假冒的伪劣商品蒙骗消费者，虽然他们的手段有可能会一时得逞，可消费者的眼睛是雪亮的，蒙混终究是不能过关的，最终他们是会被人们所发觉和唾弃的！运用此计的关键，是指挥员一定要正确分析形势，发挥主观能动性，千方百计把水搅浑，主动权就牢牢掌握在自己的手中了。

◎混战计◎

金蝉脱壳

◇计名探源

金蝉脱壳的本意是，寒蝉在蜕变时，本体脱离皮壳而走，只留下蝉蜕还挂在枝头。此计用于军事，是指通过伪装摆脱敌人，撤退或转移，以实现我方的战略目标的谋略。先稳住对方，然后撤退或转移，绝不是惊慌失措，消极逃跑，而是保留形式，抽走内容，

武侯祠

使自己脱离险境。达到己方战略目标后，己方常常可用巧妙分兵转移的机会出击另一部分敌人。

三国时期，诸葛亮六出祁山，北伐中原，但一直未能成功，终于在第六次北伐时，积劳成疾，在五丈原病死于军中。为了不使蜀军在退回汉中的路上遭受损失，诸葛亮在临终前向姜维密授退兵之计。姜维遵照诸葛亮的吩咐，在诸葛亮死后，秘不发丧，对外严密封锁消息。他带着灵柩，秘密率部撤退。司马懿派部队跟踪追击蜀军。姜维命工匠按诸葛亮模样雕了一个木人，羽扇纶巾，稳坐车中。并派杨仪率领部分人马大张旗鼓，向魏军发动进攻。魏军远望蜀军，军容整齐，旗鼓大张，又见诸葛亮稳坐车中，指挥若定，不知蜀军又要什么花招，不敢轻举妄动。司马懿知道诸葛亮一向"诡计多端"，又怀疑此次退兵乃是诱敌之计，于是命令部队后撤，观察蜀军动向。姜维趁司马懿退兵的大好时机，马上指挥主力部队，迅速安全转移，撤回汉中。等司马懿得知诸葛亮已死，再进兵追击，为时已晚。

◇**原书解语**

　　存其形，完其势^[1]；友不疑，敌不动。巽而止，蛊^[2]。

【解语注译】

　　[1] 存其形，完其势：保存阵地已有的战斗形貌，进一步完备继续战斗的各种态势。

　　[2] 巽而止，蛊：语出《易经·蛊》。蛊，卦名。本卦为异卦相叠（巽下艮上）。本卦上卦为艮为山为刚，为阳卦；下卦巽为风为柔，为阴卦。故"蛊"的卦象是"刚上柔下"，意即高山沉静，风行于山下，事可顺当。又，艮在上卦，为静；巽为下卦，为谦逊，故说"谦虚沉静""弘大通泰"，是天下大治之象。

　　此计引本卦《象》辞："巽而止，蛊。"其意是我暗中谨慎地实行主力转移，稳住敌人，我则乘敌不惊疑之际脱离险境，就可安然躲过战乱之危，所以，这是顺势。

◇**原书按语**

　　共友击敌，坐观其势。倘另有一敌，则须去而存势。则金蝉脱壳者，非徒走也，盖为分身之法也。故大军转动，而旌旗金鼓，俨然原阵，使敌不敢动，友不生疑。待已摧他敌而返，而友敌始知，或犹且不知。然则金蝉脱壳者，在对敌之际，而抽精锐以袭别阵也。檀道济被围，乃命军士悉甲，身白服乘舆徐出外围。魏惧有伏，不敢逼，乃归。（《南史》卷十五《檀道济传》、《广名将传》卷七）

【按语阐释】

　　认真分析形势，准确做出判断，摆脱敌人，转移部队，绝不是消极逃跑，一走了事，而应该是一种分身术，要巧妙地暗中调走精锐部队去袭击别处的敌人。但这种调动要神不知，鬼不觉，极其隐蔽。

　　因此，一定要把假象造得逼真。转移时，依然要旗帜招展，战鼓隆隆，好像仍然保持着原来的阵势，这样可以使敌军不敢动，友军不怀疑。檀道济在被敌人围困时，竟然能带着士兵，自己穿着显眼的白色服装，坐在车上，不慌不忙地向外围进发。敌军见此，以为檀道济设有伏兵，不敢逼近，让檀道济安然脱离围困。檀道济此计，险中有奇，使敌人被假象迷惑，做出了错误的判断。

◇**用计例说**

⊙**虚张声势，毕再遇惑金兵**

　　宋朝开禧年间，宋将毕再遇与金军对垒，打了几次胜仗。金兵又调集数万精锐骑兵，要与宋军决战。此时，宋军只有几千人马。毕再遇为了保存实力，准备暂时撤退。金军已经兵临城下，如果知道宋军撤退，肯定会追杀。那样，宋军损失一定惨重。毕再遇苦苦思索蒙蔽金兵、转移部队之计。这时，只听帐外马蹄声响，毕再遇受到启发，计上心来。

他暗中部署撤退，当天半夜时分，下令兵士擂响战鼓。金军听见鼓响，以为宋军趁夜劫营，急忙集合部队，准备迎战。哪里知道只听见宋营战鼓隆隆，却不见一个宋兵出城。宋军连续不断地击鼓，搅得金兵整夜不得休息。金军的头领似有所悟："原来宋军采用疲兵之计，用战鼓搅得我们不得安宁。好吧，你擂你的鼓，我再也不会上你的当。"

宋营的鼓声连续响了两天两夜，金兵根本不予理会。到了第三天，金兵发现，宋营的鼓声逐渐微弱，金军首领断定宋军已经疲惫，就派军分几路包抄，小心翼翼靠近宋营，见宋营毫无反应。金军首领一声令下，金兵蜂拥而上，冲进宋营，这才发现宋军已经全部安全撤离了。

原来毕再遇使了"金蝉脱壳"之计。他命令兵士将数十只羊的后腿捆好绑在树上，使倒悬的羊的前腿拼命蹬踢，又在羊蹄下放了几十面鼓。羊腿拼命蹬踢，鼓声隆隆不断。毕再遇用"悬羊击鼓"的计策迷惑了敌军，利用两天的时间安全转移了。

⊙狄青分身有术

据沈括《梦溪笔谈》卷一三记载，狄青于宋仁宗皇祐四年（1052年）奉命征讨侬智高，次年上元节到达宾州（今广西宾阳县南）。为麻痹敌人，狄青下令在营中大张灯烛，大宴三夜：第一夜宴请高级将领，第二夜宴请中级军官，第三夜宴请一般军官。第一夜，宋营中军帐里声乐齐鸣，杯盘狼藉，赴宴将官喝了一个通宵。第二夜，被宴请的中级军官喝到二鼓时，狄青忽然称肚子疼，暂时到内帐休息一会儿。过了好长一段时间，他又从内帐传出命令，让孙元规暂时代他主持行酒，他吃完药后就出来。后又几次派人出来劝酒，但一直到拂晓时狄青也没出来，客人也不敢擅自退席。这时，忽然有使者飞马来到眼前，向大家报告说："在这夜三鼓时，狄将军已夺占昆仑关（今广西境内）了。"狄青在这里就用了"金蝉脱壳"之计。当时昆仑关乃侬智高所据邕州（今广西南宁市南）的天然屏障，是宋军南下必经之地，此关守军居高临下，易守难攻。宋军远道而来，利在速战，如不能尽快夺占此关，势必会造成极大被动。要迅速占领此关，上策是突然袭击。而要使突然袭击奏效，就要千方百计使敌人放松警惕，尤其不能让敌人间谍获得宋军行踪的情报。

⊙斯巴达克分身计脱逃

斯巴达克是2000多年前古罗马最大的一次奴隶起义的领袖。他富于谋略，智慧过人，领导英勇的起义队伍给了奴隶主政权以沉重的打击。

斯巴达克在背临大海、两侧悬崖的维苏威山集结起义军。罗马帝国派克劳狄乌斯率官兵前去镇压。克劳狄乌斯扼守维苏威山的唯一通道，并设下层层障碍，企图将起义军困死在山上。看着维苏威山上遍地生长的野葡萄藤，斯巴达克心生一计。他叫大家用野葡萄藤编成长长的软梯，然后顺着软梯爬下悬崖，悄悄迂回到敌人的背后。起义军的突袭使罗马官兵不知所措，狼狈而逃。

克劳狄乌斯遭惨败后，瓦涅又率两个军团前去镇压起义军。连续恶战使起义军粮草断绝，不少士兵染上疾病，起义面临失败的危险。为了冲出重围，斯巴达克让士兵把死尸绑在营前伪装成哨兵，又留下几个号兵定时吹号，整个军营看上去与平常一样。此时，斯巴达克率领大军偷偷地从敌人认为无法通过的山路突出重围。

恼羞成怒的罗马统治者又任命克拉苏为统帅，带兵前去镇压起义军。克拉苏在起义军必经的半岛狭窄处挖了一条长长的壕沟，沟这端修筑起高大的防护墙，设重兵把守，妄图把起义军困死在半岛上。

在一个大雪纷飞的夜晚，斯巴达克命起义军靠近壕沟，燃起篝火，并在篝火旁吹笛子、敲皮鼓、跳舞。按当时的习俗，奴隶们在临死前要进行一次娱乐。起义军的这一举动使敌人放松了戒备和警惕。在敌人困乏时，斯巴达克指挥起义军用随身带的木料、冻土等很快填平了壕沟，奇迹般地冲出了封锁线。

◇简评

金蝉脱壳，实际是一种分身计，一种逃遁计。

作为分身计的金蝉脱壳，是在与友军联合作战时，偷偷溜走，打败另一处的敌军以后，再回到原来的阵地。在走脱的时候，"敌不敢动，友不生疑"。这种招式，着实高明。

作为逃跑手段的金蝉脱壳，在历史上与文学作品中俯拾即是。毕再遇、孙坚、祖茂等人从敌军的控制或追击下逃脱都用的这一计谋。"空城计"的典例中，公子元从郑国撤退时，为了防止追击，令营帐不拆，旗幡不动，神不知鬼不觉地在夜间溜出郑国领土，也是一出相当出色的金蝉脱壳戏。

三十六计，走为上计，但走有多种走法，金蝉脱壳为走计之上计，尤其是要从某种危险境地逃脱，又不被纠缠、不被追击。金蝉脱壳的确是妙计，脱逃时不会被发现，等被发觉时，敌对势力已经追赶不上了。

"金蝉脱壳"之计与"声东击西""暗度陈仓"等计比起来，虽都属用示形手段达到掩蔽真实意图和行动目的的军事欺骗谋略，但"金蝉脱壳"之计更强调一个"脱"字，即它是一种着重摆脱敌人、转移兵力的"脱身术"。为了脱身，此计强调用计者须要先找个"替身"，制造一种与自己或军队外表相似的假象，使对方认为自己或军队还在某地，而实则已经离开，从而完成对敌人的欺骗。

◎混战计◎

关门捉贼

◇计名探源

关门捉贼，是指对弱小的敌军要采取四面包围、聚而歼之的谋略。如果让敌人得以脱逃，情况就会十分复杂，如果穷追不舍，一怕敌人拼命反扑，二怕中敌诱兵之计。这里所说的"贼"，是指那些善于偷袭的小部队，其特点是行动诡秘，出没不定，行踪难测。其数量不多，破坏性却很大，常会趁我方不备，侵扰我军。所以，对这种"贼"，不可让其逃跑，而要断其后路，聚而歼之。当然，此计运用得好，绝不只限于"小贼"，甚至可以围歼敌人的主力部队。

战国后期，秦国攻打赵国。秦军在长平（今山西高平北）受阻。长平守将是赵国名将廉颇，他见秦军势力强大，不能硬拼，便命令部队坚壁固守，不与秦军交战。两军相持4个多月，秦军仍拿不下长平。秦王采纳了范雎的建议，用离间法让赵王怀疑廉颇，赵王中计，调回廉颇，派赵括为将到长平与秦军作战。赵括到长平后，完全改变了廉颇坚守不战的策略，主张与秦军对面决战。秦将白起故意让赵括尝到一点儿甜头，使赵括的军队取得了几次小胜利。赵括果然得意忘形，派人到秦营下战书。此举正中白起的下怀。他分兵几路，形成对赵军的包围圈。第二天，赵括亲率40万大军，来与秦兵决战。由于秦军与赵军几次交战，都打输了。赵括志得意满，哪里知道敌人用的是诱敌之计。他率领大军追赶佯败的秦军，一直追到秦营。

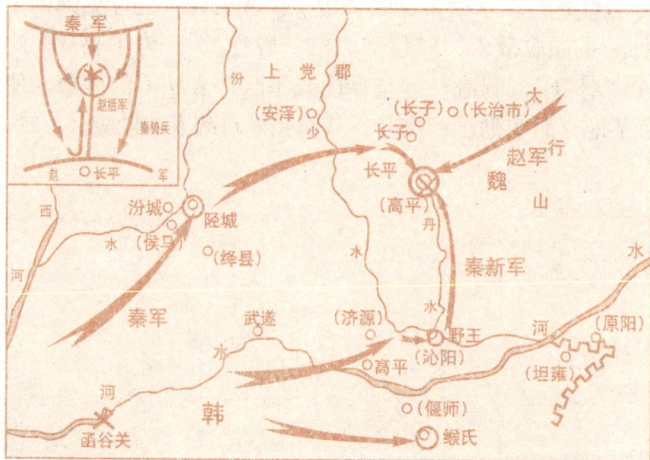

秦赵长平之战示意图

秦军坚守不出，赵括一连数日攻克不下，只得退兵。这时突然得到消息：自己的后营已被秦军攻占，粮道也被秦军截断。秦军已把赵军全部包围起来。一连46天，赵军粮绝，士兵杀人相食，赵括只得拼命突围。白起已严密部署，多次击退企图突围的赵军，最后，赵括中箭身亡，赵军大乱，40万大军都被秦军杀戮。这个赵括只会"纸上谈兵"，在真正的战场上，一下子就中了敌军"关门捉贼"之计，损失40万大军，赵国从此一蹶不振。

◇原书解语

小敌困之[1]。剥，不利有攸往[2]。

【解语注译】

[1] 小敌困之：对弱小或者数量较少的敌人，要设法去围困（或者说歼灭）他。

[2] 剥，不利有攸往：语出《易经·剥》。剥，卦名。本卦异卦相叠（坤下艮上），上卦为艮为山，下卦为坤为地。意即广阔无边的大地在吞没山，故卦名曰"剥"。剥，落的意思。卦辞："剥，不利有攸往。"意为"剥卦说，有所往则不利"。

此计引此卦辞，是说对小股敌人要及时围困消灭，而不应去急追或者远袭。

◇原书按语

捉贼而必关门，非恐其逸也，恐其逸而为他人所得也。且逸者不可复追，恐其诱也。贼者，奇兵也，游兵也，所以劳我者也。吴子曰："今使一死贼，伏于旷野，千人追之，莫不枭视狼顾。何者？恐其暴起而害己也。是以一人投命，足惧千夫。"追贼者，贼有脱逃之机，势必死斗；若断其去路，则成擒矣。故小敌必困之，不能，则放之可也。

【按语阐释】

关门捉贼，不仅仅是害怕敌人逃走，而且怕他逃走之后卷土重来。如果关门不紧，让敌人逃脱，千万不可轻易追赶，防止中了敌人的诱兵之计。这个贼，指的是那些出没无常、偷袭我军的游击队伍。他们的企图，是使我军疲劳，以便实现他们的目的。

兵书《吴子》中特别强调不可轻易追逐逃敌。它打了一个比方，一个亡命之徒隐藏在旷野里，你派1000个人去捉他，也会十分困难，这是为什么呢？主要是怕对方突然袭击而损害自己。所以说，一个人只要是玩命不怕死，就会让1000个人害怕。根据这个道理推测，敌军如能脱逃，势必拼命战斗，如果截断他的去路，敌军就易于歼灭了。所以，对弱敌必须围而歼之，如果不能围歼，暂时放他逃走也未尝不可，千万不可轻易追击。

如果指挥员能统观全局，因势用计，因情变通，捉到的也可能不是小贼，而是敌军的主力部队。

◇用计例说

⊙刘邦轻敌陷白登之围

西汉初年，韩王信因在楚汉相争中拒楚有功，被汉高祖刘邦封为韩王，先立国于新颍川，后迁至晋阳，再迁于马邑（今山西朔县）。汉高祖六年（公元前201年）秋，匈奴单于冒顿发兵进攻韩王信。韩王信曾屡次派使者向匈奴求和，后来汉朝发兵救援，匈奴遂解围而去。汉高祖刘邦因发现韩王信屡次向匈奴求和，怀疑他有二心，于是写信责备他。韩王信害怕汉高祖杀他，便背信弃义投降了匈奴，与匈奴合兵进攻汉军。

为了拔去眼中钉，汉高祖七年（前200年）十月，刘邦亲统大军32万北击匈奴，先在铜鞮（今山西沁县）大败叛臣韩王信的军队，直追至晋阳。韩王信落荒逃往匈奴，收拾余部，与冒顿单于共谋攻汉对策。于是匈奴派左、右贤王率兵1万余与韩王信的将领王黄等人屯驻广武（今山西代县）至晋阳一线，冒顿驻于代谷（今山西代县）亲自指挥。汉军再次击败匈奴，追至楼烦地区（今山西神池、五寨）。刘邦听说冒顿在代谷驻防，觉得机不可失，准备大肆出击，擒杀冒顿。

为了谨慎起见，他先后派出10多人前往打探。狡猾的匈奴单于冒顿采用"诱敌深入"之计，将精兵良马隐蔽起来，尽放些老弱病残兵作为诱饵在外面防守。打探的人员回来后都汇报说匈奴已经不堪一击了，现在是进攻的好时机。只有最后派出的娄敬说："两国交兵，都要炫耀自己的武力。这次我去侦探，看到的都是老弱残兵，因此必然会有埋伏，不可轻易进兵。"或许是被预期的胜利冲昏了头脑，刘邦不但对娄敬的分析听不进去，还斥责他"胡说八道，沮丧士气"，并把娄敬捆起来囚在广武。

求胜心切的刘邦不顾娄敬的劝告，立即发兵北上。当时天气十分寒冷，风雪交加，士卒被冻掉指头的就有十分之二三。当刘邦率领骑兵抵达平城时，冒顿单于突然以精骑40万将汉军团团围住。一场惨烈的战斗直杀得天昏地暗、日月无光，在匈奴合围时，刘邦也险些被俘。汉军占了平城西面的白登山，冒顿遂将白登山围困起来，只见西面一色白马，北面一色乌骊马，东面一色青龙马，南面一色赤黄马，阵势威严，铁桶似的。汉高祖刘邦被围7昼夜，仍无法突破重围。

冒顿单于就很善于诱敌入"门"，不但选择了合适的地点和环境——寒冷的雪山，这对没经历过高山严寒的汉军来说无疑是个弱势——诱敌的方式也很特别，不是用一般的佯装败走，而是用示弱的方式。汉军入门后，不但门关得及时，也关得漂亮。

⊙以退为进，黄巢两占长安

公元880年，黄巢率领起义军攻克唐朝都城长安。唐僖宗仓皇逃到四川成都，纠集残部，并请沙陀李克用出兵攻打黄巢的起义军。第二年，唐军部署已完成，企图收复长安。凤翔一战，起义军将领尚让中敌埋伏之计，被唐军击败。这时，唐军声势浩大，乘胜进兵，直逼长安。

黄巢见形势危急，召众将商议对策。众将分析了敌众我寡的形势，认为不宜硬拼。黄巢当即决定：部队全部退出长安，往东开拔。

唐朝大军抵达长安，不见黄巢迎战，好生奇怪。先锋程宗楚下令攻城，气势汹汹杀进长安城内，才发现黄巢的部队已全部撤走。唐军毫不费力地占领了长安，众将欣喜若狂，纵容士兵抢劫百姓财物。士兵们见起义军败退，

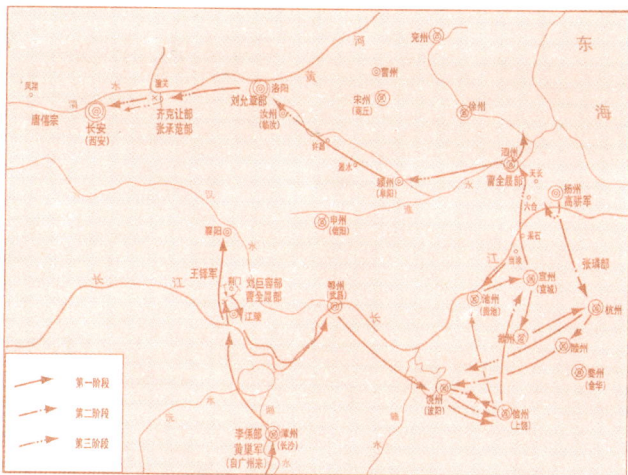

黄巢北伐夺取两京示意图

纪律松弛，成天三五成群骚扰百姓，长安城内一片混乱。唐军将领也被胜利冲昏了头脑，成天饮酒作乐，欢庆胜利。

黄巢派人打听到城中情况，高兴地说，敌人已入瓮中。当天半夜时分，急令部队迅速回师长安。唐军沉浸在胜利的喜悦中，呼呼大睡。突然，起义军以迅雷不及掩耳之势，冲进长安城内，只杀得毫无戒备的唐军尸横遍野。程宗楚从梦中醒来，只见起义军已冲杀进城，唐军大乱，无法指挥，最后他在乱军中被杀。

黄巢用"关门捉贼"之计，重新占据长安。

◇简评

在军事实践中施行"关门捉贼"之计，必须解决好两个问题：一是如何"关门"，二是"关门"后如何捉贼。

如何"关门"要把握好三个环节：一是预先选择好有利战场；二是诱使敌人入"门"；三是把"门"关紧，防止敌人突围。这三个环节中无论哪个环节出了问题，都不能达到"关门捉贼"的目的。

"关门捉贼"的原理可应用于司法审讯、外交斗争、公开辩论、体育竞技、医疗卫生等领域。如案件侦查人员在审讯犯罪嫌疑人时，根据已掌握的情况，预设"埋伏"，然后将犯罪嫌疑人引入其中，使之陷入理屈词穷、自相矛盾的境地，从而不得不交代事情的本来面目。再如，医生经过诊断，找到病人的病灶后，集中各种力量，使用多种手段，围歼病灶，拔除病根，或将其控制在一定范围之内，使之不能蔓延等，均与此理相合。

◎混战计◎

远交近攻

◇**计名探源**

远交近攻，语出《战国策·秦策》。范雎曰："王不如远交而近攻，得寸，则王之寸；得尺，亦王之尺也。"这是范雎说服秦王的一句名言。远交近攻，是分化瓦解敌方联盟，各个击破，结交远离自己的国家而先攻打邻国的战略性谋略。当实现军事目标的企图受到地理条件的限制而难以达到时，应先攻取就近的敌人，而不能越过近敌去打远离自己的敌人。为了防止敌方结盟，要千方百计去分化敌人，各个击破。消灭了近敌之后，"远交"的国家又成为新的攻击对象了。"远交"的目的，实际上是为了避免树敌过多而采用的外交诱骗。

战国末期，七雄争霸。秦国经商鞅变法之后，势力发展最快。秦昭王开始图谋吞并六国，独霸中原。公元前270年，秦昭王准备兴兵伐齐。范雎此时向秦昭王献上"远交近攻"之策，阻止秦国攻齐。他说，齐国势力强大，离秦国又很远，攻打齐国，部队要经过韩、魏两国。军队派少了，难以取胜；多派军队，打胜了也无法占有齐国土地。不如先攻打邻国韩、魏，逐步推进。为了防止齐国与韩、魏结盟，

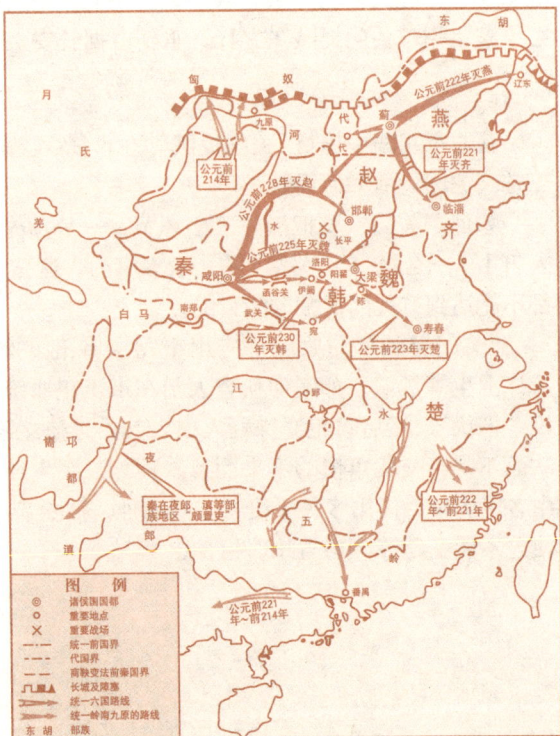

秦统一形式图

秦昭王派使者主动与齐国结盟。其后 40 余年，秦始皇继续坚持"远交近攻"之策，"远交"齐、楚，首先攻下韩、魏，然后又从两翼进兵，攻破赵、燕，统一北方；攻破楚国，平定南方；最后把齐国也消灭了。秦始皇征战 10 年，终于实现了统一中国的愿望。

◇**原书解语**

形禁势格[1]，利从近取，害以远隔[2]。上火下泽[3]。

【解语注译】

[1]形禁势格：禁，禁止。格，阻碍阻挡。受到地势的限制和阻碍。

[2]利从近取，害以远隔：句意为，先攻取就近的敌人有利，越过近敌先去攻取远隔之敌是有害的。

[3]上火下泽：语出《易经·睽》。睽，卦名。本卦为异卦相叠（兑下离上）。上卦为离为火，下卦为兑为泽。上离下泽，是水火相克，水火相克则又可相生，循环无穷。又"睽"，乖违，即矛盾。本卦《象辞》："上火下泽，睽。"意为上火下泽，两相离违、矛盾。

此计运用"上火下泽"相互离违的道理，说明采取"远交近攻"的不同做法，使敌相互矛盾、离违，而我正好各个击破。

◇**原书按语**

混战之局，纵横捭阖之中，各自取利。远不可攻，而可以利相结；近者交之，反使变生肘腋。范雎之谋，为地理之定则，其理甚明。

【按语阐释】

远交近攻的谋略，不只是军事上的谋略，它实际上更多指总司令部甚至国家最高领导者采取的政治战略。对邻国和远方的国家，"大棒"和"橄榄枝"相互配合运用，千方百计与远方的国家结盟；对邻国则挥舞大棒，把它消灭。如果和邻国结交，恐怕变乱会在近处发生。其实，在古代国家间的相互战争中，所谓远交，也绝不可能是长期和好。消灭近邻之后，远交之国便成了近邻，新一轮的征伐也是不可避免的。

◇**用计例说**

⊙**群雄并起，郑庄公成就霸业**

春秋初期，周天子实际上已被架空，各诸侯逐鹿中原。郑庄公在此混乱局势下，巧妙地运用"远交近攻"的策略，成为春秋早期的霸主。

当时，郑国与近邻宋国、卫国积怨很深，矛盾十分尖锐，郑国时刻都有被两国夹击的危险。

郑国在外交上采取主动，相继与邾、鲁等国结盟，不久又与实力强大的齐国在石门签订盟约。

公元前 719 年，宋、卫联合陈、蔡两国共同攻打郑国，鲁国也派兵助战，将郑国东门围困了五天五夜。虽未攻下，郑国已感到本国与鲁国的关系还存在问题，便千方百计想与鲁国重新修好，共同对付宋、卫。

公元前 717 年，郑国以帮邾国雪耻为名，攻打宋国。同时，向鲁国积极发动外交攻势，主动派使臣到鲁国。果然，鲁国与郑国重修旧谊。齐国当时出面调停郑国和宋国的关系，郑庄公表示尊重齐国的意见，暂时与宋国修好。齐国因此也对郑国心存好感。

公元前 714 年，郑庄公以宋国不朝拜周天子为由，代周天子发令攻打宋国。郑、齐、鲁三国大军很快地攻占了宋国大片土地。宋、卫军队避开联军锋芒，乘虚攻入郑国。郑庄公把占领宋国的土地全部送与齐、鲁两国，迅速回兵，大败宋、卫大军。郑国乘胜追击，击败宋国，卫国被迫求和。郑庄公势力扩张，霸主地位形成。

⊙虚怀若谷，赵匡胤海纳人才

赵匡胤上台后，一杯酒便释去了石守信等重臣的兵权；驯服了节度使"十兄弟"；杀了兵变时为他开门放行的封邱守门官，这一些均为近攻。

与近攻同时，赵匡胤十分善于也十分注重远交。他很注意发现人才，起用了很多没有资历但很有才学的人担任重任。

陈桥兵变时，陈桥守门官忠于后周，闭门防守，不放赵军通过。赵军改走封邱，封邱守门官开门放行。赵匡胤当皇帝后，杀了封邱守门官，起用了陈桥守门官。

一次赵匡胤宴请群臣，翰林学士王著喝醉了酒，当众痛哭后周故主。有人上奏说应当严惩。赵匡胤说："我曾和他同为朝臣。一个书生，哭哭故主，没有什么问题，让他哭吧！"王著什么事也没有。

一次，赵匡胤乘驾出游，突然，有人向他射来一箭，正中黄龙旗。禁卫军大惊，有人上奏追捕杀手。赵说："谢谢他教我箭法。"下令不准禁卫追捕射箭人。

赵匡胤的近攻，有效地抑制了功臣和皇亲国戚的势力的不良发展；远交则笼络了大批人才。宽松的政治气氛与社会环境，促进了国家的发展。

⊙古耕虞舍近求远获大利

古耕虞出生在 20 世纪初的四川重庆。年轻时，他经营家庭产业，主要做猪鬃买卖。他和父亲古槐青开着一家叫古青记的山货店，主要从事"虎"牌猪鬃出口生意。

当时，中国出口猪鬃都必须通过英国洋行，这样不仅让大笔钱落入英国洋行的腰包，而且中国商人还常常因缺少外贸知识或不通外语而受到欺侮和坑害。因此，古槐青认识到，要想做大生意，发大财，就必须具备高等文化修养。所以他把儿子送到上海圣约翰大学学英文和经济管理。

1925 年，古耕虞结束学业，回到故乡接管了父亲的生意。他决心摆脱英国洋行的控制，直接向国外出口猪鬃，因为这样不但可以不用再受洋人的气，还可以增加30%左右的利润。然而，摆脱狡猾的洋行不是那么容易的，因为英国洋行已经形成了在猪鬃经营中的垄断地位，而且在当时的中国又享有许多特权。搞不好，只会更吃亏，古耕虞只得悄悄地寻找机会。

机会终于来了！1927年底，有两个美国商人打着代表美国某公司来考察重庆猪鬃生产和出口的名义出现在重庆，其实他们是想同虎牌猪鬃的主人取得联系。因为虎牌猪鬃在美国市场上的声誉很好，他们直接从中国采购，可以多赚点儿利润。由于不懂中文，这两个美国人几经周折，才见到了古耕虞。古耕虞用一口纯正的英语，将猪鬃的货源、加工、经营、出口情况，向两位客人做了详尽的介绍。两位美国人没想到虎牌猪鬃的主人如此年轻又如此具有才识，高兴得直竖大拇指。

几次交往之后，双方经过侦察和反侦察，确定对方是诚意之后，他们才说出自己真实的想法——希望能不经过英国洋行，直接从古青记进口虎牌猪鬃。这简直是一拍即合，但摆在他们眼前的大钉子是，英国洋行一定会不择手段地进行破坏！

两位美国人也很担心这一点，他们显得比古耕虞还要着急。但这时古耕虞反而表现得若无其事了。他白天照样做生意，照样以主人的身份接待两位美国人。可到了晚上，他总是坐在灯下，埋头研究有关资料，苦苦思索对策，直到深夜。一天晚上，他在脱衣服准备睡觉时，一个念头猛然跳了出来，他眼前顿时一亮。

第二天，古耕虞就把自己想到的办法告诉了两个美国人。他们听后连声叫好，双方做好保密的承诺后，当场签订了一项秘密合同。几天之后，古耕虞就开始发运第一批直接销往美国的虎牌猪鬃。这一回，他没有使用古青记的装船标志，而是用两个并无意义的英文字母"LT"作为标志，装船人也用了化名。与此同时，他仍然将一部分猪鬃卖给英国洋行，以掩盖他与美国公司的秘密交易。但是，大量猪鬃运销美国后，卖给英国洋行的猪鬃便越来越少了。英国洋行询问原因，古耕虞总是拖着不答复，实在拖不过去了，就推说货源不足。

终于有一天，虎牌猪鬃垄断了美国的主要猪鬃市场。古耕虞料定英国洋行已经对此无能为力，便完全停止了与英国洋行的交易，实现了古青记猪鬃全部直接出口的夙愿。英国洋行如梦初醒，急忙探听真相，才发现古耕虞这只中国"鹰"已经不是他们所能奈何得了的，只好眼睁睁地看着古耕虞获利了！

⊙化工厂舍近求远得工艺

某化工厂准备新上一种供不应求、市场缺口较大的产品。虽然当地厂家就有生产，但他们经过反复考虑，决定舍近求远，到外省某地厂家学习该项产品的生产技术。他们之所以这样做，是因为听说当地厂得知他们要生产该种产品以后，非常紧张，曾在厂有关会议上宣布了"纪律"，要求职工不准透露任何技术、工艺情报，否则开除"泄密者"。细想一下也是，谁愿意扶持竞争对手呢。而外省兄弟厂会考虑到影响不大而无须戒备。果然不出所料，他们没花多少钱就得到了生产技术及工艺资料，该厂还为他们代培了一批技术人员。

这家化工厂的做法，可说是名副其实的"远交近攻"策略："结交"外地厂，取得新产品的全套技术、工艺，与当地厂形成竞争，造成"近攻"的局面。

⊙布拉特"远交近攻"赢支持

随着足球运动的火热，国际足联的地位也如日中天，足联掌门人的位置更是令很多人眼馋。当在世界足坛掌舵了 24 年的"沙皇"阿维兰热交出国际足联主席令牌之后，谁来接替他便成了世界体坛的一大悬念，并由此引发了一场世界足坛权力大战。

瑞典人约翰松与瑞士人布拉特是这场争斗的两个主角。为了争取 1998 年国际足联成员方手中宝贵的每一票，他们早在 1996 年就分别开始实施竞选计划。他们不辞辛苦，四处游说。由于两人有着完全不同的背景，对发展 21 世纪足球持有迥然不同的观点，因此，他们采取了不同的战略，即对欧洲和南美足球列强之外的亚非拉国家足联做出了不同的许诺。

68 岁的约翰松时任欧洲足联主席，他没有摆脱狭窄的地方保护主义，首先想的是为欧洲人夺回久违的足联主席职位。为此，他首先攻击阿维兰热是"独裁者"，逼其下台，宣布不再谋求连任。然后，约翰松又将欧足联执委员会的几位副主席拉进竞选班子，并联合非洲，向他的对手布拉特发起攻击，要求布拉特辞去国际足联秘书长职务。在环球游说活动中，约翰松公开许诺：大家可以分享权力和金钱。他的竞选纲领和活动，没有超出"欧洲中心论"的圈子，而这种论调有意无意地歧视和限制了其他各洲足球的发展。

62 岁的布拉特于 1981 年出任国际足联秘书长，跟随阿维兰热 18 年，深受其影响。阿维兰热那种牺牲欧洲人利益，促进非、亚足球繁荣，使世界足球走向一统的思想，成为布拉特坚定不移的政策。竞选中他承诺："足球将保持其世界性和完整性，并使现在国际足联的政策和制度延续下去。"他赢得亚非足球界的信任。布拉特的亚非牌成了他与约翰松交锋的制胜法宝。在远交亚非拉的同时，布拉特还成功地瓦解了对手的欧洲阵营和非洲势力。他利用英、德争办 2006 年世界杯的机会，把英、法两强拢入怀抱，英联邦的影响和法语非洲国家的倒戈，让约翰松立即感觉到了"后院失火"的危机。

1998 年 6 月 8 日，在全世界瞩目下，竞选结果出来了：布拉特以 111 票对 80 票赢得了胜利。他的胜利证明他推行"世界足球"的思想是可行的。

◇简评

远交近攻，主要是为了避免树敌过多而采用的外交诈骗谋略。施用此计，首先要孤立对自己构成直接威胁的近敌。譬如《三国演义》中写到的"孙、刘联盟共抗曹军"。诸葛亮在未出茅庐之前，就已洞察了汉末战乱形势，出山后便一再强调"东联孙权，北拒曹操"，以使天下形成三足鼎立的局面。而在天下三分的格局已定后，为实现统一天下、恢复汉室统治的目的，他仍旧本着"远交近攻"的原则，坚持联吴抗魏的大方针。这样，与吴建立了统一战线，才使刘备巩固了后方，不仅可以集中力量首先对付主要敌人，还得到了盟友的协作。

如果诸葛亮不运用"远交近攻"这一谋略,而像关羽一样,既以武力抗魏,又以刀兵拒吴,那么不仅不能辅佐刘备成就一番事业,恐怕刘备集团在曹军的追袭下,即使不覆灭,也只能做流寇,绝无发展壮大之机。

远交近攻是冷兵器时代多极斗争格局下产生的地缘性联盟战略,主要应用于"国"与"国"之间。这一战略思想在我国出现得很早,在我国历史上也被应用得很多。虽然世界上发生的"近攻"战争也占相当大的比例,但其作为一种地缘战略,在当代的地位已经远不如古代那么重要。西方国家所施行的联盟战略除仍考虑地缘上的距离因素外,更注重推行全球霸权主义。他们争夺的对象从原来的土地转向了世界各地的资源,因此他们确定"交"还是"攻"的主要依据,已不是距离的远近,而是本国利益的损益。

◎混战计◎

假道伐虢

◇计名探源

假道，是借路的意思。语出《左传·僖公二年》："晋荀息请以屈产之乘，与垂棘之璧，假道于虞以灭虢。"

处在敌我两大国中间的小国受到敌方武力胁迫时，某国常以出兵援助的姿态，把力量渗透进去。当然，对处在夹缝中的小国，只用甜言蜜语是不会取得其信任的，援助国往往以"保护"或给予"好处"为名，迅速进军，控制其局势，使其丧失自主权；再乘机突然袭击，就可轻而易举地取得胜利。

春秋时期，晋国想吞并邻近的两个小国虞和虢。这两个国家之间关系不错。晋如袭虞，虢会出兵救援；晋若攻虢，虞也会出兵相助。大臣荀息向晋献公献上一计。他说，要想攻占这两个国家，必须离间他们，使他们互不支持。虞国的国君贪得无厌，正可以投其所好。他建议晋献公拿出心爱的两件宝物——屈产良马和垂棘之璧——送给虞公。献公哪里舍得！荀息说："大王放心，只不过让他暂时保管罢了，等灭了虢国再灭虞国，一切不又回到您的手中了吗？"献公依计而行。虞公得到良马美璧，高兴得嘴都合不拢。

晋国故意在晋、虢边境制造事端，找到了伐虢的借口。晋国要求虞国借道让晋国伐虢，虞公得了晋国的好处，只得答应。虞国大臣宫子奇再三劝说虞公，这件事办不得的。虞虢两国，唇齿相依，虢国一亡，唇亡齿寒，晋国是不会放过虞国的。虞公却说，交一个弱朋友去得罪一个强有力的朋友，难道是正确的吗？

晋大军借道虞国，攻打虢国，很快就取得了胜利。班师回国时，把劫夺的财产分了许多送给虞公。虞公更是大喜过望。晋军大将里克，这时装病，称不能带兵回国，暂时把部队驻扎在虞国京城附近。虞公毫不怀疑。几天之后，晋献公亲率大军前去，虞公出城相迎。献公约虞公前去打猎，不一会儿，只见京城中起火。虞公赶到城外时，京城已被晋军里应外合强占了。就这样，晋国又轻而易举地灭了虞国。

◇**原书解语**

　　两大之间，敌胁以从，我假以势[1]。**困，有言不信**[2]。

【解语注译】

　　[1] 两大之间，敌胁以从，我假以势：假，借。句意为：处在敌我两个大国之中的小国，敌方若胁迫小国屈从于它时，我则要借机去援救，造成一种有利的军事态势。

　　[2] 困，有言不信：语出《易经·困》。困，卦名。本卦为异卦相叠（坎下兑上），上卦为兑为泽，为阴；下卦为坎为水，为阳。卦象表明，本该处于下方的泽，现在悬于上方而向下渗透，以致泽无水而受困，水离泽流散无归也自困，故卦名为"困"。困，困乏。卦辞："困，有言不信。"意为，"处在困乏境地，难道不相信这些吗？"此计运用此卦理，是说处在两个大国中间的小国，面临着受人胁迫的境地时，我若说援救它，它在困顿中会不相信吗？

◇**原书按语**

　　假地用兵之举，非巧言可诳，必其势不受一方之胁从，则将受双方之夹击。如此境况之际，敌必迫之以威，我则诳之以不害，利其幸存之心，速得全势。彼将不能自阵，故不战而灭之矣。如：晋侯假道于虞以伐虢（《左传·僖公二年》），晋灭虢，虢公丑奔京师。师还，袭虞灭之。（《左传·僖公五年》）

【按语阐释】

　　这条按语是说处在夹缝中的小国，一方想用武力威逼它；一方却用不侵犯它的利益来诱骗它，乘它心存侥幸之时，立即把力量渗透进去，控制它的局势，使其不能战斗。所以，不需要打什么大仗就可以将它消灭。此计的关键在于"假道"。善于寻找"假道"的借口，隐蔽"假道"的真正意图，突出奇兵，往往可轻而易举地取胜。

◇**用计例说**

　　⊙**蔡息反目，楚文王一石二鸟**

　　东周初期，各诸侯国都乘机扩张势力。楚文王时期，楚国势力日益强大，汉江以东小国，纷纷向楚国称臣纳贡。当时有个小国叫蔡国，仗着和齐国联姻，认为有个靠山，就不买楚国的账。楚文王怀恨在心，一直在寻找灭蔡的时机。

　　蔡国和另一小国息国关系很好，蔡侯、息侯

漆绘铠甲立俑 春秋

都娶的是陈国女人，经常往来。但是，有一次息侯的夫人路过蔡国，蔡侯没有以上宾之礼款待，气得息侯夫人回国之后，大骂蔡侯。息侯就此对蔡侯有一肚子怨气。

楚文王听到这个消息，非常高兴，认为灭蔡的时机已到。他派人与息侯联系，息侯想借刀杀人，向楚文王献上一计：让楚国假意伐息，他就向蔡侯求救，蔡侯肯定会发兵救息。这样，楚、息合兵，蔡国必败。楚文王一听，何乐而不为？他立即调兵，假意攻息。蔡侯得到息国求援的请求，马上发兵救息。可是兵到息国城下，息侯竟紧闭城门，蔡侯急欲退兵，楚军已借道息国，把蔡侯围困起来，终于俘虏了蔡侯。

蔡侯被俘之后，痛恨息侯，告诉楚文王息侯的夫人息妫是一个绝代佳人。他的话刺激了好色的楚文王。楚文王击败蔡国之后，以巡视为名率兵到了息国都城。息侯亲自迎接，设盛宴为楚王庆功。楚文王在宴会上，趁着酒兴说："我帮你击败了蔡国，你怎么不让夫人敬我一杯酒呀？"息侯只得让夫人息妫出来向楚文王敬酒。楚文王一见息妫果然是天姿国色，马上魂不附体，决定要把她据为己有。第二天，他举行答谢宴会，早已布置好的伏兵，将息侯绑架，轻而易举地灭了息国。

息侯害人害己，他主动借道给楚国，让楚国灭蔡，给自己报了私仇，却不料楚国竟不费一兵一卒，顺手将息国占领。

弱小的国家对结盟的对象一定要有所选择，一旦选到背信弃义的盟友就是从一个坟墓走向另一个坟墓。

需要说明的是，并不是所有的借道者都会把被借道者顺手灭掉，也有达到目的后仍与被借者继续保持盟友关系的。其原因，一是出于守信；二是因为自身力量不足，需要与对方继续合作。所以，不管是主动送上门来帮助的，还是自己主动去找的，"借道者"都应该符合上面两点中的一点才能让其借道，否则就是引狼入室。

⊙荆州计败，诸葛亮气死周瑜

东汉末年，刘备用计从孙权手中"借"去了荆州，又娶走了孙权的妹妹，吴国一直想要讨回荆州。鲁肃奉周瑜之命来见刘备，索取荆州。刘备依诸葛亮之计，等鲁肃说明来意，就大哭起来，直哭得鲁肃不知所措。诸葛亮出面解释："当初借荆州曾许诺取得西川便还，细想起来，益州刘璋是我主公之弟，取他城池，恐被外人唾骂。若是不取，又还了荆州，何处栖身？若不还荆州与尊舅面上也不好看。事出两难，因此我主人十分悲伤！"见鲁肃信以为真，诸葛亮又说："有烦你回见吴侯，恳求再容缓几时。吴侯既以亲妹嫁给皇叔，想必是会答应的。"鲁肃只得

鲁肃像

应允。鲁肃回去对周瑜一说，周瑜就知上了诸葛亮的当。于是设下"假道伐虢"之计，令鲁肃再去荆州跟刘备说，孙、刘两家既结了姻亲，便是一家，若刘备不忍心去取西川，东吴便去取来作为嫁妆送给刘备，而后把荆州还给东吴。鲁肃不解："西川路途迢迢，取之不易，莫非你是在用计谋？"周瑜得意地笑道："你道我真个去取西川给他？我只以此为名，实际上是要取荆州，教他没有防备。待我兵马路过荆州，向他索取钱粮，刘备必然出城劳军，那时乘势杀之，夺取荆州！"

于是鲁肃又到荆州见刘备说："吴侯十分赞赏皇叔之德，遂与诸将商妥，起兵代皇叔取川。以西川当嫁资，换回荆州，但军马过境时，望助些钱粮。"诸葛亮一口答应下来。刘备不知其意，诸葛亮说："此乃'假途灭虢'之计，名为取川，实取荆州。待主公出城劳军，乘势杀入荆州！"于是诸葛亮将计就计，让周瑜领兵到来时遭到伏击，吴军只得退回江东去。周瑜的"假道伐虢"之计没有得逞，被活活地给气死了。

◇简评

以"保护"为名，借道助其攻敌，转而向被借方迅速进军，控制其局势，使其丧失自主权，然后再乘机突然袭击，结果多能轻而易举地取得胜利。

此计作者其实是站在强者的立场上，强调如何利用矛盾，争取中间势力的支持和帮助，从而结成暂时的联盟，达到自己的战略目的，即消灭眼前的主要敌人。至于事后如何处理当初结成的朋友，要根据当时的形势进行决策。

◎并战计◎

偷梁换柱

◇计名探源

偷梁换柱，指用偷换的办法，暗中改换事物的本质和内容，以达到蒙混欺骗对方的目的。"偷天换日""偷龙换凤""调包计"，都是同样的意思。用在军事上，指联合对敌作战时，反复变动友军阵线，借以调换其兵力，等待友军一败涂地之时，将其全部控制。此计归于第五套计"并战计"中，本意是乘友军作战不利时，借机兼并其主力为己方所用。此计中包含尔虞我诈、乘机控制别人的权术，所以也往往用于政治谋略和外交谋略。

秦始皇称帝，自以为江山一统，子孙万代基业相传。但是，由于他自以为身体还不错，一直没有去立太子，指定接班人，宫廷内存在着两个实力强大的政治集团。一个是长子扶苏、蒙恬集团，一个是幼子胡亥、赵高集团。扶苏恭顺好仁，为人正派，在全国有很高的声誉。秦始皇本意欲立扶苏为太子，为了锻炼他，派他到著名将领蒙恬驻守的北方战线为监军。幼子胡亥，早被娇宠坏了，在宦官赵高教唆下，只知吃喝玩乐。

公元前 210 年，秦始皇第五次南巡，到达平原津（今山东平原县附近），突然一病不起。此时，秦始皇也知道自己的大限将至，于是，连忙召丞相李斯，要李斯传达密诏，立扶苏为太子。当时掌管玉玺和起草诏书的是宦官赵高。赵高早有野心，看准了这是一次难得的机会，故意扣压密诏，等待时机。几天后，秦始皇在沙丘平召（今河北广宗县境）驾崩。李斯怕太子回来之前，政局动荡，所以秘不发丧。赵高特地去找李斯，说："皇

秦始皇像

上赐立扶苏的诏书，还扣在我这里。现在，立谁为太子，我和你就可以决定。"狡猾的赵高又对李斯讲明利害，说："如果扶苏做了皇帝，一定会重用蒙恬，到那个时候，宰相的位置你能坐得稳吗？"一席话，说得李斯怦然心动，二人合谋，制造假诏书，赐死扶苏，杀了蒙恬。

赵高未用一兵一卒，只用偷梁换柱的手段，就把昏庸无能的胡亥扶为秦二世，为自己以后的专权打下了基础，也为秦朝的灭亡埋下了祸根。

◇原书解语

频更其阵，抽其劲旅，待其[1]自败，而后乘之。曳其轮也[2]。

【解语注译】

[1] 句中的几个"其"字，均指盟友、盟军而言。

[2] 曳其轮也：语出《易经·既济》。既济，卦名。本卦为异卦相叠（离下坎上）。上卦为坎为水，下卦为离为火。水处火上，水势压倒火势，救火之事，大功告成，故卦名"既济"。既，已经；济，成功。本卦初九《象辞》："曳其轮，义无咎也。"意为拖住了车轮，车子就不能运行了。

此计运用此象理，是说好比拖住了车轮，车子就不能运行了。也可以说，己方抽取友方劲旅，如同抽出梁木，房屋就会坍塌，于是己方便可控制它了。

◇原书按语

阵有纵横，天衡为梁，地轴为柱。梁柱以精兵为之，故观其阵，则知其精兵之所在。共战他敌时，频更其阵，暗中抽换其精兵，或竟代其为梁柱，势成阵塌，遂兼其兵。并此敌以击他敌之首策也。

【按语阐释】

这则按语，主要是从军事部署的角度讲的。古代作战，双方要摆开阵式。列阵都要按东、西、南、北方位部署。阵中有"天衡"，首尾相对，是阵的大梁；"地轴"在阵中央，是阵的支柱。梁和柱的位置都是部署主力部队的地方。因此，观察敌阵，就能发现敌军主力的位置。如果与友军联合作战，应设法多次变动友军的阵容，暗中更换其主力，派自己的部队去代替它的梁柱，这样就会使友军阵地无法由它自己控制，这时我方可以立即吞并友军的部队。这是吞并这一股敌人再去攻击另一股敌人的首要战略。

以上的这段按语，反映了封建社会里军阀割据、相互吞并的情况。所谓"友军"，不过只是暂时的联合对象，所以"兼并盟友"是常事。

不过，从军事谋略上去理解本计，重点也可以放在对敌军"频更其阵"上。也就是多次佯攻，促使敌人变换阵容，然后伺机攻其弱点。这种调动敌人的谋略，也能收到很好的效果。

⊙韩赵魏三家分晋

春秋末期，晋国国内有智、韩、赵、魏四家掌握大权，而智氏势力最大，智伯便谋划取代晋君。

智伯知道，要谋取晋室，必须先削弱其他三家势力。于是智伯趁晋君即将讨伐越国之机，命其他三家各献地百里，以充军资。三家若服从，智伯便可得地；若不服，可借晋侯的命令将其消灭。结果韩、魏都拱手割地百里，只有赵襄子坚决拒绝。

智伯立即率韩、魏、智三家人马进攻赵，赵襄子只得死守晋阳。智氏人多势众，晋阳城已危在旦夕。赵谋士张孟谈向赵襄子献了一个"偷梁换柱"之策。张孟谈认为智氏以韩、魏为梁柱，赵襄子同样也可以以其为梁柱。赵襄子以为然。

于是张孟谈潜出晋阳，秘密会见韩、魏说："赵、韩、魏三国唇齿相依，唇亡齿寒。今智氏率三家攻取赵，赵如灭亡，韩、魏就会跟着灭亡，不如我们三家结盟伐智。"韩、魏觉得有理，就秘密订立盟约反智伯。

赵襄子派人半夜里决堤引水至智氏军营，使智营一片混乱。韩、魏两家军队趁机从左右两翼攻打过来，赵襄子又率军从城中杀出，智军有的被杀，有的被水淹死，智伯也死于乱军之中。从此，智氏宗族衰亡。

⊙偷梁换柱，李晟"回敬"李怀光

唐建中四年（783年），唐德宗被造反的乱兵从长安逼到了奉天。留居长安的前太尉朱泚爬上了皇帝的宝座，自称：大秦皇帝，并发兵包围奉天，要把他的老主子干掉。唐朔方节度使李怀光从魏县、神策河北行营节度使李晟从定州分别率兵赴奉天救驾，迫使朱泚解奉天之围，退守长安。唐德宗命李怀光、李晟等限期攻克并收复长安。李怀光因对宰相卢杞不满，以为自己受奸臣排挤，于是屯兵咸阳，故意逗留不前，并与朱泚暗中勾结。

聪明的李晟察觉出李怀光"心有异志"，但他又不想打草惊蛇，所以假装不知道。于是，两人互相联系又互相防备，并展开了一场"偷梁换柱"的大比拼。

先是李怀光向唐德宗奏请与李晟合军，想以此制约进而吞掉李晟军。李晟心有防备，奉诏合军后马上移军咸阳之西的陈涛斜，以躲开李怀光的控制，并命令部队做好前防朱泚、后备李怀光的双向准备。李怀光见一计不成，又生一计，要求李晟签署命令，减低神策军的待遇，企图以此离间李晟与其部下的关系。李晟巧妙地回答："您是主帅，一切由您做主。我只是一个方面军的将领，服从命令而已。如何裁减衣食，请您决断。"李怀光自己不愿出头得罪神策军将士，只好作罢。李晟为防备李怀光偷袭，后来又以"奉诏"为名，移军东渭桥，并加强戒备。李怀光见对李晟难以用偷梁换柱之计进行瓦解，就采取行动，偷袭了鄜坊节度使李建徽、神策将杨惠元部，并兼并了他们的部队。李晟不甘示弱，以"忠义"相号召，争取到了率奉天之众的戴休颜、治邠宁之师的韩游环、守潼关的骆元光、屯七盘的尚可孤的支持，并注意做瓦解李怀光部队的工作。李怀光部将孟涉、段威勇在其感召下率数千人向李晟投降。李晟以偷梁换柱之术"回敬"李怀光，大获成功。李怀光怕受到李晟攻击，又怕为朱泚不容，只好率众逃往河中。李晟于是可以集中力量和精力对付朱泚，一举攻克了长安。

⊙吕后矫诏杀韩信

吕后矫诏杀韩信一事，历来众说纷纭。历史上的是非功过，不是一下子说得清楚的。这里并不想做什么评价，仅用此例再次说明"偷梁换柱"的计谋，在历史上也往往发挥政治权术作用。

楚汉相争，以刘邦大胜、建立汉朝为结局。这时，各异姓王拥兵自重，是对刘

韩信像

氏天下潜在的威胁。翦灭异姓诸王，是刘邦日夜考虑的大事。异姓诸王中，韩信势力最大。刘邦借口韩信袒护一叛将为由，把他由楚王贬为淮阴侯，调到京城居住，实际上有点儿"软禁"的味道。韩信功高盖世，忠于刘邦。当年楚汉相争，战斗激烈之时，谋士蒯通曾建议韩信与刘邦分手，使天下三分。韩信拒绝了蒯通的建议，辅佐刘邦夺得天下。而今却落得这样的下场，心中怨恨至极。

公元前 200 年，刘邦派陈豨为代相，统率边兵，对付匈奴。韩信私下里会见陈豨，以自己的遭遇为例，警告陈豨："你虽然拥有重兵，但并不安全，刘邦不会一直信任你，不如乘此机会，带兵反汉，我在京城里接应你。"两个人秘密地商量好，决定伺机起事。

公元前 197 年，陈豨在代郡反汉，自立为代王。刘邦领兵亲自声讨陈豨。韩信与陈豨约定，起事后他在京城诈称奉刘邦密诏，袭击吕后及太子，两面夹击刘邦。可是，韩信的计谋被吕后得知。吕后与丞相陈平设下一计，对付韩信。

吕后派人在京城散布陈豨已死、皇上得胜即将凯旋的消息。韩信听到后，又没有见到陈豨派人来联系，心中甚为恐慌。一日，丞相陈平亲自到韩信家中，谎称陈豨已死，叛乱已定，皇上已班师回朝，文武百官都要入朝庆贺，请韩信立即进宫。韩信本来心虚，只得与陈平同车进宫。结果被吕后逮捕，囚禁在长乐宫之钟室。半夜时分，韩信被杀。后世称"未央宫斩韩信"。盖世英雄韩信至死也不知道，陈豨已死的消息，完全是谎言。陈豨叛乱，是在韩信死了两年之后才平定的。

⊙哈默偷梁换柱挖人才

随着科技的迅速发展，科技人才、管理人才的作用越来越大。一些企业经营者把人才作为偷梁换柱的目标。美国的西方石油公司董事长亚蒙·哈默广罗人才，前总统约翰逊的高级助理、前总统卡特的国家安全会议发言人、英国前首相撒切尔夫人的公关顾问，都被他聘请为负责公关的高级人才。在他们的帮助下哈默的

事业久盛不衰。

哈默在 20 世纪 20 年代初前往苏联，发现那里铅笔奇缺，价格昂贵，于是决定创办铅笔厂。但当时世界铅笔生产由德国法伯公司垄断，他们严格保守制造铅笔的秘密，不准电车、汽车等交通工具在工厂附近行驶，不准外部的任何人进入工厂，只有集团里最受信赖的成员和法伯厂的高层管理人员才知道制造铅笔的全部工艺流程。哈默通过深入调查，终于找到一个掌握铅笔生产工艺的工程师。哈默毫不犹豫地许以原薪 5 倍的重金，并允诺年终分红等优厚条件。结果该工程师不但泄露了制造铅笔的全部秘密，还偷偷弄走了大量生产铅笔的原料和机器设备。半年后，哈默铅笔厂投产。5 年后，其年产量超过 1 亿支，成为世界上最大的铅笔厂之一。

◇简评

偷梁换柱之计在军事上常被用于对付敌人或可能成为敌人的对手。此计归于第五套"并战计"中，本意是乘友军作战不利，借机兼并它的主力为己方所用。此计中包含尔虞我诈、乘机控制别人的权术，所以也往往用于政治和外交。在论战中，人们也会经常碰到这种现象，如偷换概念进行诡辩等。就是在日常生活中，此计也被派上了用场，如一些常用成语中的字被改成了同音不同形的字，以表达不同的意思。这种情况多出现在幽默、讽刺性、暗示性的生活语言或是一些广告词中。

此计应用范围比较广泛，所以，掌握此计原理，对于战胜敌人或防止在日常生活中受骗上当均有好处。

◎并战计◎

指桑骂槐

◇计名探源

指桑骂槐这一计的寓意应从两方面来理解。一是要运用各种政治和外交谋略，"指桑"而"骂槐"，施加压力配合军事行动。对于弱小的对手，可以用警告和利诱的方法，不战而胜。对于比较强大的对手也可以旁敲侧击威慑他。春秋时期，齐相管仲为了降服鲁国和宋国，就运用了此计。他先攻下弱小的遂国，鲁国畏惧，立即谢罪求和，宋见齐鲁联盟，也只得认输求和。管仲"敲山震虎"，不用大的代价就使鲁、宋两国臣服。

作为部队的指挥官，必须做到令行禁止，法令严明。否则，指挥不灵，令出不行，士兵一盘散沙，怎能打仗？所以，历代名将都特别注意军纪严明，管理部队，刚柔相济，既关心和爱护士兵，又严加约束，绝不能有令不从，有禁不止。所以，有时采用"杀鸡儆猴"的方法，抓住个别坏典型，从严处理，就可以震慑全军将士。春秋时期，齐景公任命了穰苴为将，带兵攻打晋、燕联军，又派宠臣庄贾做监军。穰苴与庄贾约定，第二天中午在营门集合。第二天，穰苴早早到了营中，命令装好作为计时器的标杆和滴漏盘。约定时间一到，穰苴就到军营宣布军令，整顿部队。可是庄贾迟迟不到，穰苴几次派人催促，直到黄昏时分，庄贾才带着醉容到达营门。穰苴问他为何不按时到军营来，庄贾称朋友为其设宴饯行，所以来得迟了。穰苴非常气愤，斥责他身为国家大臣，负有监军重任，却只恋自己的小家，不以国家大事为重。庄贾以为这是区区小事，仗着自己是国王的宠臣亲信，对穰苴的话不以为然。穰苴当着全军将士，叫来军法官，问："无故误了时间，按照军法应当如何处理？"军法官答道："该斩！"穰苴即命拿下庄贾。庄贾吓得浑身发抖，他的随从连忙飞马进宫，向齐景公报告情况，请求景公派人救命。在景公派的使者没有赶到之前，穰苴即令人将庄贾斩首示众。全军将士看到主将敢杀违犯军令的大臣，个个吓得发抖，谁还再敢不遵守将令。这时，景公派来的使臣飞马闯入军营，叫穰苴放了庄贾。穰苴应道："将在外，君命有所不受。"他见来使骄狂，便又叫来军法官，问道："在军营乱跑马，按军法应当如何处理？"军法官答道："该斩。"来使吓得面如土色。穰苴不慌不忙地说道："君王派来的使者，可以不杀。"于是下令杀了他的随从和三驾车的左马，砍断马车左边的木柱。然后让使者回去报告。穰苴军纪严明，军队战斗力旺盛，打了不少胜仗。

◇原书解语

大凌小者，警以诱之[1]。刚中而应，行险而顺[2]。

【解语注译】

[1]大凌小者，警以诱之：强大者要控制弱小者，要用警诫的办法去诱导他。

[2]刚中而应，行险而顺：语出《易经·师》。师，卦名。本卦为异卦相叠（坎下坤上）。本卦下卦为坎为水，上卦为坤为地，水流地下，随势而行。这正如军旅之象，故名为"师"。本卦《彖辞》说："刚中而应，行险而顺，以此毒天下，而民从之。""刚中而应"是说九二以阳爻居于下坎的中位，叫"刚中"，又上应上坤的六五，此为互应。下卦为坎，坎表示险，上卦为坤，坤表示顺，故又有"行险而顺"之象。以此卦象的道理督治天下，百姓就会服从。这是吉祥之象。"毒"，治理的意思。

此计运用此象理，是说治军，有时采取适当的强硬手段便会得到应和，行险则遇顺。

◇原书按语

率数未服者以对敌，若策之不行，而利诱之，又反启其疑；于是故为自误，责他人之失，以暗警之。警之者，反诱之也，此盖以刚险驱之也。或曰：此遣将之法也。

【按语阐释】

统率不服从自己的部队去打仗，如果你调动不了他们，却想用金钱去利诱他们，反而会引起他们的怀疑。正确的方法是：你可以故意制造些错误，然后责备别人的过失，借此暗中警告那些不服自己指挥的人。这种警诫，是从反面去诱导他们，就是用强硬而险诈的方法去迫使士兵服从。有人说，这就是兵遣部将的方法。

对待部下将士，必须恩威并重，刚柔相济。军纪不严，乌合之众，哪能取胜？如果只是一味地严厉，甚至近于残酷，也难做到让将士们心服。所以关心将士，体贴将士，使将士们心中感激敬佩，这才算得上是称职的指挥官。"约束不明，申令不熟，将之罪也"，这就是强调治军要严。"视卒如爱子，故可与之俱死"，这就是强调要关心将士，使他们愿意与将帅一同出生入死。

◇用计例说

⊙刀下无情，孙武演阵美女战

春秋时期，吴王阖闾看了大军事家孙武的著作《孙子兵法》，非常佩服，立即召见孙武。吴王说："你的兵法，真是精妙绝伦。你能不能当面给我演示一下，让我开开眼界呢？"孙武说："这个不难。您可以随便找些人来，我马上操练给您看看。"吴王一听，便生好奇：随便找些人来就可操练？吴王存心为难孙武，说道："我的后宫里美女多得很，先生能不能让她们来操练操练？"孙武一笑说："行呀！任何人都可以操练。"

于是，吴王从后宫叫来180名美女。校军场上旌旗招展，战鼓声声。孙武下令将180名美女编成两队，并命令吴王的两个

孙五（武）子演阵教美人战 版画
图中孙武作道士装束，举旗于城上教宫女演习战术，吴王坐于对面的台上，俯视两队演武的阵容。

爱姬作为队长。两个爱姬哪里当过带兵的官儿，只是觉得好笑好玩。好不容易，才把稀稀拉拉、叫叫嚷嚷的美女们排成两列。

孙武十分耐心、认真细致地对这些美女们讲解操练要领。交代完毕，命令在校军场上摆下刑具，然后威严地说："练兵可不是儿戏！你们一定要听从命令，不得马马虎虎，嬉笑打闹。不管谁违犯军令，一律按军法处置！"

美女们以为大家是来做做游戏的，不想碰见这么个一本正经的人。这时，孙武命令擂起战鼓，开始操练。孙武发令："全体向右转！"美女们一个也没有动，反而哄然大笑。孙武并不生气，说道："将军没有把动作要领交代清楚，这是我的过错！"于是他又一次详细讲述了动作要领，并问道：大家听明白了没有？众美女齐声回答："听明白了！"

鼓声再起，孙武发令："全体向左转！"美女们还是一个未动，笑得比上次更加厉害了。吴王见此情景，也觉得有趣，心想：你孙武有再大的本领，也无法让这些美女们听你的调动。

孙武沉下脸来，说道："动作要领没有交代清楚，是将军的过错；交代清楚了，而士兵不服从命令，就是士兵的过错了。按军法，违犯军令者斩，队长带队不力，应先受罚。来人，将两个队长推出斩首！"吴王一听，慌了手脚，急忙派人对孙武说："将军确实善于用兵，军令严明，吴王十分佩服。这次，请放过吴王的两个爱姬。"孙武回答道："将在外，君命有所不受。吴王既然要我演习兵阵，我一定要按军法规定操练。"于是，将两名爱姬斩首示众，吓得众美女魂飞魄散。孙武命令继续操练。他命令排头两名美女继任队长。全场鸦雀无声。

鼓声第三次响起，众美女精神集中，处处按规定行动，一丝不苟，顺利地完成了操练任务。

吴王见孙武斩了自己的爱姬，心中不悦，但仍然佩服孙武治兵的才能。后来以孙武为将，终使吴国挤进强国之列。

◉魏徵以古喻今谏太宗

据《资治通鉴》记载，太宗称帝后不久的一天，读完隋炀帝的文集，跟左右大臣说："隋炀帝这个人，学问渊博，也懂得尧、舜好，桀、纣不好，为什么干出事来这么荒唐？"魏徵连忙接口说："一个皇帝光靠聪明渊博不行，还应该虚心倾听臣子的意见。隋炀帝自以为才高，骄傲自信，说的是尧、舜的话，干的是桀、纣的事，到后来糊里糊涂，自取灭亡了。"真是说者有意，听者也有心，唐太宗听了，感触很深，叹了口气说："唉，过去的教训，就是我们的老师啊！"

还有一次，唐太宗在御花园中玩弄一只新得的鹞鹰，正玩得尽兴，看见魏徵远远走来，太宗忙把鹞鹰藏在怀里。其实魏徵早就看见了，于是故意把汇报时间拖长。等魏徵走后，唐太宗发现鹞鹰已经闷死了。还有一次，唐太宗去洛阳巡视，中途在昭仁宫（今河南寿安）休息，他对用膳安排不周大发脾气。魏徵当面批评唐太宗说："隋炀帝就是常常因百姓不献食物而发火，或者嫌进献的食物不精美，使百姓背上沉重的负担而灭亡了，陛下应该从中吸取教训。如能知足，今天这样的食物陛下就应该满意了；如果贪得无厌，即使食物再好一万倍，也不会满足。"唐太宗听后不觉一惊，说："若不是你提醒，恐怕我就难得听到这样中肯的话了。"

魏徵的忠言直谏和唐太宗的虚心纳谏，使唐朝出现了繁荣的局面，形成了后世历史学家称赞的"贞观之治"的局面。

魏徵病死后。唐太宗十分悲痛，亲自为他撰写了墓碑的碑文。此后，他还时常怀念魏徵，有一次，唐太宗在朝堂上对大臣们说："用铜做镜子，可以整理衣帽；用历史做镜子，可以知道兴亡的道理；用人做镜子，可以明白自己的过失。我常常拿这三面镜子来检察自己的得失。如今魏徵去世了，我就少了一面镜子啊！"

◉萨克斯委婉进言罗斯福

第二次世界大战期间，美国总统罗斯福的私人顾问萨克斯受爱因斯坦等许多科学家的委托，要求美国重视对原子弹的研究，抢在纳粹德国的前面制造出原子弹。谁知罗斯福竟然对此毫无兴趣，因为当时美国受经济危机的影响，经济很不景气，政府无力投巨资来支持这项无法预知结果的研究项目。

尽管罗斯福很生硬地拒绝了萨克斯，但萨克斯并没有因此而放弃。当罗斯福

魏徵古帖

魏徵常说乱世见忠节，板荡识诚臣。全唐诗收其诗仅一首，传世墨迹也只此一件，弥见珍贵。传说唐初虞世南书名远播，太子李世民从其学"戈"法，一日，李世民将写"戬"字，空书右半边"戈"旁，召虞世南补写。之后拿给魏徵看，并说："朕学虞世南，似乎已尽其法。"魏徵细看一番，评曰："天笔所临，万象不能逃其形，非臣书所可仰。今仰观圣作。惟'戬'字'戈'法逼真。李世民大加赞叹，可见魏徵书法鉴赏力之高。

为自己冷淡的态度而向萨克斯致歉并邀请他共进晚餐时，萨克斯认为机会来了！罗斯福饭前声明不许萨克斯在餐桌上谈物理学和原子弹。这可没难倒萨克斯，他饶有兴味地谈起了历史：当年拿破仑在陆战中所向披靡，战无不胜，但海战却屡屡受挫。一位美国人向拿破仑建议把法国战舰的桅杆砍断，安装上蒸汽机，将船板换成钢板，说这样可保证海战胜利，顺利占领英国。可拿破仑却认为这是扯淡——没有帆的船怎么开得起来呢？钢板结构的船不沉没才是怪事。于是他把这个美国人富尔顿当作疯子赶走了。这件事令许多历史学家抱憾不已，他们认为拿破仑如若采纳了富尔顿的建议，欧洲的历史或许要重写。

萨克斯若无其事地讲完了故事，而罗斯福却越听脸色越严肃，最后一言不发，陷入了沉思。这使萨克斯紧张起来，他不知道会有什么样的结果。突然，罗斯福微笑着对萨克斯说："你赢了，马上组织研制原子弹！"

萨克斯受宠若惊，他没有想到罗斯福转变得如此之快。萨克斯双手紧握总统的手说："您的英明决策，将使盟国赢得最后的胜利！"

◇**简评**

《三十六计》里的"指桑骂槐"既是一种对敌和外部势力斗争的谋略，也是一种内部管理的艺术。

当其作为一种内部管理艺术时，主要作为一种心理战术来运用。比如可以通过它来实现一种含蓄而又有效的批评艺术：心理暗示式的批评。当然，前提是这种批评是出于善意的，态度是温和的，这样才能达到效果。

◎并战计◎

假痴不癫

◇计名探源

假痴不癫，重点在一个"假"字。这里的"假"，意思是伪装，装聋作哑，痴痴呆呆，而内心却特别清醒。此计无论作为政治谋略还是作为军事谋略，都算高招。

用于政治谋略，就是韬晦之术，在形势不利于自己时，表面上装疯卖傻，给人以碌碌无为的印象，隐藏自己的才能，掩盖内心的政治抱负，以免引起政敌的警觉，暗里却等待时机，实现自己的抱负。此计用在军事上，指的是虽然自己具有相当强大的实力，但故意不露锋芒，显得软弱可欺，用以麻痹敌人，骄纵敌人，然后再伺机给敌人以措手不及的打击。

假装成不知道，而其实心里洞察秋毫，明明白白；假装成无所作为，实际上是因为不能有所作为，或者将要有所大作为。司马懿假装成衰病昏沉而最终杀了曹爽；五丈原之战，接受诸葛亮送来的女人衣服，假装什么也不知道，并声称要报告朝廷才能决定是否出兵，最终把绝顶聪明的诸葛亮的军队拖垮了，所以他成功了。兵书上说："善于打仗的人，他们之所以胜利，就是因为他们不图机智的声誉，也不图功劳。"

当时机未到，安静如聋哑之人。如果他们假装癫狂，不但暴露了目标，他们的轻举妄动还会引起众人的猜疑。所以，假装成白痴的人会取得胜利，假装成癫狂的人必败无疑。

◇原书解语

宁伪作不知不为，不伪作假知妄为[1]。静不露机，云雷屯也[2]。

【解语注译】

[1] 宁伪作不知不为，不伪作假知妄为：宁可假装着无知而不行动，不可以假装知道而去轻举妄动。

[2] 静不露机，云雷屯也：语出《易经·屯》。屯，卦名。本卦为异卦相叠（震

下坎上），震为雷，坎为雨。此卦象为雷雨并作，环境险恶，为事困难。"屯，难也。"《屯》的《象》又说："云雷，屯。"坎为雨，又为云，震为雷。这是说，云行于上，雷动于下，云在上有压抑雷之象征，这是屯卦之卦象。

此计运用此象理，是说在军事上，有时为了以退求进，只得假痴不癫，积蓄力量，以期后发制人。这就如同云势压住雷动且不露机巧一样，最后一旦爆发攻击，便会因出其不意而获胜。

◇ 原书按语

假作不知而实知，假作不为而实不可为，或将有所为。司马懿之假病昏以诛曹爽，受巾帼假请命以老蜀兵，所以成功；姜维九伐中原，明知不可为而妄为之，则似痴矣，所以破灭。兵书曰："故善战者之胜也，无智名，无勇功。"当其机变未发时，静屯似痴；若假癫，则不但露机，则乱动而群疑。故假痴者胜，假癫者败。或曰：假痴可以对敌，并可以用兵。宋代，南俗尚鬼。狄青征侬智高时，大兵始出桂林之南，因佯祝曰："胜负无以为据。"乃取百钱自持，与神约，果大捷，则投此钱尽钱面也。左右谏止，倘不如意，恐沮军，青不听。万众方耸视，已而挥手一掷，百钱皆面。于是举兵欢呼，声露林野，青亦大喜；顾左右，取百钉来，即随钱疏密，布地而贴钉之，加以青纱笼护，手自封焉。曰："俟凯旋，当酬神取钱。"其后平邕州还师，如言取钱，幕府士大夫共祝视，乃两面钱也。（《战略考·宋》）

【按语阐释】

自己非常清楚，却伪装不知道；现在假装不行动，是因为现在还不可能行动，必须等待时机再行动。古代兵书告诉我们，真正善于打仗的，绝不会炫耀自己的智谋和武力。时机不到，镇定得像个呆子。如果假作癫狂，肯定会泄露机密，让敌方或友方怀疑。所以，装痴的，肯定取胜；假装癫狂的，必然失败。司马懿诛杀曹爽就是很好的例证。还有一次，孔明送一套妇女服装给司马懿，想激怒他出战，可司马懿故意装作无所谓，上表请命，坚守不战以疲劳蜀军，也是个好例证。

也有人说，假痴可以对敌，也可以用来治军。此即所谓的"愚兵术"。《孙子兵法》："能愚士卒之耳目，使之无知。"宋代将领狄青在攻打侬智高时，为了鼓舞士气，就巧妙地利用了士兵的迷信心理。他预先命人做了一百枚两面都是正面的铜钱。出兵时，他祈祷神灵：如果一百枚铜钱掷出，全是正面，那么此战一定能大获全胜。将领们深怕这事弄不好，反而会挫败士气。狄青胸有成竹，亲手撒下百钱，个个都是正面。士兵欢声雷动，士气高昂。狄青命人在原地把钱用钉子钉牢，盖上青纱，亲自封好。说："等到胜利归来，再酬神取钱。"此仗果然大捷，回来，揭开青纱，却见到所取的钱原来两面都同样是正面，他的亲信们才恍然大悟。

◇用计例说
⊙孙膑装疯卖痴脱险境

战国时期,孙膑与庞涓同为魏王效力。那时庞涓已是魏国的大红人,被魏王拜为军师。孙膑虽然兵法才学出众,但因是新去的没有立下战功,所以被安排在没有什么实权的客卿职位上。庞涓是个心胸狭隘善妒之人,他怕有朝一日孙膑得宠压倒自己,所以要找机会除掉孙膑。但还有一样东西让他牵肠挂肚,就是孙膑身上的祖传兵法《孙子十三篇》。

一次,庞涓跑到魏惠王面前说孙膑虽身在魏国,却心怀齐国,有里通外国之嫌。为使证据确凿,他骗孙膑请假回齐国省墓。魏惠王大怒,取消了孙膑的官位,并把他交给庞涓约束监视。

庞涓又到魏王面前谗言,说孙膑虽然有私通齐国之罪,但罪不至死,不如砍掉他的双脚,使他终生不能回齐国,留下他能发挥所长,又没了后患。魏王听了他的话。庞涓当晚就下毒手,派人将孙膑的一对膝盖削去,又用针在孙膑的脸上刻了"叛徒"两字。庞涓还猫哭老鼠一般,哭说没想到魏王这么不留情面,还假心假意让人给他敷药,抬到书馆休养,临走前还好言好语地安慰一番。

孙膑对这一切都蒙在鼓里,还对庞涓感激万分。庞涓旁敲侧击地说起想看看《孙子兵法》,孙膑痛快地答应以木简刻写出来。

服侍孙膑的仆人诚儿很同情孙膑。一天,庞涓召见诚儿,问孙膑每天刻写多少,诚儿如实说孙膑因两腿不便,每天只写二三策。庞涓恨不得孙膑早死,狂暴地让诚儿催孙膑快写。诚儿诚惶诚恐地退出,他很不理解庞涓对孙膑的态度落差怎么这么大。他正好遇到庞涓近侍,问道:"军师要孙将军写书,为什么催得那么紧呢?"那近侍小声说:"你不知道,军师对孙公表面上示好,但心里却很妒忌,目前留他一条性命,其实就是为了得到这本兵书。等他刻写完,不把他杀死也要把他饿死。这话你可千万不要走漏了风声!"

诚儿一听大吃一惊,连忙回去将此话密告孙膑。孙膑这才知底细,心想:怎么能把兵法传给这样的白眼狼?转过头又一想:自己要是不写,庞涓一发怒,自己的命哪里还保得住?左思右想,想找一计脱身,他忽然想起老师鬼谷子在他临行前给的锦囊及吩咐过的话:"到紧急时方可拆看。"遂将锦囊打开,黄绢上写着"诈疯魔"三字。"哦,原来如此!"孙膑叹了一声,有了主意。

晚上,饭送来了,孙膑正举着,忽然扑倒在地,呕吐起来,一会儿又大声叫喊:"你何以要害我?"跟着将饭盒推翻,把写过的木简用火焚烧,口里喃喃谩骂,语无伦次。

诚儿不知是诈,慌忙跑去告诉庞涓。第二天庞涓来看,孙膑脸上除了眼睛还在眨巴,五官已被痰和口水糊住,还趴在地上一会儿哈哈大笑,一会儿大哭。庞涓还是没有完全相信,他又命令随从把孙膑拖进猪栏。猪栏里臭不可闻,但孙膑却若无其事地在屎尿中倒头就睡。有人送来酒食,说是偷偷瞒过军师送来的,还说很同情他。孙膑知道这是庞涓玩的把戏,故意开口大骂:"你又要来毒我吗?"

将酒食掀翻在地。使者顺手拾起猪屎及臭泥块给他，他拿着就吃。使者将情形回报庞涓。庞涓说："看来他已真发狂了。"从此对孙膑不再防范，随便他进进出出，只是派人跟踪而已。

这时墨翟云游到了齐国，住在大臣田忌家里。墨翟将孙膑之才及庞涓妒忌之事转告田忌，田忌又转奏齐威王。齐王认为本国有如是之将才见辱于别国，不只丢面子而且是损失，便说："寡人即刻发兵迎孙膑回国！"田忌却说："投鼠须忌器，魏国虽然没有用孙膑，但他们又怎么会让孙膑这样的人才为齐国所用呢？此事只可以智取，不可以硬碰，须如此如此，这般这般……"

威王采纳了田忌的谋略，派遣大夫淳于髡为使，禽滑釐装作随从，假以进茶为名，到魏国去相机行事。

淳于髡到了魏国见过惠王，呈上了齐王的问候信。惠王很高兴，安顿淳于髡在宾馆住下，随从禽滑釐私下去找孙膑。孙膑靠坐在猪栏边，瞪着眼睛对着禽滑釐，也不说话。禽滑釐走到跟前，流着眼泪轻声说："我是墨子的学生禽滑釐。老师已把你的冤屈告知齐王，齐王命我偷载你回齐国去，为你报仇，你不必见疑。"好一会儿，孙膑才点头，流着泪说："唉，我以为今生永无此日了，今有此机会，敢不掏心相告？但庞涓疑虑太深了，恐怕不方便与您一起回去！"禽滑釐连忙说："这一点你可放心，我已计划好了。到启程时我会亲自相迎。"同时约好第二天碰头地点及时间才离开。

第二天，淳于髡一行要回国了。魏王执酒相待，庞涓亦在长亭置酒饯行，但禽滑釐已先一步把孙膑藏在温车里，叫随从王义穿起孙膑的衣服，披头散发，以稀泥涂面，装作孙膑模样在街上疯疯癫癫的，瞒过了盯梢，也瞒过了庞涓。

禽滑釐驱车速行，淳于髡押后，很快把孙膑载回了齐国。过了几天，那位假孙膑亦脱身回来。跟踪的人见孙膑的脏衣服散在河边，报告庞涓，他们都认为孙膑已投水死了，根本不怀疑孙膑会偷回齐国去。

孙膑秘密回国后仍然保密，不出名不露面。后来赵魏交战，孙膑以"围魏救赵"之计，大败庞涓。韩魏之役，孙膑再以"减灶增兵"之计，诱敌深入，把庞涓射死于马陵道。

⊙老谋深算，司马懿诛曹爽

三国时期，魏国的魏明帝去世，继位的曹芳年仅8岁，朝政由太尉司马懿和大将军曹爽共同执掌。曹爽是宗亲贵胄，飞扬跋扈，怎能让异姓的司马氏分享权力？于是用明升暗降的手段剥夺了司马懿的兵权。

司马懿立过赫赫战功，如今却大权旁落，心中十分怨恨。但司马懿看到曹爽现在势力强大，一时恐怕斗不过他，于是，便称病不再上朝。曹爽当然十分高兴，但他心里也明白，司马懿是他当权的唯一潜在对手。

一次，曹爽派亲信李胜去司马懿家探听虚实。然而，司马懿看破了曹爽的心事，早有准备。李胜被引到司马懿的卧室，只见司马懿躺在床上，病容满面，头发散乱，由两名侍女服侍。李胜说："好久没来拜望，不知您病得这么严重。现在

— 141 —

我被任命为荆州刺史，特来向您辞行。"司马懿假装听错了，说道："并州是边境要地，一定要抓好防务。"李胜忙说："是荆州，不是并州！"司马懿仍装作听不明白。这时，两个侍女给他喂药，他吞咽都很艰难，汤水还从口中流出。他装作有气无力地说："我已命在旦夕，我死之后，请你转告大将军，一定要好好照顾我的孩子们。"

李胜回去向曹爽做了汇报，曹爽喜不自胜，说道："只要这老头一死，我就没有什么好担心的了。"

这事过了不久，公元二四九年二月十五日，天子曹芳要去济阳城北扫墓，祭祀祖先。曹爽带着他的三个兄弟和亲信等护驾出行。

司马懿听到这个消息，认为时机已到，马上调集家将，召集过去的老部下，迅速占据了曹氏兵营，然后进宫威逼太后，历数曹爽罪状，要求废黜这个奸贼。太后无奈，只得同意。司马懿又派人占据了武库。

等到曹爽闻信回城时，他的大势已去。司马懿以篡逆的罪名，诛杀了曹爽一家，终于独揽大权，曹魏政权实际上已是有名无实了。

⊙铜钱的妙用

宋代，南方少数民族比较迷信鬼神。狄青征伐侬智高时，就利用这一点作了大文章。他的大军到桂林以南后，他一边拜神一边假装说："这次打仗不知道能不能赢。"于是从随身口袋里拿了一百文铜钱向神许愿："如果能战胜敌人，请让丢在地上的这些钱不铸文字的那一面都朝上。"

左右随从部将劝他不要这样做："如果弄不好，恐怕会影响全军的士气。"

狄青不听从。在千万双眼睛的注视之下，他大手一抛，100个铜钱落在地上全是面朝上！这时，全军举手欢呼，声音响彻山林和旷野。狄青也很兴奋，并命令左右随从把铜钱封在原地，说等到得胜后再回来酬谢神灵，取回铜钱。

一路上，这个消息被迅速传到了邕州城，从统领到将士内心都担心不已，后来，果然没打几下就被狄青打败了。狄青率军回去的时候，按原先说的那样派人把钱取回，他的幕僚一看，那些铜钱原来两面是一样的。原来他们都被"骗"了！

⊙姐妹俩变相降价搞促销

大林、小林姐妹俩在某个大城市开了一家鞋店。她们的店看起来也没有很特别的地方，但生意却是一天比一天红火，馋得同行们眼睛里直冒金星。每天，妹妹都站在鞋店的门口，热情地招徕顾客，姐姐在店里张罗买卖。

走进店里，才会发现，原来姐妹二人都有些"聋"，还经常闹出聋子乱作对子的荒唐事。一天，妹妹热情地引一位顾客到店中选购，她的姐姐则不厌其烦地向客人介绍哪款鞋物美价廉，哪款是最新流行，哪款配什么衣服高贵华丽。经过这样一番猛灌迷魂汤，本来不是很想买东西的顾客又不好意思马上走，只好试着问："这双鞋多少钱？""耳聋"的姐姐把手放在耳朵上大声地问道："你说什么？"

顾客高声重复问了一遍。

"噢，你问多少钱呀，等我问一下老板。十分抱歉，我的耳朵不好。"她转过身去向那边的妹妹大声喊道："喂，这双全牛皮的红色皮鞋卖多少钱？"

妹妹回过头，看了顾客一眼，又看了看鞋："那款呀，95 元。"

"多少？"姐姐又大声地问了一遍。

"95 元。""老板"高声喊道。

姐姐转过身来，微笑着向顾客说："小姐，55 元一双。"

顾客一听，赶紧掏钱买下了这双"便宜的"鞋，溜之大吉。

朋友们，大林、小林姐妹两人的耳朵真聋吗？其实一点儿也不聋，她们只是借装"聋"给想占小便宜的人造成一种错觉，达到了促销的目的。

◇简评

假痴不癫，重点在一个"假"字。这里的"假"，能够假到以假乱真的程度算是最高境界。这就看谁最能演，最能装，装聋作哑也好，痴痴呆呆也好，只要内心清醒，就能把对手或敌人蒙骗过去。

用于政治谋略，就是韬晦之术，形势不利的时候，显得自己越无能越没用才好，否则被政敌发觉，一颗前途无量的幼苗就会被扼杀了。要等到自己茁壮了，时机也成熟了，再把自己的真本事拿出来，实现自己的抱负。东汉末年，刘备很早就有夺取天下的抱负，只是他在曹操手下的时候力量太弱，根本无法与曹操抗衡。所以刘备干脆装作不问世事，每日只是饮酒种菜。一日曹操请他喝酒，席上曹操问刘备谁是天下英雄，刘备列了几个名字，都被曹操否定了。忽然，曹操说道："天下的英雄，只有我和你两个人！"一句话说得刘备惊慌失措，深怕曹操了解自己的政治抱负，吓得手中的筷子掉在地下。幸好此时一阵炸雷，刘备急忙遮掩，说自己被雷声吓掉了筷子。曹操见状，大笑不止，认为刘备连打雷都害怕，成不了大事，对刘备放松了警觉。后来刘备摆脱了曹操的控制，终于干出了一番事业。

此计用在军事上也是同样的道理。即使自己实力强大，但也不急着显示，还故意弄得像乌合之众，麻痹敌人，骄纵敌人，最后再找机会痛痛快快地给敌人以彻底的打击。

此计除了用于政治、军事领域，也常见于外交、商业等领域。如斯大林、丘吉尔在外交谈判时，有时以"装聋作哑"为手段与对手周旋；有时假作没有听见对方的话，敷衍过去；或"顾左右而言他"，回避要害问题等。在商业谈判中，类似现象也是屡见不鲜。

◎并战计◎

上屋抽梯

◇计名探源

　　上屋抽梯，有一个典故。东汉末年，刘表偏爱少子刘琮，不喜欢长子刘琦。刘琦的后母害怕刘琦得势，影响到亲子刘琮的地位，非常嫉恨他。刘琦感到自己处境十分危险，多次请教诸葛亮，但诸葛亮一直不肯为他出主意。有一天，刘琦约诸葛亮到一座高楼上饮酒，等二人正坐下饮酒之时，刘琦暗中派人拆走了楼梯。刘琦说："今日上不至天，下不至地，出君之口，入琦之耳。可以赐教矣！"诸葛亮见状，无可奈何，便给刘琦讲了个故事。春秋时期，晋献公的妃子骊姬想谋害晋献公的两个儿子申生和重耳。重耳知道骊姬居心险恶，只得逃亡国外。申生为人厚道，力尽孝心，侍奉父王。一日，申生派人给父王送去一些好吃的东西，骊姬乘机用有毒的食品将太子送来的食品更换了。晋献公哪里知道，准备去吃，骊姬故意说道，这膳食从外面送来，最好让人先尝尝看。于是命侍从品尝，侍从刚刚尝了一点儿，便倒地而死。晋献公大怒，大骂申生不孝，阴谋弑父夺位，决定要杀申生。申生闻信，也不申辩，自刎身亡。诸葛亮对刘琦说："申生在内而亡，重耳在外而安。"

刘琦马上领会了诸葛亮的意图，立即上表请求前往江夏（今湖北武昌西），避开了后母，终于免遭陷害。

刘琦引诱诸葛亮"上屋"，是为了求他指点，"抽梯"，是断其后路，也是为了打消诸葛亮的顾虑。

此计用在军事上，是指利用小利引诱敌人，然后截断敌人之援兵，以便将敌围歼的谋略。这种诱敌之计，自有其高明之处。敌人一般不是那么容易上当的，所以，你应该先给他安放好"梯子"，也就是故意给予方便。等敌人"上楼"，也就是进入已布好的"口袋"之后即可拆

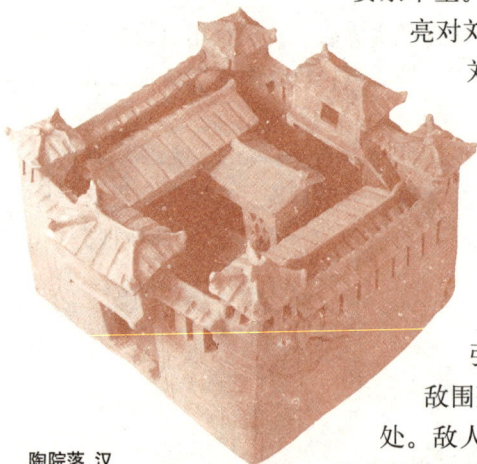

陶院落 汉

这个院落是汉末三国时期豪强地主武装力量的一种真实反映。

掉"梯子"，围歼敌人。

安放梯子，很有学问。对性贪之敌，则以利诱之；对性骄之敌，则以示我方之弱以惑之；对莽撞无谋之敌，则设下埋伏以使其中计。总之，要根据情况，巧妙地安放梯子，诱敌中计。

《孙子兵法》中最早出现"去梯"之说。《孙子·九地篇》："帅兴之期，如登高而去其梯。"这句话的意思是把自己的队伍置于有进无退之地，破釜沉舟，迫使士兵同敌人决一死战。

如果将上面两层意思结合起来运用，真是相当厉害的谋略。

◇原书解语

假之以便，唆之使前，断其援应，陷之死地[1]。遇毒，位不当也[2]。

【解语注译】

[1]假之以便，唆之使前，断其援应，陷之死地：假，借。句意是借给敌人一些方便（即我故意暴露出一些破绽），以诱使敌人深入我方，然后乘机切断他的后援和救应，最终陷他于死地。

[2]遇毒，位不当也：语出《易经·噬嗑》。噬嗑，卦名。本卦为异卦相叠（震下离上）。上卦为离为火，下卦为震为雷，是既打雷，又闪电。又离为阴卦，震为阳卦，是阴阳相济，刚柔相交，以喻人要恩威并用，宽严结合，故卦名为"噬嗑"，意为咀嚼。本卦六三《象辞》："遇毒，位不当也。"本意是说，抢吃腊肉中了毒（古人认为腊肉不新鲜，含有毒素，吃了可能中毒），因为六三阴爻居于阳位，是位不当。

此计运用此理，是说敌人受我之唆，犹如贪食抢吃，只怪自己贪利而受骗，才陷于死地。

◇原书按语

唆者，利使之也。利使之而不先为之便，或犹且不行。故抽梯之局，须先置梯，或示之梯。如：慕容垂、姚苌诸人怂秦苻坚侵晋，以乘机自起。（《晋书》卷一一三《苻坚》）

【按语阐释】

什么是唆？唆就是用利去引诱敌人。你引诱敌人而不先给敌人开方便之门，那还是不行的。开方便之门，就是事先给敌人安放一个梯子。既不能使他猜疑，还要让敌人能清楚地看到梯子。只要敌人爬上梯子，就不怕他不进入己方事先设置的圈套。苻坚就是中了慕容垂、姚苌的上屋抽梯之计，轻易去攻打晋国，大败于淝水。慕容垂、姚苌的势力就迅速扩张起来了。

◇用计例说

⊙项羽破釜沉舟败秦军

秦朝末年，章邯打败项梁后挥兵击赵，将赵军包围在巨鹿。项羽为解巨鹿之围，先命英布和蒲将军率兵 2 万渡过漳水，截断秦军的粮道，然后亲率大军渡河。过河后，项羽命令把所有的渡船都扔进河里去，将做饭用的锅瓢等炊具全部砸烂，将河岸上的房屋也都烧掉，士兵每人只带三天的干粮。将士们开始都以为项羽急疯了，后来才知道他是以此表示此战只有一往无前，再无退路。

项羽包围秦军后，双方打了 9 仗，楚军每战无不以一当十，因而大败秦军。到这年的七月，终于迫使章邯叛秦来降。这一仗就是后来相当有名气的"破釜沉舟"之役。

俗话说"置之死地而后生"，人都有强烈的求生欲望，项羽如果不让自己的军队陷入无路可退的死地，军士就不会奋勇作战，大败秦军。

⊙背水一战，韩信破陈馀

秦朝灭亡之后，各路诸侯逐鹿中原。到后来，只有项羽和刘邦的势力最为强大。其他诸侯，有的被消灭，有的急忙寻找靠山。赵王歇在巨鹿之战中，看到项羽是个了不起的英雄，心中十分佩服，在楚汉相争时期，投靠了项羽。

刘邦为了削弱项羽的力量，命令韩信、张耳率两万精兵去攻打赵王歇的军队。赵王歇听到消息之后，呵呵一笑，心想自己有项羽做靠山，又握有 20 万人马，何惧韩信、张耳。

赵王歇亲自率领 20 万大军驻守井陉，准备迎敌。韩信、张耳的部队也向井陉进发，他们在离井陉 30 里处安营扎寨。两军对峙，一场大战即将开始。

韩信分析了两军的兵力，敌军人数比自己多 10 倍，硬拼攻城，恐怕不是敌方的对手，如果久拖不决，己方经不起消耗。经过反复思考，他定下了一条妙计。

他召集将领们在营中部署：命一将领率 2000 精兵到山谷树林隐蔽之处埋伏起来，等到两军开战后，自己军队会佯败逃跑，赵军肯定倾巢出动，在后追击。这时，他们迅速杀入敌营，插上汉军的军旗。他又命令张耳率军 1 万，在绵延河东岸，摆下背水一战的阵式。自己亲率 8000 人马正面佯攻。

第二天天刚亮，只听见韩信营中战鼓隆隆，韩信亲率大军向井陉杀来。赵军主帅陈馀，早有准备，立即下令出击。两军杀得昏天黑地。韩信早已部署好了，此时一声令下，部队立即佯装败退，并且故意遗留下大量的武器及军用物资。陈馀见韩信战败，大笑道："区区韩信，怎么是我的对手！"他下令追击，希望全歼韩信的部队。

韩信带着败退的队伍撤到绵延河边，与张耳的部队会合一处。韩信对士兵们进行动员："前边是滔滔河水，后面是几十万追击的敌军，我们已经没有退路，只能背水一战，击溃追兵。"士兵们知道已无退路，个个奋勇争先，要与赵军拼个你死我活。

韩信、张耳突然率部众杀了回来，完全出乎陈馀的预料。他的部队认为以多胜少，胜利在握，斗志已不很旺盛，加上韩信故意在路上遗留了大量的军用物资，士兵们你争我夺，一片混乱。

锐不可当的汉军奋勇冲进敌阵，只杀得赵军丢盔弃甲，一片狼藉，真是"兵败如山倒"。陈馀下令马上收兵回营，准备休整之后，再与汉军作战。当他们退到自己大营前面时，只见大营那边飞过无数箭来，射向赵军。陈馀在慌乱中，才注意到营中已插遍汉军军旗。赵军惊魂未定，营中汉军已经冲杀出来，与韩信、张耳从两边夹击赵军。张耳一刀将陈馀斩于马下，赵王歇也被汉军生擒，赵军20万人马全军覆没。

韩信把"假之以便，唆之使前"的招数很好地运用到了对敌的战术中，不但通过逃跑露败象削弱敌人的斗志，还遗留一些军用物资乱敌阵脚，把敌人诱进了他的"绝杀"阵，从而一举得胜。

⊙凤姐设套，尤二姐吞金

《红楼梦》"苦尤娘赚入大观园"一回中，王熙凤采用的正是"上屋抽梯"之计。王熙凤为了对付贾琏在外偷偷娶的二房尤二姐，趁贾琏奉父命外出，甜言蜜语将尤二姐骗到贾府，表面看来二人和美非常，比亲姐妹还亲。贾琏事毕回来，贾赦见事情办得妥帖，十分高兴，将自己的丫鬟秋桐赏给贾琏为妾。凤姐得知，真是一波未平，一波又起。秋桐是贾赦所赐，连凤姐都不放在心上，岂能容得下尤二姐，于是张口便骂："先奸后娶没汉子要的娼妇，也来要我的强。"尤二姐只有暗愧、暗怒、暗气，凤姐听了暗乐。秋桐与贾琏新婚燕尔，如胶似漆，那贾琏也唯秋桐一人之命是听。

凤姐虽恨秋桐，且喜借他先可发脱二姐，自己且抽头，"坐山观虎斗"，等秋桐杀了尤二姐，自己再杀秋桐。主意已定，没人处常又私劝秋桐说："你年轻不知事。他现在是二房奶奶，你爷心坎儿上的人，我还让他三分，你去硬碰他，岂不是自寻其死？"那秋桐听了这话，越发恼了，天天大口乱骂说："奶奶宽宏大量，我却眼里揉不下沙子去。让我和他这淫妇做一回，他才知道。"凤姐儿在屋里，只装不敢出声儿。

气得尤二姐饭也吃不下，把眼睛都哭肿了，在贾琏和贾母面前又不敢说。秋桐正是装乖卖俏之时，就悄悄地对贾母、王夫人等说："专会作死，好好的成天家号丧，背地里咒二奶奶和我早死了，他好和二爷一心一意地过。"如此一说，贾母便不大喜欢，众人见贾母不喜，不

红楼群芳图 清

免又往下践踏起来，弄得这尤二姐要死不能，要生不得。

花为肠肚雪作肌肤的尤二姐如何经得起这种折磨，不过受了一个月的暗气，便恹恹得了一病，茶饭不进，渐渐黄瘦下去。更不幸的是请来的庸医胡乱用药，将已有三个月的男胎打了下来，把个想要儿子的贾琏急得乱跳。

凤姐还叫人出去算命打卦，偏偏算命的又说是属兔的阴人冲犯了二姐，大家算起来只有秋桐属兔，就劝她："你暂且去别处躲几个月再来。"

秋桐本来见贾琏请医治病、打人骂狗，为尤二姐十分尽心，心中早浸了一缸醋了，如此一来，便走到二姐窗户底下大哭大闹大骂起来。

可怜的尤二姐如何咽得下这份窝囊气，当晚就吞金自尽了。

⊙洛克菲勒的贷款诱饵

德国人梅里特兄弟移居美国后，定居梅沙比。他们早出晚归，积累了一些钱。后来他们无意中发现梅沙比原来是一个丰富的铁矿区，这无异于发现了一棵摇钱树。兄弟俩像守着地下钱库般严守秘密，并开始大量收购地产，成立了铁矿公司。洛克菲勒早就对该铁矿区垂涎三尺，但由于晚来一步，只能眼睁睁地盯着这块肥肉，等待时机。

1873 年，美国发生了一次经济危机，市面银根告紧，梅里特兄弟陷入了窘境。正在这时，一位本地牧师劳埃德先生来了。梅里特一家人看他是一位令人尊敬的牧师，忙恭恭敬敬地把他请进屋去，待作上宾并聊起家常来。梅里特兄弟从整个国家的经济危机谈到自己的困境，话语中充满了哀伤。

劳埃德牧师答应借给他们一笔钱，兄弟二人都喜出望外。

牧师让他们拿出笔墨立了一张字据："今有梅里特兄弟借到考尔贷款 42 万元整，利息 3 厘，空口无凭，特立此为证。"梅里特兄弟念了字据，觉得一切无误，高兴地在字据上签了字。

过了不到半年，有一天，劳埃德牧师又来到了梅里特家。一进门他就严肃地说："我的那位朋友洛克菲勒，他早晨来了一个电报，要求马上索回 42 万元。"

两兄弟早已把 42 万元花在矿产上，哪里能拿出这么多钱？ 两兄弟无可奈何地被逼上了法庭。

在法庭上，原告律师说："那借据上写得非常清楚，借的是考尔贷款。"说着，他又引经据典："考尔贷款是贷款人随时可以索回的贷款，故其利息低于一般贷款信息。根据美国法律，贷款人或者立即还款，或者宣布破产，两者必居其一。"

梅里特兄弟只好认栽，宣布破产，将矿产卖给洛克菲勒，作价 52 万元。

几年以后，乘钢铁业内部激烈竞争之际，洛克菲勒以 1941 万元的价格把梅沙比矿售给摩根，而摩根还觉得做了一笔便宜买卖。

◇简评

"上屋抽梯"是一种诱逼计。它的特点是既可以针对敌方，也可以针对己方内部。

针对敌方时，做法是：第一步，制造某种使敌方觉得有机可乘的局面（置梯与示梯）；第二步，引诱敌方做某事或进入某种境地（上屋）；第三步，截断其退路，使其陷于绝境（抽梯）；最后一步是逼迫敌方按我方的意志行动，或予敌方以致命的打击。

当我方发现敌人在扩张势力，并且在筹划击垮或吞并我方时，我方可以用上屋抽梯这一计谋来保全自己，更可以用它击垮或兼并敌方的力量。

为了使敌方"上屋"，我方要设法进行引诱。引诱，即投放诱饵。投饵要准确有效，就要知敌性识敌情，有的放矢。这和钓鱼一样。钓鱼，要知道什么鱼爱什么食料。在下钩之前，往往要考虑钓什么鱼、投什么饵：草鱼爱草，下草饵；青鱼爱田螺，下田螺肉；鲫鱼爱蚯蚓，下蚯蚓。诱敌，要知道敌人爱什么，要考虑投什么诱饵：生性贪婪的敌人，以财货为诱饵；放荡好淫的敌人，以美色为诱饵；好大喜功的敌人，以我弱易战为诱饵；贪功图名的敌人，以权力为诱饵……总之是投其所好，才能诱其上钩。苻坚、齐庄公等人都上了钩，连大智大慧的诸葛亮都上当受骗，在无梯下楼的困境中回答了刘琦的问题。

需要注意的是，此计虽然在对敌斗争中可以借鉴，但主要讲的是战时内部动员问题。这正是此计与第二十二计"关门捉贼"的区别所在。

上屋抽梯并不是在什么情况下都可运用的灵丹妙药。指挥员必须善于根据战场环境特点、敌我军事情况等，将其与其他谋略结合起来灵活运用才可能奏效，如韩信将背水为阵与袭敌营垒、前后夹击等谋略结合使用即是如此。否则，那自己真可能会"上屋抽梯"后就下不来了。

◎并战计◎

树上开花

◇**计名探源**

    树上开花，是指树上本来没有开花，但可以用彩色的绸子剪成花朵粘在树上，做得和真花一样，不仔细去看，真假难辨。此计用在军事上，指的是自己的力量比较小，却可以借友军势力或借某种因素制造假象，使自己的阵营显得强大。也就是说，在战争中要善于借助各种因素来为自己壮大声势。众所周知，张飞是一员猛将，但很少人知道他还是一个有勇有谋的大将。刘备起兵之初，与曹操交战，多次失利。刘表死后，刘备在荆州，势孤力弱。这时，曹操领兵南下，直达宛城。刘备慌忙率荆州军民退守江陵。由于老百姓跟着撤退的人太多，所以撤退的速度非常慢。曹兵追到当阳，与刘备的部队打了一仗，刘备败退，他的妻子和儿子都在乱军中被冲散了。刘备只得狼狈败退，令张飞断后，阻截追兵。

    张飞只有二三十名骑兵，怎敌得过曹操的大队人马？但张飞临危不惧，临阵不慌，顿时心生一计。他命令所率的二三十名骑兵都到树林子里去，砍下树枝，将其绑在马后，然后骑马在林中飞跑打转。张飞一人骑着黑马，横持丈八长矛，威风凛凛地站在长坂坡的桥上。

    追兵赶到，见张飞独自骑马横矛站在桥上，好生奇怪，又看见桥东树林里尘土飞扬。追击的曹兵以为树林之中定有伏兵，马上停止前进。张飞只带二三十名骑兵，阻止住了追击的曹兵，让刘备和荆州军民顺利撤退，靠的就是这"树上开花"之计。

张飞像

蜀汉大将张飞，雄壮孔武，胆略过人。史载他于当阳桥横矛立马，大吼一声退万军，与关羽一道被称为"万人之敌"。经过《三国演义》的广泛传播，张飞成为中国民间传说中刚猛勇武者的象征。

借局布势，力小势大[1]。鸿渐于陆，其羽可用为仪[2]也。

【解语注译】

[1]借局布势，力小势大：借助某种局面布成阵势，兵力弱小但可使阵势强大。

[2]鸿渐于陆，其羽可用为仪：语出《易经·渐》。渐，卦名。本卦为异卦相叠（艮下巽上）。上卦为巽为木，下卦为艮为山。卦象为木于山上不断生长。渐，即渐进。本卦是说鸿雁飞到陆地上，它的羽毛可用来编织舞具。

此计运用此理，是说弱小部队凭借某种因素，改变外部形态后阵容显得强大了。

◇原书按语

此树本无花，而树则可以有花。剪彩粘之，不细察者不易觉，使花与树交相辉映，而成玲珑全局也。此盖布精兵于友军之阵，完其势以威敌也。

【按语阐释】

用假花冒充真花，取得乱真的效果，前边已做过分析。因为战场上情况复杂，瞬息万变，指挥官很容易被假象所迷惑，所以，善于布置假情况，巧布迷魂阵，虚张声势，可以慑服甚至击败敌人。

此按语的最后一句，是将此计解释为：把自己的军队布置在盟军阵边，以造成强大声势慑服敌人。不过，古今战争史上，还没有发现这方面的出色例子。

◇用计例说

⊙屡设巧计，田单破燕军

战国中期，著名军事家乐毅率领燕国大军攻打齐国，连下70余城，齐国只剩下莒和即墨这两座城了。乐毅乘胜追击，围困莒和即墨。齐国拼死抵抗，燕军久攻不下。

这时，有人在燕王面前说："乐毅不是燕国人，当然不会真心为了燕国，不然，两座城怎么会久攻不下呢？恐怕他是想自己当齐王吧！"燕昭王对乐毅并不怀疑。可是燕昭王去世后，继位的惠王马上用自己的亲信骑劫去取代乐毅。乐毅知道于己不利，只得逃回赵国老家。

齐国守将是非常有名的军事家田单，他深知骑劫根本不是将才，虽然燕军强大，只要计谋得当，一定可以击败他。

乐毅像

田单首先利用两国的士兵都具有的迷信心理，他要求齐国军民每天饭前要拿食物到空地上祭祀祖先。这样，成群的乌鸦、麻雀不断地赶来争食。城外燕军从高处一看，觉得奇怪，原来听说齐国有神师相助，现在真的连飞鸟都每天定时朝拜。弄得人心惶惶，非常害怕。

田单的第二手，是让骑劫本人上当。田单派人放风，说乐毅过于仁慈，谁也不怕他。如果燕军割下齐军俘虏的鼻子，齐人肯定会吓破胆。骑劫觉得有道理，果然下令割下俘虏的鼻子，挖了城外齐人的坟墓，这种残暴的行为激起了齐国军民的愤怒。

田单的第三手，是一边派人送信，大夸骑劫治军的才能，表示愿意投降；一边还派人装成富户，带着财宝偷偷出城投降燕军。骑劫确信齐国已无作战能力了，只等田单开城投降！田单最绝的一招是，齐军人数太少，即使进攻，也难取胜，于是他把城中的1000多头牛集中起来，在牛角上绑上尖刀，给牛披上画有五颜六色、稀奇古怪图案的红色衣服，在牛尾巴上绑一大把浸了油的麻苇。另外，选了5000名精壮士兵，穿上彩色花衣，脸上涂成五颜六色，手持兵器，命他们跟在牛的后面。

这天夜晚，田单命令把牛从新挖的城墙洞中放出，点燃麻苇，牛又惊又躁，直冲燕国军营。燕军根本没有防备，再说这火牛阵势谁也没有见过，一个个吓得魂飞天外，哪里能够还手？齐军5000勇士接着冲杀进来，燕军死伤无数。骑劫也在乱军中被杀，燕军一败涂地。齐军乘胜追击，收复70余城，齐国转危为安。

田单可以算是善于运用各种因素来壮大自己声势的典范。

⊙春申君命丧李园之手

楚国考烈王没有儿子，楚相春申君为此很担忧。找了不少有生育能力的女子献给楚王，也没有生下一个儿子。

赵国人李园想把自己的妹妹献给楚王，可又担心妹妹也因生不出儿子而失宠。因此设法将他的妹妹留在春申君身边，他们两人同居，其妹很快怀了孕。妹妹在哥哥李园的鼓动下，又去说服春申君："楚王很看重您，即使他的兄弟也比不上。可是楚王没有儿子，如果楚王百年之后，肯定会让他的兄弟继位；如果新王继位，您很可能失宠，灾祸就会落在您的头上。我现在有孕在身，别人都不知道。我跟您同居时间不长，如果能够借重您的地位把我献给楚王，楚王一定会和我同居。如果我生了个男孩，您的儿子就可以继承王位，整个楚国就会为您所有，这与遭受灾祸相比，哪一种结果更好呢？"春申君同意了这一计划。

很快李园的妹妹进了宫，与楚王同居，果真生了一个男孩，男孩被立为太子，她也被立为王后。李园从此飞黄腾达，不可一世，把知道真情的春申君视为自己的眼中钉，准备杀掉他以灭口。

有人向春申君建议早做准备，以防不测。春申君则认为李园不可能对他下毒手，置之不理。

果然，楚王一死，李园先进宫，在宫里安排了刺客，当春申君匆匆赶来时，刺客将其刺死，割下了他的头。李园又派人把春申君满门抄斩。

李园的妹妹所生之子成了楚幽王。

阳陵铜虎符 秦

此符是秦始皇调动军队的凭证，用青铜铸成卧虎状，可中分为二，右半存皇帝处，左半存驻扎阳陵的统兵将领处，调动军队时，由使臣持右半符验合，方能生效。

⊙秦王"树上开花"统天下

公元前237年，一桩重大的"间谍案"被披露。这就是：韩国水利工程师郑国主动帮助秦国兴修水利。但是，这后面却有个惊天大阴谋——郑国的真正使命原来是受韩国的派遣，通过大量耗费秦国的人力物力阻止秦国对外用兵。

此案曝光后，秦国的保守派纷纷要求秦王驱逐外来务工人员，于是秦王颁令逐客。当时，客卿李斯也在被逐之列，他可不想放弃自己在秦国的大好前途。于是，李斯从治国的长远角度出发，给秦王写了一篇说理透彻、文采飞扬的谏书，这就是《谏逐客书》。该文可视为"树上开花"的经典说明之一。其精华部分今译如下：

以往，穆公（秦穆公，春秋五霸之一）求贤，由余、百里奚、蹇叔、丕豹、公孙支这些人才，没有一位生于秦国，秦穆公用了他们，兼并了20个国家，称霸于西戎；秦孝公用商鞅，民殷国富，诸侯亲服；秦惠王用张仪而散六国之纵；秦昭王得范雎而成帝王之业。以上4位君主，都是借助客卿之力而成其功。如果四位君主必定坚持"却客不纳、疏士不用"，哪里会有秦国的富利之实和强大之名啊！

现在，大王罗致昆山之玉、随和之宝、明月之珠、太阿之剑、纤离之马、翠凤之旗、灵鼍之鼓。这些珍宝，没有一样产于秦，但是陛下喜欢，为什么呢？如果秦国必定要坚持土产为用，那么，只有"击瓮叩缶、弹筝搏髀"才是秦国的民族正宗啊！

用人不问可否、不论曲直，不是秦国人便一律驱逐，这种重视色、乐、珠、玉而轻视天下人民的方式，不是跨海内统一天下、制服诸侯的良策啊！

"泰山不让土壤，故能成其大；河海不择细流，故能就其深。"王者不拒绝群众与庶民，所以能够成其道德。因此，地不分东西南北，民没有异国他乡，然后才有四季之充盈、鬼神之保佑啊！这就是五帝、三王为什么无敌于天下的原因。

秦王读完《谏逐客书》，立即收回成命，重用李斯。此后，秦王对各国知名人士都用重金收买，为"树上开花"之势；不愿受贿的，便"利剑刺之"。数年之后，秦国统一了天下。

⊙利用总统大做广告的书商

有一个郁闷的出版商，为躺在仓库里快堆成小山的图书苦恼着。有一天，他看到电视里总统先生在讲话，突然灵光一闪，计上心来。他想，总统不是最好的活广告吗？他的号召力该有多大啊，再说让他做广告说不定还不用掏钱呢。

不过这个免费的广告模特也不是那么容易搞定的。出版商经过明察暗访，估摸了总统的读书爱好，寄给总统一本样书。总统看到这本书之后，给面子翻了翻，漫不经心地说了一句："嗯，这本书不错！"出版商闻信，利用总统这句话大做广告，广告词是："总统先生认为这是一本不错的书。"从此，仓库里的存货一抢而光。

过了一段时间，又一批图书被积压了。出版商又打总统的主意。他给总统寄了一本样书。这一回，总统想：我可不能再给你免费做广告了，他翻了翻，顺口说了句："这本书糟透了！"出版商于是在广告里说道："总统先生认为这是一本糟糕透了的书！"不久仓库里的存货也被疯抢一空。

几个月后，这个出版商的仓库里又积压了一批图书，他对总统依然不死心，他依旧像上两次一样，仍旧寄给总统一本样书。这一回总统采取顽抗到底的政策，对他的书一言不发。可是，狡猾的出版商还是能吹出花来，他在广告里写道："这是一本总统难以评价的书！"结果，这引起了读者更大的兴趣，剩下的图书被抢购完之后，还有读者排队要买。

实施借局布势策略并非一定要凭借有利因素，有些不利因素也可利用。如总统对书商的评价是"糟透了"，书商却利用消费者的好奇心大卖其图书。

⊙服装行业的三强联手、优势互补

2005 年，中国雅戈尔集团公司、日本伊藤忠商社与意大利玛佐多公司三家国际著名的纺织服装企业，来了个令国内外业界瞩目的强强联手。三方将在技术、资金、人力培训和营销渠道等方面开展全方位合作，组建全球最大的纺织服装联盟，共同应对贸易壁垒，拓展世界高端纺织品服装市场。

三家公司采取的合作方式是很到位的。在雅戈尔与伊藤忠原来合资的基础上，玛佐多将以注资、技术转让和提供营销渠道的方式，为伊藤忠、雅戈尔毛纺企业提供玛佐多的独家技术与工艺，提升三家公司拓展市场的竞争力。这可以说是全球纺织服装行业强强联手、优势互补的典范之作。

意大利是世界服装王国，拥有历史悠久的国际品牌，拥有成熟的生产流程、工艺、车间管理，以及科学的营销模式和遍布全球的营销渠道，市场系统相对比较完善。而中国公司成本较低，员工勤奋努力，企业充满活力。日本也有丰富的国际化运作经验。三国企业联手合作，可以把各自优势充分利用起来。三家企业联手后可以说是服装界的航母。

◇简评

"树上开花"之计，是说借助某种因素布局造势，弱小可以显示强大，用意在于强调一定的礼仪之权与政治体制的作用。这在战略兼并和政治冲突中是非常需要的。在这种思想指导下，既能安内又能攘外。

在军事上，树上开花是一种并战计，和偷梁换柱一样，都是和友军作战时控制友军并歼击敌军的战略。偷梁换柱是以自己的精锐之师安插在友军的梁柱部位，以操纵友军，并兼吞友军；树上开花是"布精兵于友军之阵，完其势以威敌也"，是以友军为树为枝，以我军为花朵，即以友军为梁为柱，我军为辅为助，以友军之主力破敌，消耗友军实力，而保存了我军实力，是一箭双雕之计。

"树上开花"的第一个要点是"布势"。这种"布势"是对形式的重视。形式为内容服务，内容需要形式为其服务，这是一种规律。如管仲向齐桓公要"三权"（政权、财权、法权），有了三权的配合，管仲的才能才得以施展，齐国才内部大治，并顺势而称霸天下。这就达到了形式为内容服务的目的。

"树上开花"的第二个要点是"剪粘"。树上本来没有"花"，但是树上需要"花"，可以人为地剪彩花粘贴在树上。不仔细观察，是难以分辨其真假的。军事上运用此法，可以有效地迷惑对手，力小势大，以弱胜强。如田单利用"剪粘"迷惑对手，因此破燕。

"树上开花"的第三个要点是"威敌"。"树上开花"作为《三十六计·并战》中的一计，主要强调联军作战。配合慑敌，是此计的主要目的。

◎并战计◎

反客为主

◇计名探源

反客为主，用在军事上，是指在战争中要努力变被动为主动，尽量想办法钻友军的空子，插一脚进去，控制它的首脑机关或者要害部门，抓住有利时机，兼并或者控制友军。古人使用本计，往往是借援助盟军的机会，自己先站稳脚跟，然后步步为营，想方设法取而代之。

袁绍和韩馥，以前是一对盟友，当年曾经共同讨伐过董卓。后来，袁绍势力渐渐强大，总想不断扩张。他屯兵河内，缺少粮草，十分犯愁。老友韩馥知道情况之后，主动派人送去粮草，帮袁绍解决了供应困难。

袁绍觉得等待别人送粮草，不能够解决根本问题。他听了谋士逢纪的劝告，决定夺取粮仓冀州。而当时的冀州牧正是老友韩馥，袁绍也顾不了那么多了，马上下手，实施他的锦囊妙计。

他首先给公孙瓒写了一封信，建议与他一起攻打冀州。公孙瓒早就想找个借口攻占冀州，听了这个建议，正中下怀。他立即下令，准备发兵。

袁绍又暗地派人去见韩馥，说："公孙瓒和袁绍联合起来攻打冀州，冀州难以自保。袁绍过去不是你的老朋友吗？最近你不是还给他送过粮草吗？你何不联合袁绍，对付公孙瓒呢？让袁绍进城，冀州不就保住了吗？"

韩馥只得邀请袁绍带兵进入冀州。这位请来的客人，表面上尊重韩馥，实际上却将自己的部下一个一个像钉子一样逐渐扎进了冀州的要害部门。这时，韩馥清楚地知道，他这个"主"已被"客"取而代之了。为了保全性命，他只得只身逃出冀州。

◇原书解语

乘隙插足，扼其主机[1]，渐之进也[2]。

【解语注译】

[1] 乘隙插足，扼其主机：找准时机插足进去，掌握他的要害关节之处。

[2] 渐之进也：语出《易经·渐》（渐卦解释见前计[2]）。本卦《象》："渐

之进也。"渐就是渐进的意思。

此计运用此理，是说乘隙插足，扼其主机。《易经·渐》上说的就是这个意思，要循序渐进。

◇**原书按语**

为人驱使者为奴，为人尊处者为客，不能立足者为暂客，能立足者为久客。客久而不能主事者为贱客，能主事则可渐握机要，而为主矣。故"反客为主"之局，第一步须争客位；第二步须乘隙；第三步须插足；第四步须握机；第五步乃成功。为主，则并人之军矣，此渐进之阴谋也。如李渊书尊李密，密卒以败（《隋书》卷七〇《李密传》）；汉高祖势未敌项羽之先，卑事项羽，使其见信，而渐以侵其势，至垓下一役，一举亡之（《史记》卷八《高祖本纪》）。

【按语阐释】

客有多种，暂客、久客、贱客，这些都还是真正的"客"，可是一到渐渐掌握了主人的机要之处，就已经反客为主了。按语中将这个过程分为五步：争客位，乘隙，插足，握机，成功。概括地讲，就是变被动为主动，把主动权慢慢地掌握到自己的手中来。分成五步，强调循序渐进，不可急躁莽撞，泄露机密。用在军事上，就要把别人的军队拿过来，控制指挥权。

按语称此计为"渐进之阴谋"。既是"阴谋"，又必须"渐进"，才能奏效。李渊在夺得天下之前，写信恭维李密，后来还是把李密消灭了。刘邦在兵力不能与项羽抗衡的时候，很尊敬项羽，鸿门宴上，以屈求伸，对项羽谦卑到了极点。后来他逐渐吞食项羽的势力，力量扩大，由弱变强，垓下一战，终于将项羽逼死于乌江。

所以古人说，主客之势常常发生变化，有的变客为主，有的变主为客。关键在于变被动为主动，争取掌握主动权。

◇**用计例说**

⊙**诸葛亮智激周瑜联吴抗曹**

东汉建安十三年（208年），曹操亲率80万大军，沿长江摆开阵势，想一口吞了东吴，实现他统一天下的宏大愿望。面对强敌压境，东吴众臣有主战的也有主降的，弄得吴主孙权不知该听谁的好。刘备不想失掉东吴这个强有力的对抗曹操的盟友，于是派诸葛亮出使东吴，游说孙权共同抗击曹操。

一天晚上，鲁肃和诸葛亮一起去会见周瑜。鲁肃问周瑜："现如今曹操驻兵南侵，是战是和，都督你看如何？"

周瑜说道："曹操手上有天子这张王牌，我们难以抗命。而且，曹操兵力强大，不可轻敌。战则必败，和则易安，我的意见是以和为上策。"

诸葛亮听完平静地说："我有一条妙计，只需差一名特使，驾一叶扁舟，送两个人过江。曹操得到这两个人，肯定会班师回朝。"

周瑜一听，连忙问是哪两个高人。

诸葛亮说道："曹操打听到江东乔公有两位千金小姐——大乔和小乔，长得美丽动人，曹操曾发誓说：'我有两个志向，一是要扫平四海，创立帝业，流芳百世；二是要得到江东二乔，以娱晚年。'目前曹操领兵百万，进逼江南，其实就是为乔家的两位千金小姐而来的。将军不如直接找到乔公，花重金买到那两个女子，差人送给曹操。江东失去这两个人，就像大树上掉一两片黄叶、大海减少一两滴水珠一样，几乎没有什么损失。而曹操得到这两个美女哪还会有心思打仗，肯定抱着美女欢天喜地班师回朝了。"

周瑜的脸色很难看，他咬着牙根说道："曹操想得到大乔和小乔，你有什么证据？"

诸葛亮答道："有诗为证。曹操的儿子曹植十分会写文章。曹操曾在漳河岸上建造了一座铜雀台，雕梁画栋，十分壮丽，并挑选许多美女安置其中，

诸葛亮舌战群儒图

又令曹植作了一篇《铜雀台赋》。文中之意就是说他会做天子，立誓要娶'二乔'。"

周瑜问："那篇赋是怎么写的，你可记得？"诸葛亮说道："因为我十分喜爱赋中文笔华丽的句子，曾偷偷地背熟了。"接着就朗诵起来："从明后以嬉游兮，登层台以娱情……临漳水之长流兮，望园果之滋荣。立双台于左右兮，有玉龙与金凤。揽'二乔'于东南兮，乐朝夕之与共。"

周瑜听完，终于发作了，他从椅子上蹦起来指着北方骂道："曹操你这个老贼，欺负到我头上来了，我一定要好好地修理你！"

诸葛亮表面上急忙阻止，其实是火上浇油地说道："都督忘了，古时候单于多次侵犯边境，汉天子许配公主和亲，你又何必可惜民间的两个女子呢？"

周瑜说道："你有所不知，大乔是孙策将军的夫人，小乔就是我的爱妻！"

诸葛亮不知道才怪，他假装说错话了，不好意思地说道："真没想到是这样，我真是胡说八道了，该死该死！"

周瑜怒道："我与曹操老贼誓不两立！"

诸葛亮却故作姿态地劝道："请都督不要意气用事。"

周瑜说道："我多亏了孙伯符器重，怎么能做个软骨头屈服曹操这个强盗？我早就有了北伐之心，就是刀剑架在脖子上，也不会变卦的。劳驾先生助我一臂之力，同心合力共破曹操。"

于是，孙、刘结成的抗曹联盟得到巩固，取得了赤壁之战的重大胜利。

⊙联回纥，郭子仪抗敌兵

唐朝有个叛将，名叫仆固怀恩。他煽动吐蕃和回纥两国联合出兵，进犯中原。联军30万人，一路连战连捷，直逼泾阳城。泾阳的守将是唐朝著名将军郭子仪，他是奉命前来平息叛乱的，这时他只有1万余名精兵。面对漫山遍野的敌人，郭子仪知道形势十分严峻。

正在这时，仆固怀恩病死了。吐蕃和回纥失去了中间联系和协调的人物。双方都想争夺指挥权，矛盾逐渐激化。两军各驻一地，互不联系往来。吐蕃驻扎在东门外，回纥驻扎在西门外。

郭子仪想：何不乘机分化这两支军队呢？安史之乱时，郭子仪曾和回纥将领并肩作战，对付安禄山。这种老关系何不利用一下呢？他秘密派人前往回纥营中转达自己想与过去并肩作战的老友叙叙情谊的想法。

回纥都督药葛罗，也是个重感情的人。听说郭子仪就在泾阳，十分高兴。但是他不十分确信，于是说道："除非我们亲眼见到郭老令公，才会相信。"

郭子仪听到汇报，决定亲赴回纥营中，会见药葛罗。将士们深怕回纥有诈，不让郭子仪前去。郭子仪说："为了国家，我早已把生死置之度外！我去回纥营中，如果能谈得成，这个仗就打不起来了，天下从此太平，有什么不好？"他只带少数随从，到回纥军营中去。

药葛罗见郭子仪真的来了，非常高兴，设宴招待郭子仪。酒酣时，郭子仪说道："大唐、回纥关系很好，回纥在平定安史之乱时立了大功，今天怎么会和吐蕃联合进犯大唐呢？吐蕃是想利用你们与大唐作战，他们好乘机得利。"

药葛罗愤然说道："老令公说得有理，我们是被他们骗了！我们愿意和大唐一起，攻打吐蕃。"双方马上立誓结盟。

吐蕃得到报告，觉得形势骤变，于己不利，于是连夜准备，拔寨撤兵。郭子仪与回纥合兵追击，击败了吐蕃的10万大军。

郭子仪像

⊙林教头火并王伦

《水浒》第十九回"林冲水寨大并火，晁盖梁山小夺泊"正是反客为主的一个生动实例。

晁盖、吴用等7位英雄好汉初投梁山泊时，梁山泊寨主王伦待他们如宾客，故意为他们安排客馆歇息。王伦乃嫉贤妒能之人，生怕众豪杰势力超过他。吴用看出这一点，担心王伦不会收留他们。吴用发现林冲对王伦的态度极为不满，因此设计促使林冲火并王伦。

第二天聚会时，酒过数巡，王伦拿来重金，说自己粮少房稀，一洼之水，容不下许多真龙，请晁盖等另谋出路。晁盖便道："小子久闻大王招贤纳士，一径地特来投托入伙，若是不能相容，我等众人自行告退。"林冲见状大喝起来："前番我上山来时，你也推道粮少房稀，今日晁兄与众豪杰到此山寨，你又发出这等言语来，是何道理？"吴用便说："头领息怒，自是我等来的不是，倒坏了你山寨情分。我等自去罢了。"林冲更是怒火中烧："这是笑里藏刀，言清行浊的人！我其实今日放他不过。"吴用又道："只因我等上山相投，反坏了头领面皮，只今办了船只，便当告退。"晁盖等七人便起身要走。林冲气极抽出一把刀来，吴用假意劝仗，其他豪杰也趁势拦住其他头领，林冲拿住王伦大骂："你这嫉贤妒能的贼，不杀了，要你何用！你无大量大才，也做不得山寨之主！"骂得性起，林冲顺势一刀刺进了王伦的心窝。

王伦既死，林冲提议立晁盖为山寨之主。这样，晁盖等英雄好汉，从开始投奔山寨，被当作客人，到激发林冲的不满情绪，促使林冲火并王伦，最后控制了局势。晁盖又顺势坐上了第一把交椅，掌握了整个山寨。

◎八字保住乌纱帽

清朝康熙年间，每年元旦，各省文武官员都要集中到省城，按官阶大小排队，遥对京城皇阙行朝贺礼。浙江某驻防将军与当地知县不和，心想，芝麻大的小县官竟敢不买自己的账，心里非常气恼，总想找机会修理一下知县。

于是，将军决定利用元旦贺礼做一下文章，整治一下知县。他秘密地向皇帝上了一封检举信，检举这个知县在元旦行朝贺礼时举止态度不严肃端庄。不久，清帝下旨查办知县朝贺失仪的大不敬之罪，并斥责巡抚犯有失察之罪。巡抚明知这是将军有意诬陷，但一时没有更好的解决办法。

这时，知县的顾问——一位来自绍兴的师爷，献来一妙计。知县痛快地答应，只要此计奏效，当重赏。师爷递给巡抚一张仅8个字的字条，上面写着："参列前班，不遑后顾。"（我站在队伍最前排，没有机会朝后看。）师爷嘱咐巡抚大人，只要在给皇帝的奏折中写进这8个字，保证马到成功。巡抚听后恍然大悟，连连称妙，按绍兴师爷的说法给清帝上了奏折。

原来，行朝贺礼是有严格的等级之分的，巡抚与将军品级最高，站在队伍的最前排，而知县品级低微，站在队伍的尾巴上。按照清朝的仪规，在这种庄严的场合各级官员不许左顾右盼，更不许向后观望，违者即犯大不敬罪。按常理，在这种情况下，即使知县有失仪之处，巡抚与将军都不应看到。而如果像将军所说的他亲见位于后列的知县有失仪之处，那么将军也犯有后顾失仪罪了。巡抚未见知县失仪，不但无失察之过，反而说明巡抚专注行礼、严肃庄重。

事情的结果就是将军搬起石头砸自己的脚，他被皇帝斥责"身为一品大员，朝贺失仪"，并被免职。而巡抚与知县反而平安无事。这位师爷当然也拿到了可观的赏钱。

这位绍兴师爷的高明之处在于，他没有沿着将军的思路向前走，而是抓住将军"参列前班，不遏后段"这个"插足"点，以攻为守，反客为主，结果变被动为主动，使巡抚和知县赢得了这场官场斗争的胜利。

◇简评

"主"是主权者、统治者、支配者、主动者、先进者、进攻者，处于主导地位；"客"是依附者、被统治者、被支配者、被控制者、被动者、后随者、防守者，处于被主导地位。"反客为主"，主要说的还是从被动到主动的问题。

从军事上来说，主动权问题是直接关系到战争胜负的大问题。"反客为主"的重点就在于如何变被动为主动，处于被动的一方在战略、战法、战术等不同层面都会碰到被动的情况，能否完成转化，是衡量决策者智慧高低的根本标志，也是决定事业成败的关键。

战争是智与力的较量，谁掌握了主动权，谁就可以充分发挥自己的长处，即使短处也常常可以掩盖或转化为长处；同时压制对方的长处，使我、敌之间的优劣差距无形中呈几何级数拉大，从而取得胜利。

◎败战计◎

美人计

◇计名探源

美人计，语出《六韬·文伐》："养其乱臣以迷之，进美女淫声以惑之。"意思是，对于用军事行动难以征服的敌方，要使用"糖衣炮弹"，先从思想意志上打败敌方的将帅，使其内部丧失战斗力，然后再行攻取。就像本计正文所说的，对兵力强大的敌人，要制服他的将帅；对于足智多谋的将帅，要设法去腐蚀他。将帅斗志衰退，部队肯定士气消沉，就失去了作战能力。利用多种手段，攻其弱点，己方就能得以保存实力，由弱变强。

前面曾讲到春秋时吴越之战，勾践先败于夫差。吴王夫差罚勾践夫妇在吴王宫里服劳役，借以羞辱他。越王勾践在吴王夫差面前卑躬屈膝，百般逢迎，骗取了夫差的信任，被放回越国。后来越国趁火打劫，终于消灭了吴国，逼得夫差拔剑自刎。

那所趁之"火"是怎样烧起来的呢？原来勾践成功地使用了"美人计"。

勾践被释回越国之后，卧薪尝胆，不忘雪耻。吴国强大，靠武力，越国不能取胜。越大夫文种向越王献上一计："高飞之鸟，死于美食；深泉之鱼，死于芳饵。要想复国雪耻，应投其所好，衰其斗志，这样，可置夫差于死地。"于是勾践挑选了两名绝代佳人——西施、郑旦，送给夫差，并年年向吴王进献珍奇珠宝。夫差认为勾践已经臣服，所以一点儿也不加怀疑。夫差整日与美人饮酒作乐，连大臣伍子胥的劝谏也听不进去。后来，吴国进攻齐国，勾践还出兵帮助吴王伐齐，借以表示忠心，麻痹夫差。吴国胜利之后，勾践还亲自到吴国祝贺。

西施像

夫差贪恋女色，一天比一天厉害，根本不想过问政事。伍子胥力谏无效，反被逼自尽。勾践看在眼里，喜在心中。公元前482年，勾践乘夫差北上会盟之时，突出奇兵伐吴。公元前473年，吴国终于被越所灭，夫差也只能一死了之。

◇原书解语

兵强者，攻其将；将智者，伐其情[1]。将弱兵颓，其势自萎。利用御寇，顺相保也[2]。

【解语注译】

[1] 兵强者，攻其将；将智者，伐其情：句意为对兵力强大的敌人，就攻击他的将帅；对明智的敌人，就打击他的情绪。

[2] 利用御寇，顺相保也：语出《易经·渐》（卦名解释见"树上开花"注[2]）。本卦九三《象辞》："利御寇，顺相保也。"说的是利于抵御敌人，顺利地保卫自己。

此计运用此象理，是说利用敌人自身的严重缺点，己方顺势以对，可使其自颓自损，己方一举得之。

◇原书按语

兵强将智，不可以敌，势必事之。事之以土地，以增其势，如六国之事秦，策之最下者也。事之以币帛，以增其富，如宋之事辽、金，策之下者也。惟事以美人，以佚其志，以弱其体，以增其下怨。如勾践以西施重宝取悦夫差（《左传·哀公十一年》），乃可转败为胜。

【按语阐释】

势力强大，将帅明智，这样的敌人不能与他正面交锋，在一个时期内，只得暂时向他屈服。这则按语，把侍奉或讨好强敌的方法分成三等。最下策是用献土地的方法，这势必增强敌人的力量，像六国争相以地事秦，并没有什么好结果。下策是用金钱珠宝、绫罗绸缎去讨好敌人，这必然增加敌人的财富，像宋朝侍奉辽国、金国那样，也不会有什么成效。独有用美人计才见成效，这样可以消磨敌军将帅的意志，削弱他的体质，并可以增加他的部队的怨恨情绪。春秋时期，越王勾践败于吴王夫差，便用美女西施和贵重珠宝取悦于夫差，让他贪图享受，丧失警惕，后来越国终于打败了吴国。

现代战争中，甚至政治争斗中，也不乏使用美人计的例子。现代美人计有强烈的现代色彩，多采用间谍的方式实施，利用金钱贿赂加美人诱惑，以图达到不可告人的目的。对此不可丧失警惕。

◇用计例说

⊙刘邦巧用"美人计"脱险

汉高帝七年（前 200 年），刘邦被匈奴单于诱骗进了山西大同附近的白登山，被 40 万大军包围了起来。刘邦很着急，皇帝他还没当够呢，还不想这么早死，但他的智多星张良又没带在身边，想不出办法突围。后来实在没辙，手下谋士陈平自告奋勇要带着金银财宝去贿赂单于的阏氏（相当于中原王朝的皇后）。这个陈平还是有几两重的，他厉害就厉害在对阏氏的弱点了如指掌，知道她为了争风吃醋什么都会不顾。于是，他凭着特有的智慧和三寸不烂之舌对阏氏说："我们汉朝有一位倾国倾城的大美女，我们大汉皇帝想把这个美女送给单于。如果单于得到这个美女，您一定会失宠的。与其那样，您还不如事先让单于把我们大汉皇帝放走，汉朝也就不会把那个美女送来。您就可以永远得到单于的宠爱了。"这个阏氏最怕单于有别的女人，觉得有理，果然听了陈平的话，晚上不断向单于耳朵里吹"枕头风"，终于使单于下决心把刘邦等人放走。

⊙貂蝉献色，吕布董卓反目为仇

汉献帝 9 岁登基，朝廷由董卓专权。董卓为人阴险，滥施杀戮，并有谋权篡位的野心。满朝文武，对董卓又恨又怕。

司徒王允十分担心，认为朝廷出了这样一个奸贼，不除掉他，朝廷难保。但董卓势力强大，正面攻击，无人斗得过他。董卓身旁有一义子，名叫吕布，骁勇异常，忠心保护着董卓。

王允观察这"父子"二人，狼狈为奸，不可一世，但有一个共同的弱点：皆是好色之徒。于是决定施用"美人计"，让他们互相残杀，以除奸贼。

王允府中有一歌女，名叫貂蝉。这歌女，不但色艺俱佳，而且深明大义。王允向貂蝉提出用美人计诛杀董卓的计划。貂蝉为感激王允对自己的恩德，决心牺牲自己，为民除害。

在一次私人宴会上，王允主动提出将自己的"女儿"貂蝉许配给吕布。吕布见这一绝色美人，喜不自胜，十分感激王允。二人决定选择吉日完婚。

第二天，王允又请董卓到家里来，酒席筵间，要貂蝉献舞。董卓一见，馋涎欲滴。王允说："太师如果喜欢，我就把这个歌女奉送给太师。"老贼假意推让一番，高兴地把貂蝉带回府中去了。

吕布知道之后大怒，当面斥责王允。王允编

貂蝉坐像

— 164 —

出一番巧言哄骗吕布。他说："太师要看看自己的儿媳妇，我怎敢违命！太师说今天是良辰吉日，决定带貂蝉回府去与将军成亲。"

吕布信以为真，等待董卓给他办喜事。但过了几天都没有动静，再一打听，原来董卓已把貂蝉据为己有。吕布一时也没了主意。

一日董卓上朝，忽然不见身后的吕布，心生疑虑，马上赶回府中。见到在后花园凤仪亭内，吕布与貂蝉抱在一起，他顿时大怒，用戟朝吕布刺去。吕布用手一挡，没被击中。吕布怒气冲冲离开太师府。原来，吕布与貂蝉私自约会，貂蝉按王允之计，挑拨他们父子的关系，大骂董卓拆散了他们。

王允见时机成熟，邀吕布到密室商议。王允大骂董贼强占了女儿，夺去了将军的妻子，实在可恨。吕布咬牙切齿地说："要不是看我们是父子关系，我真想宰了他！"王允忙说："将军错了，你姓吕，他姓董，算什么父子？再说，他抢占你的妻子，用戟刺杀你，哪里还有什么父子之情？"吕布说："感谢司徒的提醒，不杀老贼誓不为人！"

王允见吕布已下决心，他立即假传圣旨，召董卓上朝受禅。董卓耀武扬威，进宫受禅。不料吕布突然一戟直穿老贼咽喉。奸贼已除，朝廷内外，人人拍手称快。

⊙英雄一世，洪承畴难过美人关

清兵于崇祯十四年在锦州大破明军，生俘明军统帅洪承畴。洪承畴效忠明朝，绝食抵抗，誓死不降清廷。但是最终他还是归降了，归降的真正原因没有人知道，普遍的说法是洪承畴英雄难过美人关。

洪承畴的侍役金升向清太宗献计，说洪承畴喜欢美人，如果用美人引诱，可能会使他屈服。太宗下令搜罗全国美女，送到洪承畴的面前，洪承畴依然不动心，他继续绝食明志，坐等殉国。太宗无可奈何，只有回宫，长吁短叹之间，同皇后说到美色无法动摇洪承畴的事："我想他是根本看不上我国的美女。"

皇后听说洪承畴看不上本国的美色，立刻想要使出浑身招数试一试洪承畴，也试一试自己的本领。她娇滴滴地依偎到太宗的怀里，说："为了国主与国家的利益，我不惜一切……"

太宗起初不愿做。但回头一想，为了尽早征服中原，也只能如此，况且，这事只有自己和皇后知道，也丢不了什么面子。于是便同意了皇后的建议。

皇后着意打扮了一番，在黄昏的时候，潜出皇宫，溜到关押洪承畴的地方。见他正襟危坐，闭目养神，便娇声地问："这位是洪将军吗？"

洪承畴睁开眼睛，见是一位女子，正色说："谁叫你来的？有什么事？出去！"言辞之中，怒气冲冲。

皇后向洪承畴深深地行了一个礼，把事先准备好了的赞美之辞和盘托出，见洪将军的怒气息了许多，进一步说："我虽为弱小女子，也颇识大义，知大理，对将军绝食明志、忠心殉国的英勇精神，无限钦佩。因此，小女子特来成全将军。"

"怎么个成全法？"洪承畴已经被她的言谈举止所打动。

"绝食是死，上吊是死，服毒也是死。将军所求，不过是一死，怎么死法，还计较什么呢？我这里带来了一罐毒药，喝下去，不出半个时辰，保准你死。"

"那好，好！难得女英雄前来相助，成全我殉国之志！"洪承畴说完，抱起药罐，一饮而尽，坐着等死。

皇后接着说生、说死、说国、说家、说子女、说妻室，她问："将军为国殉节，离世之前，不思念家人吗？"

"我正坐等一死，还有什么要顾及呢？唉，只是可怜无定河边骨，犹是深闺梦里人！"

洪承畴一心等死，可是没有感到死神的动静，倒是觉得浑身血脉畅通，每一根神经都在扩张，末梢在膨胀，心在突突地跳，牙齿在咯咯地响，而那女人的胴体香气、娇姿媚态，如风如浪地向他涌来。

"我俩相遇，也算是缘分，将军这一死，和家室永别，有什么话要我带给他们吗？"皇后边说边靠近洪承畴，拿手臂碰碰他。洪承畴被撩拨得不由自主地抓过她的手臂，抚弄起来。女人半推半就，贴紧洪承畴。很快，两人便坠入爱河。

洪承畴没有死，第二天，由皇后带着入朝参见清太宗了。

◇简评

"美人计"是用美色腐蚀、拉拢、离间，从而打败对手的谋略。

此计在军事领域常被运用，美人比任何武力都有威力。武力的攻伐带来仇恨，遭到抵抗；而美色可以消磨敌人意志，侵蚀敌人体力，引起敌人内部矛盾。西施送秋波，勾践破吴国，诛了吴王；貂蝉献柔情，王允（使吕布）杀了奸雄董卓，保了汉室；皇后送香泽，清太宗降服了大明英雄洪承畴。

此计在非军事领域也是屡见不鲜的。外交上，美色是极为有力的手段，胜过武装交锋、政治威胁等一切措施。在一个集团内部，美人计也很有效，或是用于管理或是用于升迁，其使用对象或是下级或是上级。在古代，统治者还用其巩固自己的统治地位或是奉迎上级，以求升迁。比如帝王们常用嫁女儿的手段来收买人心、招徕人才，或是让她们下嫁给重臣子孙，加固统治集团的一体性。臣民们也深知美色的重要，于是向帝王乃至达官显贵献女甚至献妻。妻女丑陋，可以弄到美丽的来代替，因此博得帝王笑口常开，父子兄弟封官爵、赏田地，或光宗耀祖，或专权弄国。

在现代战争、政治争斗甚至经济领域中，也不乏使用美人计的例子。现代美人计，多采用间谍的方式，利用美人诱惑，方式变化多端，万万不可丧失警惕。

◎败战计◎

空城计

◇**计名探源**

　　空城计是一种心理战术。在己方无力守城的情况下，故意向敌人暴露我城内空虚，即所谓的"虚者虚之"。敌方产生怀疑，便会犹豫不前，即所谓的"疑中生疑"。敌人怕城内有埋伏，不敢陷进埋伏圈内。但这是悬而又悬的"险策"。使用此计的关键，是要清楚地了解并掌握敌方将帅的心理状况和性格特征。诸葛亮使用空城计解围，因为他充分地了解司马懿谨慎多疑的性格特点，故而敢出此险策。诸葛亮的空城计名闻天下，其实，早在春秋时期就出现过利用空城计的出色战例。

　　春秋时期，楚国的令尹（宰相）公子元，在他哥哥楚文王死了之后，非常想占有漂亮的嫂子文夫人。他用各种方法去讨好，文夫人都无动于衷。于是他想建立功业，显显自己的能耐，以此讨得文夫人的欢心。

　　公元前666年，公子元亲率兵车600乘，浩浩荡荡，攻打郑国。楚国大军一路连下几城，直逼郑国国都。郑国国力较弱，都城内更是兵力空虚，无法抵挡楚军的进犯。

　　郑国危在旦夕，

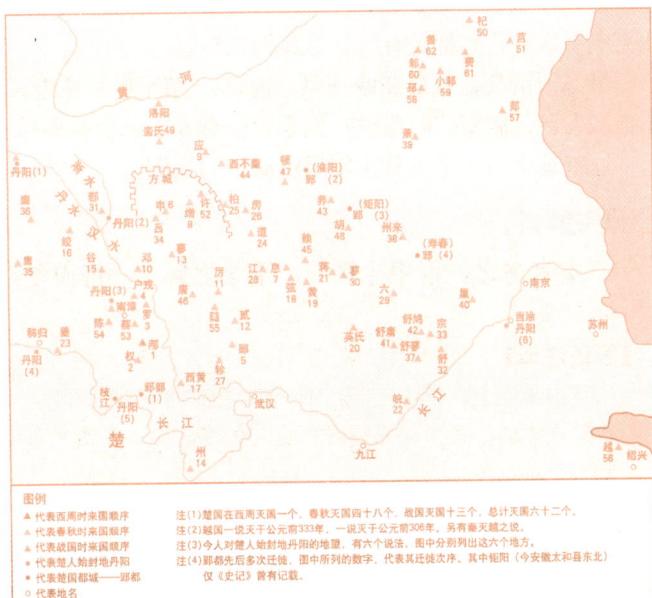

楚灭诸国示意图

郑国故城遗址

群臣慌乱，有的主张纳款请和，有的主张决一死战。这两种主张都难解除危局。上卿叔詹说："请和与决战都非上策。固守待援，倒是可取的方案。郑国和齐国订有盟约，而今有难，齐国会出兵相助。只是空谈固守，恐怕也难守住。公子元伐郑，实际上是想邀功图名，讨好文夫人。他一定急于求成，特别害怕失败。我有一计，可退楚军。"

郑国按叔詹的计策，在城内做了安排。命令士兵全部埋伏起来，不让敌人看见一兵一卒。令店铺照常开门，百姓往来如常，不准露出一丝慌乱之色。然后大开城门，放下吊桥，摆出完全不设防的样子。

楚军先锋到达郑国都城城下，见此情景，心里起了怀疑：莫非城中有了埋伏，诱我中计？于是不敢妄动，等待公子元。公子元赶到城下，也觉得好生奇怪。他率众将到城外高地探视，见城中确实空虚，但又隐隐约约看到了郑国的旌旗甲士。公子元认为其中有诈，不可贸然进攻，决定先派人进城探听虚实，暂时按兵不动。这时，齐国接到郑国的求援信，已联合鲁、宋两国发兵救郑。公子元闻报，知道三国兵到，楚军定不能胜。好在也打了几个胜仗，还是赶快撤退为妙。他害怕撤退时郑国军队会出城追击，于是下令全军连夜撤走，人衔枚、马裹蹄，不出一点儿声响。所有营寨都没有拆，旌旗照旧飘扬。

第二天清晨，叔詹登城一望，说道："楚军已经撤走。"众人见敌营旌旗招展，不信敌人已经撤军。叔詹说：如果营中有人，怎会有那样多的飞鸟盘旋上下呢？

这就是中国历史上首次使用空城计的战例。

◇原书解语

虚者虚之，疑中生疑[1]；刚柔之际[2]，奇而复奇。

【解语注译】

[1]虚者虚之，疑中生疑：第一个"虚"为形容词，意为空虚的，第二个"虚"为动词，使动，意为让它空虚。全句的意思是，空虚的就让它空虚，使它在疑惑中更加令人疑惑。

[2]刚柔之际：语出《易经·解》。本卦为异卦相叠（坎下震上）。上卦为震为雷，下卦为坎为雨。雷雨交加，荡涤宇内，万象更新，万物萌生，故卦名为解。解，险难解除，物情舒缓。本卦初六《象辞》："刚柔之际，义无咎也。"意为使刚与柔相互交会方无灾难。

此计运用此象理，是说敌我交会相战，运用此计可产生奇而又奇的功效。

◇原书按语

虚虚实实，兵无常势。虚而示虚，诸葛之后，不乏其人。

【按语阐释】

虚虚实实，兵无常势，变化无穷。在敌强我虚之时，当展开心理战。一定要充分掌握对方主帅的心理和性格特征，切切不可轻易出此险招。况且，此计多数情况下，只能当作缓兵之计，还得防止敌人卷土重来。所以还必须有实力与敌方对抗，要救危局，还得凭真正的实力。

◇用计例说

⊙单枪匹马，赵云退曹兵

汉献帝建安二十四年（219年），刘备手下大将黄忠在汉中定军山一战中大败夏侯渊，曹兵都像惊弓之鸟般四散逃命。黄忠像杀鸡一般砍了夏侯渊的头，并将夏侯渊的人头提到刘备那里，意欲换些功名。果然，刘备高兴地为他摆了庆功宴，还封了一个"征西大将军"的名号给他。黄忠在军中的地位有了很大的提升。

一天，刘备正在帐中思忖灭曹大计，忽然一小将前来禀报："曹操已经带着20万大军，驻守在汉水北山下了，天天在营前大喊要为夏侯渊报仇。"刘备一听不妙："失去夏侯渊真是曹操心头的痛啊。如今大敌当前，来势汹汹，不可小觑。"于是连不忙地去找军师诸葛亮商量。军师按照惯例摇了摇他的鹅毛扇子，在地上走了两圈，便生出了一计：夺曹营的粮草。刘备大喜："好计！"

刘备于是依计部署军队。黄忠可能还想捞个"征曹将军"当一当，第一个报名说："老夫愿意担当此任。"刘备说："曹操可不像夏侯渊那样好对付，不能轻敌。你可以与赵子龙一起领兵前往，遇事有个商量的人。"

黄忠与赵云商量劫粮计策，赵云说："夺粮这种事，非同小可，让晚辈先去，怎么样？"

黄忠一听很不高兴，心想居然跟我争功，于是说道："我堂堂一个主将，让副将当前锋，面子往哪里搁？"

赵云说："将军，大敌当前，我们还要分什么你我吗？要不这样，我俩抓阄，谁抓着谁就先去。"

黄忠想了想说道："好。"

刘备塑像

结果黄忠拈着先去。赵云说:"既然将军先去,我就做你的后援保护你。我们约定时间,如将军按时返回,我就按兵不动;如果将军过时还不返回,我就带兵前去接应。"于是二人约定午时返回。赵云回营,对部下将领张翼说:"黄将军明天去曹营夺粮草,如果午时还没回,我会前去相助。我营面临汉水,地势险要,你要谨慎守寨!"

当夜,黄忠吃饱了饭、喂饱了马后,率领人马偷渡汉水,直冲北山而去。到了曹营,天正好也快亮了。黄忠等人看见曹操的粮食堆得像小山坡那么高,更可喜的是只有几个兵在那儿守着。黄忠脸上掠过一丝得意的笑容,令部下一齐下马放火。蜀军正要采取行动的时候,曹操部下张郃的队伍突然赶到,将黄忠拦截,围困起来。

再说赵云在营中喝完早茶,等到中午,肚子都咕咕叫了,还不见黄忠返回,于是急忙上马带着骑兵前去接应。他一路冲出曹军的几次包围,杀至北山下,救出黄忠,及时杀回本寨。

曹操听说赵云坏了他的好事,直骂张郃窝囊废,并令他与徐晃去追。守营的张翼,在寨门前迎接赵云入寨,望见后面尘烟滚滚,知道是曹军追来,就命令士兵关闭寨门,上敌楼防卫。赵云上前阻拦说:"休闭寨门!听我安排。"于是命令大开营门,停止擂鼓,收起战旗,然后在寨外壕沟中埋伏了弓弩手。赵云自己却不进营内,单枪匹马,巍然立于大营门前。

张郃、徐晃率领兵马追到赵云营前,天色正黑,见营中寂静无声,只有赵云一人单枪匹马立于门前,顿时心生疑惑。两人你看看我,我看看你,谁也不想第一个冲过去与赵云一决高下。正在两人互相推让时,只见赵云举枪一招,两边壕中弓弩像流星雨一样齐向曹军射来。曹军惊慌大乱,天色又黑,前脚踩后脚的很多,结果逃着拥到汉水河边,纷纷落水,死伤惨重。

赵云大战曹军,在汉水边收到刀、弓、箭、马鞍等无数。消息报到刘备那里,第二天刘备和孔明一同到赵云营前察看,军士又将赵云大开营门诱敌的光荣事迹上报一遍。刘备听后竖起大拇指对孔明说:"子龙真是一身是胆啊!"

⊙临阵布疑,飞将军巧脱虎口

西汉时期,北方匈奴势力逐渐强大,不断兴兵进犯中原。飞将军李广任上郡太守,抵挡匈奴南进。

一天,皇帝派到上郡的宦官带人外出打猎,遭到三个匈奴兵的袭击,宦官受伤逃回。李广大怒,亲自率领 100 名骑兵前去追击。一直追了几十里地,终于追上,杀了两名,活捉一名,正准备回营时,忽然发现有数千名匈奴骑兵也向这里开来。匈奴队伍也发现了李广,但看见李广只有 100 名骑兵,以为是为大部队诱敌的前锋,不敢贸然攻击,急忙上山摆开阵势,观察动静。

李广的骑兵非常恐慌。李广沉着地稳住队伍:"我们只有 100 余骑,离我们的大营有几十里远。如果我们逃跑,匈奴肯定会追杀我们。如果我们按兵不动,敌人肯定会疑心我们有大规模的行动,他们绝不敢轻易进攻的。现在,我们继续前进。"到距离敌阵仅二里地光景的地方，李广下令："全体下马休息。"李广的士兵卸下马鞍，悠闲地躺在草地上休息，看着战马在一旁津津有味地吃草。

匈奴部将感到十分奇怪，派了一名军官出阵观察形势。李广立即上马，冲杀过去，一箭射死了这个军官。然后又回到原地，继续休息。

匈奴部将见此情形，更加恐慌，料定附近定有伏兵。天黑以后，李广的人马仍无动静。匈奴部将怕遭到大部队的突袭，慌慌张张地逃跑了。

⊙张齐贤因变生变退敌兵

宋太宗雍熙三年（986 年），宋将张齐贤守代州，被辽兵包围。为了打败辽兵，他派使者请求驻守并州（今山西太原）的潘美前来支援，

李广射石图

但这个使者比较衰，在回来的路上被辽兵给抓去了。虽然古代的通信不发达，但幸好间谍比较多，张齐贤已经得知使者被擒，他的计划很可能被泄露出去了。这样，代州不但更加危险，而且潘美也有遭到辽军截击的可能。正在张齐贤坐在月光下发愁时，潘美的使者来了，说并州之军不能来援。到了这时，似乎代州就只好等着敌人来取了。但张齐贤却在黑暗中看到了一线光明，他分析后料定辽军只知道潘美援军可能来，而不知道潘美援军不来。于是，他将计就计，乘夜派出 200 人偷偷跑到代州城西南 15 千米处，张旗烧柴，擂鼓呐喊。幸好辽兵俘获的那个宋军使者叛变了（估计被打得不轻），告诉他们张齐贤请求并州之军来援。现在辽兵看到代州西南有"大军"在行动，以为潘美援军已经抵达代州，顿时害怕起来。他们赶紧慌里慌张地撤了，路上又被张齐贤所部署的伏兵截击，被打了个灰头土脸，输得很惨。

张齐贤能够变害为利，大败辽兵，是因为他在碰到突发情况时，通过准确掌握战场情况，冷静地分析应对，表面不动声色，顺"虚"悄悄而变，所以能杀得敌方措手不及。

⊙松下不动声色渡难关

20 世纪 50 年代，日本经济出现大滑坡，很多公司都遭遇了困难时期，松下公司也未能幸免，产品大量积压，员工没有活儿干还要照常发工资，这给企业带来了很大压力。松下高层向松下幸之助建议通过裁员的方式来挺过难关。坏

消息通常是传得最快的，这个建议立马被透露了出去。公司的员工们都如惊弓之鸟，惶惶不可终日。

还好松下幸之助没有那么快下决定，他把松下公司的两位高级总裁武久和井植召到办公室，询问他们的意见："你们说说看，该如何解决公司目前的困难？"

"那个……我觉得，除了裁员没有什么好法子了！"武久说。

"我也是这么觉得。"井植说。

松下做了一个坚定的手势，语气坚定地说："但我决定，一个也不能少！"

武久和松植一听，嘴巴都张成了"O"字形。

松下分析说："如果我们减人，别人就会看出我们的困难。与我们有合作的公司就会趁机给我们讲条件，我们的处境愈加艰难。如果我们不减人，外界就会认为我们是有实力的，竞争对手便不敢小看我们。"

"没有那么多的活儿干怎么办呢？"武久问。

"办法我已想好了，改为半天上班，工资按以往全天的标准分发。"

这个好消息传到员工们的耳中，犹如吃了一颗定心丸，员工们像过年一样高兴。所有的人这时都对公司充满了感激之情，公司上下出现了比平时更团结的景象，大家一致决定要万众一心、共渡难关。

不管是伙伴还是对手公司，听说松下公司不减一人，而且只上半天班发全天工资，顿时感到松下公司不愧是日本最牛的公司，要不然就有什么灵丹妙药和回天之术。后来，松下公司的全体员工，齐心协力，只用两个月时间便把积压的产品推销出去了。

松下不愧是经营之神，在黑云压城城欲摧之时，大胆采用商战中的空城计，结果，变不利为有利，让公司逐渐走出了困境。

⊙核武器面前的较量

1962年7月底，美国肯尼迪政府获得情报：苏联人把能携带核弹头的中程导弹运进了古巴，并正在那里修建针对美国的发射基地，苏联的舰艇还在陆续向古巴运送有关设备。肯尼迪一听：这苏联怎么老跟我掐着干？他连忙派人核查，证实了不是谎报军情。

美苏两国政要经过一番口水加笑容加威胁的谈判后，双方还是不肯妥协。

于是，肯尼迪下令对加勒比海上的古巴海域进行"海上隔离"，阻止苏联船只进入古巴；美国部队进入最高戒备状态；要求苏联立即拆除设置在古巴的进攻性武器。时任苏共总书记的赫鲁晓夫一边来个死不认账，一边命令继续这项工作，因此也宣布苏军进入战争状态。美苏双方都摆出一副不惜打一场核战争、看谁的核技术厉害的姿态，以吓唬对方。

在此期间，至少有25艘苏联船只在核潜艇的护卫下驶往古巴，并于10月24日抵近美国海军的封锁线。美国人宣称，只要苏联船只进入美军封锁线，就把它打到海底去喂鱼。而苏联船只却仍铆足了劲向前行驶。

与此同时，美、苏双方最高决策层都在互相威胁，一场核大战似乎一触即发。

但无论是肯尼迪还是赫鲁晓夫，他们心里都明白，如果真打起来，对任何一方后果都不堪设想。所以实际上双方都是在虚张声势，谁都不敢首先使用核武器，谁都想用大话把对方先吓回去，谁心里都发虚。

在最关键的时刻，赫鲁晓夫先犯了"软骨病"，他命令苏联舰船停止前进，并最后同意拆除在古巴修建的导弹设施。真是"狭路相逢勇者胜"，美国人坚持到最后一刻，他们赢了。苏联人在关键时刻软了下来，只好自找台阶下。肯尼迪为了给对方一个台阶，宣称："我们绝不能渲染俄国人的退却。我们由于允许赫鲁晓夫从危机中体面地缩回，没有使他彻底丢脸，从而避免了一场核战争。这就够了。"这是胜利者才有的"大度"。

从美国的胜利可以看到，空城计的赢家一般都是胆大心细者，尤其是在虚虚实实难以判断的情况下。

◇**简评**

空城计是一种以谋胜敌的心理战术，是在特殊情况下，为解燃眉之急所施用的一种缓兵之计。

运用此计，一般是在危急关头，以大胆的冒险行动来造成敌人的判断错误，以达到暂时解除危机的目的。施行此计的关键在于利用真真假假、虚虚实实、兵无常势的特点，根据敌方将领分析判断情况的心理特征，反常用兵，使敌人"疑中生疑"。

施用"空城计"风险性极大，正如诸葛亮所说："因不得已而用之。"不到万不得已之时，一般皆不用此计。施用之，往往只能作为应急手段，稍有疏忽，即会被敌看出破绽。也可以说运用"空城计"全凭心理因素，它是敌我双方将领心理的较量。因此，施用此计，必须根据客观条件和敌将的情况，切不可盲目。

◎败战计◎

反间计

◇计名探源

反间计是指在疑阵中再布疑阵，使敌内部的人归附于我，我方就可万无一失。在战争中，双方使用间谍，是十分常见的。《孙子兵法》就特别强调间谍的作用，认为将帅打仗必须事先了解敌方的情况。要准确掌握敌方的情况，不可靠鬼神，不可靠经验，"必取于人，知敌之情者也"。这里的"人"，就是间谍。《孙子兵法》专门有一篇《用间篇》，指出有5种间谍。利用敌方乡里的普通人做间谍，叫"因间"；收买敌方官吏做间谍，叫"内间"；收买或利用敌方派来的间谍为我所用，叫"反间"；故意制造和泄露假情况给敌方的间谍，叫"死间"；派人去敌方侦察，再回来报告情况，叫"生间"。唐代杜牧对反间计解释得特别清楚，他说："敌有间来窥我，我必先知之，或厚赂诱之，反为我用；或佯为不觉，示以伪情而纵之，则敌人之间，反为我用也。"

东汉末年，赤壁大战前夕，周瑜巧用反间计杀了精通水战的叛将蔡瑁、张允，就是个有名的例子。

曹操率领号称的83万大军，准备渡过长江，占据南方。当时，孙刘联合抗曹，但兵力比曹军要少得多。

曹操的队伍都由北方士兵组成，善于马战，却不善于水战。正好有两个精通水战的降将蔡瑁、张允可以为曹操训练水军。这两个人不仅擅长游泳，而且还有一套指挥水上作战的理论，是当时各方水军将领中的佼佼者。曹操把这两个人当作宝贝，优待有加。曹操用这二人，对周瑜来说，无疑是增加了他破曹军的难度系数。一时间，这二人成了周瑜的心腹大患，睡觉时都在想怎么设计除掉这二人。一次，周瑜见对岸曹军在水中摆阵，井井有条，十分在行，心中大惊。他想一定要除掉这两个心腹大患。曹操一贯爱才，他知道周瑜年轻有为，是个军事奇才，很想拉拢他。曹营谋士蒋干自称与周瑜曾是同窗好友，愿意过江劝降。曹操当即让蒋干过江说服周瑜。

周瑜听说蒋干来访后，便准备了一番，设宴招待他。周瑜一个劲儿地劝蒋干喝酒，害得蒋干一肚子的劝降话没机会说。喝到差不多了，周瑜说自己喝多了，

赤壁大战图

邀请蒋干与自己同床而卧，叙叙旧。刚上床，周瑜就吐得一塌糊涂，胡乱扯了几句后就倒在床上不省人事，梦中还几次嚷嚷着："子翼，你等着，没几天，我就教曹操人头落地！"蒋干听完大吃一惊，怎么也睡不着。他估摸周瑜是真睡着了，于是爬起来在帐内四处翻看周瑜的军机文件。突然，他在周瑜的桌上发现了蔡瑁、张允暗通周瑜的书信，内容大概是说他们是假投降曹操，一有机会就把曹操的人头砍下拿来献上。蒋干马上像得到宝贝般，偷偷把信收起来放到自己怀中。周瑜为了配合他，用如雷的"鼾"声表示自己睡得很香很沉。蒋干轻轻地回到床上躺下，也假装睡了。将近半夜的时候，他听见有人喊周瑜，周瑜于是下床去见那人，走时还轻叫了几声蒋干，确认蒋干睡得很沉。蒋干假装睡得很香，耳朵却张大了好几倍偷听周瑜和来人的谈话。周瑜和那人的声音却像小蚊子嗡嗡，只是在说到蔡瑁和张允的时候稍微大了一点儿。蒋干却以为来者是蔡瑁和张允的线人，因此对蔡、张二人和周瑜里应外合的计划深信不疑。

蒋干为自己聪明的猜测、勇敢的行动兴奋不已。他怕周瑜早上醒来看见文件不在杀了自己，就偷偷下床，上了一小船往曹操那赶。周瑜的戏份完成了，他看着逃跑的蒋干背影得意一笑。曹操在睡梦中被蒋干叫醒本来就有火，再看了二人的书信，不禁怒火中烧，立刻下了斩首令，蔡瑁、张允两人就这么做了冤死鬼。

◇原书解语

疑中之疑[1]。比之自内，不自失也[2]。

【解语注译】

[1] 疑中之疑：句意为在疑阵之中再设疑阵。

[2] 比之自内，不自失也：语出《易经·比》。比，卦名。本卦为异卦相叠（坤下坎上）。本卦上卦为坎为水，下卦为坤为地，水附托于大地，大地容纳着水，两者相依相赖，故名"比"。比，亲密相依。本卦六二《象辞》："比之自内，不自失也。"

此计运用此象理，是说在布下重重的疑阵之后，能使来自敌人内部的间谍归顺于我，我则可有效地保全自己。

◇原书按语

间者，使敌自相疑忌也；反间者，因敌之间而间之也。如燕昭王薨，惠王自为太子时，不快于乐毅。田单乃反间曰："乐毅与燕王有隙，畏诛，欲连兵王齐，齐人未附。故且缓攻即墨，以待其事。齐人唯恐他将来，即墨残矣。"惠王闻之，即使骑劫代将，毅遂奔赵。又如周瑜利用曹操间谍，以间其将。陈平以金纵反间于楚军，间范增，楚王疑而去之。亦疑中之疑之局也。

【按语阐释】

按语举了好几个例子来证明反间计的成效。田单守即墨，想除掉燕将乐毅，用的是挑拨离间的手段，散布乐毅没攻下即墨，是想在齐地称王，现在齐人还未服从他，所以他暂缓攻打即墨，齐国怕的是燕国调换乐毅的谣言。燕王果然中计，以骑劫代替乐毅，乐毅只好逃到赵国去了。齐人大喜，田单以火牛阵大破燕军。陈平也是用离间之计使项羽疏远了军师范增。

采用反间计的关键是"以假乱真"，造假要造得巧妙，造得逼真，才能使敌人信以为真，做出错误的判断，采取错误的行动。

◇用计例说

⊙扬州移兵，韩世忠计惑金兵

南宋初期，高宗害怕金兵，不敢抵抗，朝中投降派得势。而主战的著名将领宗泽、岳飞、韩世忠等坚持抗击金兵，使金兵不敢轻易南下。

1134年，韩世忠镇守扬州。南宋朝廷派魏良臣、王绘等去金营议和。二人北上，须经过扬州。韩世忠心里极不高兴，生怕二人为讨好敌人而泄露军情。可他转念一想，何不利用这两个家伙传递一些假情报呢？等二人经过扬州时，韩世忠故意派出一支部队开出东门。二人忙问军队去向，回答说是开去防守江口的先头部队。二人进城，见到韩世忠。忽然一再有流星庚牌送到。韩世忠故意让二人看，原来是朝廷催促韩世忠马上移营守江。

第二天，二人离开扬州，前往金营。为了讨好金军大将聂呼贝勒，他们告诉他韩世忠接到朝廷命令，已率部移营守江。

金将送二人往金兀术处谈判，自己立即调兵遣将，以为韩世忠移营守江，扬州城内

韩世忠像

空虚，正好夺取。于是，聂呼贝勒亲自率领精锐骑兵向扬州挺进。

韩世忠送走二人，急令"先头部队"返回，在距扬州北面大仪镇（今江苏仪征东北）20多里处设下埋伏，形成包围之势，等待金兵。

金军一到，韩世忠率少数兵士迎战，边战边退，把金兵引入伏击圈。只听一声炮响，宋军伏兵从四面杀出，金兵乱了阵脚，一败涂地，先锋被擒，主帅仓皇逃命。

金兀术大怒，将送假情报的两个投降派囚禁起来。

⊙苏联"蒋干"中计

第二次世界大战期间，苏联出了一个真正的"蒋干"，此公名叫阿马亚克·科布洛夫。当时，纳粹德国已将数十个师调往东部，准备对苏联发起猛攻。为了掩人耳目，德国专门成立了一个谣言制造兼发布机构——里宾特洛甫委员会。他们发现了苏联派往柏林的谍报员阿马亚克·科布洛夫，决定利用他向苏联统帅部提供虚假情报。

1940年8月，科布洛夫向莫斯科报告说，他物色了一个叫奥列斯特·贝尔林克斯的《里加日报》驻柏林记者，愿意有偿地向苏联提供德国外交部的情报。殊不知，此人正是"里宾特洛甫委员会"派来的奸细，真是魔高一尺，道高一丈啊！这个人尽拿些所谓德国外交部的假情报来糊弄科布洛夫，如"希特勒及其元帅们的注意力不在苏联，而在中近东、非洲和其他地区"；"德国不会两面作战"；"德国的粮食储备已经耗尽"等等。这些情报经过科布洛夫都呈报给了斯大林，成为斯大林做出错误判断的重要依据。1941年6月16日，当一份"德国进攻苏联准备就绪，只待时日"的真实情报送到斯大林面前时，斯大林竟做了"让呈送这份情报的谍报员见鬼去吧！这不是情报员，而是假情报制造者"的批示。直到1947年5月21日审讯德国战犯时，才搞清当时事情的原委，斯大林大呼上当。科布洛夫因此于1953年被苏联特别法院判处死刑，但他给苏联造成的惨重损失却是无可挽回的。

科布洛夫"遇人不淑"中了反间计。这说明寻找可靠的线人很重要，须要多多求证和暗访，否则很容易中反间计。

⊙硅谷热闹上演间谍与反间谍大战

说起硅谷，大家都不陌生，它位于美国加利福尼亚州北部，介于帕罗阿图和圣何塞之间。第二次世界大战以后兴起的电子计算机革命为硅谷带来了勃勃生机，从此，硅谷有了多个名号，什么"电子革命中心""半导体工业王国"和"美国工业化未来的幻想和缩影"。搞笑的是，连间谍们也来这里凑热闹。这并非耸人听闻，可以说，在这里每时每刻都在进行着你争我夺的间谍大战。这些间谍们可不只是像古代间谍那样偷偷文件或是送个信、放个口风什么的就行了，他们本身得是IT一族的精英！为了防止各种"武艺"高强的间谍从硅谷猎取高新技术，美国各反间谍机构也是费了不少人力物力。他们纷纷向硅谷派驻精兵强将，建立毫不逊色的反间谍机构。

早在 1982 年的时候，美国政府就在硅谷建立了一个防止技术外流的特别小组，这个小组由中央情报局和联邦调查局的一流侦探组成（哈哈，来头不小）。

美国国防部调查局也向硅谷派出了大批特工，该局每年还向硅谷的厂商散发数十万份保密规定。美国海关人员则经常乔装改扮成商人，同硅谷的高精尖技术公司以做生意为幌子，暗访偷运技术的情况。

与此同时，美国反间谍机构还加强了硅谷外围各口岸的防线，许多特工在旧金山港湾、洛杉矶机场和长滩一带日夜奔波。所以大家如想看到和国外电影里一样精彩的特工表演的话，不妨有空到硅谷去看看。

◇简评

孙子在《用间篇》中总结概括了中国当时 5 种用间方式：因间、内间、反间、死间、生间。利用敌方乡里的普通人做间谍，叫因间；收买敌方官吏做间谍，叫内间；收买或利用敌方派来的间谍为我所用，叫反间；故意制造和泄露假情况给敌方间谍，叫死间；派人去敌方侦察，再回来报告情况，叫生间。孙子认为，这五间之中，最重要的是反间。因为只有通过反间，才可能知道敌人内部的机密，了解、掌握敌人内部哪些人可以成为因间、内间，并使之为我所用；只有通过反间，才能让死间去向敌人的间谍报告假情况；只有通过反间，才能使生间将获得的敌方情报如期送回。所以，孙子强调，"五间"之事，君主将帅都必须掌握，而其中最重要的是掌握反间，所以对反间的赏赐一定要非常丰厚。这里须要说明的是，孙子突出反间的作用，并非否定其他"四间"，而是要"五间俱起"，突出重点，相互为用。因为只有这样，才能最有效地获取情报。

◎败战计◎

苦肉计

◇计名探源

人们都不愿意伤害自己，因此"伤害"自己有时被作为取信于人的代价。己方如果以假当真，敌方肯定信而不疑。这样才能使苦肉之计得以成功。此计其实是一种特殊的离间计。运用此计，"自害"是真，"他害"是假，是以真乱假。己方要造成内部矛盾激化的假象，再派人装作受到迫害的样子，借机钻到敌人心脏中去进行间谍活动。

青铜戈　春秋

◇原书解语

人不自害，受害必真；假真真假，间以得行[1]。童蒙之吉，顺以巽也[2]。

【解语注译】

[1] 人不自害，受害必真；假真真假，间以得行：（正常情况下）人不会自我伤害，若他说受害则必然是真情；（利用这种常理）以假作真，以真作假，那么离间计就可实行了。

[2] 童蒙之吉，顺以巽也：语出《易经·蒙》（卦名解释见"借尸还魂"注[3]）。本卦六五《象辞》："童蒙之吉，顺以巽也。"本意是说幼稚蒙昧之人之所以吉利，是因为柔顺服从。

本计用此象理，是说采用这种办法欺骗敌人，就是顺应着他那柔弱的性情而达到目的。

◇原书按语

间者，使敌人相疑也；反间者，因敌人之疑，而实其疑也；苦肉计者，盖假作自间以间人也。凡遣与己有隙者以诱敌人，约为响应，或约为共力者，皆苦肉计之类也。如：郑武公伐胡而先以女妻胡君，并戮关其思；韩信下齐而郦生遭烹。（《韩非子·说难》）

【按语阐释】

间谍工作，是十分复杂而变化多端的。用间谍，使敌人互相猜忌；做反间谍，是利用敌人内部原来的矛盾，增加他们相互之间的猜忌；用苦肉计，是假装自己去做敌人的间谍，而实际上是到敌方从事间谍活动。派遣同己方有仇恨的人去迷惑敌人，不管是做内应也好，或是协同作战也好，都属于苦肉计。

郑国武公伐胡，竟先将自己的女儿许配给胡国的君主，并杀掉了主张伐胡的关其思，使胡不防郑，最后郑国举兵攻胡，一举歼灭了胡国。汉高祖派郦食其劝齐王降汉，使齐王没有防备汉军的进攻。韩信乘机果断地起兵伐齐，齐王怒，煮死了郦食其。这类故事都让我们看到，为了胜利，要花多大的代价！只有看似"违背常理"的自我牺牲，才容易达到欺骗敌人的目的。

◇用计例说

⊙最不值当的"苦肉计"

春秋时期，吴王阖闾杀了吴王僚，夺了王位。吴王僚的长子——公子庆忌逃奔到了艾城，招纳不怕死的勇士，又到一些邻国游说，准备联合他们找时机进攻吴国为自己的父亲报仇，他还发誓说要把吴王阖闾的头割去当球踢。

吴王阖闾听后十分害怕，一是怕自己刚刚抢过来的位子还没坐热乎又丢了；二是怕庆忌哪天真来了，因为传说这个庆忌强壮如牛，有万夫不当之勇。比如有一次他命令属下向自己的心窝射箭，没料到他伸手一抓，那支飞箭就到了他手里。

吴王阖闾吃不香，睡不好，整日里提心吊胆，他要大臣伍子胥替他设法除掉庆忌。伍子胥四处寻访，好不容易在民间找到了一个智勇双全的高人，名叫要离。阖闾一看要离又瘦又小，长得还无比丑陋，便对伍子胥大骂："你拿本王开涮哪，领一小孩儿回来，还杀人，我看杀鸡还成问题呢！"

要离说："刺杀庆忌这样的大块头，靠的是智商，不是拳头。只要我能接近他，就算他力大如牛，我也能把他杀死。"

阖闾说："庆忌对吴国防范最严，你怎么能够接近他呢？"

要离说："这个简单，只要大王砍断我的右臂，杀掉我的妻子，我就能取信于庆忌。"

阖闾说："不中，手臂怎么说也是肉做的，怎么能说砍就砍，你当是猪肉啊。况且你又没犯错，我无缘无故把你砍了，百姓不得骂我昏君啊？"

要离说："大王，舍不得孩子套不着狼，舍不得胳膊套不着庆忌，为国亡家，为主残身，我心甘情愿。"

阖闾说："那……既然你这么讲义气，我，我就成全你好了……"

这世上什么传播得最快？流言，没错。吴都忽然流言四起：阖闾弑君篡位啦，是无道昏君。吴王下令追查，原来流言是要离散布的。阖闾下令捉了要离和他的妻子，要离当面大骂昏王。阖闾以要追查同谋为名，给要离留了个活口，只是斩断了他的右臂，把他夫妻二人关进监狱。

剧情还在进一步发展中，各位请看：

几天后，伍子胥让狱卒都假装喝醉了，要离乘机逃出。阖闾听说要离逃跑，就杀了他的妻子——这个死都不知道到底因为啥的女人。

要离逃出吴境，一路哭诉阖闾的无道，得知庆忌在卫国，便去投奔。庆忌见他少了右臂，大概问了一下，没说什么就收下了他。不久，庆忌的心腹探来可靠情报，说要离妻子的尸体已经被吴王扔到大街上一把火烧了。要离一听，眼中都喷出了火，指天发誓，要亲手杀了吴王。两人有了共同的仇人，庆忌这

春秋时期苏州盘门
此城建于春秋吴王阖闾元年。

时对他已经深信不疑了，问道："阖闾有伍子胥这个鬼才辅佐，国强兵壮。我们现在兵微力薄，什么时候才能出了胸中这口怨气？"

要离说："伍子胥帮助阖闾杀君夺位，是打算借兵伐楚，为父兄报仇的。哪知道阖闾得位以后，只知道享受荣华富贵，早把替伍子胥报仇的事忘到了脑后。伍子胥心中很不满。我这次能逃出来，全靠他全力帮助。伍子胥跟我说过，公子如果肯为他报仇，他愿协助公子。"

庆忌一听大喜，连忙命人修造战船，训练兵马，为伐吴做充分的准备。要离鞍前马后，出谋划策，俨然成了庆忌的军师。庆忌看到他如此卖命，经常废寝忘食的，也把他当作自己的心腹，十分信任。

三个月后，庆忌带着大批人马，沿着长江水路顺流而下，打算偷袭吴国。庆忌坐在船头，要离执矛侍立。船行江心，江面忽然刮起大风。站在上风口的要离借着风力，突然将长矛刺向庆忌，一下子刺穿了胸膛。左右卫士一看小矮子居然行刺自己的头头，都跳起来要杀死要离。庆忌仰天大笑，摆手劝阻："就是这么一个残废，都敢杀我，勇士啊！我已经活不成了，就把他留着吧，将来还能出个名，写个自传什么的。你们千万不要杀他！"说罢，拔出身上的长矛，倒地身亡。

庆忌的卫士遵从遗命，送要离渡江。上岸以后，要离心中突然涌上一阵惆怅。为交情不深的君王完成了使命，却搭上了自己的一只胳膊、妻子的性命、一个与自己无冤无仇的英雄的情义……要离仰天苦笑道："我还有什么面子苟活人世！"说罢，抽出宝剑，砍断自己的手足，投江而死。

⊙周瑜打黄盖，两厢情愿

东汉末期，曹、吴两方，一北一南，即将决战于长江之上，但战幕拉开

之前，东吴周瑜自感寡不敌众，曹操则觉得北军不谙水战，于是两人不约而同地想到用计。

于是曹操派蔡中、蔡和到江东诈降，周瑜收留了他们。周瑜暗中吩咐，此二人是曹操派来的奸细，得将计就计，以便为我所用。夜时黄盖来见周瑜，提出火攻曹军方案，周瑜也正须一个人去曹营诈降、刺探军情。黄盖表示愿受皮肉之苦，行诈降之计。

第二天，周瑜召来手下大将，下令做好准备，与曹打一场持久战。黄盖却说，曹操人多势众，还不如投降了事。周瑜大怒，责骂黄盖在两军对垒时说这番话，是"慢我军心，挫我士气"。于是下令斩首。众将官跪下求饶："黄盖固然有罪当杀，但开战在即，我方便斩大将，恐于军不利，望都督且记下罪来，等到破曹之后，斩他不迟。"周瑜稍稍气消，说他看在众官面上暂免黄盖一死，令打100军棍，以正其罪。众官又来求饶，周瑜推翻桌子，喝退众官，下令立即行刑。黄盖被剥光了衣服，按在地上，打得皮开肉绽，鲜血直流，几次昏厥，众人无不落泪。

受尽皮肉之苦以后，黄盖又派人去曹营见曹操，说自己身为老臣却无端受刑，想率众归降，以图雪耻。曹操开始怀疑是周瑜的苦肉计，但遭到说客的一番奚落，又接到二蔡密信，报知黄盖被打之事。曹操这才相信。黄盖的苦肉计，颇为有效地诈住了曹操，并令曹操把宝押在黄盖身上。

再聪明的敌人，似乎都破不了此计，大枭雄曹操也不例外。当然，"黄盖挨打"的苦肉戏表演得也很逼真，除了他自己和周瑜，连内部人都相信了。这说明苦肉计如能骗过自己人，传到敌方就会造成一定的影响，成功率就很高了。

⊙岳飞大战朱仙镇

南宋时，金兵南侵，金兀术与岳飞在朱仙镇摆开决战的阵势。金兀术有一义子，名叫陆文龙，这年16岁，英武过人，是岳家军的劲敌。陆文龙本是宋朝潞安州节度使陆登的儿子，金兀术攻陷潞安州，陆登夫妇双双殉国。金兀术将还是婴儿的陆文龙和其奶娘掳至金营，收为义子。陆文龙对自己的身世完全不知。

一日，岳飞正在思考破敌之策，忽见部将王佐进帐。岳飞看见王佐脸色蜡黄，右臂已被斩断，正敷药包扎着，大为惊奇，忙问发生了什么事。原来王佐打算只身到金营，策动陆文龙反金。为了让金兀术不怀疑，才采取断臂之计。岳飞十分感激，泪如泉涌。

王佐连夜到金营，对金兀术说道："小臣王佐，本是杨幺的部下，官封车胜侯。杨幺失败，我只得归顺岳飞。昨夜帐中议事时，小臣进言，金兵200万，实难抵挡，不如议和。岳飞听了大怒，命人斩断我的右臂，并命我到金营通报，说岳家军即日要来生擒狼主，踏平金营。臣要是不来，他又要斩断我的左臂。因此，我只得哀求狼主。"

金兀术同情他，叫他"苦人儿"，并把他留在营中。王佐利用能在金营自由行动的机会，接近陆文龙的奶娘，说服奶娘，一同向陆文龙讲述了他的身世。陆文龙知道了自己的身世后，决心为父母报仇，诛杀金贼。王佐指点他不可造次，要伺机行动。

此时金兵运来一批大炮，准备深夜轰炸岳家军营，幸亏陆文龙用箭书报了信，使岳军免受损失。当晚，陆文龙、王佐、奶娘投奔宋营。王佐断臂，终于使猛将陆文龙回到宋朝，后来他立下了不少战功。

◇简评

苦肉计，前提是个苦字。要离的办法不仅是个苦字，还有个血字，所以他的计谋无疑是成功的。但代价是巨大的，是一种悲剧，而且他的出发点在我们今天看来是愚昧的。所以，若非万不得已，不能拿自己的命和家人去实施"苦肉计"。

从军事上的运用来说，苦肉计是一种特殊的离间计，通过假设内部有矛盾，利用人不自害的常理，以自我伤害的方式打入敌人的内部，骗取敌人的信任，进行间谍活动的一种谋略。

但此计是不能轻易使用的，因为挨了打只是事情的开始，还没有成功的把握，万一被对方识破了，岂不是白白挨了一顿毒打，甚至会因此而丧命。以黄盖的"苦肉计"来说，如果不是阚泽递降书，驳服善疑的奸雄曹操，黄盖不光白挨了打，连命都保不住。相反，蔡中、蔡和曾利用宗兄蔡瑁被杀之机，向东吴行"苦肉计"，却瞒不过周瑜，反被周瑜利用做了"反间"，结果还是挨刀祭旗。可见"苦肉"这一计，不可以贸然使用，做得不周密往往会弄巧成拙。

历史上使用"苦肉计"的很多，却有幸有不幸，失败的固不必说，就是成功了也不外换得一个惨胜。计中之人就如蜡烛，毁灭自己，照亮别人。

◎败战计◎

连环计

◇计名探源

连环计，指多计并用，计计相连，环环相扣，一计累敌，一计攻敌，任何强敌，攻无不克。此计正文的意思是如果敌方力量强大，就不要硬拼，而要用计使其产生失误，借以削弱敌方的战斗力。巧妙地运用谋略，就如有天神相助。

此计关键是要使敌人"自累"，就是指使敌人自己害自己，使其行动盲目。这样，就为围歼敌人创造了良好的条件。

赤壁大战时，周瑜巧用反间计，让曹操误杀了熟悉水战的蔡瑁、张允，让庞统向曹操献上锁船之计，又用苦肉计让黄盖诈降。三计连环，打得曹操大败而逃。

在"反间计"那一章里，我们讲了周瑜让曹操误杀蔡、张二将之事，曹操后悔莫及，更要命的是曹营再也没有熟悉水战的将领了。

东吴老将黄忠见曹操水寨船只一艘挨一艘，又无得力之人指挥，建议周瑜用火攻曹军。并主动提出，自己愿去诈降，趁曹操不备，放火烧船。周瑜说："此计甚好，只是将军去诈降，曹贼定会生疑。"黄盖说："何不用苦肉计？"周瑜说："那样，将军会吃大苦。"黄盖说："为了击败曹贼，我甘愿受苦。"

第二日，周瑜与众将在营中议事。黄盖当众顶撞周瑜，骂周瑜不识时务，并极力主张投降曹操。周瑜大怒，下令将黄盖推出斩首。众将苦苦求情："老将军功劳卓著，请免一死。"周瑜说："死罪既免，活罪难逃。"命令重打100军棍，打得黄盖鲜血淋漓。

黄盖私下派人送信给曹操，信中大骂周瑜，表示一定会寻找机会前来降曹。曹操派人打听，黄盖确实受刑，正在养伤。他将信将疑，于是，派蒋干再次过江察看虚实。

周瑜这次见了蒋干，指责他盗书逃跑，坏了东吴的大事。问他这次过江，又有什么打算。周瑜说："莫怪我不念旧情，先请你住到西山，等我大破曹军之后再说。"把蒋干给软禁起来了。其实，周瑜想再次利用这个过于自作聪明的呆子，名为软禁，实际上又在诱他上钩。

一日，蒋干在山间闲逛。忽然听到从一间茅屋中传出琅琅书声。蒋干进屋一看，见一隐士正在读兵法，攀谈之后，知道此人是名士庞统。他说，周瑜年轻自负，难以容人，所以隐居在山里。蒋干果然又自作聪明，劝庞统投奔曹操，夸耀曹操最重视人才，说先生此去，定得重用。庞统应允，并偷偷把蒋干引到江边僻静处，坐一小船，悄悄驶向曹营。

刘玄德南漳逢隐伦 年画
该画描绘了东汉末年刘备不辞辛苦寻觅贤士庞统的情形。刘备在南漳从牧童言谈中得知南漳隐士水镜先生（司马徽）与庞统为友爱，遂请牧童引路找到了正在抚琴的司马徽。

蒋干哪里会想到又中周瑜一计！原来庞统早与周瑜谋划好了，故意向曹操献锁船之计，让周瑜火攻之计更显神效。

曹操得了庞统，十分欢喜，言谈之中，很佩服庞统的学问。他们巡视了各营寨，曹操请庞统提提意见。庞统说："北方兵士不习水战，在风浪中颠簸，肯定受不了，怎能与周瑜决战？"曹操问："先生有何妙计？"庞统说："曹军兵多船众，数倍于东吴，不愁不胜。为了克服北方兵士的弱点，何不将船只连起来，平平稳稳，如在陆地之上。"曹操果然依计而行，将士们都十分满意。

黄盖在快舰上载满油、柴、硫、硝等引火物资，遮得严严实实。他们按事先与曹操联系的信号，插上青牙旗，飞速渡江诈降。这日刮起东南风，正是周瑜他们选定的好日子。曹营官兵，见是黄盖投降的船只，并不防备。忽然间，黄盖的船上火势熊熊，直冲曹营。风助火势，火乘风威，曹营水寨的大船一艘连着一艘，想分也分不开，一齐着火，越烧越旺。周瑜早已准备好快船，驶向曹营，杀得曹操一败涂地。曹操本人仓皇逃奔，捡了一条性命。

◇**原书解语**

将多兵众，不可以敌，使其自累，以杀其势。在师中吉，承天宠也[1]。

【**解语注译**】

[1] 在师中吉，承天宠也：语出《易经·师》（卦名解释见"指桑骂槐"注[2]）。本卦九二《象辞》："在师中吉，承天宠也。"是说主帅身在军中指挥顺利，因为得到上天的宠爱。

此计运用此象理，是说将帅巧妙地运用此计，克敌制胜，就如同有上天护佑一样。

◇**原书按语**

庞统使曹操战舰勾连，而后纵火焚之，使不得脱。则连环计者，其法在使敌自累，而后图之。盖一计累敌，一计攻敌，两计扣用，以摧强势也。如宋毕再遇尝引敌与战，且战且却，至于数四。视日己晚，乃以香料煮黑豆，布地上，复前搏战，佯败走。敌乘胜追逐。其马已饥，闻豆香乃就食，鞭之不前。遇率师反攻，遂大胜。（《历代名将用兵方略·宋》）皆连环之计也。

【按语阐释】

　　按语举庞统和毕再遇两个战例，说明连环计是一计累敌，一计攻敌，两计扣用。而关键在于使敌"自累"，要从更高层次上去理解这"使敌自累"几个字。两个以上的计策连用称连环计，而有时并不见得看重用计的数量，而要重视用计的质量。"使敌自累"之法，可以看作战略上让敌人背上包袱，使敌人自己牵制自己，让敌人战线拉长，兵力分散，为我军集中兵力、各个击破创造有利条件。这也是"连环计"在谋略思想上的反映。

　　古人还说："大凡用计者，非一计之可孤行，必有数计以襄（辅助）之也。故善用兵者，行计务实施。运巧必防损，立谋虑中变。"意思是说，用计重在有效果，一计不成，又出多计助之，行计应重实施，运作巧妙必定能防止损失，设谋要考虑不断变化。

◇用计例说

⊙巧使连环，王允除董卓

　　董卓到了长安后，就自称太师，要汉献帝尊称他是"尚父"。

　　他看到朝廷里的大臣们人心涣散，对他没有什么威胁，也就寻欢作乐起来了。他在离长安200多里的地方，建筑了一个城堡，称作郿坞。郿坞的城墙修得又高又厚，他把从百姓那里搜刮得来的金银财宝和粮食都贮藏在那里，单说粮食一项，30年也吃不完。

　　郿坞筑成以后，董卓得意地对人说："如果大事能成，天下就是我的；如果大事不成，我就在这里安安稳稳度晚年，谁也打不进来。"

　　董卓有一个心腹，名叫吕布，勇力过人。董卓把吕布收作干儿子，叫吕布随身保护他。他走到哪里，吕布就跟到哪儿。吕布的力气特别大，射箭骑马的武艺，十分高强。那些想

描绘剪除董卓历史故事的年画——《连环计》

刺杀董卓的人，因为害怕吕布的勇猛，就不敢动手了。

司徒王允想除掉董卓。他知道要除掉董卓，必须先打吕布的主意。于是，他就常常请吕布到他家里，一起喝酒聊天。日子久了，吕布觉得王允待他好，也就把他跟董卓的事情向王允透露一些。

原来，董卓性格暴躁，稍不如他的意，就不顾父子关系，向吕布发火。有一次，吕布无意中冲撞了他，董卓竟将身边的戟朝吕布掷去。幸亏吕布眼疾手快，侧身躲过了飞来的戟，没有被刺着。为此，吕布心里很不痛快。王允听了吕布的话，心里挺高兴，就把自己想杀董卓的打算也告诉了吕布。

吕布答应跟王允一起干。

公元192年，汉献帝生了一场病，身体痊愈后，在未央宫接见大臣。董卓得到通报从郿坞到长安去。为了提防有人刺杀他，他在朝服里面穿上铁甲，在乘车进宫的大路两旁，派卫兵密密麻麻地排成一条夹道护卫。他还叫吕布带着长矛在身后保卫他。他认为经过这样安排，就万无一失了。

殊不知，王允和吕布早已设好计策。吕布安插了几个心腹勇士扮作卫士混在队伍里，专门在宫门口等候。董卓的坐车刚一进宫门，就有人拿起戟向董卓的胸口刺去。但是戟扎在董卓胸前铁甲上，刺不进去。

吕布见此情景，立即举起长矛，一下子戳穿了董卓的喉头。随即，吕布从怀里拿出诏书向大家宣布："皇上有令，只杀董卓，别的人一概不追究。"董卓的将士们听了，都高兴地呼喊万岁。

⊙高价买卖陷阱

一天，一位穿着考究的先生来到了负有盛名的"得利"珠宝店。店主一看上来了条"大鱼"，热情招呼着。

"我想买一条钻石项链，""那条大鱼"说话了，"就是在您的那个镀金盒里的，那条带宝蓝色钻石的，请说个价。"店主的猜测果然没错。

真是个有眼力的主！店主边想边招呼着："这位先生好眼力，这可是今年最流行的款式。这条项链非常美丽，配上这颗名贵的钻石更显高贵。想必您是要送给您的情人？"

"哦，您可真是善解人意，没错，送情人，明天就要，因为明天是个有特殊意义的日子。"

"哈哈！成人之美，能买这条项链的肯定是豪爽的大富翁。就算交个朋友，拉个老主顾，原本要12000美元，我按成本价10000美元给您算了。"

"那太感谢了。"那位先生痛快地付了钱，拿着项链心满意足地走了。

不一会儿，他又返回店来，对店主说："您这里还有跟这一模一样的项链吗？我想……干脆实说吧，怕万一让太太知道了，再送她一条。这样好叫她闭上那乌鸦嘴。"

"哎呀！现在没有第二条了。"店主诚恳地说。"到嘴边的肥肉居然捞不着。"他在心里很惋惜地嘀咕。

"帮帮忙，我准备出 13000 美元。"那位先生着急地说。

"哦，我可以理解您的心情，女人要是把家里的醋缸打破了会是什么结果，我完全可以想象，我尽量想想办法。"店主点头说道。

"太感谢了，我叫哈里，很高兴认识您这么热心的老板。"哈里先生递给老板一张制作精美的名片。老板接过去的时候，还闻到了一种名贵的香水味。"一有确切消息，望赐告。"

老板喜笑颜开地送走了这位财神。过了半个月，那个珠宝商接待了一位脸色忧郁的太太，她拿着一条跟哈里买走的那条完全一样的项链，想要卖给老板。看她那样子，就是急等钱用的主。

"夫人，"珠宝商兴奋得腔调都像奶油了，"我现在手头拮据，没有 13000 美元现款，请等几天再来吧。"他说完还得意地冲小伙计们眨眨眼：你们都学精点儿。

"可……可是……那就，12000 美元吧。"太太紧追一句，无可奈何地耸耸肩。那是说，我就认倒霉吧，谁让自己急等钱用呢。

"好吧，请你稍候，我查一下钱。"店主进里边。不一会儿，他手中举着钱返回，抱歉地说："夫人，只有 11030 美元，你看……"太太先是犹豫了一下，焦急地看看手表，又叹口气："11030 美元……就 11030 美元吧。"

"成交了！是吗，夫人？"珠宝商麻利地验了货，办理完收购手续，等太太后脚刚迈出店门，就急不可耐地找出那位先生留下的名片，拨通电话。

"先生，我们这没有哈里先生。"电话里回答说。店主一惊，冷汗从脑门上冒了出来，"那您是哪里？""本号码是'走向天堂'殡仪馆，本馆 24 小时忠实地为每一位客户服务……"珠宝商的表情凝固了。

第二天，珠宝商收到了一封散发着同哈里先生名片一样香水味的信，里面有两张单据：一张是销出那条宝蓝色钻石项链的付款单据，一张是购那宝蓝色钻石项链的付款单据。

◇简评

连环计是运用系统思维制定的致敌于被动、环环相扣的谋略。在军事上是一条给敌人制造包袱，使其受到拖累，失去行动自由的谋略。

连环计的作用主要在于使强敌自相钳制，失去灵活机动的能力。行动自由、灵活机动是军队能够发挥威力的关键。施用此计，使敌"自累"，也就是束缚了敌人，使其威力不得发挥而处于被动挨打的地位。在使用此计时，一般都在用计使敌"自累"的同时配合以相应的军事攻势。

◎败战计◎

走为上计

◇**计名探源**

走为上计，指在敌我力量悬殊的不利形势下，采取有计划的主动撤退，避开强敌，寻找战机，以退为进。这在谋略中也应是上策。

这句话出自《南齐书·王敬则传》："檀公三十六策，走为上计。"其实，我国战争史上，早就有"走为上计"运用得十分精彩的例子。

春秋初期，楚国日益强盛，楚将子玉率师攻晋。楚国还胁迫陈、蔡、郑、许四个小国出兵，配合楚军作战。此时晋文公刚攻下依附于楚国的曹国，深知晋楚之战不可避免。

子玉率部浩浩荡荡向曹国进发，晋文公闻信，分析了形势。他对这次战争的胜败没有把握，楚强晋弱，气势汹汹，他决定暂时后退，避其锋芒。于是对外假意说道："当年我被迫逃亡，楚国先君对我以礼相待。我曾与他有约定，将来如我返回晋国，愿意两国修好。如果迫不得已，两国交兵，我定先退避三舍。现在，子玉伐我，我当履行诺言，先退三舍（古时一舍为 30 里）。"

他率军撤退 90 里，既临黄河，又靠着太行山，相信足以御敌。他又事先派人前往秦国和齐国求助。

子玉率部追到城濮，晋文公早已严阵以待。晋文公已探知楚国左、中、右三军，以右军最为薄弱。子玉命令左右军先进，中军继之。楚右军直扑晋军，晋军忽然撤退，陈、蔡军的将官以为晋军惧怕，想要逃跑，就紧追不舍。忽然晋军中杀出一支军队，驾车的马都蒙着老虎皮。陈、蔡军的战马以为是真

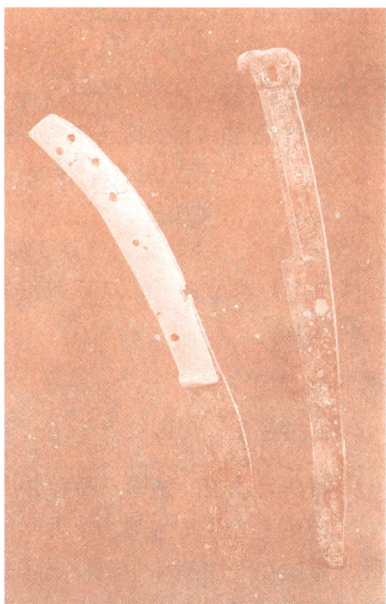

骨柄青铜刀 春秋

虎，吓得乱蹦乱跳，转头就跑，骑兵哪里控制得住。楚右军大败。晋文公派士兵假扮陈、蔡军士，向子玉报捷："右师已胜，元帅赶快进兵。"子玉登车一望，晋军后方烟尘蔽天，他大笑道："晋军不堪一击。"其实，这是晋军的诱敌之计。等子玉率中军赶到，晋军三军合力，已把子玉团团围住。

这个故事中晋文公的几次撤退，都不是消极逃跑，而是主动退却，寻找或制造战机。所以，有时"走"是上策。

◇原书解语

全师避敌[1]。左次无咎，未失常也[2]。

【解语注译】

[1] 全师避敌：全军退却，避开强敌。

[2] 左次无咎，未失常也：语出《易经·师》（卦名解释见"指桑骂槐"注[2]）。本卦六四《象辞》："左次无咎，未失常也。"部队后撤，以退为进，不失为常道（即指避开强敌），这并没有违背行军常道。

◇原书按语

敌势全胜，我不能战，则必降、必和、必走。降则全败，和则半败，走则未败。未败者，胜之转机也。如宋毕再遇与金人对垒，度金兵至者日众，难与争锋。一夕拔营去，留旗帜于营，豫缚生羊悬之，置其前二足于鼓上，羊不堪悬，则足击鼓有声。金人不觉为空营，相持数日，乃觉。欲追之，则已远矣。（《战略考·南宋》）可谓善走者矣！

【按语阐释】

敌方已占优势，我方不能战胜他，为了避免与敌人决战，只有三条出路：投降、讲和、撤退。三者相比，投降是彻底失败，讲和也是一半失败，而撤退不算失败。撤退，可以转败为胜。

何时走，怎样走，这就要随机应变，此中的学问很大。按语中讲的毕再遇缚羊击鼓蒙蔽金人、从容撤走的故事，就显示出毕再遇运用"走为上计"的高超本领。

◇用计例说

⊙楚庄王灭庸国

城濮大战前，楚国不断吞并周围小国，从而日益强盛。

楚庄王为了扩张势力，发兵攻打庸国。由于庸国奋力抵抗，楚军一时难以取胜。庸国在一次战斗中还俘虏了楚将杨窗，但由于庸国疏于看守，三天后，杨窗竟从庸国逃了回来。杨窗报告了庸国的情况，说道："庸国人人奋战，如果我们不调集主力大军，恐怕难以取胜。"

楚将师叔建议用佯装败退之计，以骄庸军。于是师叔带兵进攻，开战不久，楚军佯装难以招架，败下阵来，向后撤退。像这样一连几次，楚军节节败退。庸军七战七捷，不由得骄傲

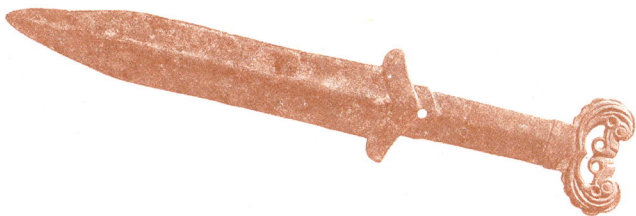

鸟首青铜短剑 春秋

春秋战国时期是一个争霸图强的时代，兵器的重要性尤其突出，决定着军队的战斗力。各国的兵器各具特色，品种繁多，质量精良，达到了兵器历史上的相当高度。

起来，不把楚国放在眼里，于是军心麻痹，斗志渐渐松懈，慢慢放松了戒备。

这时，楚庄王率领增援部队赶来，师叔说："我军已7次佯装败退，庸军已十分骄傲，现在正是发动总攻的大好时机。"楚庄王下令兵分两路进攻庸国。庸国将士正陶醉在胜利之中，怎么也不会想到楚军突然杀回，仓促应战，抵挡不住。楚军一举消灭了庸国。

师叔7次佯装败退，是为了制造战机，一举歼敌。

⊙戴高乐出走救法国

第二次世界大战，法国很快被德国占领。法国主和派代表贝当成了法国政府的负责人，法国眼看就要成德国的口中肉了。还好法国当权者中有个硬汉叫戴高乐，他是个将军，不愿做亡国奴，可是政权又被那些软骨头们紧紧地把持着，他于是决心去开辟新的根据地。当年的6月17日，他出走英国，等待机会，与德国抗战到底，挽救危亡之中的祖国。

6月18日，一个值得纪念的日子，一个催人奋进的日子，一个极其有意义的日子……法国的戴高乐将军在英国伦敦的广播电台振臂一呼，一篇充满斗志和革命热情的《告法国人民书》向全世界播报了。海内外的法国人听到这个号召如同打了强心针般受到了鼓舞，很多人都决心奋起抵抗。这就是历史上有名的"六·一八"号召。

6月22日，"法奸"贝当同德国签订停战协定，成立所谓的维希政府，治理法国南部地区，法国北部及沿大西洋海岸地区由德国占领。三天后，戴高乐又发表广播声明，指出"法奸"本质的维希政府不是法国的合法政府，并宣布成立"自由法国运动"，决心"把自由还给世界，把荣誉归还祖国"。维希政府对戴高乐的行为是又怕又怒，气得跳脚又骂娘，还恶人先告状地指责他"叛国"。不久，"法国军事法庭"对戴高乐进行缺席审判，判处他死刑。可惜他们导演的是独角戏，戴高乐根本不理他们。他在英国组建起了"自由法国"武装力量，还跑到非洲开展工作，争取到大片法属殖民地的支持。

1940年10月，"自由法国"有了自己的政权机构——法兰西帝国防务委员会。不久，该委员会得到英国政府的承认。

1942年1月，戴高乐在英国坐镇，派遣让·穆兰回国，与国内抵抗力量进

行联系。

1943 年 5 月，穆兰发起了“全国抵抗委员会”，并亲自担任主席。法国国内抵抗运动承认戴高乐，接受他的领导，纳入“自由法国”的轨道。接着，6 月 3 日，“法兰西民族解放委员会”正式成立，戴高乐担任主席一职。

1944 年 6 月 6 日，盟军在法国北部的诺曼底登陆，巴黎人民响应戴高乐的号召发动武装起义。8 月 25 日，巴黎解放。8 月 26 日这一天，戴高乐这位幕后英雄和抵抗运动领导人来到巴黎星形广场，与 200 万巴黎市民共同庆祝法国的新生。9 月 9 日，戴高乐改组临时政府，自任总理兼国防部长，成为法国政坛的首脑。戴高乐当年审时度势，出走英国，这不仅是他一生的转折点，还对法国的未来产生了重大影响。

⊙保存实力，东山再起的日立公司

日本日立公司在发展初期，充满了干革命的热情，开展起了大建设和大生产运动。他们投入了大量的金钱，购买了新建厂房所需的建筑材料，新添置了一些设备。他们的热情就像那冬天的一把火，不想烧得正旺时却被一瓢冷水“啪”地一下浇灭了：20 世纪 60 年代初整个日本经济萧条，人们都快吃不饱、穿不暖了，哪还有闲钱买电器玩。

日立公司扩大企业规模的雄伟梦想刚冒了个泡就落空了，公司领导看着厂房里堆积如山的产品，那个闹心哪！面对这悲惨的状况，日立公司只有两条路可以走：一个是继续砸钱投资，砸到经济复苏的那天就能“血本有归”了；另一条路是停止投资施工。日立公司的头头们开会讨论后，果断决定走后一条路：停止投资，实行战略目标转移，把资金投放到其他能赢利的地方，积蓄财力，待机发展。

后来的结果证明，日立公司的决策是相当英明的。从 1962 年开始，日本三大电器巨头中的东芝和三菱的营业额都有明显下降，但是日立一直到 1964 年都是芝麻开花节节高。进入 60 年代后半期，日本经济的又一个春天来到了，积蓄了财力的日立这回可以放手干了。他们 1967 年投资了 102 亿日元，结果到 1968 年上半年“嗖”地一下就达到了 1220 亿日元。好家伙，一年挣 1000 多亿（这钱要让一个人数，一天得数几百万，不累死才怪）。1966 到 1970 年这 5 年的时间内，日立的销售额和利润都如驴打滚般翻番增长，一个提高 1.7 倍，一个提高 1.8 倍。日立公司从此就如走上了星光大道般受人瞩目了。

◇简评

走为上，指敌我力量悬殊的不利形势下，采取有计划的主动撤退，避开强敌，寻找战机，以退为进。这在谋略中应是上策。

此计的关键在于“走”的方法。如果是惊慌失措地逃跑，其结果就必然会受到损失，难以保证“全师”。只有有计划地撤退，才有可能在“走”的过程中实现诱敌或调动敌人的目的，从而创造战机，变退为进，反败为胜。

孙子兵法

兵者，诡道也。故能而示之不能，用而示之不用，近而示之远，远而示之近，利而诱之，乱而取之，实而备之，强而避之，怒而挠之，卑而骄之，佚而劳之，亲而离之，攻其无备，出其不意。此兵家之胜，不可先传也。

计篇

◇**原文**

孙子曰：兵者，国之大事，死生之地，存亡之道，不可不察也。

故经之以五事，校之以计，而索其情：一曰道，二曰天，三曰地，四曰将，五曰法。道者，令民与上同意也，故可以与之死，可以与之生，而不畏危；天者，阴阳[1]、寒暑[2]、时制[3]也；地者，远近、险易、广狭、死生也；将者，智、信、仁、勇、严[4]也；法者，曲制[5]、官道[6]、主用[7]也。凡此五者，将莫不闻，知之者胜，不知者不胜。故校之以计，而索其情，曰：主孰有道？将孰有能？天地孰得？法令孰行？兵众孰强？士卒孰练？赏罚孰明？吾以此知胜负矣。

将听吾计，用之必胜，留之；将不听吾计，用之必败，去之。

计利以听[8]，乃为之势，以佐其外。势者，因利而制权也[9]。

兵者，诡道也。故能而示之不能，用而示之不用，近而示之远，远而示之近，利而诱之，乱而取之，实而备之，强而避之，怒而挠之，卑而骄之，佚而劳之，亲而离之，攻其无备，出其不意。此兵家之胜，不可先传也。

夫未战而庙算[10]胜者，得算多也[11]；未战而庙算不胜者，得算少也。多算胜，少算不胜，而况于无算乎[12]？吾以此观之，胜负见矣。

【注释】

[1]阴阳：指昼夜、晴雨等不同的气象变化。

[2]寒暑：指寒冷、炎热等气温差异。

[3]时制：指春、夏、秋、冬四季时令的更替。

[4]智、信、仁、勇、严：智，智谋才能。信，赏罚有信。仁，爱抚士卒。勇，勇敢果断。严，军纪严明。此句是孙子提出的作为优秀将帅所必须具备的五德。

[5]曲制：有关军队的组织、编制、通信联络等具体制度。

[6]官道：指各级将吏的管理制度。

[7]主用：指各类军需物资的后勤保障制度。主，掌管。用，物资费用。

[8]计利以听：计利，计谋有利。听，听从、采纳。

[9]因利而制权也：因，根据、凭依。制，决定、采取之意。权，权变、灵活

处置之意。意为根据利害关系采取灵活的对策。

[10]庙算：古代兴师作战之前，通常要在庙堂里商议谋划，分析战争的利害得失，制定作战方略。这一作战准备程序，就叫作"庙算"。

[11]得算多也：意为取得胜利的条件充分、众多。算，计数用的筹码。此处引申为取得胜利的条件。

[12]多算胜，少算不胜，而况于无算乎：胜利条件具备多者可以获胜，反之，则无法取胜，更何况未曾具备任何取胜条件呢。而况，何况。于，至于。

◇**解题与读法**

"计，会算也，从言十。"用今语来讲，就是"总起来计算"，这里用引申义，可释为"全盘计划"。"篇，是简成章。"我国东汉以前，写字多用竹简，每写一个论题，所需竹简又不止一片，因此就把写完一个论题所用的竹简叫作"篇"。"计""篇"两个字结合起来，用以标明论题。唯因文言简约，本篇虽系专论战争的全盘计划，却只用"计"字名篇，已足以概括。

本篇宜分4段读：第一段从"孙子曰"起，到"不可不察也"止，总论战争的意义和它的重要性；第二段从"故经之以五事"起，到"用之必败，去之"止，论平时要以"五事"经营军事，并主张在战前对敌我双方的情况做重点比较，最后又以个人去留，争取计划的实施；第三段从"计利以听"起，到"不可先传也"止，论战势的意义和用兵的各种诡道；第四段从"夫未战而庙算胜者"起，到"胜负见矣"止，论战争的胜败，可以用来预决未战以前敌对双方的作战结局。

◇**译文**

孙子说：战争是国家的大事，是军民生死安危的主宰，是国家存亡的关键，是不可以不认真考察研究的。

因此，必须审度敌我五个方面的情况，比较双方的谋划，来获得对战争情势的认识。这五个方面一是政治，二是天时，三是地利，四是将领，五是法制。所谓政治，就是要让民众认同、拥护君主的意愿，使得他们能够做到死为君而死，生为君而生，而不害怕危险。所谓天时，就是指昼夜晴雨、寒冷酷热、四时节候的变化。所谓地利，就是指征战路途的远近、地势的险峻或平坦、作战区域的宽广或狭窄、地形对于攻守的益处或弊端。将领，就是说将帅要足智多谋，赏罚有信，爱抚部属，勇敢坚毅，军纪严明。所谓法制，就是指军队组织体制的建设，各级将吏的管理，军需物资的掌管。以上5个方面，作为将帅，都不能不充分了解。充分了解了这些情况，就能打胜仗。不了解这些情况，就不能打胜仗。所以要通过对双方7种情况的比较，来求得对战争情势的认识：哪一方君主政治清明？哪一方将帅更有才能？哪一方拥有天时地利？哪一方法令能够贯彻执行？哪一方武器精良、士卒众多？哪一方士卒训练有素？哪一方赏罚公正严明？我们根据这一切，就可以判断谁胜谁负。

若能听从我的计谋，用兵打仗就一定胜利，我就把他留下。假如不能听从我的计谋，用兵打仗就必败无疑，我就让他离去。

筹划的有利的方略已被采纳，于是就造成一种态势，来辅助对外的军事行动。所谓态势，即依凭有利于自己的原则，灵活机变，掌握战场的主动权。

用兵打仗是一种诡诈之术。能打，却装作不能打；要打，却装作不想打；明明要向近处进攻，却装作要打远处；即将进攻远处，却装作要攻近处；敌人贪利，就用利引诱他；敌人混乱，就乘机攻取他；敌人力量雄厚，就要注意防备他；敌人兵势强盛，就暂时避其锋芒；敌人易怒暴躁，就要折损他的锐气；敌人卑怯，就设法使之骄横；敌人休整得好，就设法使之疲劳；敌人内部团结，就设法离间他。要在敌人没有防备处发起进攻，在敌人意料不到时采取行动。所有这些，是军事家指挥艺术的奥妙，是不能事先呆板规定的。

开战之前就预计能够取胜的，是因为筹划周密，获得胜利的条件充分；开战之前就预计不能取胜的，是因为筹划不周，获得胜利的条件缺乏。筹划周密、条件具备就能取胜，筹划不周、条件缺乏就不能取胜，更何况不做筹划、毫无条件呢？我们依据这些来观察，那么胜负的结果也就很明显了。

◇用计例说

⊙越灭吴之战

越灭吴之战是我国古代史上弱国打败强国的一个范例，从许多方面印证了《孙子兵法·始计篇》的合理性与正确性。

吴国和越国是春秋后期在长江下游崛起的两个诸侯国。在此之前，他们在很长一段时间里共同依附楚国，是楚国的盟国。春秋中期，吴国通过兼并战争取得了大量土地，疆域不断扩大，实力不断增强，在大国争霸的局势中逐渐崭露头角，并开始叛楚、攻楚，以求中原争霸。

吴越两国为争夺霸权，在公元前506年至公元前473年的30多年间发生过多次战争。越国由于力量较为弱小，在吴、楚战事频繁时常常策应楚国，牵制吴国，成为吴之大患。吴国为了在中原争霸中除掉后患，在柏举之战中击败了楚国之后，开始发动对越战争。公元前497年，越王允常去世，其子勾践继位。吴王阖闾乘越国允常之丧，率军攻越。吴越二军在樵李（今浙江嘉兴西南）对阵时，越军两次用死士攻击吴军严整的阵势，均未能奏效。最后越王勾践驱使犯了死罪的囚徒列为三行，一起在吴军阵前自杀，使吴军军心涣散。越军乘其不备，突然发起攻击，大败吴军，阖闾受伤而死。

吴王阖闾死后，其子夫差即位。夫差按照其父"必毋忘越"的遗嘱，在伍子胥、伯嚭的辅助下，日夜加紧练兵，准备出兵攻越。越王勾践也重用楚人文种、范蠡，改革政治，增加国力。越王勾践于公元前494年春得到夫差准备攻越的消息后，在准备

吴王夫差矛 春秋

还不充分、兵力还不够充足的情况下，决定先发制人，出兵攻吴。吴王夫差尽发吴国精兵，迎战越军于夫椒（今江苏苏州西南）。由于吴军实力较强，越军战败。越军损失巨大，最后只剩下5000人，退守会稽山（今浙江绍兴东南）。吴军乘胜追击，把会稽包围得水泄不通。在这生死存亡之关头，勾践采纳了范蠡的建议，决定以屈求生。勾践一面准备死战，一面派文种去向吴王夫差求和，以美女、财宝疏通吴国太宰伯嚭，要他劝说夫差允许越国作为吴的属国存在下去，勾践愿做吴王的臣仆，忠心侍奉吴王。不然，勾践将"尽杀其妻子，燔（烧）其宝器，悉五千人触战"。在伯嚭的劝说下，吴王夫差准许议和。吴军撤军回国。

越国战败后，越王勾践将治理国家的大权交给文种，自己和范蠡一道去吴国给夫差当奴仆，越国的王后也做了吴王夫差的女奴。勾践为吴王驾车养马，他的夫人为吴国打扫宫室。他们住在囚室，秽衣恶食，受尽屈辱而从不反抗。由于勾践能卑事吴王，同时又贿赂伯嚭，最后，勾践终于取得了吴王的信任，三年后被释放回国。

越王勾践回国后，首先下了一道"罪己诏"，检讨自己与吴国结仇，使很多百姓在战场上送命的失误。他还亲自去慰问受伤的平民，抚养阵亡者的遗族。他在坐卧的地方悬挂了苦胆，吃饭的时候也要先尝尝苦胆的滋味。他"身自耕作，夫人自织，食不加肉，衣不重采"。

勾践一面苦心励志，一面致力于改革内政，减轻刑罚、赋税，提倡开荒种地。越国在10年中没有向人民征收赋税，百姓每家都有三年的粮食储备。由于勾践实行了一系列"去民之所恶，补民之不足"的政策，得到越国百姓的衷心拥戴，越国从此中兴。

吴国战胜越国后，领土得到扩张，势力日益强大。夫差也因胜而骄，过高地估计了自己的力量，看不到勾践决心灭吴的意图。他奢侈淫乐，穷兵黩武，急于以武力威胁齐、晋，称霸中原。公元前484年，夫差闻齐景公已死，便决定出兵北上伐齐。吴军击败齐军于艾陵。公元前482年，夫差又约晋定公和各国诸侯于七月七日到黄池（今河南封丘西南）会盟。夫差为了炫耀武力，

吴越战争示意图

圆其称霸中原之梦，带去了吴国 3 万精锐部队，只留下一些老弱的军士同太子一起留守国内。夫差的空国远征，给了越国以可乘之机。越王勾践在吴军刚离国北上时，就想出兵攻吴。范蠡认为时机未到，他分析说："吴王北会诸侯于黄池，精兵从王，国中空虚，老弱在后，太子留守，兵始出境未远，闻越击其空虚，兵还不难也。"他劝勾践暂缓出兵。数月之后，范蠡估计吴军已到黄池，便同意勾践出兵。勾践调集越军 4.9 万人，兵分两路，一路由范蠡、后庸率领，由海道入淮河，切断北去吴军的归路；一路由大夫畴无余、讴阳为先锋，勾践亲率主力继后，从吴国南面边境入吴直逼姑苏。

越国在攻打吴国之前，确实做了一番精心的准备。勾践不但在国内对内政进行全面改革，对吴国，他继续实行以退为进的战略，麻痹腐蚀夫差，经常送给夫差优厚的礼物，表示忠心臣服，以消除他对越国的戒备，助其骄气。同时又破坏吴国经济，用高价收买吴国的粮食，造成吴国粮食困难。他运用离间之计使夫差对伯嚭偏听偏信，对伍子胥更加疏远，挑起其内部争斗。这些措施的实施，壮大了自己，削弱了敌人，为伺机灭吴奠定了基础。

吴太子友得知越军乘虚出击吴国，急忙率兵到泓上（今江苏苏州近郊）阻止越军的进攻。太子友根据国内精锐部队全部北上黄池的现实，决定采取不与越军交战，坚守待援的策略，同时派人请夫差尽快回军。然而，当越军先锋军到达时，吴将王孙弥庸一眼望见被越军俘获的他父亲的"姑蔑旗"在空中招展，不由得怒火中烧，也就顾不得太子友坚守疲敌的主张了。他率领他的部属 5000 人出击，打败了越军的先锋部队，俘虏了越大夫畴无余、讴阳。首战小胜，使吴将更加骄傲轻敌。不久，勾践的主力到达，向吴军发起了猛攻。越军一举击败吴军，俘虏了太子友，进入吴国国都姑苏。越军缴获了大批物资，取得了这场战争的胜利。

夫差正在黄池与晋定公争当霸主，听说越军攻下姑苏，太子被俘，恐怕影响霸业，就一连杀掉 7 个来报告情况的人，封锁这一不利消息，并用武力威胁晋国让步，勉强做了霸主。随后，夫差急忙回军。在回国的途中，吴军接连听到太子被杀、国都被围等一系列失利的消息，军士完全丧失了斗志。夫差感到现在回国立即反击越国没有必胜的把握，就在途中派伯嚭向越求和。勾践和范蠡估计自己的力量还不能马上把吴国消灭，于是同意议和，撤兵回国了。

夫差回到吴国，本想马上报复越国，但是吴国由于连年战争，生产遭到破坏，财力消耗很大，国内又闹灾荒，因此，他感到一时还没

髹漆皮甲胄 春秋

有实力对越实施报复。于是他宣布"息民散兵"，企图恢复力量，待机再举。

文种见吴国开始致力于增强国内经济实力，便觉得越国应抓住有利时机及时完成灭吴大业，如果等到吴国经济实力得到恢复，那么战胜吴国将更加困难。于是文种向勾践建议，应抓紧目前吴军疲惫，国内防务松弛的机会再次攻吴。勾践采纳了他的建议，于公元前473年乘吴国大旱、仓廪空虚之时，准备大举攻吴。

是年三月，越军进军到笠泽（今江苏苏州南面，与吴淞江平行的一条江）。吴国发兵迎击，两军夹江对峙。越国把军队分为左右两翼，勾践亲率6000精兵为中军。黄昏时，勾践命左右二军分别隐蔽在江中；半夜时，二军鸣鼓呐喊，进行佯攻。夫差误以为越军两路渡江进攻，连夜分兵两翼迎战。

勾践率主力偃旗息鼓，潜行渡江，出其不意地从吴军两路中间的薄弱部位展开进攻。吴军大败。越军乘胜猛追，再战于没（今苏州南），三战于郊（今苏州郊区）。越军三战三捷，占领了所到之地，使吴国军事力量土崩瓦解，改变了吴强越弱的形势。

吴军笠泽战败后，退而固守姑苏。姑苏城坚，越军一时未能攻下。勾践采取长期围困的战略，使吴军在两年后终于势穷力竭。这时，越军再次发起强攻，打进姑苏城。夫差率残部逃到姑苏台上，又被越军包围。他派人向勾践求和，但越国君臣灭吴之心已定，夫差在无望之中自杀身亡。

越国作为一个较弱小的国家，能战胜实力强大的吴国，首先一个重要的原因是由于越国能从失败中吸取教训，改革政治，争取了民众的支持。勾践在会稽战败后，制定了一系列改革措施，"去民之所恶，补民之不足"，同时，勾践以复仇雪耻为号召，激发民众积极参与灭吴战争，这正顺应了越国人民要求摆脱处于吴国臣属地位的愿望，因而获得了越国人民的支持。其次，在战略上，面对强敌，越国能够避其锋芒，制定以退为进、休养生息的政策，以保存自己的实力，增强国力，为最终战胜强敌做好充分的准备；同时，针对吴国君臣的弱点，采取"利而诱之""强而避之""亲而离之"等策略，使吴王夫差妄自尊大，放松警惕，穷兵黩武，削弱了自己的实力。最后，越国在袭击吴国条件成熟时，采取了乘虚捣袭的作战方针，出其不意，攻其不备，给吴军以致命的打击，最终战胜了吴军，取得了灭吴之战的胜利。

从越国消灭吴国的全过程中可见，越国用以战胜敌国的许多策略都与《孙子兵法·始计篇》所述的思想相符合，因此，我们说越灭吴之战，正是孙子军事思想合理性与正确性的极好佐证。

⊙李渊定鼎关中

唐高祖李渊定鼎关中，在诸多战事中运用了《孙子兵法·始计篇》的思想，并在这个基础上开始了扫平群雄、统一全国的大业。李渊是西魏柱国大将军李虎的孙子。李虎追随宇文泰开创关中政权，因佐周代魏有功，位极荣贵，周受禅时他虽然已死，仍被追封为唐国公。李渊父名昞，北周时袭爵唐国公，历任刺史、总管、柱国大将军。

李渊其实早就有了取代隋室之心。任山西、河东抚慰大使时，其副帅夏侯靖颇知玄象，曾劝其起兵反隋，说："天下大乱，能安定天下的人，非您莫属。"并晓以利害："炀帝性多猜疑而又残忍，特忌李姓，强者先诛，李浑已被杀死，您恐怕就是第二位了。如果定下大计，则上顺天命，要不然的话，一定会被杀掉。"李渊点头表示同意。李渊任太原留守后，晋阳令刘文静看出他有四方之志。崔善为以隋政倾颓，秘密劝反。许世绪提出"首建义旗，为天下倡，先帝王业也"。唐宪、唐俭也劝李渊举兵。武士彟暗劝他反

隋炀帝龙舟出行图 清 佚名

隋，甚至进"兵书""符瑞"。对此，李渊心领神会，只叮嘱他们严守机密，并许愿将来大事成功，同享富贵。李渊成了河东地区反隋势力的希望和领袖，晋阳长姜谟拜见他后对亲近人说："隋祚将亡，必有救世奇才，以应图谶。唐公有霸王风度，一定会成为拨乱反正的帝王。"这样，李渊又有了一个得力助手。

孙子兵法云："兵者，国之大事，死生之地，存亡之道，不可不察也。故经之以五事，校之以计而索其情：一曰道，二曰天，三曰地，四曰将，五曰法。"既要有民众认同、拥护君主的意愿，也要有天时、地利，还须要将帅足智多谋，赏罚有信，爱抚部属。而李渊是深有体会的，他就有一批足智多谋的手下，李世民、刘文静、裴寂等将领在太原酝酿起兵的过程中起了有力的促进作用。李世民聪明勇敢，遇事果断，而且见识胆量过人。他随父镇守太原，也看出隋朝即将土崩瓦解，决心取而代之，因此倾身下士，散财结客，积极帮助父亲集结力量，为夺取天下作准备。当时担任晋阳令一职的刘文静颇有才干，倜傥多谋，与晋阳宫监裴寂是好朋友。一天晚上，两个人睡在一起，望着城上烽火，联想时局动荡，裴寂仰天叹道："贫贱若此，又逢乱离，今后如何生存！"刘文静笑道："事到如今，时局可知。只要我们同心合作，愁什么卑贱。"后来，刘文静因与瓦岗军的李密是姻亲，被隋帝囚禁于狱中。李世民知道能与这个人图谋大事，便前去探望。刘文静非常高兴，试探着说："天下大乱，若无商汤、周武、汉高祖、光武帝那样有盖世奇才的人，是不能安邦定国的。"李世民答道："你怎知没有，只怕贪庸之辈不能识别。今入狱中看你，非因儿女俗情，是谋以大事的，你怎样认为呢？"见此情景，刘文静直截了当地说："今炀帝南巡江淮，李密围逼东都，群盗殆以万计。当此之时，有真主驱驾用之，取天下易如反掌。太原百姓都避盗入城，我任县令数年，知其中豪杰，一旦收集，可得10万人。尊父所率将士有10万之众，一言出口，谁敢不从？以此乘机入关，号令天下，不超过半年的时间，必能夺取天下！"

李渊虽早有代隋之意，许多人劝他举旗起兵，但他依然不动声色，把"诡道"用到极致。这完全符合孙子兵法"始计"的思想。

李渊一直按兵不动，李世民、刘文静对此有些焦急。刘文静知李渊和裴寂有旧交，提出可利用裴寂说项，因此介绍裴寂和李世民交往，李世民为了拉拢裴寂，出私钱数百万让高斌廉和裴寂赌博而故意输钱。裴寂大喜，与李世民关系日渐亲密。裴寂自然将李世民欲立即起兵的意图转告了李渊。河东重要人物纷纷表态，但李渊仍在等待着最好时机。炀帝借口他不能抗御突厥要执送江都治罪，逼得他不得不提前起兵。但是，正当李渊秘密部署将要起兵之际，炀帝又派使者到达太原，赦免李渊、王仁恭之罪，并官复原职。为此，虽然李渊起兵的时间又推迟了，但反隋的准备却加速了。

李渊之所以在过去一段时间里不起兵，除了因为李建成、李元吉及其家属还在河东，没集中到太原外，更重要的是隋朝还有相当的力量，能够抽调大军镇压反叛者。他知道自己名高位重，地处形胜，若提前行动，会把隋军吸引过来，胜负难卜。而大业十三年春夏间，隋政权已成樯橹灰飞烟灭之势，选择这时起兵，危险性小多了。李渊让刘文静伪造炀帝的敕书，征发太原、西河（今山西汾阳）、雁门（今山西代县）、马邑20岁以上50岁以下的男子全部当兵，并要在年底前集中于涿郡，再次东征高句丽。这一谣言搞得人们惊恐万分，以致越来越多的人想起兵反隋。李渊的"诡道"运用得恰到好处，收到了事半功倍的效果。孙子兵法对"诡道"做了一番解释，认为应当"能而示之不能，用而示之不用，近而示之远，远而示之近"，李渊将此发挥到极致。大业十三年七月，反隋的瓦岗军首领李密遣使者送信，约李渊联合灭隋，而且自恃兵强，要做盟主，并建议李渊带步骑数千到河内（今河南沁阳）面结盟约。李渊看过信后马上就有了一个好主意，笑道："李密狂妄自大，我现在的目标是攻占关中，与其拒绝，给自己增加一个新的敌人，不如谀辞赞美以骄其志。他麻痹大意不西向争夺，实际上替我堵塞了成皋（今河南汜水镇）险道，使江都信息不通，牵制东都的隋军，使其不能策应长安。如果一切顺利的话，我就能够专心西征了。等关中平定，据险养威，可安然地看鹬蚌相争，坐收渔翁之利。"就这样，李渊让温大雅复信说："我虽庸劣，幸蒙朝廷重用，处隋室将倾之际而不扶，会遭贤士责备。所以大会义军，和亲突厥，志在救天下，尊隋室。天生众民，必有首领；当今首领，舍您其谁? 我年近花甲，无此大志，心甘情愿拥戴您，无非是攀龙附凤。只望阁下能早日登基，安定百姓。盼能以同姓之情，再封于唐，这我就心满意足了。关于杀杨广于江都，执杨侑于长安一事，实在不敢遵命。汾、晋一带尚需安抚，河西会盟，难以定日。"李密得信大喜，举着对将领们说："连唐公也拥戴我，夺天下易如反掌了。"就这样，李密率领各路人马浩浩荡荡地向东都进攻。

大业十三年八月三日李渊率军向东南进发。李渊把"诡道"直接用于战事上，他率军沿着霍山脚下的山路向霍邑急速行进，以避免被敌人发觉。隋将宋老生怯懦不战，闭门守城。李建成、李世民分析宋老生勇而无谋，用轻骑挑逗，定会出战。万一固守，就诬陷他叛变，使城中互相猜忌，宋老生惧怕左右奏报，怎敢不出城

秦王（李世民）破阵乐 唐

迎战。李渊认为这一做法有道理，并说："在我军屯于此地时，我就知道宋老生不会有什么作为，不会乘机进攻。"

宋老生死死守住城池，李渊率数百骑兵先到霍邑东五六里处等待步兵，并命李建成、李世民率数十骑兵到城下，一边叫士兵辱骂宋老生，一边假装指挥军队包围霍邑。老生果然忍耐不住，点兵3万，分两路从东门、南门杀出。李渊命殷开山速召后军参战。后军一到，李渊和李建成列阵城东，李世民列阵城南。隋军先冲击城东阵，李渊、李建成迎战，渐渐不支。李世民见状，与军头段志玄引精骑从城南高地奔驰而下，向隋阵冲杀。李世民手舞双刀，杀人无数，以致刀刃缺口，鲜血满身。李渊军队士气大振，大声传呼"已活抓了宋老生"。隋军大乱，丢盔弃甲逃向城中，但李渊军已抢先到达城下，城中隋军不得不闭门而将宋老生关在城外。宋老生自知无望，翻身下马要投城濠自杀，刘弘基等赶到将他斩首。

李渊在与隋将屈突通的战事中也善于利用"诡道"。当时，屈突通据守河东。临行时，李渊嘱王长谐说："屈突通精兵不少，距我仅50余里不敢来战，说明人心不为他所用。但他又怕担怯敌罪名，不敢不战。若渡河时袭击你们，我就进攻河东，乘虚破城；如果他全力守城，你们就拆了蒲津桥，在前面阻挡住他的锋锐，在后面攻击他们，如不逃跑，我军定能捉住他。"

果然如李渊所料，孙华引导王长谐等渡河的消息一传出去，屈突通就在夜里命桑显和率精兵数千偷袭王长谐的军营。正当王长谐难以抵挡时，孙华、史大奈率游骑从隋军背后突袭，桑显和大败，狼狈逃回城中，并拆毁了黄河上的蒲津桥。冯翊太守萧造在八月丙辰日向李渊投降。

十月戊午日，李渊命各路军队合围河东，但一时难以攻克，屈突通又出城迎战，双方相持不下。这时，京畿一带的"豪杰"前来归附的日以千数。见此情景，李渊想放弃河东引兵西向速击长安，但犹疑不决。裴寂说："屈突通拥重兵，据坚城，我们舍之而去，如攻长安不克，前有京城之守，后有河东之援，易陷入腹背受敌的险境。不如先克河东，然后西进。长安仰仗屈突通的支援，通败，京城援绝，可不攻自破。"李世民不同意裴寂的说法，他认为："兵贵神速，我积累胜之威，抚归顺之众，鼓行而西，长安城人必闻风丧胆，取之如摧枯拉朽。如滞留在河东坚城之下，会给敌人以从容谋划、精心准备的时间，而我方则失去战机，众心离散。况且关中蜂起的群雄没有主帅，不可不早日招抚为我所用。屈突通只是龟缩城中的一个匹夫，不值得担心。"李渊对双方的意见采取两从的态度：留偏师围河东，自己率主力军西进。这时，朝邑法曹靳孝谟以蒲津、中潬二城投降（两城全在今陕西大荔东），华阴令李考常以永丰仓投降。李渊还收降了京兆府所辖的许多县。

屈突通和刘文静相持了一个多月，无法取胜，就派桑显和趁夜偷袭，结果被刘文静和段志玄击败，全军覆没，这样，他的力量就更弱了。有人劝说其投降，但他坚决不从。屈突通听到长安失守，家属全部被俘的消息后，便留桑显和守潼关，自己引兵杀出，投奔洛阳。可他刚离开，桑显和就向刘文静投降了。刘文静派窦琮率轻骑带着桑显和追赶，两军在稠桑（今河南灵宝北）相遇，屈突通结阵顽抗。窦琮召通子屈突寿到阵前劝降，屈突通不听，并叫左右放箭。窦琮命军士行使"诡道"，对隋军将士喊道："今京城已经陷落，你们都是关中人，背井离乡想去哪里？"隋军纷纷放下武器。屈突通知道不能幸免，下马向东南江都方向叩头，痛哭道："臣力屈至此，非敢负国，天地可知。"刘文静派人把他押送到长安。李渊很赞赏他，让他担任兵部尚书和李世民元帅府的长史，然后又命他到河东城招降尧居素。

李渊反隋的借口是隋炀帝的昏聩无道和横征暴敛。那么，在起兵时，李渊又是如何笼络民心的呢？大业十三年七月五日，李渊率领3万大军在军门宣誓。誓词中痛斥炀帝"饰非好佞，拒谏信谗""巡幸无度，穷兵黩武""苛税重敛，殚竭民众人力"，以致造成"十分天下九分'盗贼'"的恶果，表达了自己当仁不让，要"举勤王之师，废昏立明，拥立代王，安定隋室"的决心，号召军队、百姓与自己同心同德。并下令把誓词作为檄文遍传所属州县。然后，李渊父子率大军浩浩荡荡出发了。居住在楼烦的突厥将领史大奈，这时也率部前来，与李渊大军一起南下。

当天傍晚，两路大军驻扎在清源（今山西清徐）地区。六日（甲寅）行军时，派张纶分兵西向，经略离石（今属山西）、龙泉（今属山西）、文城（今山西吉县）等郡，居住在汾西到离石一带的稽胡部落归降李渊。八日（丙辰），李渊到西河，慰劳吏民，赈济穷乏。70岁以上的百姓，都被授予"散官"荣誉衔，而其他豪杰，则根据各自的才能委以重任。

李渊起兵反隋一开始，就决定把赏罚将士、严肃军纪当作头等大事来抓。同年六月五日，李渊大军南下来到必经的离太原很近的西河郡（今山西汾阳），但该郡守官不肯听命。六月五日（甲申），李渊派李建成、李世民前往进攻，令温大有同行参谋军事。当时军队召集起来不久，未经操练。李建成、李世民与战士同甘共苦，遇敌则身先士卒。路旁菜果，非买不食，军中有人偷吃，就赔偿失主，也不追责盗窃的人，百姓和士兵都很受感动。兄弟二人很快就攻下了该城，只将靠向炀帝献媚佞官的郡丞高德儒斩首，其他的人一个不杀。军纪严明，秋毫不犯，并抚慰百姓，使之复业，从而深得人心。这一战役，从发兵到军回太原仅用9天，李渊大喜道："用此兵，即使横行天下也足够了！"十三日（壬辰）这一天，李渊终于下定决心，举兵太原，直捣关中。

为壮大势力，李渊曾不断开仓赈济贫民，招募新兵，应募从军的人越来越多。他建三军，分左右，通称"义士"，在霍邑大捷后，李渊大行封赏有功将士。有关官员请示李渊，对原刑徒、奴隶出身应募从军有功的是否和"良人"同样对待。李渊答道："激战之时，不分贵贱；封赏之际，就有差别。若这样做，怎能鼓励奋战！"并规定部曲、刑徒、奴隶出身征战有功的，和良人同样授勋。四日（壬午），像在河西一样，李渊也接见了霍邑吏民，并对他们慰劳赏赐一番，还选择其中青壮男子从军。同时，原隋驻守霍邑的关中军士想回故乡的一律放归，还授五品散官衔。这样既顺其归志，又通过他们动摇、收买关中军民的心。此后，凡没归附的，不论乡村城堡，都写信招抚；凡来投顺的，都授朝散大夫以上官衔。有人提出赏官太高，李渊说："炀帝吝惜勋赏，在雁门被突厥围困时许授高位，免祸后只给小官，因此将领不听调遣，士兵毫无斗志，我们怎能效仿他，况且以加官抚慰收买众心，不是比用兵杀戮要强得多吗？"

李渊作为唐朝开国皇帝，是一位杰出的军事家。他兴唐定鼎关中所采取的策略，皆符合《孙子兵法·始计篇》的意旨。

在炀帝疑忌猜测、大杀李姓时，李渊以韬晦存身之计保存了自己。任太原留守时暗中积聚力量，坐观群雄争斗，窥伺起兵良机，可谓老谋深算。大业十三年春夏间，隋已接近土崩瓦解，他看准时机，杀王威、高君雅，举兵太原。南下途中废隋苛政，开仓济贫，注意收拢人心，军纪严明，受到各阶层人士的拥戴。他论功行赏，不问出身贵贱，激励了士卒的斗志。偏师围河东，主力军则抢先入关中，最后合击长安，军事战略正确。至于以拥戴杨侑为旗号，可以拉拢旧隋官僚势力。暂时忍辱向突厥称臣，减少后顾之忧，手段也算高明。总而言之，他的指挥是正确的，得当的，所以在整个事件中占据了主导地位。王夫之评论说："人谓唐之有天下也，秦王之勇略志大而功成，不知高祖慎重之心，持之固，养之深，为能顺天之理，契人之情……非秦王之所可及也。"当然，李世民年轻有为，胆略过人，善于结交豪杰，特别是果断纠正李渊指挥中的失误，战功显赫，在建唐中起了仅次于其父的作用。李建成在起兵后也显示了一定的军事才能，取得了一些战果，对李渊的胜利也起了不容忽视的作用。

⊙收垃圾得法宝，靠信息发大财

雪佛隆公司是美国的一家食品公司，其拳头产品"撑死你"牌热狗行销全球各地。该公司在 20 世纪 80 年代初曾拿出大把的美金，聘请了美国亚利桑那大学人类学系的一位教授来研究食品信息。教授和他的助手都扮成收垃圾的，每天蹬着三轮车走街串巷，在收来的垃圾中这闻闻那瞧瞧，如此反复地进行了近一年的分析和调查，最后还真获得了有关当地食品消费情况的信息。

首先，他们发现农民工阶层所喝的进口啤酒比白领阶层要多。这一调查结果大大出乎一般人的想象。如果不进行实际调查，生产和销售就没有针对性，后果将不堪设想。得知这一消息后，调查专家又进一步分析研究，知道了所喝啤酒中各品牌所占的比例。其次，中等阶层人士比其他阶层所消费的食物更多。这是因为双职工都要上班而太匆忙，以至于没有时间处理剩余的食物，浪费现象比较严重。最后，他们了解到"穷人不怕胖"这一现象，诸如减肥清凉饮料与压榨的橘子汁等都属于高收入人士的消费品……

公司了解到这些情况后，根据这一信息进行决策，组织人力物力投入生产和销售，最终获得了巨大的效益。

⊙重福利公司得发展，花小钱亨利赚大业

亨利·福特制造汽车很有两把刷子，这家伙能在将美国甚至整个世界引向了汽车时代。福特汽车公司的 T 型车自 1908 年至 1927 年共生产了 1500 万辆，从而确立了福特在汽车业的老大地位。

福特是一位卓越的成功者，但他并不满足于此，他要"马不停蹄、与时俱进"。他的独生子爱德歇尔也有志于汽车工业，经常随福特下基层了解情况。

一次，福特与爱德歇尔在厂区溜达。爱德歇尔发现许多工人对他们爷儿俩翻白眼，在背后指手画脚，有的甚至还"呸、呸"地往地上吐唾沫。爱德歇尔隐隐约约感觉到工人们的情绪不大对劲，便在巡视后对福特谈及此事：

"你不觉得工人们的情绪有些不太好吗？"

"怎么了，有什么问题吗？"

"我觉得他们对咱有敌意，好像出现了鸿沟，这样下去一定会出问题。"

"是呀！以前我经常和工人们交谈，谁家生孩子了，谁家离婚了我都一清二楚。现在事情多了，工人也增加了许多，企业需要人照料，我的确有些忽视了他们。"

"交谈只是一个方面，你还必须与工头先生谈谈。若总是加重工人的负担，让工人们通宵达旦地工作，他们早已怨声载道了。"

福特陷入了沉思。第二天，福特派人叫来了一脸麻子的工头，说："现在红利已高达 2000%，所以工人的工资必须提高。"

工头犹豫着说："现在的工资已经很高了……那每天就再加 0.5 美元或 1 美元吧，够买好几个包子呢！"

福特不满地审视着他，果断地说："不光要买得起包子，我还要给工人增加一倍的工资，让工人吃得起大餐！从明天起，工人工资每天最低为 5 美元。"

"什么？你是说要把全年利润的一半分给工人？"

"是的，你没有算错。我就是要这样做，有钱大家赚嘛！"

福特肯定劳工价值，在劳资关系上，他迈出了革命性的一步。《纽约时报》等多家报纸大吹特吹福特公司日薪 5 美元的消息，引起了极大的震动和冲击。然而，事情并没有结束。

一天，福特收到了一位职工妻子的来信："福特先生，我们感谢您一天 5 美元的恩赐，但是我老公不是机器，您的作业制毁了我的幸福家庭。老公回家后倒头便睡，连看都不肯多看我一眼。我的男人也需要休息，我也是正常的女人……"

这封信深深地困扰着福特，他只好求助于迪尔本教堂的祭司长。他说："我的做法不仅没有达到我预期的效果，反而适得其反。但不管怎样，我希望福特公司是一个更人道、更宽厚的企业。希望您帮助我完成这一夙愿。"

在福特的真诚邀请下，祭司长担任了福特公司新设立的职工顾问之职。他走访职工家庭，了解职工的具体困难，并不断向福特提出建议。福特十分重视职工福利，这样一来，公司上下拧成一股绳，他也因此一步一步实现着夙愿。

⊙原告蛮横无理玩敲诈，律师不经意间破天机

美国某法庭开庭审理一桩赔偿案。原告在法庭上叫苦连天，不断呻吟着，声称他的肩膀被掉下来的升降机轴砸伤，且伤势严重，现在他的右臂已经抬不起来了。他要求保险公司给予巨额赔偿，声称不给就躺在保险公司让他们养老。

保险公司明知他是在玩"碰瓷"、搞敲诈，但为了息事宁人，就要求庭外解决。但这个人态度强硬，坚决要求获得巨额赔偿，否则只能上法庭解决。无奈之下，保险公司聘请了美国大名鼎鼎的律师阿贝·赫梅尔为其辩护。赫梅尔详细地分析了案情，又仔细地观察了原告一番，很快就看出了他的破绽。但他并没直接指出，而是用一种关切的语气询问原告：

"您现在还很疼吗？"

"是呀，疼得很！"

"哎呀，我真的非常同情您的遭遇！您父母还健在吗？"

"他们活得好好的呢！"

"高寿啊？"

"78岁，不对，是87岁。"

"请您让陪审团看看您的手臂现在能举多高，好吗？"

原告慢慢地将手臂举到齐耳的高度，并表现出非常吃力的样子，以示不能再举高了。

"那么，在您受伤以前能举多高呢？"

赫梅尔话音刚落，原告不由自主地一下子将手臂举过了头顶："原来我能举这么高！"

他的话立即引得法庭中的人们哄堂大笑。当原告回过神来却为时已晚，他只好羞愧地低下了头。

◇简评

在本篇里，孙子提出了决定战争胜负的5个基本因素，即战争的正义与否和民心的向背；气候冷热变化和战争的时机；道路的远近、地势的险夷和复杂程度；指挥战争的将领在智谋、诚信、勇敢等方面的素质和军事才能；军队的编制、后勤供给与保障情况和行军用兵的纪律、军令是否严明。孙子将这5个方面概括为"人和""天时""地利""将领"和"法制"。

孙子在这里提出的"庙算"是对中国军事战略学的重大贡献，这实际上从另一个方面反映了"知己知彼、百战不殆"的思想原则。

这一章的关键就在于一个"算"字，亦即谋划。打不打需要谋划，谁领着去打也需要谋划，怎么打更需要谋划。这些观点，不仅仅能有效应用于战争中，其他领域也同样适用。现如今，人与人、企业与企业以及国与国之间，都存在着激烈的竞争。为了各自的利益，相互间钩心斗角、互不相让的争夺每时每刻都在发生着。"多算者胜"，稍有疏忽、算计不周便会满盘皆输。

作战篇

◇**原文**

　　孙子曰：凡用兵之法，驰车千驷，革车千乘，带甲[1]十万，千里馈粮。则内外之费，宾客之用，胶漆之材[2]，车甲之奉[3]，日费千金，然后十万之师举矣。

　　其用战也胜，久则钝兵挫锐[4]，攻城则力屈，久暴师则国用不足[5]。夫钝兵挫锐，屈力殚货，则诸侯乘其弊而起，虽有智者，不能善其后矣。故兵闻拙速，未睹巧之久也[6]。夫兵久而国利者，未之有也。故不尽知用兵之害者，则不能尽知用兵之利也。

　　善用兵者，役不再籍[7]，粮不三载。取用于国，因粮于敌，故军食可足也。

　　国之贫于师者远输，远输则百姓贫；近于师者贵卖，贵卖则百姓财竭，财竭则急于丘役[8]。力屈、财殚，中原内虚于家[9]。百姓之费，十去其七；公家之费，破车罢马，甲胄矢弩，戟楯蔽橹[10]，丘牛大车，十去其六。

　　故智将务食于敌，食敌一钟，当吾二十钟；藁秆一石，当吾二十石。

　　故杀敌者，怒也；取敌之利者，货也。故车战，得车十乘已上，赏其先得者，而更其旌旗，车杂而乘之，卒善而养之，是谓胜敌而益强。

　　故兵贵胜，不贵久。

　　故知兵之将，生民之司命[11]，国家安危之主[12]也。

【注释】

　　[1] 带甲：穿戴盔甲的士兵，此处泛指军队。

　　[2] 胶漆之材：通指制作和维修弓矢等军用器械的物资材料。

　　[3] 车甲之奉：泛指武器装备的保养、补充开销。车甲，车辆、盔甲。奉，同"俸"，指保养。

　　[4] 久则钝兵挫锐：言用兵旷日持久就会造成军队疲惫，锐气挫伤。钝，疲惫、困乏的意思。挫，挫伤。锐，锐气。

　　[5] 久暴师则国用不足：长久陈师于外就会给国家经济造成困难。暴，同"曝"，

露在日光下，文中指在外作战。国用，国家的开支。

[6] 兵闻拙速，未睹巧之久也：拙，笨拙、不巧。速，迅速取胜。巧，工巧、巧妙。此句言用兵打仗宁肯指挥笨拙而求速胜，而没见过为求指挥巧妙而使战争长期拖延的。

[7] 役不再籍：役，兵役。籍，本义为名册，此处用作动词，即登记、征集。再，二次。此句意即不二次从国内征集兵员。

[8] 急于丘役：急，在这里有加重之意。丘役，军赋，古代按丘为单位征集军赋，一丘为 128 家。

[9] 中原内虚于家：中原，此处指国中。此句意为国内百姓之家因远道运输而变得贫困、空虚。

[10] 戟楯蔽橹：戟，古代戈、矛功能合一的兵器。楯，同"盾"，盾牌，用于作战时防身。蔽橹，用于攻城的大盾牌。甲胄矢弩、戟楯蔽橹，是对当时攻防兵器与装备的泛指。

[11] 生民之司命：生民，泛指一般民众。司命，星名，传说主宰生死，此处引申为命运的主宰。

[12] 国家安危之主：国家安危存亡的主宰者。主，主宰之意。

◇解题与读法

"作""战"二字合成一词，根据《说文》人部："作，起也。"又戈部："战，斗"的解释，用今语来讲，就是"发动战争"。不过，发动战争非同小可，战时军费浩大，实百倍于平时。假使财力不足，遽兴大军，纵使作战计划如何完善，还是不能取得最后的胜利。所以，孙子在指出全盘计划为战争先务之后，接着提出"作战"问题，专门检讨发动战争的利害得失，借作兴师动众的张本。

本篇宜分 4 段读：从"孙子曰：凡用兵之法"起，到"然后十万之师举矣"止，为第一段，论战争军费浩大，发动困难，用兵多一日，即多一日耗费，当国者务宜深引为戒。从"其用战也胜"起，到"十去其六"止，为第二段，论师老财竭，后果不堪设想，巧久不如拙速。从"故智将务食于敌"起，到"是谓胜敌而益强"止，为第三段，分论就食于敌的好处和激励士兵战斗及处置战利品、俘虏的各种方法。从"故病贵胜"起，到"国家安危之主也"止，为第四段，总论本篇大意，唯在速胜，是为画龙点睛，揭示题旨之法。

◇译文

孙子说：凡兴师打仗的通常规律是，要动用轻型战车 1000 辆，重型战车 1000 辆，军队 10 万，同时还要越境 1000 里运送军粮。前方后方的经费，款待列国使节的费用，维修器材的消耗，车辆兵甲的开销，每天都耗资巨大，然后 10 万大军才能出动。

用这样大规模的军队作战，就要求速胜。旷日持久就会使军队疲惫，锐气受挫；攻打城池，会使得兵力耗竭；军队长期在外作战，会使国家财力不继。如果军队疲惫、锐气挫伤、兵力耗尽、国家经济枯竭，那么诸侯列国就会乘此危机发兵进攻，那时候即使有足智多谋的人，也无法挽回危局了。所以，在军事上，只听说过指挥虽拙但求速胜的情况，而没有见过为讲究指挥工巧而追求旷日持久的现象。战事久拖不决而对国家有利的情形，从来不曾有过。所以不完全了解用兵弊端的人，也就无法真正理解用兵的益处。

善于用兵打仗的人，兵员不再次征集，粮草不多次运送。武器装备由国内提供，粮食给养在敌国补充，这样，军队的粮草供给就充足了。

国家之所以因用兵而导致贫困，就是由于远道运输。远道运输，就会使百姓陷于贫困，临近驻军的地区的物价必定飞涨，物价飞涨，就会使得百姓之家资财枯竭。财产枯竭就必然导致加重赋役。力量耗尽，财富枯竭，国内便家家空虚，百姓的财产将会耗去十分之七；国家的财产也会由于车辆的损坏，马匹的疲敝，盔甲、箭弩、戟盾、大橹的制作和补充，以及丘牛大车的征调，而消耗掉十分之六。

所以，明智的将帅总是务求在敌国解决粮草的供给问题。消耗敌国的一钟粮食（春秋时齐国以 10 釜为钟），等于从本国运送 20 钟。耗费敌国的一石草料，相当于从本国运送 20 石。

要使军队英勇杀敌，就应激发士兵同仇敌忾的士气；要想夺取敌人的军需物资，就必须借助于物质奖励。所以，在车战中，凡是缴获战车 10 辆以上的，就奖赏最先夺得战车的人，并且（在缴获的战车上）换上我军的旗帜，混合编入自己的战车行列。对于战俘，要优待和保证供给。这就是说愈是战胜敌人，自己也就愈是强大。

因此，用兵打仗贵在速战速决，而不宜旷日持久。

懂得用兵之道的将帅，是民众生死的掌握者，是国家安危存亡的主宰者。

◇用计例说

⊙襄阳之战·顺昌之战·郾城之战

随着灭辽战争的节节胜利，金朝掠夺土地和财富的欲望日益增长，准备南下对宋朝发动进攻。

靖康二年（1127 年）正月上旬，金促令宋钦宗再次到金营，将他扣押，在经过一个多月的讹诈和掠夺后，看到他没有什么利用价值，于是于二月六日下令将钦宗废为庶人。三月初七，又立通金的张邦昌为大楚皇帝。四月一日，金军带着被俘的宋徽宗、钦宗和赵氏宗室、大臣 3000 多人，以及掠夺来的大量金银财宝撤回本土。北宋王朝至此不复存在。

同年五月初一，赵构在南京应天府（今河南商丘）正式即位，重建宋王朝，史称南宋，改元建炎，是为高宗。但高宗既对人民心存忌

宋高宗像

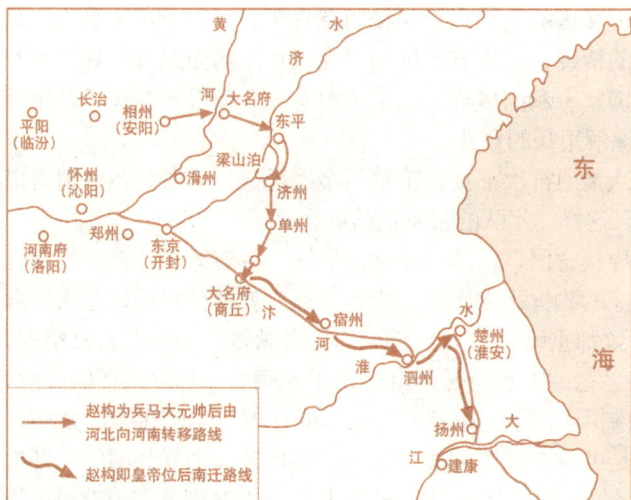

宋高宗第一次南逃示意图

惮，又怕将领掌握重兵，更怕抗金胜利后徽宗、钦宗回来自己皇帝地位不保，因此不愿依靠军民力量坚持抗金，对金的态度仍然是力求议和，打算以黄河为界，分河而治。

九月，高宗听说金兵入侵河阳，不管消息是否真实，立即准备南逃，并下令对"有敢妄议惑众者"进行处治。十月初从南京出发，月底抵达扬州，十一月初又派王伦同金朝进行谈判，请求议和。

宋高宗南逃的消息传到金朝后，金太宗立即以傀儡张邦昌被废为借口，于十二月下诏南侵，兵分三路，从陕西、河南、山东向黄河一线发动全面进攻。由于南宋朝廷只顾着逃跑，既没有防守黄河一线的打算和决心，又缺乏统一指挥和部署，不少守将只求保全自身，或遇敌即逃，或稍战即降。因此金军三路南下，在不到三个月的时间内，迅速将西自秦州，东至青州一线的许多要点占领。只有宗泽在开封坚持抗击，使得金军势头稍为受阻。金军转战半年，尽管取得了一些战役上的胜利，但并未实现追击高宗、灭亡南宋的战略目标。

经建康逃至杭州后，高宗升杭州为临安府，决定放弃淮河一线，退守长江，同金议和，偏安江南一隅。

金朝东路军主力在兀术带领下，渡淮河南下，在马家渡渡江后，经广德军、湖州直赴临安。高宗在越州（今浙江绍兴）闻金军渡江，准备下海逃跑，从越州逃到明州（今浙江宁波）。十二月，金军攻临安，高宗从明州逃到定海。金军攻占临安后跟踪而至，迫使高宗逃往海上，漂泊于温州、台州（今浙江临海）濒陆海域达三四个月之久。金军找不到高宗，只好宣布"搜山检海已毕"，退回明州以自守。

金军主力撤回北方以后，建康成了金在江南仅存的据点。金军在钟山、雨花台构筑大寨，开凿两道护城河，并制造战船，企图长久驻扎下来，以作为将来渡江的桥头阵地。浮海归来暂住越州的高宗，将盘踞在建康的金军视为莫大的威胁。为此，他调动兵力，命令张俊负责收复建康。可是张俊对建康望而却步。淮南宣抚司右军统制岳飞在四月由宜兴向建康尾击金军，从四月到五月间，同金军交战几十次，最后收复建康，歼敌3000多人，擒敌300多人，大获全胜。

在多次全面进攻受挫后，金看到南宋抗战力量不断增长，觉得短期内难以灭亡南宋，于是采取"以和议佐决战，以僭逆诱叛党"的策略。建炎四年（1130年）

— 210 —

九月，封刘豫为大齐傀儡皇帝，定都大名府，其统治地区包括今山东、河南和陕西地区，一方面作为宋、金缓冲地带，另一方面可以巩固北方的统治。为了从内部破坏南宋的抗战力量，又于同年十月，把秦桧遣回南宋做内应。为了配合这一政治策略，在军事上将全面进攻改为东守西攻的战略部署，命右副元帅宗辅经洛阳治兵，将兀术率领的十余万主力西调，企图全力进攻四川，控制长江上游，为从江南迂回攻打南宋打下基础。从建炎四年九月到绍兴四年四月，金军在这一战略指导下，在陕

宋代用以毁坏城防设施的撞车

西发动了数次大规模的进攻。经富平之战、尚原之战和饶风关之战后，金军损失惨重，被迫还据凤翔，授甲士田，"为久留计，自是不复轻动矣"，宋的接连胜利，使川陕的防务不断得到巩固。金军重点进攻川陕的失败，说明宋、金强弱的对比，正在向有利于南宋的方向转化。岳飞等人率领的军队转移战场，取得节节的胜利。

　　南宋名将岳飞，是深谙《孙子兵法》的。他指挥作战亦是遵循孙子所说的"兵贵胜，不贵久"的原则。我们从岳飞抗金的历史中也可明白"知兵之将，生民之司命，国家安危之主"的道理。岳飞、韩世忠、刘锜等名将抗金的著名战役有襄阳之战、顺昌之战、郾城之战等，这些战役大大打击了金兵的嚣张气焰。建炎四年三月，金兀术（宗弼）会合伪齐李成军2万击败李横、牛皋军。十月，进军邓州（今河南邓州）、随州、襄阳。这些地区对南宋来说，地理位置十分重要，进可击中原，退可掩护长江中游地区。如果襄阳落入金、伪之手，宋东南和四川就可能被分割开，彼此孤立无援。绍兴四年（1134年），南宋朝廷为收复襄阳进行了多次讨论，最后决定由岳飞率军收复襄阳，韩世忠屯兵泗上为疑兵进行牵制，刘光世派兵增援陈、蔡，几路兵马相互配合，优劣互补。南宋朝廷为此下令：任命岳飞兼湖北路、荆、襄、潭州制置使，原湖北安抚使司统制颜孝恭和崔邦弼的部队，以及荆南镇抚使司的部队，都受岳飞的调遣；命岳飞指挥所部在麦熟前克复京西路的襄阳、唐、邓、郢（今湖北钟祥）四州和信阳军；这次反攻，只能以此六郡为限，如敌人逃出此界限，不能远追，也不许提出北伐或扬言收复汴京，以免扩大事态；收复襄阳六郡后，由岳飞派部下防守，大军仍屯驻长江沿岸。由此可见，宋高宗反击襄阳的战略企图是收复战略要地襄阳，改善秦岭、淮水防线中央部分的态势，同时又害怕激怒金朝，极力避免金军再次对江淮方向发动进攻。

　　由岳飞带领的军队共有2.8万人，加上临时拨归节制的军队共有3.5万人。岳飞军从江州移兵到鄂州，又从鄂州陆续北上。绍兴四年（1134年）五月初，岳家军向郢州城进发，歼灭伪齐7000人，将郢州收复。然后兵分两路，张宪和徐庆向东北方向攻随州，岳飞亲率主力往西北方向攻襄阳。张宪和徐庆攻随州城受挫，在得到牛皋和董先支援后，攻下随州城，歼敌5000人。襄阳伪齐守将李成弃城逃跑，岳家军轻而易举就进入襄阳。伪齐政权得到岳家军已攻占郢州、襄阳、随州的消

息后，急忙将部队集结在襄阳东北的新野、胡阳、枣阳以及唐州、邓州等地，号称30万。李成于是自新野向岳家军发动反攻。岳飞命王万率部屯清水河，诱敌深入。六月，岳飞击败李成军。李成军再次集结兵力反扑，仍以失败而告终。李成战败的消息传到开封，刘豫连忙向金求援，金派刘合孛堇率领数万人支援李成，在邓州西北扎下30多个营寨，企图阻止岳家军向北进攻。岳飞派王贵和张宪兵分两路向邓州快速进发。七月十五日，王贵与张宪军在邓州城外与数万金、伪齐联军交锋，后续董先、王万部以骑兵伺隙突击，一举击破金、齐联军，金将刘合孛堇孤身一人逃脱，伪齐将高仲率残兵退守邓州城。岳家军乘胜追击，一举攻破邓州。接着又收复唐州、信阳军。收复襄阳六郡，是南宋重建以来进行局部反击作战的第一次胜利，也是南宋第一次收复大片失地。从此，鄂州成为岳家军的大本营，襄阳六郡成了岳飞反攻中原的前进基地。襄阳一战的胜利，也是孙子兵法兵贵神速的胜利。

　　襄阳一战后，刘豫心中不甘，向金请兵再战。九月，金派宗辅、兀术和刘豫联军向淮河以南地区进攻。金、齐联军分两路，骑兵自泗州向滁州（今安徽滁州）进发，步兵自楚州向承州（今江苏高邮）进发。宋以淮东宣抚使韩世忠率军自镇江进驻扬州、江东，淮西宣抚使刘光世率军屯马家渡，浙西、江东宣抚使张俊屯采石。九月上旬，东路金、齐军渡过淮河攻占了楚州。韩世忠挥军北进，在扬州西北大仪镇附近，设伏20余处。金军行至大仪镇进入伏击区后，埋伏的宋军向金军发动突然攻击，金军损失惨重。韩世忠又命解元等部在承州设伏，再次大败金兵。韩世忠率军追击金军到达淮河，金军惊溃，互相践踏，溺水死者无数。十月间，金西路军攻破濠州（今安徽凤阳东北）、滁州，前锋进至六合。南宋朝廷再次调整战略部署，决定由韩世忠退守镇江，张俊移守常州，刘光世退守建康，打算凭借长江天堑，阻止金军渡江。同时调岳飞军出援淮西，以牵制金军。金、齐军自顺昌下寿春，进围庐州，形势紧急。岳飞接到救援淮西的命令后，即派徐庆、牛皋率2000多骑兵为前锋，带领8000人向淮西进发。徐庆、牛皋率部队赶到庐州后，留一部守城，其余迎击敌军，同金、齐军展开激烈交锋。金、齐军抵挡不住岳家军骑兵的冲击，狼狈溃退，牛皋率兵追击30多里。金军退驻泗州、濠州一线。当时恰好碰上岁末严寒，粮道不通，又传来金太宗病危的消息，于是金

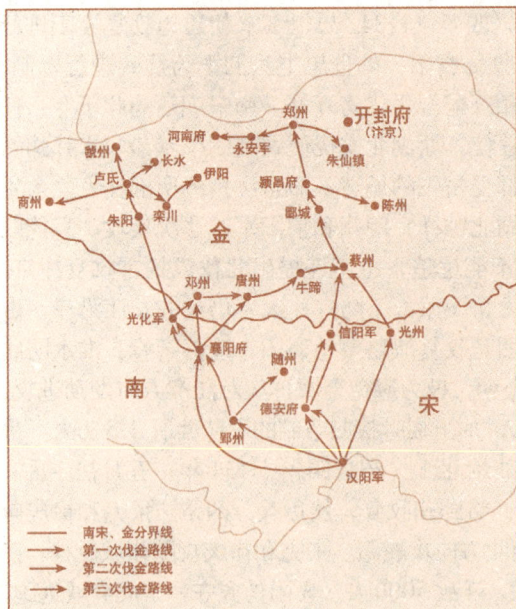

岳飞北伐路线图

军慌忙撤军北退，伪齐军也跟着逃走。部分宋军向北追击，收复淮南大片土地。

对于金、齐联军的南犯，宋军已经能够进行局部反击，内部镇压人民的反抗也取得了成功。绍兴五年（1135年）以后，南宋政权已较稳固，具备了对金发动反攻的条件。这时，主战派张浚当了宰相，绍兴六年（1136年）二月初，张浚部署反攻中原：韩世忠由承州、楚州出兵，夺取淮阳军（今江苏邳州）；刘光世驻庐州，牵制伪齐军；张俊进驻盱眙，准备策应韩、刘两军；杨沂中领兵为后继，随时准备支援各军；岳飞军进驻襄阳，以收复中原。张浚的战略意图是：以刘光世依托淮河沿线有利地形，牵制金与刘豫伪齐军，屏障建康，主力由两翼向北实施夹击，从而一举收复中原失地。

命令下达后，韩世忠立即展开行动，二月中旬率军渡淮，经符离进围金重兵防守的淮阳军，猛攻6天，金兀术与伪齐刘猊率军来援，反击韩世忠。韩世忠率军退回楚州自守。岳飞军于七月开始北进，以牛皋为前锋，迅速攻占镇汝军（今河南鲁山），并对开封发起进攻，以吸引伪齐的注意力。牛皋攻占镇汝军后，向东横扫颍昌府，直下蔡州，烧毁刘豫军的粮草。岳飞在牛皋军的掩护下，亲率主力向豫西的虢州（今河南灵宝）方向进击。八月初，王贵、董先等部攻占虢州及其附近地区。王贵继续向西，攻下商州（今陕西商洛），王贵的副将杨再兴收复长水（今河南洛宁西南）、伊阳。虢、商二州是中原的要冲，北可控黄河，东可入洛阳，西可攻关中。岳飞军占领两地，将河南与陕西的伪齐统治区一分为二。长驱豫西，是南宋立国后宋军首次攻达黄河之滨。岳飞已逼近洛阳，但因高宗下诏班师，加上岳飞军孤军深入，粮草无以为继，又没有援兵，被迫撤退。《孙子兵法》云："智将务食于敌。"岳飞在这一点上做得十分明智。

南宋的反攻使伪齐军惊恐万分，急忙向金廷求援。此时，金太宗已死，金熙宗继位，金拒绝出兵，只派兀术屯兵黎阳以为声援。九月，刘豫拼凑30万人的军队，打着金军的旗号，号称70万人，分三路南下。南宋朝廷以为是金军再次南下，急忙下令岳飞军火速对淮西进行增援。当岳飞率部到达江州时，伪齐军已被打退，南宋朝廷令岳飞班师回朝。由于岳飞被抽调增援淮西，致使襄阳等地前线兵力不足，伪齐乘机于十月底向岳家军防区发动进攻，企图直捣岳家军大本营鄂州。岳家军各部英勇抵抗，伪齐的进攻失败。岳飞回师鄂州后，立即部署反击，命令王贵部进军蔡州。因蔡州城池坚固，伪齐军主力设下埋伏，岳飞下令部队退回。伪齐李成、孔彦舟率军追赶，被岳飞击败，岳家军主力没有受到什么损失。

绍兴七年（1137年）十一月，金废黜刘豫，取消伪齐政权。完颜昌认为应该把原伪齐统治的河南、陕西地区交还南宋，要宋向金称臣，贡纳岁币，实质上是要使南宋成为像伪齐一样的属邦。高宗得知这一消息，高兴万分，不顾张浚、岳飞、韩世忠等人的反对，坚持对金朝妥协投降。宋、金在绍兴九年（1139年）正月初一，达成和议。兀术一派掌握了大权后，反对将河南、陕西等地归宋，主张撕毁和约，向宋朝发动进攻。在金军的大举进攻下，高宗只好发表声讨檄文，悬赏捉拿兀术，并命令各地大军准备应战。

当时刘锜新任东京副留守，他率领侍卫马军司1.8万人，由临安沿水路赴东京开封上任。行至涡口时，得到金军背约南下的消息后，即舍舟登陆，兼程前进。五月十五日抵达顺昌，得知金军已进占距顺昌300里的陈州（今河南淮阳），于是决定和顺昌知府陈规一起，坚守顺昌，阻止金军南下。顺昌之战就此打响。

顺昌东接濠州、寿州，西接蔡州、陈州，南有淮河，北濒颍水，是防守淮河的要地，也是通往开封的要冲。在敌军大举进攻的情况下，刘锜为表固守决心，下令凿沉船只，准备决一死战。他察看顺昌周围地形后，做出如下部署：将城外5000户居民迁入城内，将城外民房全部焚毁，以免金军使用；命部将分守四门；派出侦探了解金军动向；整修壁垒，在城上设置便于观察、射箭的望孔，又以废车轮辕埋于城上加固城墙；在城墙外筑羊马墙，并设兵埋伏。同时，又发动当地民众协力抗金，一时出现"男子备战守，妇人砺刀剑"的景象。经过6昼夜努力，顺昌城的防御准备基本就绪。五月二十五日，金军游骑数千渡过颍河，进逼顺昌城郊。刘锜从捉到的俘虏口中得知金军韩将军部在距城30里的白沙涡驻扎，便乘其初至，派兵千余夜袭金营，首战告捷。二十九日，金军三路都统完颜褒及龙虎大王突合速率3万余人对顺昌进行强攻。宋军用强弩劲弓还击，金军被迫撤退。刘锜抓住战机，乘势以步兵出击，金军大败，渡河溺死者不计其数。宋军速战速决，并两次乘雷雨夜袭，经过4天苦战，金军的第一次围攻失败了。

兀术得知顺昌失利的消息后，率兵10余万，昼夜兼程赶往顺昌。刘锜获悉兀术重兵赶来的情报后，召集部下商讨计策，最后决定同他决一死战。同时派出间谍，故意让金军俘虏向金军散布刘锜喜好声色、贪图安乐、无所作为等假情报，以麻痹金军，诱敌出战。兀术听后信以为真，率兵急进，而未带任何攻城器具。六月九日，兀术抵达顺昌城下，见城垣简陋，狂妄地说："彼可以靴尖踢倒耳！"当即下令于次日早晨攻城。初十天明，金军10余万人通过颍河浮桥，对顺昌进行围攻。金军主力猛攻东、西城门，兀术亲自带领重甲亲兵3000骑往来督

岳飞坐像，在今浙江杭州岳王庙内。

战。顺昌守军不满2万，能出战的不超过5000人，但军民同心协力，将金军击退。当时诸将认为金韩常部最弱，应当首先对他发动进攻。刘锜认为即使击败韩常部仍不能阻挡兀术精兵的进攻，不如先打败兀术军，金军必会因震动而崩溃。当时正值酷暑，金军人不解甲、马不卸鞍，远道而来，没有休息即投入战斗，疲惫不堪，几乎没有什么战斗力，只好休兵立营，准备再攻。宋军则以逸待劳，主动出击，攻破兀术营垒，打败其3000亲兵。金军以铁骑"拐子马"对宋军进行左右夹击，由于宋军英勇作战，金军未能得逞。刘锜又在

颖水上流及草木中投放毒药，金军士马饥渴，饮食水草者均中毒病倒。刘锜乘机于中午从西、南两门出兵袭击金营，金军大败，共损失5000余人。兀术见顺昌城屡攻不下，士卒又多疾病，不得不改变策略，企图长期围困顺昌，于是在城西扎营，掘壕列阵。当日天下大雨，宋军利用大雨而金军移营未稳，大举夜袭，重创金军。十二日，兀术被迫率全部金军撤离顺昌回开封，顺昌保卫战以宋军的胜利而告终。

此次战争的胜利，有力地打击了金军主力的进攻，策应了宋军在东、西两翼及京西地区的作战，从而使金军的猛烈攻势暂时受挫，为南宋军民的大举反攻创造了条件。

在金军主力围攻顺昌之际，高宗急令岳飞救援顺昌。岳飞接到命令后，按照其以襄阳为基础，连接河朔，直捣中原，恢复故疆的既定方针，派前军统制张宪、游奕马军统制姚政率军救顺昌；派李宝、梁兴等率部北上深入金军后方，联络两河义军，抗击金军；一部分宋军由虢州、商州出发，切断兀术和完颜杲的联系，对主力侧翼进行掩护；岳飞亲率主力向京西路进发。六月初，岳飞大军由襄阳、鄂州出发。在顺昌之战胜利后，高宗竟做出了极其荒谬的决定，下令"兵不可轻动，宜班师"，要求各路军队停止北进。但岳飞没有遵从高宗的旨意，而是继续北进中原。金兀术在顺昌战败后，退回开封，命大将韩常守颖昌，翟将军守淮宁，三路都统阿鲁补守应天府（今河南商丘），以此三地作为防止宋军进军开封的据点，兀术和龙虎大王军驻守开封作为预备队，以阻止宋军。

闰六月，岳飞军开始对驻守开封外围的金军发动进攻。在一个多月的时间里，岳家军席卷京西，兵临大河，顺利地完成了扫荡开封外围的作战任务。但在顺昌之战后，张俊奉命从亳州后撤，刘锜在顺昌也不敢违诏北进，岳家军孤军深入，又由于收复地区的日益扩大，兵力日益分散，岳飞不得不收缩战线，将兵力集结于郾城、颖昌地区。中原是宋、金必争之地，谁控制中原，就可以从中央突破对方的防线，对敌人形成分割之势。因此，岳飞挺进中原，使驻扎在开封的兀术万分恐慌。他急忙召集诸将，商议对策。兀术认为，南宋其他诸军都易于对付，唯独岳家军"将勇而兵精，且有河北忠义响应之援，其锋不可当"，因而决定集中兵力对岳家军发动进攻，企图将岳家军一举歼灭。

于是，兀术率龙虎大王突合速、盖天大王完颜贤及韩常等军于七月初八直趋郾城，企图一举摧毁岳家军指挥中枢。金将铁骑"拐子马"1.5万人布列两翼。岳飞以步兵与金军精骑对抗，命令士兵手持马扎刀、大斧等锐利武器，上劈敌人，下砍马足；同时令其子岳云率骑兵精锐直冲金阵中央，杨再兴等率骑继之，向兀术的指挥部发起攻击。兀术见精锐被歼，万分悲痛，又于初十增兵郾城。兀术不甘心郾城之败，又集中兵力，号称12万，进逼临颖。七月十三日，杨再兴等率骑兵数百，与金军一部在小商桥遭遇，杨再兴率军奋勇作战，歼灭金军2000多人，杨再兴亦战死。张宪率援兵及时赶到，歼灭敌军8000多人，兀术连夜逃跑。

据岳飞估计，金军虽屡战失利，必回军攻颖昌，便令岳云急速增援驻于颖昌

塞门刀车模型 宋
在车的前端挡板上装数支枪刀，如敌人破坏城门，可用此车直接将城门堵住。

的王贵。七月十四日，兀术果然率兵10万向颍昌进攻。王贵、岳云率精骑在城西与金军展开激战。金军"横亘十余里"，声势颇壮。岳家军以骑兵800正面冲锋，而将步兵布列左右两翼，对付金军的骑兵。双方展开激战，岳家军人人奋勇杀敌，无一人回顾。接着董先率部继至，投入战斗。遂大败金军，歼敌5000多人，俘敌2000多人。兀术被迫向开封撤退。十八日，张宪部又在临颍东北击败金军6000多人。岳飞率军乘胜追到距开封仅45里的朱仙镇。兀术集结开封兵10万，同宋军对峙。岳飞一面同金军对阵，一面派兵向黄河渡口进逼，侧击金军。金军大败班师。

除岳飞反攻中原取得胜利外，宋军在其他战场也获得了一系列胜利，收复了许多重要城镇。金军统帅兀术哀叹："自我起北方以来，未有如今日之挫衄。"金军士气沮丧，发出"撼山易，撼岳家军难"的慨叹。金兀术放弃辎重，准备向北撤退。

在这样有利的形势下，恢复中原指日可待。岳飞根据《孙子兵法·作战篇》的思想，决定采取速战速决的战术，直捣金国老巢——黄龙府，收复宋朝大好河山。

岳飞随即向高宗报告了金兀术已令其老小渡河的消息，说这是"陛下中兴之机""金贼必亡之日"，请求赶快命令各路兵马火急并进，发动总攻。岳飞自郾城向朱仙镇进发，距东京开封只有45里了。岳飞全军将士急切地等待着渡河进军的命令。高宗、秦桧却在胜利面前，再一次停战求和，从而坐失挽救国家命运之良机。

高宗、秦桧一面急令张浚、杨沂中等从宿州和泗州撤军，使岳飞军陷于孤立；一面又以"孤军不可久留"为理由，强令岳飞退兵。岳飞上书力争，说："金贼锐气沮丧，内外震骇，欲弃其辎重，疾走渡河。况今豪杰向风，士卒用命，天时人事，强弱已见，功及垂成，时不再来，机难轻失。"这种思想亦符合孙子兵法的作战思想。可是高宗一天之内，连下12道金牌（朱漆木牌上写金字，有紧急军机，由皇帝直接发出），强迫岳飞退兵。岳飞悲愤交集，慨叹道："十年之功，废于一旦！"无奈之下只得扬言要渡河进攻，以迷惑金军，然后下令从郾城悄悄撤退。至七月，岳飞军退守鄂州，已收复的郑州、颍昌、蔡州、淮宁等大片土地，又落入金军手中。

"撼山易，撼岳家军难！"这是金军慑于岳家军的速如闪电、疾如风雷的战略战术而发出的慨叹。但由于朝政昏庸，岳飞的"速战速决"战略理念未被实施，反而引来杀身之祸，历史上也留下了永远的遗憾。

⊙万历三大征之出兵朝鲜

万历三大征在决策总体上是没有利用好《孙子兵法》的作战理念的。它们是明朝统治者吞下的三个苦果，最后成了明朝灭亡的主要原因。

万历三大征指万历年间明朝出兵平定哱拜叛乱、播州杨应龙叛乱及援朝抗倭。这三大战役每次用兵数十万，费银近1000万两，"几举海内之全力"。由于张居正在万历初年推行富国强民政策，使明中叶以来愈演愈烈的财政危机得到一些缓和，经过三大征，明廷财政赤字不断膨胀，社会各种矛盾重又加剧，加速了明王朝的灭亡。

从万历二十年到万历二十六年，明政府进行了援朝抗倭的战役。

16世纪末，日本战国群雄经过100余年的战争，逐步统一，丰臣秀吉最后完成了全日本的统一大业。在完成了国内的整顿之后，他便积极向外扩张，首先将矛头对准朝鲜。

丰臣秀吉塑像

日本封建主对于朝鲜的疆土早已垂涎三尺。丰臣秀吉为发动侵略战争进行了充分的准备，在日本岛动员了30余万兵力，建造了1000余艘战舰，并在名古屋囤积了大量粮草。朝鲜国王李昖，沉湎于酒色，内政败坏，使得民怨沸腾，而他对于敌情也是一无所知。对于日本的侵略意图，明廷早已有所察觉，但他们将此讯息转告给朝鲜时，朝鲜却置若罔闻，不加理会。

明代万历二十年（1592年），日本丰臣秀吉下令出兵朝鲜。仅两个月零两天，朝鲜三都道全部陷落，王子被俘，国王逃到义州，急忙向明朝告急。明廷对战况估计不足，派出了一支3000人的部队，结果于平壤城内全军覆没。听到朝鲜战况，明廷于十二月派军进入朝鲜，率领入朝明军的是经略宋应昌、提督李如松。

万历二十一年（1593年）五月六日，大军进抵平壤城下。李如松观察地形，见平壤东南临江，西临山，唯北郊牡丹台高耸，最为险要，日军设炮台及鸟铳等新式武器防守。五月六日夜，日军首先攻击驻扎在南郊的朝鲜军，在北郊牡丹台，吴惟忠部明军亦与日军发生小规模战斗。七月，吴惟忠部先攻牡丹台，试敌火力，佯退。是日夜，日军偷袭李如松营，被李击退。八月，决战全面展开，李如松部明军全力攻城东南，日军弹矢如雨，士兵稍却，李如松为激励士卒，手斩先退者，并选取死士，亲自架梯登城。南城主攻明军由祖承训率领，着朝军服装。日军连胜，心轻朝军，祖承训进至城下，始露明甲，日军不支，从西城抽出兵力对付南面明军。明军预先在城外设虎蹲炮、大将军炮、佛郎机等，火力集中于主攻方面的西门一带高地及城北隅的日军根据地。烟尘蔽空，炮声震天，李如松督杨元等先登入小西门，李如柏亦从大西门冲杀进去。牡丹台方面，日军极力抵御吴惟忠部的猛攻。吴惟忠胸中炮弹，血流如注，仍奋臂高呼督战。炮火中，李如松战马被炸，自己也身负重伤，但仍换马再战。在明军的猛攻之下，日军终于不支，退保城北隅风月楼。入夜，日将小西行长提兵渡大同江，向汉城方面退却，途中又遇明军伏兵李宁、查大受追击，狼狈退去。经平壤一役，倭寇损失惨重，死伤1285名，死于火及从城东跳水而死者无数。李宁、查大受亦杀敌362人。十九日，李如松乘胜进军，收复旧都开城，杀敌165名。朝鲜三都十八道，已收复二都及黄海、平安、京畿、江源、咸境五道。

李如松军运用《孙子兵法》中的速战策略取得连胜，产生轻敌之心，想一举收复汉城。二十七日，进军碧蹄馆，距汉城仅30里。在经过大石桥时，李如松及部下1万余将士被日军围困，将士殊死作战，李如松几乎被擒，裨将李有升以身护之，被敌肢解。明军战至中午，矢尽，杨元率援兵至，杀入重围，日军乃退去。此战明军精锐尽失，过桥者皆被杀死，天大雨，路泥泞，汉城附近尽为稻畦，明军骑兵不得施展，城中日军借地利之便以火炮轰击明军，明军无法攻城，只好撤退。

三月，刘綖、陈璘水路援兵至，李如松命李益驻开城，杨元驻平壤，接大同道守明军饷道，李如柏驻宝山，互为声援。查大受驻临津，统锐卒东西策应。明军偷袭龙山日军，焚烧其全部粮草，导致日军乏粮而战，士气迅速低落。朝军李舜臣率龟船（一种战船）20余艘往来海岸，干扰日军海上补给线。四月十八日，日军退出汉城，龟缩在釜山一带。

但由于内部战和意见不一，明廷错过了有利战机。经略宋应昌认为敌意"实在中国"，如敌见我罢兵，突入再犯，朝鲜不支，前功尽弃，不愿退兵。兵部尚书石星在战争一开始便一意主和，平壤之役前已派沈惟敬数通日本议和，明神宗也不愿再战，决心撤兵。只留刘綖率川兵防守，其余明军尽数撤回，令朝鲜国王回王京汉城自守，中日和谈。

明廷违背《孙子兵法》的速战要诀撤兵回国，给日方提供了可乘之机，终于招致战场上的屡屡败绩。

日方仅仅是利用和谈争取时间，重整军备，釜山日军始终未撤回日本。万历二十五年（1597年）正月，丰臣秀吉再次发动侵朝战争。兵部尚书石星被迫承担议和误事的责任，使者沈惟敬向日本人献媚的罪行也被揭发出来，二人下狱。明廷派兵部尚书邢玠为总督，金都御史杨镐为经略，麻贵为提督，率10万大军，第二次赴朝抗日。

日军出动14万兵力，企图进占庆州、全罗、忠清三道。六月，日船数千艘先后渡海登陆。七月，入庆州，夺闲山要塞。全罗外藩闲山岛在朝鲜西海口，右障南原，一失守则沿海无备，天津、登莱便门户大开。

八月，日军围南原，夜里突然发起攻击，明军猝不及防，守将杨元跣足而逃。驻全州的陈愚衷距南原100里，惧敌不敢出兵救援，闻南原失守，也弃城而逃。游击牛伯英在麻贵的指挥下赴援全州。日军直逼至王京城。汉城东隘为

釜山城战斗图

岛岭、忠州，西隘为南原、全州。南原、全州既失，王京失去屏障，守将麻贵几欲弃城而走，海防使萧应宫自平壤赶来阻止，邢玠也来王京坐镇指挥，人心始定。朝鲜调李元翼由岛岭出忠清道击敌，麻贵则发兵守稷山。

十一月，总督邢玠征兵陆续到达，乃分4万人为两路，副将高策统中军，李如梅统左军，李芳春、解生统右军。经略杨镐同麻贵率左右军，自忠州岛岭向东安趋庆州，专攻加藤清正。遣中军屯宜城，东援庆州，西扼全罗。明军与朝鲜兵在其他方面布置好后由天安、全州、南原而下，浩浩荡荡，诈攻顺天，以牵制行长东援清正。

十二月，双方爆发了尉山会战。中、朝军队计5万余人，日本加藤清正率部于尉山府之南岛山扎营，兵力1.6万余人。

中、朝联军于十二月二十三日发起总攻。黎明前由游击摆寨为先锋，率亲兵1000人，参将杨登山为后援，率精骑3000，突袭尉山城。城内日军大半被歼，岛山屯军援至，摆寨佯退，诱敌入伏，杀敌400人。日军只得坚守岛山，等待援军。翌日联军围攻岛山外围城郭，游击茅国器统兵先登，破敌新筑三寨，杀敌600多人，日军坚壁不敢复出。11时许，明军攻抵岛山寨下，裨将陈寅身先士卒，冒弹雨奋勇登先，连破敌栅二重。加藤清正身着白袍，跃马指挥日军拒守。杨镐在明军即将攻破第三栅时，忽传令茅国器割倭首级，明军阵脚稍乱，攻击不力。茅国器复因主将李如梅未至，自己不便先立功，遂鸣金收兵。第二天早上，李如梅至，再攻，敌守益坚，不能攻拔。岛山比尉山城高，日军在此新筑石城，明军仰战不利，死伤很多，于是改强攻为围困。杨镐令分兵围困岛山10日，城中饥，坐待小西行长之援军，而明军由于受制于城中火炮，死伤也很惨重，于是总攻前，已由中军高重、吴惟忠等扼梁山，左军董正谊等赴南源，布下疑兵。又遣右军卢继忠兵2000人屯西江口以防水路援兵。小西行长亦虑明军攻其釜山寨，仅选派精锐3000人，虚张声势，往来江上，不敢轻出救援。朝军将领李德馨误报海上大批倭船扬帆而来，杨镐不及下令，策马先奔，诸军大乱，皆崩溃。加藤清正乘机出兵追击，明军阵亡2万余人。杨镐、麻贵奔回星州，撤兵回京。战败的消息传至明廷，杨镐被罢免，天津巡抚方世德被任命为经略。

万历二十六年（1598年），总督邢玠鉴于前一阶段战役中缺乏水师的情况，招募江南水兵，以增强对敌作战能力。

明军于九月分道进军，刘綎攻小西行长，杀敌92人。陈璘水师击毁倭船100余。小西行长反击，刘、陈败走。董一元攻晋州，乘胜攻下敌老营泗州。日军退保新寨，董一元令茅国器等力攻，被敌强大的火力击溃，还晋州。

十月，丰臣秀吉的死讯传至明军中，明军利用此时机加紧进攻日军。十一月十七日夜，加藤清正乘船离开岛山，麻贵乘虚而入，刘綎攻夺曳桥。陈璘水师1.3万余人，战舰数百艘，分布忠清、全罗、庆尚诸海口。刘綎进攻小西行长顺天大城时，陈璘以水师夹击，焚其舟100余。陈璘半路伏击了准备援助小西行长的石曼子，日军大队从海上逃走，副总兵邓子龙和朝鲜统制使李舜臣统水军击敌于釜

石像生中的武将 明

山南海，大败日军。邓子龙年逾七十，骁勇善战，杀伤日军无数，战死在沙场上。在多年的抗倭战争中，李舜臣率铁甲龟船，多次打败日军，牵制了日军的行动，但在激战中也不幸战死。日军在这次激战中，死伤 1 万余人，残部退出朝鲜半岛。7 年的抗倭援朝终以中、朝的胜利而告终。

但由于明朝出兵朝鲜，为异地作战，军粮、军费开支十分巨大，极大地消耗了国力。《孙子兵法》云："凡用兵之法，驰车千驷，革车千乘，带甲十万。"这是战国出兵规模，此数仅是明代出兵的九牛一毛。

孙子说："千里馈粮，则内外之费，宾客之用，胶漆之材，车甲之奉，日费千金，然后十万之师举矣。"这是强调作战要考虑军费开支。"用战也胜，久则钝兵挫锐，攻城则力屈，久暴师则国用不足"，"虽有智者，不能善其后矣"。孙子说："善用兵者，役不再籍，粮不三载。取用于国，因粮于敌，故军食可足也。""国之贫于师者远输，远输则百姓贫。"可惜明廷没有考虑清楚这个问题，就出兵朝鲜，在刚获胜果时，又不速战速决，遽然退兵回国，让日军卷土重来，终使明军在战场上连吃败仗，伤亡惨重。虽然明军坚持到胜利，但兵力疲乏，粮草接济困难。虽然取得胜利，却连战 7 年，国力枯竭，财政颓败，尽管在小战中取胜，但在国家大计中，已经输了大半。在没有兵力和粮草准备的情况下，打持久战是要付出巨大代价的。

⊙尤伯罗斯以会养会，奥林匹克盛况空前

1984 年，美国人尤伯罗斯就任奥运组委会主席，主持筹办在美国洛杉矶举行的第 23 届奥林匹克运动会。那时，美国政府不太喜欢这闹哄哄且赔钱的事儿，就说没有闲钱贴补奥运会的花销。老尤脾气也挺犟，应聘时脖子一抻公开宣称："在洛杉矶奥运会上，绝不让美国政府掏一分钱，我以头颅保证它将是历史上最成功的一次奥运会。"难道老尤疯了？举办一次奥运会的花费可是个大数目。而他居然夸下如此海口，使许多举办过奥运会的人士目瞪口呆。

曾经有人形容举办现代奥运会是财政上的一场灾难。其实这说法并不过分，特别是美国人向来喜欢铺张，一经营就更会把摊子撑大。比如 1932 年洛杉矶奥运会，就是有名的规模大、奢侈和浪费，折腾进许多普通纳税人的金钱。而打那时起，这似乎成为一种时髦和趋势，举办一次奥运会动辄要几十亿美元的投入，已属于见怪不怪的了。

其实，尤伯罗斯当然不是光说大话，人家心里早就有数。他早就仔细地研究了历次奥运会举办情况的资料，他看到：以前举办奥运会之所以耗资巨大、亏损

严重，主要是由于必须要负担庞大的建筑设施成本。他看到洛杉矶有各种现成的运动场地，同时，这里三所大学的学生宿舍可以作为选手下榻的奥运村。所以这些基本的大宗项目几乎都不必再建，剩下的就是如何充实一些必要的设施了。他决定采取各个项目直接由赞助者赞助设施的办法。

尤伯罗斯以前就是搞销售的，是个推销高手，与经济界的赞助者打交道是他的拿手好戏。他亲自谈判一宗宗赞助合同，运用他的推销才能，挑起同行业之间的竞争。你出 5 毛，他出 1 块；我拿 10 块，你就掏 100 块……而且涨起来就没完没了，最后发展成 10 万、1 亿、2 亿……想要露脸的标准一升再升，竞价十分踊跃。于是，尤伯罗斯对赞助者提出了很高的要求，而门槛越高，诱惑力越大。这些听起来十分苛刻的要求并没有吓走赞助者，反而更具挑战性，结果愣是搞成了超级晋级选拔赛，于是仅报名费、资料费和录像费就收入了几千万美元，这就够花销一阵子的了。一时间，赞助奥运会成了美国媒体的一大热门。其中，索斯兰广告公司是最急于加入赞助者的队伍的，甚至还没有搞清楚它要赞助的一座室内赛车场是什么规模，便答应了组委会提出的条件。

最后，尤伯罗斯以 5 个赞助者选 1 个的比例确定了 30 家赞助厂商。这些赞助单位都乐颠颠地答应使洛杉矶奥运会拥有最先进的体育设施。

数额最大的一笔交易是尤伯罗斯和美国全国广播公司做成的。他使招儿让美国三大电视网争夺独家播映权，最后，美国全国广播公司出资 2.25 亿美元夺得了播映权。

尤伯罗斯还以 7000 万美元的价格把奥运会的广播转播权分别卖给了美国、澳大利亚、欧洲等国家和地区。从洛杉矶奥运会开始，广播、电视台免费转播体育比赛的惯例被打破了。

果然，1984 年奥运会成为奥运史上最成功的一次，这不但表现在财政盈余上，更表现在这届奥运会是奥林匹克史上规模最大的一次盛会。尤伯罗斯打破旧框框，大胆地尝试以经营企业的策略经营奥运会。此后，尤伯罗斯的模式就成了盈利的代名词，挣钱才是硬道理，以后的历届奥运会也深受影响。

洛杉矶奥运会之前的所有奥运会都是赔钱的，没有哪个国家心甘情愿地举办它。然而尤伯罗斯却看到了它的无限商机。他利用以会养会的办法，拉赞助、卖播映权，成功地举办了奥运会。

⊙马助理盯上菲亚特，葛厂长抢做网球鞋

信息时代通信发达，市场行情瞬息万变。如果您能淘得第一手信息，并快速做出反应，您就能"做成自己的蛋糕"。后来者就只有捡剩渣儿的份了。人家要是不分杯羹给你，你就得饿肚子。快速决策"抢"信息、抓生意，已成为经营者赢得商战的最关键因素。

每天都有很多人在关心新闻事件，但多数人都是受看热闹心理的支配。在这方面，我们要向张家口市橡胶总厂厂长葛春茂学习。他从电视新闻中得知：当地的中小学校要统一校服，并且有些服装要配白色网球鞋。他马上意识到这是一个

商机，是赚大把钞票的机会，那就是：生产网球鞋，抢先一步占领当地市场。于是，他第二天就派人到各地纺织厂采购回9万米白帆布，大量生产白网球鞋。不久这些产品成了热门货。当其他橡胶厂派人采购白帆布时，却空手而归。张家口橡胶总厂当年销售各种白网球鞋达110万双，盈利22万多元。

梦想谁都有，比如彩票中大奖、天上掉馅饼什么的，关键是如何将萌芽想法变成现实。湘潭市分管外经贸工作的市长助理马扬1996年4月在听外交部发言人做国际形势报告时，得知意大利菲亚特汽车公司很想在中国寻找一个生产汽车发动机的合作伙伴。他立即意识到这是一个很好的机会，必须抓住。湘潭市的江南机器厂是一家实力雄厚的军工企业，具备生产汽车发动机的条件，能满足外商的要求。报告结束后，马扬就找到外交部发言人，谈了与菲亚特合作的想法，并得到了支持。于是，江南机器厂与菲亚特驻京办事处一拍即合，不久便互派考察组，最终签了合同。精明的马扬在第一时间把一个萌芽状态的想法变成了现实，促成了中意双方的合作。

商场犹如战场，虽然很少有血肉横飞的凄惨场面，但隐藏在硝烟背后的相互之间的撕咬争斗却是异常残酷的。取胜的关键是如何取得第一手信息并迅速应用。谁能抢先一步，谁就能先发制人，取得竞争的主动权。松下幸之助有句名言："比别人先走一步。"这句话说来可能平淡无奇，可是在企业竞争中，由于每个对手都在倾尽全力想"先走一步"，所以要真正做到确实非常不容易。敢抢天下先也确实需要大魄力和大智慧。

◇简评

孙子在这里提出了"速战速决"的战略思想。他首先分析了在出兵前应当做的各种准备工作。他认为，对敌国用兵不宜打拖延战，应当速战速决。这主要是针对军队后勤供给与保障系统而言的——长期消耗，战争必败无疑。

对于如何激励士卒去拼命作战，孙子有着比较精彩的论述。孙子认为：要使士卒争先冲锋杀敌，就要激起他们对敌人的愤怒；要想夺得敌人资财，就要用财货奖赏士卒。孙子认为，这就是战胜敌人而使自己愈加强大的方法。在企业经营中，对有功者给予物质奖励固然重要，而注重精神激励则更为重要。W.曼彻斯特指出："一个人不会把自己的生命出卖给你，却会为了一条彩色的绶带而把生命奉献给你。"由此可见，精神激励在激发人的工作积极性方面是能收到巨大效果的。

由此揭示了一个深刻的道理："软管理"在今天的企业经营中具有很重要的作用，采取软管理的方式主要是为了满足员工的高层次需要，特别是自我实现需要和成就感等。随着社会经济、科技、管理和现代文明的发展与进步，作为管理的主要对象的人，经历了由古典理论的"经济人"向现代行为科学理论、人际关系理论的"社会人"的转变，更加重视社会的心理因素。受人尊重、自我价值的实现和群体士气成为员工的高级需要和追求，也成为影响个人工作积极性及组织绩效高低的关键因素。由此而言，今天，只有善于创新和实施高层激励的领导者才堪称卓越者。

谋攻篇

◇原文

孙子曰：凡用兵之法，全国为上，破国次之；全军为上，破军次之；全旅为上，破旅次之；全卒为上，破卒次之；全伍为上，破伍次之。百战百胜，非善之善者也；不战而屈人之兵，善之善者也。

故上兵伐谋[1]，其次伐交[2]，其次伐兵，其下攻城。攻城之法，为不得已。修橹轒辒[3]，具器械，三月而后成，距闉[4]，又三月而后已。将不胜其忿而蚁附之，杀士三分之一，而城不拔者，此攻之灾也。

故善用兵者，屈人之兵而非战也，拔人之城而非攻也，毁人之国而非久也，必以全争于天下，故兵不顿而利可全[5]，此谋攻之法也。

故用兵之法，十则围之，五则攻之，倍则分之，敌则能战之，少则能逃之，不若则能避之。故小敌之坚，大敌之擒也。

夫将者，国之辅也[6]。辅周则国必强，辅隙则国必弱。

故君之所以患于军者三：不知军之不可以进，而谓之进[7]，不知军之不可以退，而谓之退，是谓縻军[8]；不知三军之事，而同三军之政，则军士惑矣；不知三军之权，而同三军之任，则军士疑矣。三军既惑且疑，则诸侯之难至矣，是谓乱军引胜。

故知胜有五：知可以战与不可以战者胜，识众寡之用者胜，上下同欲者胜，以虞待不虞者胜[9]，将能而君不御者胜[10]。此五者，知胜之道也。

故曰：知彼知己者，百战不殆；不知彼而知己，一胜一负；不知彼，不知己，每战必殆。

【注释】

[1]上兵伐谋：上兵，上乘用兵之法。伐，进攻、攻打。谋，谋略。伐谋，以谋略攻敌赢得胜利。此句意为用兵的最高境界是用谋略战胜敌人。

[2]其次伐交：交，交合，此处指外交。伐交，即进行外交斗争以争取主动。当时的外交斗争，主要表现为运用外交手段瓦解敌国的联盟，扩大、巩固自己的盟国，孤立敌人，迫使其屈服。

[3]修橹轒辒：制造大盾和攻城的四轮大车。修，制作、建造。橹，藤革等材料制成的大盾牌。轒辒，攻城用的四轮大车，用桃木制成，外蒙生牛皮，可以容纳兵士10余人。

[4]距闉：距，通"具"，准备。闉，通"堙"，土山，为攻城做准备而堆积的土山。

[5]故兵不顿而利可全：顿，同"钝"，指疲惫、挫折。利，利益。全，保全、万全。

[6]国之辅也：国，指国君。辅，原意为辅木，这里引申为辅助、助手。

[7]谓之进：谓，使的意思，即"使（命令）之进"。

[8]是谓縻军：这叫束缚军队。縻，束缚、羁縻。

[9]以虞待不虞者胜：自己有准备，去对付没有准备之敌则能得胜。虞，有准备。

[10]将能而君不御者胜：将帅有才能而国君不加掣肘的能够获胜。能，有才能。御，原意为驾御，这里指牵制、制约。

◇解题与读法

"谋"，是计谋；"攻"，是攻击。孙子把这两个字合在一起，创"谋攻"一词，用以抒发他在军事学上的卓见，乍看似乎奇诡，实则对兵攻而言，本极平凡。曹操注："欲攻敌必先谋。"正是解释此意。诚以大计既定，战具已集，便须开始向敌人进攻。但只知兵攻，决胜负于锋刃之下，纵能完全歼灭敌人，也绝对不能保证我军无一伤亡。俗语说得好："杀敌一千，自损八百。"这句话就是警告人们：战争不论胜败，双方都会伤亡很大。刘邦对项羽说："吾宁斗智，不能斗力。"我国西安民间有一句流行话是："牛大有破牛之法。"这些都是洞见战争本质的话语。孙子继《作战篇》后，提出"谋攻"问题，意义极为重大。

本篇宜分4段读：从"凡用兵之法"起，到"善之善者也"止，为第一段，论用兵贵以全策取胜，不锐于伐兵攻城。从"故上兵伐谋"起，到"大敌之擒也"止，为第二段，论谋攻和兵攻方法的巧拙及其利弊、得失。从"夫将者，国之辅也"起，到"是谓乱军引胜"止，为第三段，论将为国辅，制胜万全之策，唯在于将，故将权宜重，任宜专，不可中御遥制，以免"乱军引胜"之害。从"故知胜有五"起，到"每战必殆"止，为第四段，论制胜之道、谋攻之秘，不外乎审己料敌，故特标"知彼知己"4字，为全篇眼目。

◇译文

孙子说：一般的战争指导原则是，使敌人举国降服为上策，而击破敌国就略逊一筹；使敌人全军完整地降服为上策，而击溃敌人之军队就略逊一筹；使敌人全旅完整地降服为上策，而打垮敌人之旅就略逊一筹；使敌人全部士卒降服是上策，而用武力打垮就次一等；使敌人全军降服是上策，用武力击溃就次一等。因此，百战百胜，并不就是高明中最高明的；不经交战而能使敌人屈服，这才算是最高明的。

所以，用兵的上策是用谋略战胜敌人；其次是挫败敌人的外交联盟；再次就是直接与敌人交战，击败敌人的军队；下策就是攻打敌人的城池。选择攻城的做法实出于不得已。制造攻城的大盾和四轮大车，准备攻城的器械，费时数个月才能完成；而构筑用于攻城的土山，又要花费几个月才能完工。如果主将难以克制愤怒与焦躁的情绪而强迫驱使士卒像蚂蚁一样去爬梯攻城，结果士卒损失了三分之一，而城池却未能攻克，这就是攻城带来的灾难。

所以，善于用兵的人，使敌人屈服而不靠交战，攻占敌人的城池而不靠强攻，毁灭敌人的国家而不靠久战。一定要用全胜的战略争胜于天下，这样既不使自己的军队疲惫受挫，又能取得圆满的、全面的胜利。这就是以谋略胜敌的标准。

因此，用兵的原则是，拥有十倍于敌的兵力就包围敌人，拥有五倍于敌的兵力就进攻敌人，拥有两倍于敌的兵力就设法分散敌人，兵力与敌相等就要努力抗击敌人，兵力少于敌人就要退却，兵力弱于敌人就要避免决战。所以，弱小的军队如果一直坚守硬拼，就势必成为强大敌人的俘虏。

将帅是国君的助手，辅助周密，国家就一定强盛；辅助有问题，国家就一定衰弱。

国君危害军事行动的情况有三种：不了解军队不能前进而命令军队前进，不了解军队不能后退而命令军队后退，这叫作束缚军队；不了解军队的内部事务，而去干预军队的行政，就会使将士迷惑；不懂得军事上的权宜机变，而去干涉军队的指挥，就会使将士产生疑虑。军队既迷惑又心存疑虑，那么诸侯列国乘机进犯的灾难也就随之降临了。这叫作自乱其军，自取覆亡。

预知胜利的情况有五种：知道可以打或不可以打的，能够胜利；了解多兵和少兵的不同用法的，能够胜利；全军上下意愿一致的，能够胜利；以自己有准备对付没准备之敌的，能够得胜；将帅有才能而国君不加掣肘的，能够胜利。凡此五条，就是预知胜利的方法。

所以说：既了解敌人，又了解自己，百战都不会有危险；虽不了解敌人，但是了解自己，那么有时能胜利，有时会失败；既不了解敌人，又不了解自己，那么每次用兵都会有危险。

◇用计例说

⊙晋楚城濮之战

公元前632年的晋楚城濮之战，是春秋时期晋、楚两个诸侯国争霸中原的一次战争。在这场战争之初，楚国的实力强于晋国，而且楚国有许多盟国，声势浩大。城濮之战以楚国出兵攻宋、宋成公派人来晋求救为引子展开。晋军制定了正确的战略战术，运用谋略争取了齐、秦两个大国的援助，取得了"伐交""伐谋"两方面的优势，最终击败了楚军，夺得了中原霸主的地位。城濮之战中晋军能胜利，是《孙子兵法·谋攻篇》中"战胜策"的印证，晋军的取胜，不是胜在实力，而胜在谋略。

春秋时期，地处江汉之间的楚国日益强盛，它控制了西南和东面的许多小国

晋文公复国图（局部）南宋 李唐

和部落。在楚文王时期，楚国开始北上向黄河流域发展，攻占了申（今河南南阳北）、息（今河南息县西南）、邓（今河南漯河东南）等地，并使蔡国屈服。楚成王时期，齐国崛起，齐桓公称霸中原，楚国难以再向北扩张。齐桓公死后，齐国内乱，霸业衰落，楚国乘势向黄河流域扩张，控制了鲁、宋、郑、陈、蔡、许、曹、卫等小国。公元前 638 年，楚军在泓水之战中打败了宋襄公，开始向中原发展，期望成就霸业。

正当楚国图谋中原称霸之时，在今天山西西南的晋国也逐渐强盛起来。公元前 636 年，流亡在外 19 年的晋公子重耳在秦国的帮助下回国即位，称晋文公。晋文公即位后，实施了一些改革措施，进行了一些外交活动，具备了争夺中原霸主地位的强大实力。

早在晋文公即位的那年，周襄王遭到他兄弟叔带勾结狄人的攻击，王位被夺。晋文公及时抓住了这个尊王的好机会，平定了周室的内乱，护送周襄王回到洛邑。襄王以文公勤王有功，便赐以阳樊、温（今河南温县西）、原（今河南济源西北）等地。晋文公遂命赵衰为原大夫，狐溱为温大夫，经营这一对争霸中原有战略意义的地区。由于晋文公抓住了"尊王"这块招牌，在诸侯中的地位大为提高。其势力的迅速发展，引起了楚国的不安。楚国急于想阻止晋国进一步向南发展，而晋国要想夺取中原霸权，就非同楚国较量不可。因此，晋、楚之间的矛盾日益尖锐起来。

公元前 634 年，鲁国因和莒、卫两国结盟，几次遭到齐国的进攻，便向楚国请求援助。而宋国因在泓水之战中被楚国击败，襄公受伤而死，不甘心对楚国屈服，看到晋文公即位后晋国实力日增，也就转而投靠晋国。楚国为了保持其在中原的优势地位，便出兵攻打齐、宋，并借此阻止晋国向南发展。晋国也正好利用这一机会，以救宋为名，出兵中原。这样，晋楚两国的军事交锋便不可避免地发生了。

公元前 633 年冬，楚成王率领楚、郑、陈、蔡等多国军队进攻宋国，围困宋都商丘。宋国的司马公孙固到晋国告急求援。于是晋文公和群臣商量是否出兵及如何救宋。大夫先轸力劝晋文公出兵救宋，他认为，救宋既能够"取威定霸"，又能报答以前晋文公流亡到宋国时，宋君赠送车马的恩惠。但是宋国不靠近晋国，劳师远征救宋，必须经过楚国的盟国曹、卫；而且楚军实力强大，正面交锋也恐怕难以取胜。大臣狐偃针对这一情况，建议晋文公先攻曹、卫两国，那时楚国必定移兵相救，那样宋之围便可解除。晋文公采纳了这一建议。尽管如此，晋国感到真正的敌人是楚国，要对付如此强大的敌人，必须进行较充分的准备。晋国按照大国的标准，扩充了军队，任命了一批比较优秀的贵族官吏出任军队的将领。

经过一段时间的准备，晋文公于公元前632年阴历一月，将军队集中到晋国和卫国的边境上，借口当年曹共公侮辱过他，要求借道卫国进攻曹国，遭到卫国拒绝。晋文公迅速把军队调回，绕道从现河南汲县南的黄河渡口渡河，出其不意地直捣卫境，先后攻占了五鹿及卫都楚丘，占领了整个卫地。晋军接着又向曹国发起了攻击，三月间，攻克了曹国都城陶丘（今山东定陶），俘虏了曹国国君曹共公。

晋军攻占了曹、卫两国，但楚军依然用全力围攻宋都商丘，宋国又派门尹般向晋告急求救。晋文公开始感到左右为难了。不出兵救宋，宋国国力不支，一定会降楚绝晋；出兵，自己兵力单薄，没有必胜的把握，何况直接与楚发生冲突，会背忘恩负义之名（文公当初流亡路过楚国时，楚成王招待他非常周到，不仅留他住了几个月，最后还派人护送他到秦国）。这时，先轸分析了楚与秦、齐两国的矛盾，建议让宋国表面上同晋国疏远，然后由宋国出面，送一份厚礼给齐、秦两国，由他们去请求楚国撤兵，晋国则把曹共公扣押起来，把曹、卫的土地赠送给宋国一部分。楚国同曹、卫本是结盟的，看到曹、卫的土地为宋所占，必定会拒绝齐、秦的劝解。这样楚国就将触怒齐、秦，他们就会站在晋国一边，出兵与楚作战。晋文公对此计十分赞赏，于是马上施行。楚国果然中计，拒绝了秦、齐的调停，而齐、秦见楚国不听劝解，大为恼怒，便出兵助晋。齐、秦的加盟，使晋、楚双方的力量对比发生了根本性的变化。

楚成王看到齐、秦与晋联合，形势不利，就令楚军从前线撤退到楚地申，以防秦军出武关袭击他的后方。同时命令戍守谷邑的大夫申叔迅速撤离齐国，命令尹

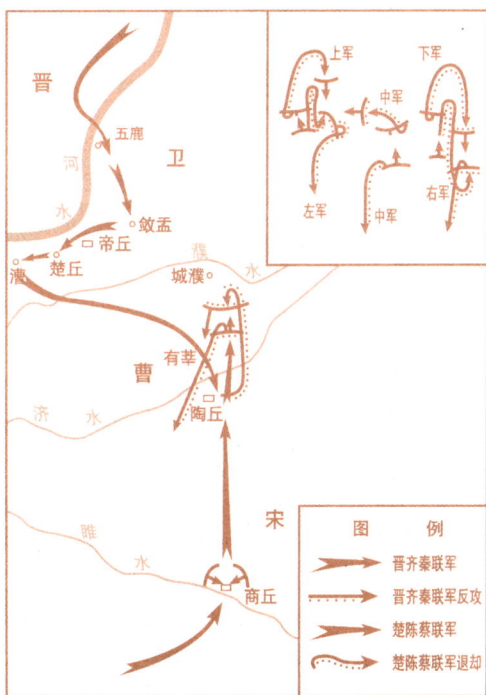

晋楚城濮之战示意图

管銎钺 春秋

子玉将楚军主力撤出宋国。子玉对楚成王回避晋军很不满意，他对成王说："你过去对晋侯那么好，他明明知道曹、卫是楚的盟国，与楚的关系密切，而故意去攻打它们，这是看不起你。"楚成王说："晋侯在外流亡了19年，遇到很多困难，而最后终于能够回国取得君位，他尝尽艰难，充分了解民情，这是上天给他的机会，我们是打不赢他的。"但是子玉却骄傲自负，听不进楚成王的劝告，仍要求楚王允许他与晋军决战，并请求增加兵力。楚成王勉强同意了他的请求，但不肯给他多增加兵力，只派了少量兵力去增援他。于是，子玉以元帅身份向陈、蔡、许、郑四路诸侯发出命令，相约共同起兵。他的儿子也带了600家兵相随。子玉自率中军，以陈、蔡二路兵将为右军，许、郑二路兵将为左军，风驰电掣，直向晋军扑去。

子玉逼近晋军后，为了寻求决战的借口，派使者宛春故意向晋军提出了一个"休战"的条件：晋军必须撤出曹、卫，让曹、卫复国，楚军则解除对宋都的围困，从宋国撤军。中军元帅先轸提出一个将计就计的对策，以曹、卫与楚国绝交为前提，私下答应让曹、卫复国；同时，扣押楚国的使者，以激怒子玉来战。晋文公采纳了他的计策。子玉得知曹、卫叛己，使者又被扣，便恼羞成怒，倚仗着楚国的优势兵力，贸然带兵扑向晋军，以求决战。

晋文公见楚军来势凶猛，就命令晋军后撤，以避开它的锋芒。有些将领不理解文公的意图，问文公："没有交手，为什么就后退呢？"文公说："我以前在楚的时候曾对楚王说过，如果晋楚万一发生了战争，我一定退避三舍（90里）。我是遵守诺言的。"实际上，晋军的"退避三舍"，是晋文公图谋战胜楚军的重要方略。晋军"退避三舍"后，退到了卫国的城濮，这里距离晋国比较近，后勤补给很方便，又便于齐、秦、宋各国军队会合；在客观上，"退避三舍"也能起到麻痹楚军、争取舆论同情、诱敌深入、激发晋军士气等多重作用，将晋军的不利因素变为了有利因素，为夺取决战胜利奠定了基础。

晋军退到城濮停了下来。这时，齐、秦、宋各国的军队陆续到达城濮和晋军会师。晋文公检阅了军队，认为可以与楚军决战。这时，楚军追了90里也到达城濮，选择了有利的地形扎下营，随后就派使者向晋文公挑战。晋文公很有礼貌地派了晋使回复子玉说："晋侯只因不敢忘记楚王的恩惠，所以退避到这里。既然这样仍得不到大夫（指子玉）的谅解，那也只好决战一场了。"于是双方约定了开战的时间。

公元前632年，阴历四月四日，晋楚两军决战开始。晋军针对楚军中军强大、左右翼军薄弱的部署特点，和楚军统帅子玉骄傲轻敌、不谙虚实的弱点，发起了有针对性的攻击。晋下军佐将胥臣把驾车的马蒙上虎皮，出其不意地首先向楚军中战斗力最差的右军——陈、蔡军进攻。陈、蔡军遭到这一突然而奇异的进攻，惊慌失措，弃阵逃跑，楚右翼就这样迅速地崩溃了。

晋军同时也把进攻的矛头指向楚左军。晋上军主将狐毛在指挥车上故意竖起两面镶有彩带的大旗，非常醒目，远远就可望见。狐毛和许、郑联军一接触，就故意败下阵来。逃跑时，在车的后面拖了很多树枝，树枝刮起的尘土，遮天蔽日，给在高处观战的子玉造成了错觉，以为晋军溃不成军了，于是急令左翼部队奋勇追杀。晋中军元帅先轸等见楚军已被诱至，便指挥中军横击楚军，晋上军主将狐毛回军夹击楚左军。楚左军退路被切断，陷入重围，基本被歼。子玉见左右两翼军都已失败，急忙下令收兵，才保住中军，退出战场。城濮之战最终以晋胜楚败而告终。

晋在城濮之战中的胜利，首先在于晋国君、臣能够准确分析交战之初的客观形势及利弊，制定出了先胜弱敌、避免过早与楚正面交锋，争取齐、秦二国支持的谋略。随后，在决战之时，晋军敢于先退一步，避开楚军的锋芒，以争取政治、军事上的主动。此外，晋军"知己知彼"，能根据敌人的作战部署，灵活地选择主攻方向，先攻敌人的薄弱环节，各个击破，因而获得了这场战争的胜利。纵观城濮之战的整个过程，我们不能不得出这样的结论：克敌制胜的上策在于以谋略战胜敌人。

⊙烛之武退秦师

公元前 630 年，晋国晋文公在城濮之战中战胜楚国之后，已在诸侯中赢得了霸主地位。这一年，晋文公因郑国在城濮之战中曾加盟楚国、出兵参战与他为敌，加之他在流亡时期经过郑国而没受到郑君的礼遇，于是极为恼怒，联合了秦穆公进攻郑国。

郑国是一个小国，在秦、晋两个大国的军队兵临城下的危急时刻，郑国国君郑文公连夜召集文武百官商量对策。文官武将们一致认为，以郑国的实力，是不足以抵抗秦、晋两国军队的联合进攻的，最好的办法是派出使者，从秦、晋二国的关系上做文章，晓之以利弊，说服秦国退兵。这样，晋国便孤掌难鸣，极有可能会停止对郑国的进攻。

郑文公采纳了这一退兵方略，决定派富有外交经验、善于辞令的大臣烛之武前去说服秦国退兵。

当时，秦军驻扎在城东，晋军驻扎在城西。当夜，郑国守城官兵用绳子系在烛之武的腰上，将他送下城。烛之武出城后，直奔秦军营前，要求见秦穆公。穆公手下的人将他带到秦穆公跟前。烛之武见到秦穆公，便开门见山地对秦穆公说："秦、晋二国的军队包围了郑国，郑国即将灭亡了，如果郑国灭亡对秦国有好处的话，我

万里长城第一台遗址

在秦代修筑长城时，榆林是两路长城汇合的地方，在当地地势最高、烽火台最大，里面驻军最多。自秦以后，历代均以此台为镇守北方的重要军事要地，号称镇北台。

就不用来见您了。"接着，烛之武从晋、秦、郑三国的地理位置入手，分析灭郑对秦、晋之利弊。他说："您知道，我们郑国在东，秦国在西，中间隔着晋国。郑国灭亡以后，秦国能越过晋国的国土来占领郑国吗？我们的疆土将只能被晋国占领。秦晋两国本来力量相当、势均力敌。如果晋国得到了郑国的土地，它的实力就会比现在更强大，而贵国的势力也将相应地减弱。您现在帮助晋国强大起来，对贵国只有百害而无一利，将来只会反受其害。况且，晋国的言而无信您难道忘了吗？当年晋惠公逃到梁国，请求您的帮助，答应在事成之后以黄河以外的 5 座城作为酬谢。于是您帮助他回国做了国君，晋惠公回国后不仅赖掉了这些许诺，而且修筑城墙准备与秦对抗。现在晋国天天扩军备战，其野心根本不会有满足的时候。他们今天灭了郑国，往东面扩大了自己的疆土，难保明天不会向西边的秦国扩张。您如果肯解除对郑国的包围，我们郑国将与秦国交好。今后，贵国使者经过郑国的时候，我们一定尽主人之道，好好招待贵宾。这对你们有何危害呢？"

烛之武的一番话，讲得有理有据，利害分明，使秦穆公意识到灭郑确实是于己无利的。于是秦穆公答应立即撤兵，并且和郑国订立了盟约。秦国军队悄悄地班师回国了，还留下了杞子等三位将军带领 2000 秦兵，帮助郑国守城。

晋文公见秦穆公不辞而别，非常气愤，怎奈孤掌难鸣，于是也偃旗息鼓、撤军回国了。

在《孙子兵法·谋攻篇》中，孙子提出夺取胜利的两种策略，一种是不战而胜的策略，即"不战而屈人之兵"；另一种是获胜的战略，即通过交战夺取胜利。"烛之武退秦师"即不战而胜的战例。烛之武之所以能顺利说服秦穆公退兵，关键在于抓住了灭郑对秦、晋的利害关系。烛之武通过分析，让秦国看到了灭郑于秦不仅无利，而且有害；同时，烛之武在秦、晋关系上做文章，指出晋国言而无信、谋求霸权、贪得无厌，是不可与之共事的，从而破坏了秦、晋的联盟。烛之武在论说灭郑之害时，始终从秦国立场出发，处处为秦设想，以事实为依据，把秦、晋联合灭郑的害处分析得十分透彻，终于使秦穆公撤兵回国。由于郑国在生死存亡的关键时刻成功地实施了"伐交"策略，因而取得了使秦、晋两国不战自退的效果，解除了灭国之危。

⊙靖难之役

靖难之役是明建文元年（1399 年）至四年（1402 年），燕王朱棣战胜建文帝朱允炆、夺得帝位的战争。

洪武三十一年（1398 年），明太祖朱元璋病逝。太孙朱允炆继帝位，年号建文。建文帝接受齐泰、黄子澄的建议，先后削除周、湘、代、齐、岷五王。燕王朱棣的王位在此时也受到威胁。建文元年七月，朱棣在北平（今北京）援引"祖训"，以讨伐"奸恶"为名举兵，自称"靖难"之师，先后攻下居庸关、怀来、遵化等地。北平基地得到巩固。

建文帝在京师（今江苏南京）闻信，急命长兴侯耿炳文为征房大将军，率军 30 万北征。耿军主力进抵真定（今河北正定），前锋据雄县（今属河北）。朱棣借耿军立足未稳之机，于八月十五夜袭雄县城，杀耿军 9000 人，大获全胜。继而伏击耿军援兵，俘都指挥潘忠、杨松，而后率师至真定，又歼耿军 3 万余人。

八月底，曹国公李景隆被建文帝封为大将军，取代耿炳文，领兵 50 万进驻河间（今属河北），再次北征。朱棣为引诱李军仓促来攻，只留少部兵力守北平，自率主力绕道袭耿大宁（今内蒙古宁城县境）。为扩充实力，合并了宁王朱权所属的三卫兵马。李景隆闻朱棣北去，果引军围攻北平，朱棣回师北平东 20 里郑村坝，与守城兵马配合作战，大败李军。建文二年四月，朱棣军 10 万与李景隆军 60 万战于白沟河（今河北雄县境）。李军藏火器于地中，朱棣军死伤惨重。后大风起，朱棣率师乘风纵火，前后夹击，李军大溃，损兵 10 余万，李景隆逃到山东济南。朱棣乘胜追击，围攻济南，遭山东参政铁铉与都督盛庸等全力抵御，久攻不克，撤围还师北平。

九月，建文帝又组织了第三次北征，封盛庸为大将军，领兵进驻德州（今属山东）、沧州（今属河北）等地。十月，朱棣佯称攻辽东，兵至通州（今北京通州），突然转兵南攻沧州，生擒守将徐凯，乘胜南下，连续击败盛军。朱棣军屡胜轻敌，十二日盛军在东昌以火器劲弩突袭朱棣军。朱棣军主将张玉战死，死伤数万人，被迫还师北平。

建文三年春，朱棣再次率师南下，在夹河、滹沱河（今河北境）两次作战中，均乘大风冲击，共歼灭盛军 16 万。建文帝为诱燕王懈怠，诏赦燕王罪；同时发兵断其粮道，以迫其北师乘机歼灭。朱棣识破此计，于六月遣部将李远率 6000 骑兵南下，袭济宁（今属山东）、纬县（今属江苏），焚盛军粮船数百艘，京师大震。朱棣率军疾速南进，想趁京师空虚之机夺取政权。建文四年春，绕过徐州（今属江苏），在泗河（在今安徽省境）设伏，击败跟踪而至的盛军 4 万骑。四月，建文帝遣军北援盛庸，两军战于齐眉山（今安徽灵璧县境），朱棣督众苦战，斩杀盛军护粮兵 2 万余，乘胜攻克灵璧，俘副总兵平安、陈晖等将士 10 余万。至此，朱棣歼灭了建文帝在淮河以北的主力部队。

朱棣认为夺取京师的时机已到，五月乘胜挥师南渡淮河，攻克盱眙（今属江苏），避开凤阳（今属安徽）、淮安（今属江苏）两座坚城，直抵扬州准备渡江。建文帝为保住皇位，提出割地议和，遭到了朱棣的断然拒绝。朱棣于六月初率军渡江，直逼京师。十三日，合王朱橞及守将李景隆开门献城。宫中火起，建文帝朱允炆不知所终（一说被烧死，一说出走）。朱棣登基称帝，并于次年改年号为永乐。

此役持续三年，建文帝缺乏制胜计谋，任用军事统帅不当，指挥不力，诸路军被各个击破。孙子云："夫将也，国之辅也，辅周则国必强，辅隙则国必弱。"这个道理建文帝可能是知之甚少的。而朱棣以北平为基地，适时主动出击，善于连续作战，逐步消灭对方主力，最后乘胜进军，直取京师。在这一点上，朱棣是深得《孙子兵法·谋攻篇》的智慧和精髓的。

⊙兵不血刃当皇帝，不放一枪占巴黎

拿破仑打小营养不良，长得矮小，用他家邻居的话来说："娃是个好娃，就是

这身板跟落秧的茄子一样没长开。"打死他们也不会想到，这个没长开的娃最终被称为"马背上的世界灵魂"，一生以辉煌战绩彪炳史册，特别是兵不血刃占领巴黎的胆略和魄力让世人直竖大拇指。

1814 年，法国的路易十六重新当上了老大，但是人民群众都很讨厌这个人。而深受大家爱戴的拿破仑却被困在厄尔巴岛上，他的"粉丝团"在法国的街道上游行示威，盼望着偶像级的英雄拿破仑能快点儿归来。拿破仑知道这个消息后，心里面暖和得很。这时候的拿破仑是身在孤岛心在法国。通过新闻他知道欧洲的那些君主们正在一起开座谈会，商量瓜分波兰的事情，没时间管他这个"小人物"。于是拿破仑便衡量了一下国内粉丝的热度，觉得这是一个大好时机。

1815 年 2 月 26 日傍晚，拿破仑突然带领 1000 余名士兵登船向法国海岸驶去。28 日，他在海上对部下说："我们马上就要到巴黎去啦，那里全是我的粉丝，兄弟们跟我一起去巴黎狂欢吧……" 3 月 10 日，拿破仑到达里昂。在这里，拿破仑举行了个人新闻发布会，他号召当地的军队集合在自己的旗帜下，向巴黎进军，并命令自己的军队在任何情况下都不准开枪。他的个人魅力让当地的人几乎要疯狂了。

尽管拿破仑有意避免打仗，可是在格勒诺布尔他仍然遇到了法国的政府军，这时候是没法撤退的了。拿破仑觉得发挥自己魅力的时刻又到了，便带头向敌人走去。当进入敌人的射程时，他用充满磁性的声音说道："兄弟们，难道你们没有认出我是谁吗？你看看全国的人们哪个不是我的粉丝，我注定会成为法国皇帝的。你们谁愿意打死你们自己的皇帝，就请开枪吧，但不要打脸。"说完摆了一个自以为最酷的造型。一时间，政府军的士兵们迷失了自己，在拿破仑的魅力感染下发出了"皇帝万岁，偶像万岁"的欢呼声。这期间各行各业的拿破仑的粉丝都加入到了拿破仑的队伍中来。

路易十六看到巴黎的人越来越少，才感到恐慌，连忙让阿图瓦伯爵去阻击拿破仑。没有想到的是，阿图瓦伯爵的家里人都是拿破仑的粉丝，阿图瓦不战而逃。路易十六又派内伊元帅去对付拿破仑。拿破仑知道这个消息以后，高兴得不得了。这内伊可是拿破仑的铁哥们儿，小时候经常扮演马和拿破仑玩骑马打仗的游戏。于是，拿破仑叫人给内伊送了个纸条："亲爱的内伊，你小子当了元帅就要跟你大哥我过不去了？晚上到夏龙来接我，咱哥俩唠唠嗑——死党拿破仑。"内伊一看到这熟悉的字迹，立刻想起了童年，第二天就率领部队归附了拿破仑。

路易十六一看到这情况，只好逃跑。所以当拿破仑还没有到达枫丹白露时，巴黎的杜伊勒里宫殿里就已经升起了三色旗，王宫地毯也被从波旁王朝的百合花图案换成了帝国的金蜜蜂图案。当夜，拿破仑率军进入枫丹白露。3 月 20 日晚，拿破仑在粉丝们的前呼后拥下进入巴黎。

杜伊勒里宫前，市民欢迎他们的英雄拿破仑，争睹巨星风采。历史是公正的，而奇迹更是真实的，偶像的力量无穷大啊！

⊙小老板从小做大，"步步高"步步高升

湘潭市步步高食品公司是一个 25 岁的小伙子靠着借钱成立发展起来的。这

个小伙子叫王填，他不仅胆子大，而且心眼儿也多。上学时他有点儿不务正业，书读得不咋样，满脑子都是咋样能赚钱。他偶然察觉学校里热水瓶胆稀缺，经过一番实地考察和慎重考虑，王填开始了小范围的热水瓶胆经营。这次淘金使得他从穷学生一跃成为小有名气的"资本家"，也为他今后的事业发展打了一个漂亮的开局。

王填这捞钱的本事被湘潭一家全国有名的商业明星企业看上了，死活非聘请他当他们的员工。王填心有鸿鹄之志，哪能屈于一个小毛窝？1994年3月，他主动要求下岗，并借了5万块钱，开始全力经营自己的"步步高食品公司"。创业伊始，王填带领业务员走遍了湘潭市的大街小巷，走出了湘潭市，甚至走进了湘乡市。他以这种主动出击的作战方法不出半年就建立了800多家分销终端网络，取得了众多供应商的支持。更重要的是，"步步高公司"的名气越来越大了。

1995年年底，一条并不起眼的消息引起了王填的注意：国家经贸委在一次中国零售业的高层研讨会上提出了"发展连锁超市是中国零售业的发展方向"的主题。王填天生对钱的敏感使他嗅出了其中的商机，他决定要在自己的家乡办超市。经过谨慎的市场调研和详细的发展规划，王填选择了当时由于经营不善已处于崩溃边缘的商业旺铺，位于解放路的国营菜肉商场作为自己开设超市的第一站，并在接手该商场时接收安置了40名下岗职工。解放路店的火爆开业让王填深刻体会到了超前的经营理念带来的巨大成功。赚了一大笔钱后，王填带领他的团队迅速出击，在周边城市纷纷布下网点。一时间，"步步高"家喻户晓，传遍了湖南的每个角落。

1999年对王填和他的"步步高食品公司"可谓是特殊的一年。这年1月，王填将公司由"湘潭市步步高食品公司"更名为"湖南步步高连锁超市有限公司"。2001年3月25日，在北京召开的中国连锁业百强发布会上，"步步高"跻身"全国连锁百强企业"，排名第56位，成为湖南省唯一入围企业，同时还荣获湖南省建设银行授予的ＡＡＡ级信用单位。

打稳基础后，"步步高"的发展可谓如日中天，每年以近10家店的递增速度遍布湖南省二、三级市场，并奠定了湖南超市冠军的霸主地位。在董事长王填的带领下，"步步高"以超常的胆略，实现了自身的一次次飞跃。2005年元月最后一天，在国际旅游城市张家界，"步步高"开出旗下第47家店。不久后，斥资1亿多元精心打造的湖南娄底银海店在娄底市最繁华的商业街——长青中街盛大开业。

2005年7月8日，"步步高"江西宜春高士店和"步步高"邵阳红旗路店的盛大开业，标志着"步步高"成功跨省经营。两个月后，位于南昌胜利路步行街北街口的"步步高"胜利路店在万众瞩目中拉开帷幕，超低的商品促销价格和别致的开业典礼，不仅让出席剪彩仪式的嘉宾和记者耳目一新，更让原本喧嚣的南昌胜利路更加沸腾起来。

"步步高"的成功就在于他们走农村包围城市的网点布局战略，采取集中兵力、避开强敌、各个击破、稳步推进的扩张计划，从而避开了劲敌的残酷竞争，而取得了市场竞争中的主导优势地位。

⊙推销员知己知彼，营销业大有学问

Y先生从市场营销专业毕业后就去了一家公司当推销员。公司为了考验新员工的素质，就派他们去衣阿华州西奥克城进行推销活动。第一天晚上，Y听到一位推销员抱怨说："真他妈的不是人干的事。这儿的荷兰人，一个个像铁公鸡似的，拿老虎钳恐怕都拔不下毛来。地方保护主义还特严重，咱们外地人根本没法混饭吃。这些都不说了，这破地方都5年没收成了，鸟都不拉屎了。在这里想卖出东西，除非密西西比河水倒流。"

Y听了不禁出了一身冷汗，冷汗过后就加速开动脑筋来考虑这件事，最后还是决定第二天与这位推销员一起驱车前往西奥克斯中心。当他们到达那儿以后，Y逢人便打听这个地方谁比较有威望，谁是老大级人物，人们告诉了他。随后他们提着好酒、好烟走进了一家银行。当时那儿有一位副经理、一位出纳员、一位收款员。20分钟后，副经理和出纳员各买了一份他们公司所乐于销售的最大的保单——全单元保单。他们一个商店接着一个商店，一个办公室接着一个办公室地访问每个机构中的每一个人，有条不紊地兜售着他们的保险单。

那天他们所访问的每一个人都购买了全单元保单，没有一个例外。难道密西西比河水倒流了吗？为什么在同一个地方，别人的销售都失败了，而Y的销售却成功了呢？

原来，Y没有知难而退，而且还对当地情况做了正确的分析，在了解销售对象的心理及处境的基础上，满足了客户的需求，因而取得了很大的收获。

他认为荷兰人讲宗派，这正是销售成功的一个有利因素。因为如果你一旦将东西卖给一族中的一个人，特别是一个领袖人物，你就能卖东西给全族的人。因此，首先你必须要做的就是把第一笔生意做给一位适当的人，即使花费很长的时间或耗费很大的精力。

而且，这片土地歉收已经5年，谁不怕挨饿啊，这正是推销保险单的大好时机。荷兰人虽然小气，不爱花钱，但这也说明他们十分注意节约，更重视他们的家庭和财产。要是只付很少的钱，却得到可靠的保护，他们不掏钱购买才怪。

这Y还真有两下子，找出了吸引消费者的关键所在。

⊙爱德集团遭冲击，上下一心获生机

广东顺德的爱德集团曾经风云一时，中国第一代大容量全自动洗衣机就是从那里走出来的。但花无百日好，人无千日红啊！随着竞争的加剧，尤其是"洋名牌"的冲击，爱德洗衣机被冲击得日渐衰落，两年多来一直处于停产或半停产状态，资不抵债，1996年7月不得不正式宣布破产了。爱德集团随后立即飞鸽传书给家电老大哥——海尔集团，请求帮爱德兄弟一把，别让洋人占了大便宜。

海尔集团那可是家电业的老大哥，得知爱德集团有难，哪能不帮啊！1997年3月13日海尔集团历尽千辛万苦，南下挺进中国改革开放的最前沿广东顺德市，以控股投资的方式与赫赫有名的广东爱德集团公司合资组建了顺德海尔电器有限公司。

在爱德洗衣机公司全体中层以上干部会上，海尔企业文化中心主任苏芳雯详细讲述了海尔怎样从12年前的一家亏损小厂跃变为年销售额超过60亿、利润超5亿元的中国第一名牌家电企业的辉煌历程，讲述了海尔为什么能用10年时间便走完了国际同行须用50年才能走完的路，讲述了什么叫"星级服务"、什么叫"真诚到永远"，讲述了海尔人与爱德人将怎样携手并肩，共创美好明天。

爱德大多数干部听了海尔的文化介绍后，都从内心感受到鼓舞，感受到踏实、充实，打消了许多顾虑，坚定了和海尔老大哥干到底的信心，都一致认为"加盟"海尔是正确的、超前的选择，跟着海尔干，顺德海尔也一定能创出名牌，企业也一定大有前途。

海尔洗衣机公司派出赵振中任顺德海尔公司总经理后，他不住爱德集团安排好的"贵宾楼"，而是住进企业设施简陋的招待所里。他每天和职工们一同下车间，一同加班，一同在职工食堂就餐。这位海尔老板无私奉献、敬业的行为，就是海尔文化价值的体现，也深深打动了爱德员工的心。

在公司上下一心奋战10多天后，原已停产半年之久的洗衣机总装线已全面恢复运转。在家待业的爱德员工已全部回厂上班。原定5月中旬正式出产品提前到4月中旬。以海尔命名的新一代电脑控制全自动洗衣机从顺德走向市场，走向世界。

爱德人无不发出感慨："跟着海尔，有肉吃。"

◇**简评**

这一篇所讲的内容既是军事谋略，又是政治和外交谋略。孙子是中国古代最为著名的军事家，但他并不认为战争是解决敌国间纠纷和争议的唯一手段。要征服敌国，可以用军事手段，以战争解决问题。但孙子崇尚的是军事谋略而不是铁血杀伐，"上兵伐谋，其次伐交，其次伐兵，其下攻城"。

孙子在本篇里还提到"全胜"的计谋：使敌国的军队完全屈服而不靠作战；获取敌国的城邑不靠强攻；控制敌国不靠持久作战；不使自己疲惫而又可获取全胜，这些就要靠智谋。

此外，孙子还提出国君与军队之间的关系，主张国君不宜干涉军队的具体指挥事务，否则将会自乱其军而使敌人胜利。判断胜利的方法有5种，掌握了这5种方法就可以做出军事行动的决策。本篇中明确提出："知彼知己，百战不殆；不知彼而知己，一胜一负；不知彼不知己，每战必殆。"这是极富辩证智慧的军事思想。今天，这一思想的价值已经远远超出了军事领域，被从事各行各业的人所理解、所运用，并且取得了成功。

形篇

◇原文

孙子曰：昔之善战者，先为不可胜，以待敌之可胜。不可胜在己，可胜在敌。故善战者，能为不可胜，不能使敌之可胜。故曰：胜可知，而不可为。

不可胜者，守也；可胜者，攻也。守则不足，攻则有余。善守者藏于九地之下，善攻者动于九天之上[1]。故能自保而全胜也。

见胜不过众人之所知，非善之善者也；战胜而天下曰善，非善之善者也。故举秋毫不为多力[2]，见日月不为明目，闻雷霆不为聪耳。古之所谓善战者，胜于易胜者也。故善战者之胜也，无智名，无勇功，故其战胜不忒。不忒者，其所措必胜，胜已败者也。故善战者，立于不败之地，而不失敌之败也。是故胜兵先胜而后求战，败兵先战而后求胜。善用兵者，修道而保法[3]，故能为胜败之政[4]。

兵法：一曰度，二曰量，三曰数，四曰称，五曰胜。地生度，度生量，量生数，数生称，称生胜。故胜兵若以镒称铢[5]，败兵若以铢称镒。胜者之战民也，若决积水于千仞之谿者，形也[6]。

【注释】

[1] 善守者，藏于九地之下；善攻者，动于九天之上：九，虚数，泛指多，古人常把"九"用来表示数的极点。九地，形容地深不可知。九天，形容天高不可测。此句意为善于防守的人，能够隐蔽军队的活动，如藏物于极深之地下，令敌方莫测虚实；善于进攻的人，进攻时能做到行动神速、突然，如同从九霄飞降，出其不意，迅猛异常。

[2] 举秋毫不为多力：秋毫，兽类在秋天新长的毫毛，比喻极轻微的东西。多力，力量大。

[3] 修道而保法：道，政治、政治条件。法，法度、法制。此句意为修明政治，确保各项法制的贯彻落实。

[4] 故能为胜败之政：政，同"正"，引申为主宰的意思。为胜败之政，即成为胜败上的主宰。

[5] 以镒称铢：镒、铢，皆古代的重量单位。1 镒等于 24 两，1 两等于 24 铢，铢轻镒重，相差悬殊。此句比喻力量相差悬殊，胜兵对败兵拥有实力上的绝对优势。

[6]若决积水于千仞之谿者，形也：仞，古代的长度单位，7尺（也有说8尺）为1仞。千仞，比喻极高。谿，山涧。形：指军事实力。

◇解题与读法

《说文·多部》："形，象也。"用今语来讲，形，就是样子。赵本学对这个形字的解释是："形者，情之著也，胜败之征也。见其形，则得其情；得其情，则得其所以制之之法。"

赵解就一般军事的形势而言，虽不能说不对，但不足以说明本篇以形字名篇的用意。须知：本篇用形字名篇，系专指攻守时的形势而说，并不是泛论一般军事的形势。这是狭义的，不是广义的。

本篇宜分三段读：从"孙子曰：昔之善战者"起，到"故能自保而全胜也"止，为第一段，论先求能守以自保，次图能攻以取胜。从"见胜不过众人之所知"起，到"故能为胜败之政"止，为第二段，论自保全胜之道，要在修道保法，胜于无形。从"兵法"起，到"形也"止，为第三段，列举制胜的5项兵法，并设喻刻画胜兵进攻时的形势，以结全篇。

◇译文

孙子说：从前善于用兵打仗的人，先要做到不被敌方战胜，然后捕捉时机战胜敌人。不被敌人战胜的主动权操在自己手中，能否战胜敌人则取决于敌人是否有隙可乘。所以，善于打仗的人，能创造不被敌人战胜的条件，但不可能做到使敌人一定被我战胜。所以说，胜利可以预知，但是不可强求。

想要不被敌人战胜，在于防守严密；想要战胜敌人，在于进攻得当。实行防御，是由于兵力不足；实施进攻，是因为兵力有余。善于防守的人，隐蔽自己的兵力如同深藏于地下；善于进攻的人，展开自己的兵力就像自九霄而降（令敌人猝不及防）。所以，既能保全自己，又能夺取胜利。

预见胜利不超越一般人的见识，这算不得是高明中最高明的；通过激战而取胜，即使是普天下人都说好，也不算是高明中最高明的。这就像能举起秋毫称不上力大、能看见日月算不得眼明、能听到雷霆算不上耳聪一样。古时候所说的善于打仗的人，总是战胜那些容易战胜的敌人。因此善于打仗的人打了胜仗，既不显露出智慧的名声，也不表现为显赫的战功。他们取得胜利，是不会有差错的。其所以不会有差错，是由于他们的作战措施建立在必胜之基础上，能战胜那些已经处于失败境地的敌人。善于打仗的人，总是确保自己立于不败之地，同时不放过任何击败敌人的机会。所以，胜利的军队总是先创造获胜的条件，而后才寻求同敌决战；而失败的军队，却总是先同敌人交战，而后企求侥幸取胜。善于指导战争的人，必会修明政治，确保法制，从而能掌握战争胜负的决定权。

兵法的基本原则有5条：一是"度"，二是"量"，三是"数"，四是"称"，五是"胜"。敌我所处地域的不同，产生双方土地幅员大小不同的"度"；敌我"度"的不同，产生了双方物质资源丰瘠不同的"量"；敌我"量"的不同，产生了双方兵力多寡不同的"数";敌我"数"的不同,产生军事实力强弱不同的"称";"称"的不同,最终决定了战争由何方取胜。胜利的军队较之于失败的军队,有如以"镒"比"铢"那样,占有绝对的优势。而失败的军队较之胜利的军队,就好像用"铢"比"镒"那样,处于绝对的劣势。胜利者指挥军队与敌作战,就像在万丈高的山涧决开积水一样,这就是"形"——军事实力。

◇用计例说

⊙田单复齐

春秋五霸之一的齐桓公颇具雄才大略,但其后继者多平庸之辈,加之荒于军政,于是齐国逐渐衰落了。燕国乘机发兵,攻破了齐国都城临淄。齐国贵族田单逃到即墨后,面对强敌,想方设法复国,做了许多准备工作。

为了加强自身力量,田单同士兵同甘共苦,巩固防务,还把本族人和妻子也编入军中。除此之外,为了给复国创造有利的客观条件,田单还采取了一系列的措施。

田单采取的第一项行动是,利用燕国更换国君之际,暗中派人潜入燕地散布谣言。燕惠王中计,另派一名叫骑劫的将军代替了很有本领的乐毅指挥攻齐。骑劫志大才疏,田单心中大喜。接着,田单又利用当时盛行的迷信思想对士兵们说:"老天爷在梦里和我说了,齐国还能够强大起来,燕国准会败落。再过几天,老天爷还要给我们派个军师来,我们不久就能取得胜利。"众人听了,心里乐呵呵的。田单在军队里挑了一个十分机灵的小兵,让他装作"老天爷派来的军师",穿上特制的衣裳,朝南高坐。田单以后每次下命令的时候,都要先向"军师"禀告,而得到"军师"同意后的命令,也就显得更有号召力。

不久,田单又对城里的老百姓说:"军师吩咐大家,每天早晚两餐前,家家户户都要祭祖,这样才能得到祖宗神灵的庇护。"只要在自家房檐上搁一点点饭食,就算是祭祖了,这种方法简单易行,百姓也都乐于实施。城外的燕军听说城内降下一位老天爷派来的军师,心里不免有些害怕,后来又瞧见好些鸟儿天天早晚两趟飞到城里,就更加害怕起来。

即便是这样,田单仍不满足,又派了一批心腹溜到城外大造声势。他们说:"从前昌国君太好了,抓了俘虏还要好好地待他们,城里人自然不会害怕有什么危险。要是燕国严厉起来,把俘虏的鼻子削去,齐国人还敢顽抗吗?"有的人还造谣说:"我们祖宗的坟墓都在城外,燕国的军队真要刨起来,我们怎么对得住列祖列宗啊?"这些话传到骑劫的耳朵里,他果真下令把齐国俘虏的鼻子都削去,把齐人的祖坟都刨开,还用火把挖出来的死人骨头烧掉了。城

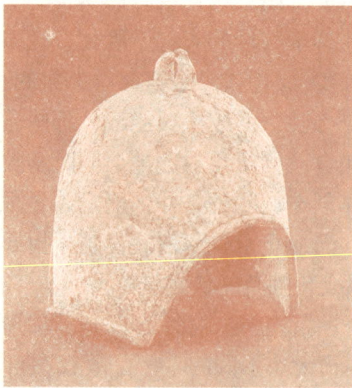

青铜盔 春秋

里的齐人听说燕军如此虐待俘虏，又在城头上看见燕兵刨他们的祖坟，都哭了。他们下决心要报仇雪恨，全城人因对敌人咬牙切齿的痛恨而团结起来了。

这时，田单看到时机已成熟，便用训练好的 1000 头犍牛摆开火牛阵，又挑选了 5000 名身强力壮的士兵为先锋。半夜时分，他们在全城男女老少的呐喊助威声中，冲入敌营，一举打败了敌人。田单下令乘胜进攻，这样齐国土地全都被收复了。

孙子云：善用兵者，修道而保法。意思就是要先修明政治，行使法度。这是决定胜败的关键因素。田单行使孙子兵法的"诡诈之术"，使敌人闻风丧胆。这种策略也等同于孙子兵法中的"昔之善战者，先为不可胜，以待敌之可胜"。他也明白"不可胜在己，可胜在敌……能为不可胜，不能使敌之可胜"的道理。因此，田单的战术屡试不爽。

孙子说："善守者，藏于九地之下；善攻者，动于九天之上。"田单看到时机成熟时，以火牛阵出战，真可谓是攻其不备，出奇制胜，简直把《孙子兵法》用到了极致。

⊙秦赵邯郸之战

秦赵邯郸之战，是赵国以弱胜强的一个战例。赵国的胜利，关键在于它制定了能使自己立于不败之地的策略，如缓和国内矛盾，争取人民的支持，即孙子所说的"修道而保法"；同时制定了以守为主，攻守结合的战略。在敌军出现了师劳兵疲的情形下，赵国又能及时抓住这一有利时机，配合援军的进攻，一举击败秦军，赢得胜利。而秦军的失败，则是秦昭王不了解兵法原则，在不具备有利的客观条件的情况下，贸然发动战争而造成的恶果。孙子曰："胜可知而不可为。"邯郸之战的胜败得失，足以启迪后世的军事家们。

公元前 262 年，韩国遭到了秦国的进攻，秦攻占了韩国的陉（今河南济源西北）、高平（今河南济源西南）、少曲（今河南济源西）、野王（今河南沁阳）地区。韩王非常恐惧，忙派使者入秦，表示愿献出上党求和。但上党郡太守冯亭不愿献地入秦，他为了转移矛盾，减轻秦国对韩国施加的压力，就将上党郡献给了赵国。赵王贪利受地，引起了秦国的不满，于是出兵攻赵，引发了长平之战。赵国的军队由赵括统率。赵括是大将赵奢的儿子，自幼熟读兵书，谈起兵法来头头是道，连他父亲也辩不过他。但赵奢深知儿子只会纸上谈兵，生前曾说："赵括不领兵打仗则已，如果让他领兵，使赵国灭亡的一定是他。"

赵括到长平上任以后，反廉颇之道而行之，改防御为进攻，率军大举出击。秦军统帅白起求之不得，立即假装败退。赵括不知是计，乘胜追击，一直攻到秦军的壁垒之下。这时，秦军的两支骑兵折回到赵军的后面，截断了赵军的粮道与退路，包围了赵军。赵括分兵四路，轮番冲击，企图突围，没有成功。最后，赵括亲自率精兵搏战，被秦军射死。赵军被围 46 天，失去主将，粮尽援绝，军心大乱，全军投降。白起害怕投降的赵兵寻机造反，竟把 40 万战俘全部活埋。长平之战断送了赵国 40 余万大军，使赵国的实力大大削弱。至此，东方六国中再也没有哪一个国家可以同强大的秦国争雄斗胜了。白起取得胜利后，还想一鼓作气，灭掉赵国。他将秦军分为三部分，一部分攻占邯郸以西的要冲武安（今河北武安西）等地，一部分北上夺取太原郡（今山西中部地区），白起亲自率领一部分兵力留驻上党，准备进攻邯郸。

秦军的进攻势头，引起了赵国及周围诸侯国的恐惧。赵国为了免于灭亡，便与韩国合谋，派苏代携带重宝赴秦游说秦相范雎。苏代从范雎的个人利益及秦国的得失两方面来动摇其灭赵的决心，同时提出割地求和的请求。范雎为苏代的分析所打动，便向秦王建议准许赵国割地议和。秦王考虑长平之战相持三年，秦军虽然战胜，但士卒死者过半，国虚民饥，于是同意韩割垣雍、赵割6城给秦国，达成和议。秦王于公元前259年农历正月撤兵。

秦国撤兵后，赵国国王准备按照和约割让6城给秦。赵相虞卿不同意割城。他分析说，秦国撤兵是由于师劳兵疲，力量不足，如果现在用其没能攻取的土地送给秦国，这与鼓励秦国攻打赵国无异。如果每年割6城给秦，那么赵国地有尽而秦国贪婪之心无尽，那样的话赵国必亡。他向赵王建议以6城贿赂齐国，因齐与秦结怨较深，齐得到赵国的6城后，必愿与赵合力攻秦，这样，赵国虽失地于齐，然而可取秦地以补损失。那时秦必反向赵求和，韩、魏也会尊重赵国，从而使得赵、齐、韩、魏结成联盟。赵王采纳了虞卿的建议，同时料定秦国不会善罢甘休，便积极进行抗秦准备。

赵国吸取了长平之战的教训，制定了一系列内政外交策略。对内，赵国君臣努力缓和内部矛盾，同心协力，治理国家。他们努力发展农业生产以增强国力，抚养孤幼以增加人口，整顿兵甲以增强战斗力；同时，还利用人民对秦军在长平坑杀赵军降卒暴行的愤恨来激励全国军民同仇敌忾，这样便造就了全国上下奋起抗秦的有利态势。对外，赵国积极开展合纵活动。赵王派虞卿拜见齐王，商议合纵抗秦的计划；利用魏国使者来赵谋议合纵的机会，同魏国签订了合纵的盟约；同时以灵邱（今山西灵丘）作为楚相春申君的封地，结好楚国；此外，还对韩、燕两国极力拉拢。所有这些活动，促成了反秦联合力量的形成，使得反秦统一战线建立起来。

秦昭王果然因赵国没有如约割地，反而联合各诸侯国与之为敌而愤恨不平，遂于公元前259年农历九月发兵攻赵。秦王派五大夫王陵率兵攻赵，军队很快打到了赵国国都邯郸。赵国鉴于敌强己弱的客观态势，采取了坚守疲敌、持久防御、避免决战、以待外援的方针。赵国人民对秦军的残暴记忆犹

赵国长城遗址

新，秦军的入侵，激起了赵国军民坚持抵抗、为保卫国家誓死抗秦的决心，他们坚守邯郸，英勇作战。在坚守防御的过程中，还经常派出精锐部队伺机袭击秦军，给秦军以沉痛的打击。秦国军队进攻邯郸的行动遭到挫败，秦王又增兵换将，继续对邯郸发动攻势。经过八九个月的作战，秦军伤亡惨重，仍然不能攻克邯郸。秦王对此十分恼怒，亲自出面请白起出来带兵攻赵。当初，在秦王与辅臣商讨出兵攻赵之时，白起便反对在这个时候出兵攻赵，他对秦王说，赵国自长平战败后，秦未能乘胜灭赵，给了赵国以喘息的时间，赵国得以努力耕种以积蓄力量，整顿兵甲以加强战斗力，修补城池以巩固守备。目前，赵国在内政方面，全国上下同仇敌忾，正努力增强国力，加强战备；在对外方面，赵国积极联络诸侯各国共同对付秦国。在这种形势下，是难以战胜赵国的。现在白起的预言得到了印证，秦王又出面请白起为将去邯郸指挥作战，白起拒不从命，表示"宁伏受重诛而死，不忍为辱军之将"。秦王听了勃然大怒，最后赐以利剑，逼他自杀了。

秦国军队久攻邯郸不下，处于师劳兵疲、进退两难的尴尬境地。这时，赵国在固守邯郸的同时，积极从事合纵活动。平原君赵胜率毛遂等人赴楚求援，毛遂以秦军曾经攻破郢都、焚烧夷陵、迫楚迁都的旧怨来激怒楚王，使楚王答应出兵北上救赵。魏王也随即答应救赵，并派出军队10万人向邯郸进发。秦王听到这个消息后，派使者威胁魏王说，谁要是出兵救赵，等我攻下邯郸后就调兵攻打谁。魏王惧怕秦国日后报复，就命令主将晋鄙将10万大军屯驻在邺（今河北临漳），观望不前。

平原君赵胜见魏军停止前进，就派人去魏国，让自己的内弟即魏公子信陵君想办法说服魏王让军队赴邯郸。信陵君多次劝说魏王，魏王仍然不肯下令进军，信陵君没有办法，又不能眼看着赵国灭亡，便决定带着自己仅有的一班人马去和秦军决一死战。临出发前，他遇到了他的朋友侯嬴，侯嬴劝他不要去硬拼。他说：如果那样做，就好像把一块肉投入饿虎之口，又能取得什么效果呢？他为信陵君出了一计，要他去求助于魏王的爱妾如姬，让她趁出入魏王寝宫之便，偷取魏王调兵易将的虎符，然后夺取魏将晋鄙的兵权，带领军队去救赵。因为信陵君曾为如姬报杀父之仇，这次信陵君请如姬窃虎符的计划进行得十分顺利。信陵君窃得虎符，赶到邺地，凭着虎符，假托魏王之命要取代晋鄙的职务。晋鄙对此表示怀疑，不肯交出兵权，信陵君不得已杀了晋鄙，夺得兵权，率领军队直赴邯郸。

在赵国邯郸，秦军又一次发起了猛烈的进攻，邯郸危如累卵。这时，平原君让自己的妻妾婢奴也参加到守城的劳役中，把家中的资财全部拿出来馈赠给士兵，鼓励士兵拼死作战。平原君还招募到3000名奋不顾身的战士，向秦军发起反击。秦军一时招架不住，向后退却了30里。正在这时，信陵君率领的魏军救兵和春申君率领的楚国援军先后赶到，秦军在内外夹攻的形势下战败了，秦将王龁率残部逃回汾城，另一部分秦军被联军包围，最后投降赵国。

魏、楚、赵三国联军乘胜进至河东（今山西西南），秦军退回河西（今山西、陕西间黄河南段之西），放弃了以前所侵占的魏地河东、赵地太原和韩地上党，邯郸之战到此以赵胜秦败落下帷幕。

邯郸之战可以说是长平之战的继续。邯郸之战中，赵国吸取了长平之战失败的教训，改变了军事战略，在强敌面前，力求做到"先为不可胜"。他们制定了坚守邯郸、持久防御、避敌疲敌的作战方针，使秦军处于劳师远袭、顿兵攻坚的困难境地。最后，各诸侯国援赵的救兵到达，在"赵应其内，诸侯攻其外"的有利形势下，秦军兵败邯郸，赵国取得了邯郸之战的胜利。

⊙淝水之战

东晋太元八年（前秦建元十九年），发生了中国历史上著名的淝水之战。它是东晋在淝水（今安徽瓦埠湖一带）击败前秦进攻的战争，也是东晋十六国时南北之间又一次大规模的战争。

在统一北方后，前秦不断向南进逼，先后攻占了东晋的梁、益两州及襄阳（今属湖北）、彭城（今江苏徐州）等地。前秦主苻坚为了灭亡东晋、统一全国，于建元十九年七月调集90多万人的兵马对晋发动了大规模的进攻。八月，秦冠军将军慕容垂、征南大将军苻融等带领步、骑兵25万人为前锋先行出发。九月，苻坚率领中路主力进至项县（今河南沈丘）时，后续的凉州兵刚到咸阳（今属陕西），西路蜀汉兵才顺江而下，东路幽冀兵抵彭城，苻融军已至颍口（今安徽正阳关）。面对着前秦军队的步步进逼，东晋朝野内外一致主张抵抗。执掌朝政的宰相谢安命荆州刺史桓冲加强长江上游的防御，令征讨大都督谢石、前锋都督谢玄等率水陆军8万人前往淮水一线阻击前秦军队，派龙骧将军胡彬率5000人的水军火速支援寿阳（今安徽寿县）。

十月，前秦苻融军攻克寿阳，慕容垂率部下占郧城（今湖北安陆），卫将军梁成领兵5万进抵洛涧（即洛河，今安徽淮南市东），在淮水一带设置木栅迎击从东来的东晋军队。谢石等见秦军势大，畏而不进，屯兵于洛涧东25里处。胡彬部在途中闻寿阳已失，退保硖石（山名，今安徽凤台西南），后为苻融军所困，粮尽，派人下书向谢石求援，被秦军截获。苻融随后便派人向苻坚报告：晋兵少而易擒，请令后续部队加速进军。苻坚大喜，

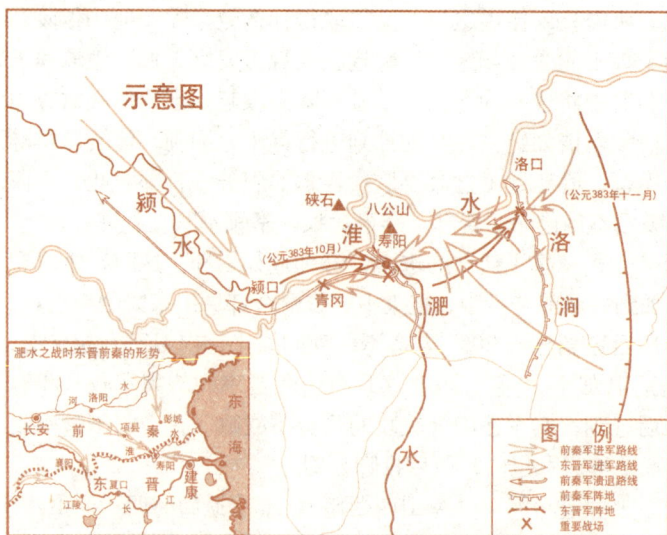

示意图

淝水之战示意图

恐谢石等逃去，不等大军到齐，即从项县引轻骑 8000 人赶往寿阳，亲自到前线去督战。随后，派在襄阳俘获的晋将朱序前往晋营劝降。岂料朱序心向晋室，借机将秦军情况密告谢石等，并建议趁秦军尚未集中，迅速击败其前锋。谢石本来是想靠坚守城池来使前秦军队疲

骑射图 东晋

乏，以逸待劳，经辅国将军谢琰相劝，决定采纳朱序建议，转而采取主动进攻之策。

十一月，谢玄派遣部将刘牢之率 5000 名精兵夜渡洛涧，袭击梁成大营，又分出一部分兵力，从后包抄，切断前秦军后路，使梁成部腹背受敌，全面崩溃，梁成等 10 名将领战死，前秦兵损失 1.5 万人。兵力处于劣势的晋军首战告捷，人心振奋，于是水陆兼程，直逼淝水东岸。苻坚登寿阳城，见对岸晋军布阵严整，又望见八公山（今寿县城东北 5 里处）上草木，误把它们都当成是东晋的军队，始有惧色。谢玄针对前秦军上下离心、将士厌战的情况，以及苻坚恃众轻晋又急于决战的心理，派人前往秦营，要求前秦军由淝水西岸略向后撤，从而使东晋的军队可以渡过河，决一死战。前秦军将领认为不应后撤，苻坚则主张将计就计，待晋军半渡时以铁骑突袭取胜，于是下令稍向后撤退，但秦军一后退就停不下来了，非常混乱。朱序趁机在阵后大喊前阵败了。后面部众以为前阵真败了，被迫从军的各族士兵纷纷逃散，前秦的军队顿时溃不成军。苻融骑着马整顿队伍，马倒，死于乱军中，晋军乘胜一直追击到青冈（今寿县城西 30 里外），前秦军大败，溃兵听到风声鹤唳，以为是晋兵追来，因而昼夜奔跑，饥寒交迫，死的人有百分之七八十，及至洛阳，只剩下 10 余万人。苻坚中箭后单骑逃往淮北。

《孙子兵法·军形篇》指出："不可胜者，守也；可胜者，攻也。守则不足，攻则有余。善守者藏于九地之下，善攻者动于九天之上。故能自保而全胜也。"处于守势的晋军，与处于攻势的前秦军队对战，何以能一举扭转战局呢？孙子分析说："古之所谓善战者，胜于易胜者也……故其战胜不忒。不忒者，其所措必胜，胜已败者也。"具体地说，就是因为苻坚无视内部不稳、民心背离、士卒厌战的情况，恃众轻敌，单路突进，急于决战，结果招致大败。孙子说："善用兵者，修道而保法，故能为胜败之政。"说的也是这个道理。东晋面临强敌进攻，一致抵抗，并能抓住时机，根据秦军的情况及时改变对敌策略，在秦军后续兵力未抵淝水前，抓住时机，与之决战，终获全胜。

⊙蒙古窝阔台攻金三峰山之战

1229 年农历八月，蒙古在克鲁伦河边举行贵族大会（库里尔台），成吉思汗第三子窝阔台（蒙古太宗）继承了汗位。即位后，窝阔台率领蒙古军亲征，大举

攻打金朝。金朝抗击蒙战斗，进入了更加艰苦的阶段。

1231年农历五月，窝阔台在官山九十九泉召开会议，请蒙古各路王公将帅讨论应怎样攻打金国。蒙古军兵分三路，中军由窝阔台率领，攻河中府，转向洛阳，斡陈那颜率领蒙古左路军，从济南方向进攻；右军由拖雷率领，自凤翔过宝鸡，入小潼关，经过宋境沿汉水而下，自唐、邓攻汴京。窝阔台打算在1232年春季从三路包围汴京，攻灭金国。

九月，蒙古军三路齐发，窝阔台兵临河中府，拖雷军过凤翔南下。面对蒙古军的猛烈攻打，金国面临着亡国的危险，金国各将领纷纷商量应怎样救国。枢密判官白华主张调陕西兵守河中，他说："与其到汉水去防御，不如直往河中，黄河一日可渡，倘作战顺利，蒙古去襄汉的军马必当迟疑不进。利用北方作战机会，使南方掣肘。"完颜合达自陕州上奏，也赞同此议。金哀宗召移剌蒲阿到汴京商议，移剌蒲阿以为，如果金军往北边进军，蒙古军一定会在平阳北面屯驻，放我师渡河，然后断我归路，与我决战，如此我军恐怕要失利。移剌蒲阿请召合达来一同商议。完颜合达对哀宗说，河中时势已经不同以前，所以也不敢自信能敌。于是，完颜合达、移剌蒲阿仍然去驻守陕西，只是派一支军队出冷水谷，支援河中府的金军。

十月，窝阔台猛攻河中，合达、蒲阿派遣元帅王敢率领步兵1万救援。十一月，王敢救兵赶到，金军拼死守城，日夜不休。城西北被蒙古军攻破后，金军又与蒙古军苦战半个多月。十二月初，力尽，城陷。守将完颜讹可被俘遇害。

拖雷率领的右军4万，攻破金鸡。九月，破大散关，侵入宋境，屠洋州，攻兴元。王敢所率军队不再守饶峰关。蒙古兵攻入饶峰关，由金州东下，直指汴京。邓州告急。

十一月，哀宗急召完颜合达、移剌蒲阿移兵邓州，完颜陈和尚随行。但杨沃衍仍然领军驻守阌乡。两省军入邓，约同御蒙古，被宋朝拒绝，十二月初，武仙自胡陵关领兵1万人来邓州与杨沃衍会合，驻扎在顺阳。

拖雷军渡汉江。金提控步军、临淄郡王张惠献策，乘蒙军还在江中时发动进攻。移剌蒲阿不听。蒙古兵约4万人渡江至禹山。金军在顺阳已驻扎了20天。完颜合达在邓州两山隘间设伏兵20余万。完颜合达、移剌蒲阿立军高山，分据地势。金军步兵在山前摆开阵势，把骑兵事先驻扎在山后，打算从两面夹攻蒙古军。蒙古军只有4万。拖雷得到谍报，留大军辎重，只派少数轻骑前进。蒙将速不台说："金军不耐劳苦，不利野战，多次挑战使他们劳乏，战可胜。"蒙古军的轻骑兵汹涌而来。完颜合达发现形势对金军不利，忙摆开阵势。蒙古兵突击攻阵，都尉高英督军力战，蒙兵稍退。而后，蒙兵又突击都尉樊泽（即夹谷泽）军，完颜合达斩一名千夫长，金军殊死搏战，蒙军又退。

钧州三峰山之战是蒙古军攻金的一次重大战役。蒙古轻骑自禹山退走后，两省快马纷纷向金王报告得胜消息。拖雷留下一支蒙古军牵制金军，其他蒙古军分散行进，分道直接攻向汴京。完颜合达、移剌蒲阿害怕蒙军趁京中兵力空虚而攻入汴京，自邓州发大军赶赴汴京。正大九年（1232年）正月初二，完颜合达、移剌蒲阿率骑兵2万人、步兵13万，从邓州出发。骑兵统帅蒲察定住、郎将按得木、忠孝军总领夹谷爱答、提控步军张惠、殄寇都尉高英、樊泽，及中军完颜陈和尚等一起随军出征。到了五朵山，他们与杨沃衍、武仙军会合。杨沃衍问："战事如何？"完颜合达说："我军虽胜，而蒙古大兵已散漫趋京师了。"杨沃衍愤慨地说："平章（完

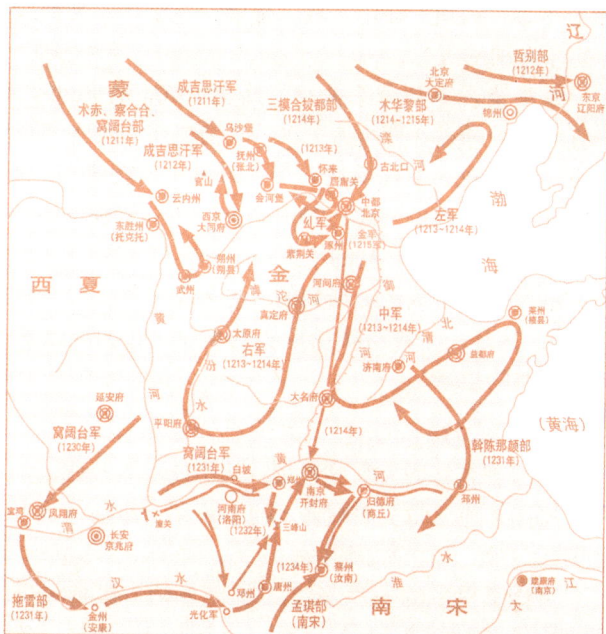
蒙金战争形势图

颜合达）、参政（移剌蒲阿）蒙国厚恩，掌握兵权，失去时机，不能战御，竟然纵敌兵深入，还有什么话可说！"金军继续向北进军，途中不断遭到蒙古兵的偷袭。十二日，金军渡沙河，去钧州。蒙古兵渡河袭击，金军不得扎营休息，军中粮草又不够。行至黄榆店，遇雪不能前进，只能就地扎营休息。十四日，完颜合达在军中接到哀宗的旨令，令两省军全部赴京师，然后出战。又有密旨，说蒙古骑兵渐渐逼近，已攻下卫、孟二州。完颜合达、移剌蒲阿立即启程。蒙古军聚在一起，挡住道路。杨沃衍夺得一条去路，完颜陈和尚占据山上。金兵急进，距钧州只有10余里。蒙古军退至三峰山的东北和西南。武仙和高英领兵袭击西南，杨沃衍、樊泽袭击东北，蒙古军退到三峰山东。张惠、按得木率领骑兵1万余，自上而下冲击，蒙古兵只能再次退兵。金军沿途作战，将士们极为疲劳，士气低沉。军士甚至三日未食。至三峰山，天又降大雪，士兵披着甲胄在大雪中站立，枪槊结冰冻如椽。而蒙古军与河北降兵聚集在四周，烧火取暖，煮肉充饥，轮番休息。蒙古军乘金军疲困，有意让开去钧州的一条路，放金军北走，然后派出伏兵前后夹攻，金军大败，杨沃衍、樊泽、张惠三军争路，张惠持枪奋战而死。蒙古军围攻杨、樊及高英兵，战于柿林村南。樊泽、高英也都战死，只有武仙率领30骑躲入竹林才得以逃命。移剌蒲阿领兵北走，蒙古军追到，遂被擒。金军一败涂地。

钧州三峰山之战，是一次决定性的战役。完颜合达和移剌蒲阿是金朝两名主要的统帅，抗蒙作战的主要将领也都是他们的部下。金宣宗以来，河北、山东地区主要依靠当地地主武装抵抗蒙古军进攻。金兵主力二三十万由完颜合达和移剌蒲阿指挥。金朝统治集团内意见不一，没有一致的作战部署，四处抵挡蒙军进攻，

疲于奔命。钧州三峰山一战，金朝的主要将领大都战死，金兵主力全部溃败，这注定了金国的灭亡。

纵观蒙古军与金军钧州三峰山之战，胜负的关键在于对战机的把握。金军一直陷于被动。在蒙古军强劲的攻势之下，失去了反败为胜的各种机会。"平章、参政蒙国厚恩，掌握兵权，失去时机，不能战御，竟然纵敌兵深入"，是不可避免的后果，即使是坚守三峰山的金军，也疲惫不堪，不堪一击。由此可见，蒙古军大获全胜，也是必然的结果。

就像《孙子兵法》谈到的"先为不可胜，以待敌之可胜。不可胜在己，可胜在敌"，这是一个被事实所证实的真理。我们可以从蒙古攻金三峰山之战中得到许多有益的启示。

⊙莫里哀顽强拼搏，小演员终成大师

法国著名喜剧大师莫里哀，从小就喜欢戏剧，上大学时，一门心思就想组织一个剧团，他父母哭着喊着劝阻也没用。最后他离开了校园，组织了一个"光耀剧团"，开始了他的戏剧生涯。

可怜莫里哀的一片苦心，"光耀剧团"维持了仅三年就负债累累。后来，莫里哀被债主们送进了监狱。幸亏一个叫列昂纳尔·奥勃里的人出面为莫里哀作保，他才被放了出来。

莫里哀从小就一副拗脾气，"不到黄河心不死"，到什么时候也不服输。他毫不气馁地带领他的剧团继续演出，但人们不买他的"账"，剧团在痛苦挣扎中卖掉了所有可以卖掉的东西。他们从巴黎出发，向法国南部行进，开始了艰难的流浪演出。这一年，莫里哀才24岁。

莫里哀带领他的剧团常常睡在草棚里，在乡村的板棚里演出时，挂上一些破布就算是幕布了。每到一个新的地方，演员们首先要找地方官，请求允许为老百姓演出。艰苦的流浪演出生活不但没有动摇莫里哀酷爱戏剧的决心，反而锤炼了他顽强的意志，铸就了他敏锐的思维和天才的喜剧表演技巧。莫里哀的剧团渐渐地博得了人们的欢迎，他们的喜剧表演总能引起观众的哈哈大笑。

莫里哀还喜欢亲自编写剧本，他在坎坷的浪流生涯中编写的轻松愉快、无忧无虑的独幕闹剧最令同伴们叫好。莫里哀带领着自己的流浪剧团在法国的城乡中漫游了12年后，于1658年回到了首都巴黎。

1658年演出的那一天，近卫军大厅里坐满了宫廷的大小官员和近卫军，菲力普·奥尔良亲王陪着国王路易十四坐在最前面。莫里哀为国王演出的剧目是《多情的医生》。演出的铃声响了，大幕缓缓拉开。"多情的医生"一登上舞台，人们就立即笑了起来。"多情的医生"做了第一次道白之后，人们便哈哈大笑了。几分钟后，哈哈大笑变成了哄堂大笑，就连菲力普·奥尔良亲王和国王路易十四也靠在椅背上捧腹大笑。连在门口站岗的火枪兵也大笑起来，按照规矩，他们在任何情况下都是不许放声大笑的。

《多情的医生》的终场被一片喝彩声淹没了。

皇天不负有心人。几年后，莫里哀的《吝啬鬼》《伪君子》使全巴黎的人都站起来欢呼。

成功离不开努力和积累。孙子所说"胜兵先胜而后求战"也是这个意思，所谓的"胜兵"亦即成功人士，"先胜"的意思是创造迈向成功的条件。

⊙烟台啤酒巧胜英法，中国品牌霸占上海

要说中国最"崇洋媚外"的地儿，就数解放初期的旧上海了。那时候，洋枪、洋火、洋蜡都是抢手货，只要加上个"洋"字，就与众不同，听说那时候连洋葱都格外火暴。所以，这外国人就变着法地在中国开厂子。

就说啤酒厂吧，英国是老大，开了俩厂。法国是不甘落后，也开了个啤酒厂。眼看着外国人把钱赚，中国人急出了病，但中国生产的啤酒硬是无法挤进上海市场。

当时，一些有钱的哥们儿有点儿按捺不住了，于是几个哥们儿到处筹钱，最后一共凑了20万元，合办了山东烟台啤酒厂。他们先造了几桶啤酒，味道是相当不错啊！这下哥儿几个有了底气。同时，他们又动用关系把啤酒运到上海，展开了声势浩大、别开生面的公关活动。烟台啤酒厂决心与外国人竞争一番。

他们在上海静安寺路20号"新世界"这个大规模游乐场所的底层租了一个店面，精心装潢了一番，以提高烟台啤酒厂在人们心目中的地位，树立企业形象。征得"新世界"同意后，烟台啤酒厂在各大报纸版面刊登大幅广告，内容是：定于某日，购票可进"新世界"内，由烟台啤酒厂赠洗脸毛巾一条，然后可免费喝啤酒，按喝啤酒的多少定出第一名到第三名，赠送大奖。

这一天到了，上海南京路上人山人海、水泄不通，市民抢着买门票，"新世界"内整整一天免费供应啤酒。这一举动在上海市引起了轰动，各家报纸争相报道，烟台啤酒厂名声大噪。

"烟台啤酒厂赠"几个字随着厂家赠给顾客的毛巾走进千家万户，充当了无声宣传器的作用。特别是一个"赠"字，在情感上把厂家和顾客拉近了许多，烟台啤酒厂第一举便获得了很大的成功。

一个月后，烟台啤酒厂又在各大报纸上刊登消息：某个星期天，一些烟台啤酒将被隐藏在上海半淞园。欢迎上海市民前去寻找，找到一瓶啤酒，奖啤酒20箱。于是，这一天半淞园内人头攒动，到处是寻找烟台啤酒的人。这一天共用去了5120箱啤酒。

烟台啤酒厂这两个举动别出心裁，使不少上海市民品尝到了烟台啤酒，对酒的质量有了了解，顺利完成了自我推销过程，而用于宣传的费用还不到英法啤酒厂的一半。

这把英法商人急得直跳脚，没日没夜地想法子对付烟台啤酒，他们决定给出售英法啤酒的老板增加佣金。烟台啤酒并不示弱，还针锋相对，决定在1万箱啤酒中拿出1万元作为奖金。在一些瓶盖上，印上"中""国""啤""酒"4个不同的字，分别代表1元、2元、5元、10元。消费者开瓶时，只要发现带字的瓶盖，

就可拿到烟台啤酒厂驻上海办事处换钱。这一招实在高明，使得顾客们都愿意买他们的啤酒。餐厅的服务员开的啤酒愈多，中奖概率愈大，因此他们也愿意卖烟台啤酒。而印在瓶盖上的字则能激起市民的民族意识，使他们买烟台啤酒的可能性更大些。

在这场中外啤酒大战中，烟台啤酒厂大获全胜。烟台啤酒厂的优势在于它是中国自己的本地酒厂，利用国人的"情"作为突破口，以亲切、诚信、慷慨大方树立形象。

◇简评

"形"所指的是军事实力，即一个国家财富资源和军队力量的强弱。孙子认为：尽管谋略十分重要，但军事实力的强弱更是决定战争胜败的重要因素。不仅"攻城""伐兵"离不开军事实力，就是"伐谋""伐交"，也必须以雄厚的军事实力为后盾。

孙子强调要发展军事实力，最基本的原则就是"修道而保法"，即通过修明政治、掌握战争规律、维护法规和制度等来使自己的军事实力强大到不可战胜的地步。当然，在具体的作战过程中，我方也有处于劣势的时候，这就更须要在军事实力的运用上高敌一筹——不能一味地发动进攻，而要充分利用地形等有利条件进行防御，增强自己的战斗力，掌握战争的主动权。这种道理在贸易、商业中多为那些技术较落后，资金实力较差的国家或商家所采用。我国在对外贸易出口的战略上就是这样做的。

孙子认为军队作战首先要使自己立于不败之地，然后寻找敌人的可乘之机，以压倒性的优势打击敌人，达到"自保而全胜"的目的。这也是唐太宗说的："攻是守之机，守是攻之策，同归乎胜而已矣。"孙子关于战胜敌人应当首先从物质方面做好准备的思想，具有极强的实践意义，这就是不打无把握之仗——不打则已，打则必胜。总之，善于用兵的人要修明政治、发展经济、保护法制，在平时，要从各个方面加强自身的建设。一个国家也是这样，只有政治昌明、经济强盛、民族团结，这个国家才会强大，才能永远立于不败之地。

势篇

◇**原文**

孙子曰：凡治众如治寡，分数是也；斗众如斗寡，形名是也[1]；三军之众，可使必受敌而无败者，奇正是也[2]；兵之所加，如碬投卵者，虚实是也。

凡战者，以正合，以奇胜。故善出奇者，无穷如天地，不竭如江河。终而复始，日月是也；死而复生，四时是也。声不过五[3]，五声之变，不可胜听也。色不过五，五色之变，不可胜观也。味不过五，五味之变，不可胜尝也。战势不过奇正，奇正之变，不可胜穷也。奇正相生，如循环之无端，孰能穷之？

激水之疾，至于漂石者，势[4]也；鸷鸟之疾，至于毁折者，节[5]也。是故善战者，其势险，其节短。势如扩弩[6]，节如发机[7]。

纷纷纭纭，斗乱而不可乱也；浑浑沌沌，形圆而不可败也。乱生于治，怯生于勇，弱生于强。治乱，数也；勇怯，势也；强弱，形也。故善动敌者，形之[8]，敌必从之；予之，敌必取之。以利动之，以卒待之。

故善战者，求之于势，不责于人[9]，故能择人而任势。任势者，其战人也，如转木石。木石之性，安则静，危则动，方则止，圆则行。故善战人之势，如转圆石于千仞之山者，势也。

【注释】

[1]形名是也：形，指旌旗。名，指金鼓。古战场上，投入兵力众多，分布面积也很宽广，临阵对敌，无从知道主帅的指挥意图和信息，所以设置旗帜，高举于手中，让将士知道前进或后退等，用金鼓来提示将士或进行战斗或终止战斗。

[2]奇正是也：奇正，古兵法常用术语，指军队作战的特殊战法和常用战法。就兵力部署而言，以正面受敌者为正，以机动突击为奇；就作战方式言，以正面进攻为正，以侧翼包抄偷袭为奇；以实力围歼为正，以诱骗欺诈为奇等。

[3]声不过五：声，即音乐之最基本的音阶。古代的基本音阶为宫、商、角、徵、

羽五音。故此言声不过五。

　　[4]势：这里指事物本身态势所形成的内在力量。

　　[5]节：节奏。指动作爆发得既迅捷、猛烈，又恰到好处。

　　[6]势如彍弩：彍，弩弓张满的意思。彍弩，即张满待发之弩。

　　[7]发机：机，即弩牙。发机即引发弩机的机组，将弩箭突然射出。

　　[8]形之：形，用作动词，即示形，示敌以形。指用假象迷惑、欺骗敌人，使其判断失误。

　　[9]求之于势，不责于人：责，求、苛求。应追求有利的作战态势，而不是苛求下属。

◇解题与读法

　　本篇"势"字，系指战势而言，自与泛论一般形势不同。日本人阿多俊介"以兵之活动之力释势字"，殊不切合。本书《计篇》第三段对"势"字曾有简明解说，即："势者，因利而制权也。"其次，本篇第二段里有"战势不过奇正"的话，所以刘邦解说："奇正二字，即势之确诂。"

　　本篇宜分4段读：从"孙子曰：凡治众如治寡"起，到"虚实是也"止，为第一段，总论战势的内容，不外分数、形名、奇正、虚实四项。从"凡战者"起，到"孰能穷之"止，为第二段，论奇正的变化和作用。从"激水之疾"起，到"以卒待之"止，为第三段，论战势的姿态和方法。从"故善战者"起，到"势也"止，为第四段，论战斗的要诀在于择人而任势。

◇译文

　　孙子说：通常而言，管理大部队如同管理小部队一样，这属于军队的组织编制问题；指挥大部队作战如同指挥小部队作战一样，这属于指挥号令的问题；整个部队遭到敌人的进攻而没有溃败，这属于"奇正"的战术变化问题；对敌军所实施的打击，如同以石击卵一样，这属于"避实就虚"原则的正确运用问题。

　　一般的作战，总是以"正兵"合战，用"奇兵"取胜。所以，善于出奇制胜的人，其战法的变化如天地运行那样变化无穷，像江河那样奔流不息。终而复始，就像日月的运行；去而复来，如同四季的更替。乐音的基本音阶不过五个，然而五个音阶的变化，却是不可尽听；颜色，不过五种色素，然而五色的变化，却是不可尽观；滋味不过五样，然而五味的变化，却是不可尽尝。作战的方式方法不过"奇""正"两种，可是"奇""正"的变化，却永远未可穷尽。"奇""正"之间的相互转化，就像顺着圆环旋绕似的，无始无终，又有谁能够使它穷尽呢？

　　湍急的流水迅猛地奔流，以致能够把巨石冲走，这是因为它的流速飞快形成的"势"；鸷鸟高飞迅疾，以致能捕杀鸟雀，这就是短促迅猛的"节"。因此，善于指挥作战的人，他所造成的态势险峻逼人，他进攻的节奏短促有力。险峻的态势就像张满的弓弩，迅疾的节奏犹似击发弩机把箭突然射出。

　　战旗纷乱，人马混杂，在混乱之中作战要使军队整齐不乱；在兵如潮涌、混沌不清的情况下战斗，要布阵周密，保持态势而不致失败。向敌诈示混乱，是由于己方组织编制的严整；向敌诈示怯懦，是由于己方具备了勇敢的素质；向敌诈示弱小，是由于己方拥有强大的兵力。严整或者混乱，是由组织编制的好坏所决定的；勇敢或怯懦，是由作战态势的优劣所造成的；强大或者弱小，是由双方实力大小的对比所显现的。所以善于调动敌人、伪装假象迷惑敌人，敌人便会听从调动；用好处引诱敌人，敌人就会前来争夺。总之，是用利益引诱敌人上当，再预备重兵伺机打击他。

善于用兵打仗的人，总是努力创造有利的态势，而不对部属求全责备，所以他能够选择人才去利用和创造有利的态势。善于利用态势的人指挥军队作战，就如同滚动木头、石头一般。木头和石头的特性是，置放在平坦安稳之处就稳住，置放在险峻陡峭之处就滚动。方的容易停止，圆的滚动灵活。所以，善于指挥作战的人所造成的有利态势，就像将圆石从万丈高山上推滚下来那样，这就是所谓的"势"。

◇用计例说

⊙官渡之战

官渡之战发生在东汉末年三足鼎立局面形成之前。当时，东汉王朝已经名存实亡，各地、州豪强官吏以镇压黄巾起义为名占据地盘，扩大、发展各自的势力范围，形成了许多大大小小的割据势力。这些割据势力之间连年争战、互相兼并，全国上下出现了军阀混战的局面。

当时的割据武装集团主要有：河北的袁绍，兖、豫的曹操，徐州的吕布，扬州的袁术，江东的孙策，荆州的刘表，幽州的公孙瓒，南阳的张绣等等。在这些割据武装势力中，袁绍与曹操的势力较强。袁绍出身于世代官僚地主家庭，人称"袁氏四世三公"（三公是指当时掌握最高军政大权的三个官——太尉、司徒、司空，袁氏四代都做这三个官，故称四世三公）。他是东汉末年官僚大地主的代表人物，公元195年，袁绍经过几番征战，已经占据了冀州、青州、并州、幽州，成为一支地广兵多、势力很强的割据力量。

曹操出身于官僚地主家庭。公元184年，他参加了镇压黄巾起义的战争，后升为西园新军的典军校尉。他曾经参加反对董卓之战，并投靠袁绍。在镇压黄巾起义的过程中，曹操组成并发展了自己的武装力量，与袁绍势力

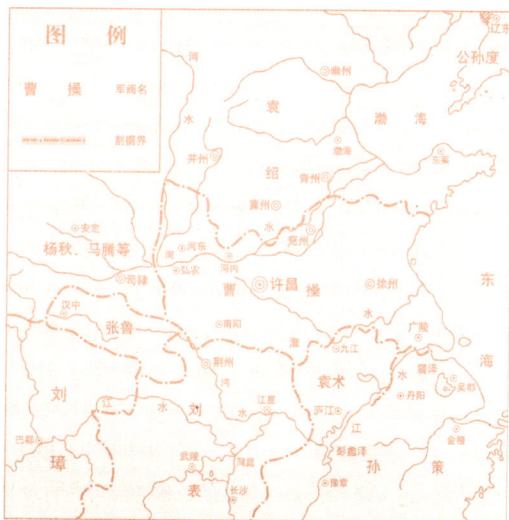

东汉末年群雄割据图

分离。至公元 196 年，曹操已占据了兖州、豫州地区，成为黄河以南的一股较强的割据势力。

到公元 199 年夏，曹操与袁绍两大割据集团，大致形成了沿黄河下游南北对立的局面。袁绍在击败了河北的公孙瓒后，已将整个河北地区都控制在自己的手中。为了进一步称霸中原，袁绍准备南下与曹操决战。当时，袁绍拥军 10 万，具有较强的实力，而曹操不仅兵力不如袁绍多，且南面有荆州的刘表、江东的孙策与他为敌，处于不利的地位。但是曹操客观地分析了袁兵虽多但内部不团结，而且袁绍性格善猜忌，又骄傲轻敌，常常贻误有利战机的情况，决定以自己所能集中的近 1 万兵力抗击袁绍的进攻。公元 200 年，袁、曹两军在官渡作战。在这次战争中，曹操善于捕捉战机，能够根据战场势态的发展而灵活地变换战术，以正兵抵挡袁军的进攻，以奇兵袭击袁军的屯粮库，烧毁了袁军的全部粮草，使袁军军心动摇、内部分裂，最后击败了袁军，成为中国历史上以弱胜强的著名战例。

公元 199 年，袁绍谋划南下进攻曹操的统治中心许昌。袁绍手下的谋士沮授、田丰认为，袁军与公孙瓒战斗了三年，军队已相当疲劳，应先"务农逸民"、休养生息，以增强经济与军事力量。他们主张暂时不急于攻打曹操。但是，袁绍的另外两个谋士审配、郭图则力主马上出兵攻曹。袁绍采纳了审配、郭图的意见，挑选精兵 10 万，战马万匹，陈兵黄河北岸，伺机渡河，准备同曹操决战。

袁绍举兵南下的消息传到许昌，曹操手下的一些部将被袁绍表面的优势所吓倒，认为袁军强不可敌。但曹操很了解袁绍，他对将士们说："袁绍野心虽大，但缺少智谋，表面上气势汹汹，而实际上胆略不足。加之他疑心重且忌人之能，兵虽多但组织、指挥不明，而且将帅骄傲、政令不一。因此，战胜他是有把握的。"曹操的谋士荀彧也分析了袁绍军队的情况，认为袁军内部不团结，将帅、谋士之间矛盾重重，并非坚不可摧。曹操与荀彧的分析，增强了曹军战胜袁军的信心。曹操经过对敌我双方兵势情况的分析，决定采取以逸待劳、后发制人的战略方针。他将主力调到黄河南岸的官渡（官渡是夺取许昌的必经之地），以阻挡袁军的正面进攻，同时派卫觊镇守关中地区，以魏种守河内，防止袁绍从西路进犯；又派臧霸等率兵从徐州入青州，从东路钳制袁绍军队；派于禁屯守黄河南岸的重要渡口延津（今河南延津北），协助扼守白马（今河南滑县东，在黄河南岸）的东郡太守刘延，阻止袁绍的军队渡河和长驱南下进攻。

公元 199 年阴历十二月，正当曹操布置对袁绍的作战计划时，刘备起兵，占领了曹操征服吕布后占据的徐州及下邳等地，并派关羽驻守。东海及附近郡县亦多归附刘备。刘军增至数万人，并与袁绍联系打算合力进攻曹操。

曹操为了避免两面作战，打算首先击破刘备。公元 200 年正月，曹操亲率精兵东击刘备，将刘备击败。当刘、曹作战时，袁绍的谋士田丰建议袁绍袭击曹军的后方，袁绍犹豫不决，没有采纳田丰的建议。因此，曹操顺利地击败了刘备，使得刘备只身逃往河北投靠了袁绍，然后及时返回官渡，继续抵御袁绍的进攻。

公元 200 年正月，袁绍发布声讨曹操的檄文。阴历二月，袁绍大军开进黎阳

（今河南浚县东北），把这里作为指挥部，企图渡河与曹军主力决战。袁绍首先派大将颜良进攻驻守白马的东郡太守刘延，来夺取黄河南岸要点，以保障主力渡河。颜良率军渡过黄河，直扑白马与刘延交战，刘延在白马坚守城池，士兵伤亡惨重。这时，曹操的谋士荀攸向曹操献计说："我军兵少，集结在官渡的主力也只有三四万人，要对付袁绍众多的兵力，正面交锋恐怕不易得手，应设法分散袁绍的兵力。"他还提议曹操引兵先到延津，佯装要渡河攻击袁绍后方，这样，袁绍必然分兵向西，然后曹军再派轻装部队迅速袭击进攻白马的袁军，攻其不备，一定可以击败颜良。曹操采用了荀攸这一声东击西之计，袁绍果然分兵增援延津。曹操见袁绍中计，立即调头率领轻骑，派张辽、关羽为前锋，疾趋白马。曹军在距白马10余里时，颜良才发现他们。关羽攻其不备，斩杀了颜良。袁军大乱，纷纷溃散。

袁绍围攻白马失败，并丧失了一员大将，十分恼怒。曹操解了白马之围后，便沿黄河向西撤退。袁绍率军渡河追击曹操。这时，沮授又谏阻袁绍说："军事上的胜负变化应仔细观察，现在最好的办法还是驻于黄河北岸，分兵进攻官渡，若能攻下，大军再过河也不为晚。如果贸然南下，万一失败就有全军覆没的危险。"袁绍骄傲自负，根本不听他的劝告。沮授见袁绍如此固执，便推说有病向袁绍要求辞职，袁绍不准，还把他统领的军队交给了郭图指挥。

于是，袁绍领军进至延津以南，派大将文丑与刘备率兵追击曹军。曹操命令士卒解鞍放马，又故意将辎重丢弃道旁，引诱袁军。待袁军逼近争抢辎重时，曹操才命令上马，突然发起攻击，打败了袁军，杀了文丑，顺利地退回官渡。

白马、延津两次战役是官渡之战的前哨战。袁军虽初战失利，但兵力仍占优势。七月，袁绍进军阳武（今河南中牟北），准备南下进攻许昌。这时沮授又劝袁绍说："我方士兵虽多，但不及曹军勇猛。曹操的粮食、物资不如我们多，速战对曹军有利而对我们不利，我们应用持久战来消耗曹军的实力。"但是袁绍仍然不听。袁军于八月逼近官渡，双方在官渡相对峙。

曹军在官渡设防，想寻找时机打击袁军。九月，曹操向袁军发起一次进攻，但未能取胜。此后，曹操便挖深沟，筑高垒，固守阵地。袁绍见曹军坚壁不出，便命令士兵在曹军营外堆起土山，砌起高台，用箭射击曹军。曹营士兵来往行走都得用盾牌遮住身体或匍匐前进。曹操发明了一种抛发石块的车子，发射石块将袁军的壁楼击毁。袁军又挖掘地道以攻曹军，曹操则命令士兵在营内挖掘长沟来截断袁军地道。这样，双方之间你来我挡地相持了大约三个月。在相持的过程中，曹操产生了动摇，他觉得自己兵少，粮食也不足，士卒极为疲劳，后方也因袁绍派刘备攻击于汝南、颍川之间而不太稳定，这样长期与袁绍周旋下去相当危险。因此曹操便想退还许昌。他写信给留守许昌的荀彧，征求他的意见。荀彧回信建议曹操坚持下去，他指出："曹军目前处境困难，同样，袁军的力量也几乎用尽，这个时候正是战势即将发生转折的时刻，也是出奇制胜之时，不能失去即将出现的战机，这时谁先退却谁便会陷入被动。"曹操听取了他的意见，一方面决心坚持危局，加强防守，命负责供给粮草的官员想法解决粮草补给问题；另一方面则

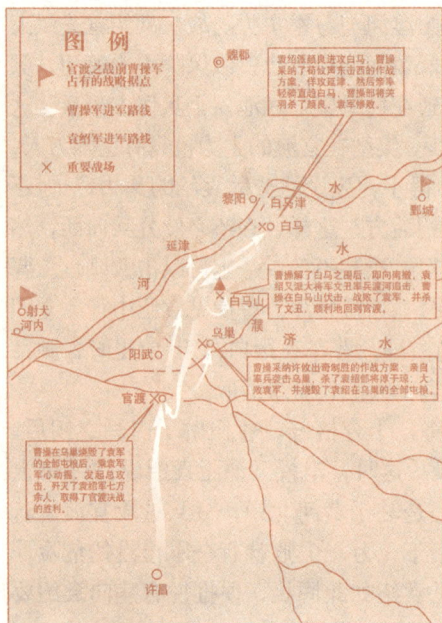

图例
官渡之战前曹操军占有的战略据点
曹操军进军路线
袁绍军进军路线
重要战场

官渡之战示意图

积极寻求和捕捉战机，想给袁军以有力的打击。

曹操决定以截烧袁军粮食的办法争取主动。他先派人把袁绍将领韩猛督运的数千辆粮车截获烧掉了。不久，袁绍又把1万多车粮食集中在乌巢，派淳于琼等率军守护。沮授鉴于前次粮草被烧，便建议袁绍另派一支部队驻扎在淳于琼的外侧，两军互为犄角，防止曹军抄袭。袁绍觉得此举多余，没有采纳。

袁绍的另一谋士许攸向他献策说："曹操兵少，集中力量与我军相持，许昌一定空虚，我们可以派一支轻骑日夜兼程袭击许昌。这样可以一举拔取，即使许昌拿不下来也会造成曹操首尾不相顾，来回奔命的局面，进而可以打败他。"袁绍却傲慢地说："不必，我一定要在此擒住曹操。"他拒绝采纳这一出奇制胜的建议，继续与曹操相持。

恰巧在此时，许攸的家属在邺城犯了法，被留守邺城的审配关押了起来。许攸一怒之下，星夜离开袁营，投奔了曹操。曹操热情地迎接他。许攸见曹操重视自己，就向他介绍袁军的情况并献计说："袁绍的辎重粮草有1万多车在故氏、乌巢，屯军防备不严。如果以精兵袭击，出其不意烧掉他的粮草，不出三天，袁绍必定失败。"这时，粮食是关系到双方胜败的关键，曹操当时只有一个月的军粮，许攸的建议，正符合曹操寻找战机出奇制胜的作战意图。因此，曹操把奇袭乌巢当成是关系全局胜败的重要一着，毫不迟疑地立即实行。他留曹洪、荀攸等守大营，自己亲率步骑5000人攻打乌巢。

曹军一行一律改穿袁军的服装，用袁军的旗号，夜间从偏僻小道向乌巢进发。途中，他们遇到袁军的盘问，曹军诡称是袁绍为巩固后路调派的援军，骗过了袁军。到达后，他们立即放火烧粮。袁军大乱，淳于琼等仓促应战。黎明时，淳于琼见曹军人少，就冲出营垒迎战曹军。曹操挥兵冲杀，淳于琼又退回营垒坚守。袁绍得知这一情况后，又做出了错误的决策。他不派重兵增援淳于琼，反而认为这是攻下官渡的好机会。他命令高览、张郃等大将领兵去攻打曹军大营。张郃指出这样做很危险，曹操领精兵攻打乌巢，如果乌巢有失，事情就不好办了。张郃主张先救乌巢，但袁绍手下的谋士郭图迎合袁绍的意图，坚决主张攻打曹营，他认为攻打曹营，曹操必定引兵回救，这样，乌巢之围就会自解。于是袁绍只派少量军队救援乌巢，而以主力攻官渡的曹营，然而曹营十分坚固，一时攻打不下。

曹操得知袁军进攻自己大本营的消息后，并没有马上回救，而是奋力击溃淳于琼的军队，决心将袁绍在乌巢积存的粮食全部烧掉。这时，袁绍增援的骑兵迫近乌巢，曹操左右的人请求他分兵去阻挡。曹操没有分兵，说："等敌人到了背后再报告！"这样，曹军士卒都与敌军殊死决战，最后大破淳于琼军，杀了淳于琼并将其粮草全部烧毁。

乌巢粮草被烧光的消息传到袁军前线，袁军军心动摇。原来反对张郃用重兵救援乌巢主张的郭图等害怕袁绍追究自己的责任，就在袁绍面前说张郃为袁军失败而高兴。张郃遭到恶言中伤，既气愤又害怕，便与高览一起焚毁了攻战器具，投降了曹操。这使得袁军军心更加不稳，军队不战自乱。这时，曹操趁机率军全面发起攻击，迅速消灭了袁兵7万多人，袁绍仓皇退回了河北。官渡之战以曹胜袁败而告结束。

官渡之战中，曹操之所以能够以弱胜强，首先是因为他在谋略上高于袁绍。在袁绍以绝对优势的兵力来进攻他时，他能够客观地分析敌我双方的优势与劣势，制定出以逸待劳、后发制人的作战方针。在具体实施时，也能够抓住要害。这一点可以从曹操选择官渡作为主战场看出来。曹操一开始就把主力布置在官渡，而不是沿黄河处处设防，这是因为官渡地处鸿沟上游，濒临汴水。鸿沟运河西连虎牢、巩、洛要隘，东下淮泗，为许昌北、东之屏障。因此，官渡是袁绍夺取许昌的必争之地。守住了官渡，就能扼其咽喉，使袁军不得进，为反攻歼敌创造了条件。其次，曹操能取得胜利还在于他精通兵法，并能够灵活运用。在白马、延津前哨战中，曹操佯攻袁军，调动袁军并分散了他们的兵力；在白马初战告捷领兵撤退时，能以利诱敌，以卒待敌，最后击败了袁军，顺利地退回官渡。在决战中，曹操善于听取部下的正确意见与建议，懂得在敌强我弱的形势下只有灵活地变换战术，正奇并用才能变被动为主动的道理。因此他积极创造有利于自己的战略态势，在得知袁军将全部粮草聚集在乌巢又疏于防守的消息后，及时抓住这一有利战机，果断地决定派精兵奇袭乌巢粮库，一举烧毁了袁军的全部粮草，为主力部队战胜敌军奠定了坚实的基础。官渡之战是《孙子兵法》所说用兵作战"以正合，以奇胜"的极好印证。

从官渡之战袁绍失败的原因来看，也能从反面印证《孙子兵法·兵势篇》中要点的合理性与正确性。袁绍的失败，败在他不知择人而任，不懂战术的变换。他只知正面作战，不懂正奇并用；同时又骄傲自负，不能听取下属的正确意见，以致常常错失良机，最后将原有的兵力优势丧失殆尽。

⊙刘裕灭南燕与后秦

东晋义熙五年（南燕太上五年，409年）四月至次年二月，中军将军、录尚书事刘裕带领东晋军攻占南燕都城广固（今山东益都西北），南燕被灭。

早在东晋元兴三年（404年），刘裕率兵击败反晋称帝的桓玄，掌握了东晋朝政。此后，南燕主慕容超屡次派兵南下袭扰淮水以北，刘裕为维护东晋王朝的统治，率兵进攻南燕。

义熙五年四月，刘裕从建康（今江苏南京）出发，带领部下乘船经过淮水

重装甲马作战图 西晋

此图表现了北方战争的场面，再现了重装甲马和步兵作战的特征。

进入泗水。五月，到达下邳（今江苏邳州西南），留下舰船、辎重，步行至琅玡（今山东临沂北），凡经过之处都修筑城池。刘裕认为：慕容超等人生性贪婪，无深谋远虑，必不能守险清野。慕容超闻晋师将至，召集朝臣商议。征虏将军公孙五楼等极力主张遣兵固守地势险要的大岘，不与刘裕速战，以疲困晋军。然后派2000精骑沿海南行，断其粮道。再以驻梁文（今徂徕山南）一带之师，沿山东下，侧击晋军。慕容超认为南燕国富兵强，无须示弱，决定引晋兵入岘，然后集中优势兵力迎战。于是将莒县、梁文的守军撤回，修筑城池，整顿兵马，以待晋军。晋军不战而过大岘，刘裕大喜说："我军已越过险阻之地，将士必有死战之志，粮食遍野，军无匮乏之忧，此战必胜无疑。"六月，慕容超命公孙五楼等率步骑5万人进屯临朐（今属山东）。后闻晋军入岘，又亲自带领步骑4万人紧随其后，临朐南有巨蔑水（今弥河），慕容超令公孙五楼等前往占领，以便控制水源。等到达目的地，为晋前锋孟龙符所败。晋军将战车4000辆分为左右翼，配以轻骑作为游军，乘胜前进，与燕军主力在临朐南激战良久，未分胜负。刘裕接受参军胡藩出奇制胜的建议，遣胡藩等带领士兵偷偷绕至燕军阵后，声称经海道到达此地。慕容超大惊，晋军趁势攻占临朐。

慕容超回师撤退到广固，晋兵追至，攻破外城。慕容超集众固守内城，先后派尚书郎张钢、尚书令韩范到后秦求援。刘裕督兵挖堑三层，修筑高三丈的长围以困燕军，同时安抚接纳投降依附的人。当他听说张钢擅长制作攻城工具，便于七月命人在途中截获，并让其绕城大呼，后秦军已经被破，无兵救援。城中兵民惊恐万分。当时江南每发兵北上增援或遣使至广固，刘裕皆连夜派兵迎接，天明则张旗鸣鼓而至，以示援兵众多。执兵器、背粮食归晋的北方民众每天多达上千人。慕容超等人被围困，见援兵无望、张钢被俘，于是请和，愿割大岘以南之地，称藩于晋，遭到拒绝。后秦主姚兴遣使向刘裕传话，秦已派精兵10万人屯军洛阳，若晋军不退，当长驱而进。刘裕识破其为虚声恫吓，便斥退秦使。为进一步瓦解南燕军心，于九月招降韩范，让他绕城行走，燕军更加沮丧。十月，张钢制成各种攻城器具，覆盖牛皮，使燕军的矢石难以生效。六年二月，刘裕督兵四面急攻，燕尚书悦寿开城门迎晋师。慕容超突围被俘，南燕亡。

刘裕灭南燕之战，之所以取得全胜，是极好地运用了《孙子兵法·兵势篇》中的"以正合，以奇胜"的策略。晋军以4000辆战车和骑兵在临朐与燕军主力展开正面交锋。然后又命胡藩等从敌军后方包抄，实在是一个高妙的计策。另外，刘裕还突发奇想，让兵士在夜间往来走动，天明则张旗鸣鼓，以示援兵之众。这"环城之行"显然是大造声势，瓦解南燕的军心，使之无心应战。《孙子兵法》被运用得恰到好处。此战，刘裕善于预测敌情，利用敌之失误，扬长避短，以战车阻燕军精骑，攻城战与攻心战相得益彰，稳扎稳打，掌握主动，必然终获全胜。

可以说，刘裕是一个高明的军事指挥家，《孙子兵法》亦被他运用在灭后秦之战中。东晋义熙十二年（后秦永和元年，416年）八月至次年八月，太尉刘裕率东晋军攻克长安（今陕西西安西北），灭了后秦。

东晋灭燕后，北部邻国有北魏和后秦，其北方有柔然威胁，无力南进。义熙十二年二月，后秦主姚兴病亡，他的儿子姚泓继位，同室操戈，关中骚乱，西秦扰于西，夏袭于北。刘裕欲代晋，在巩固其朝内地位后，又谋立威于外，于是向后秦发动了战争。

八月，刘裕率大军从建康（今江苏南京）出发，后分五路，水陆并进，计划先攻洛阳，后回关中。命龙骧将军王镇恶、冠军将军檀道济率步军自淮水一带向许昌（今属河南）、洛阳方向进攻；建武将军沈林子等率水军自汴水溯河水（黄河）西进；冀州刺史王仲德为先锋，率水军由彭城（今江苏徐州）经泗水开巨野泽入河水；新野太守朱超石等率军由襄阳（今属湖北）进攻；振武将军沈田子、建威将军傅弘之的进攻，迫使后秦采取北拒夏、东挡晋的两面防御作战对策。九月，刘裕亲自前往彭城督战。各路晋军迅速向前推进，进展顺利。后秦征南将军姚洸镇守洛阳，晋军攻陷洛阳，逼迫姚洸出城投降，俘4000余人，尽予释放。因此，秦民归顺的人很多。后秦援军闻洛阳已经被攻陷，不敢东进。王镇恶等见有隙可乘，不等大军到达，乘胜西进。十三年三月，攻克潼关（今陕西潼关东北）。后秦大将军姚绍退守定城（潼关西30里处），依靠潼关天险顽强抵抗。两军相持于潼关以西。

溯河水而上的晋军，须通过魏境，刘裕采用军事与外交相结合的手段，得以借道魏境向西进发。四月，刘裕抵洛阳。七月，至陕县（今属河南），刘裕决定亲自率主力由潼关进攻长安，遣沈田子、傅弘之率部由武关配合夹击。八月，刘裕至潼关，派朱超石等北渡河水攻蒲阪（今山西永济西），掩护主力侧翼。后秦主姚泓欲亲自带领大军迎击刘裕军，因恐沈田子从后包抄而断掉后路，决定先击沈军，遂率步骑数万至青泥（今陕西蓝田）。沈军仅1000余人，傅弘之认为敌我力量悬殊，劝阻其出战。沈田子认为兵贵用奇，于是乘秦军近未站稳脚跟，即率部出击，傅弘之跟进。秦军将沈田子部团团包围，沈田子激励士卒奋战，歼秦军1万余人，姚泓败奔霸上（长安东）。关中郡县纷纷归顺于晋。沈军的胜利，有力地策应了主力的西进。但攻蒲阪的朱超石军失利，退回潼关。刘裕依王镇恶的建议，令他率水军沿隅河直奔长安。这时，姚绍病逝，代守定城的东平公姚瓒，恐腹背受敌，便退守郑县（今陕西华县）。刘裕挥军逼近，王镇恶率军乘船，进至渭桥（长安北），弃舟登岸，击败秦将姚正。姚泓带兵前来营救，不战而溃。王镇恶军攻入长安。八月二十四日，姚泓被迫投降，后秦亡。

按照《孙子兵法·兵势篇》的解释，"三军之众，必受敌而无败者，奇正是也"。所谓"正"，就兵力部署而言，即正面与敌作战；所谓"奇"，即从侧面作战，采用机动灵活的方式。也可以说，正面进攻为正，侧面进攻为奇。所以刘裕在灭南燕之战、灭后秦之战中善于用奇，攻敌之薄弱环节，从而独揽胜局。

在灭后秦之战中，刘裕善于捕捉战机，部署周密，军事、政治处置得当，攻长安时以偏师入武关，派水军溯渭水西进，配合主力，水陆夹击，终获全胜。孙子兵法中的奇正之术，在此得到了充分体现。

⊙李世民灭郑之洛阳、虎牢之战

唐秦王李世民率军在洛阳与虎牢之战中获得全胜，也是正确运用《孙子兵法》奇正结合的策略的结果。唐武德三年（公元 620 年）七月至武德四年五月，王世充、窦建德军被秦王李世民率军在洛阳、虎牢（今河南荥阳汜水镇西北）一一攻破。

原为隋东都洛阳守将的王世充，在隋炀帝死后，于武德二年四月称帝，国号郑。他利用唐军在河东作战无暇东顾的机会，把唐在河南的部分土地据为己有。柏壁之战后，李渊为夺取中原，采取先郑后夏（窦建德已称夏王）、各个击破的策略，于三年七月，命李世民统兵 8 万余人，东击王世充。同时遣使与窦建德言和，使其保持中立。王世充从各州、镇挑选骁勇之士聚集洛阳，在襄阳（今属湖北）、虎牢、怀州（今河南沁阳）等要地命三侄分守；在洛阳命其兄、子防守；自率步骑 3 万人

迎击唐军。李世民率步骑 5 万人进军慈涧（今河南新安东），迫使守军撤回洛阳，之后决定先扫清外围然后攻城。于是派行军总管史万宝自宜阳（今河南宜阳西）据龙门（今洛阳南）；右武卫将军王君廓自洛口（今河南巩义东北）切断王世充粮道；将军刘德威自太行（指今河南沁源方向）围怀州；怀州总管黄君汉自怀州渡河攻回洛城（今河南孟州南）；刘德威自率大军屯北邙山（洛阳北），待机攻城。至四年二月，历经 8 个月作战的唐军攻克洛城、辕辕（今河南嵩山西侧）、河阳（今河南孟州东南）等地并占领虎牢，河南 50 余州相继归降。李世民率军向洛阳进逼，经过一番激战，将其合围，但围攻旬余未克。王世充困守孤城，粮缺民馁，几次遣使向窦建德求救。

洛阳危急之事被窦建德得知后，他恐唐灭郑后危及自己，决定先联郑击唐，然后相机灭郑，再夺取天下。遂于四年三月，率兵 10 余万西进，进至虎牢之东，途中连克管城（今郑州）、荥阳（今属河南）、阳翟（今河南禹县）

虎牢关碑图

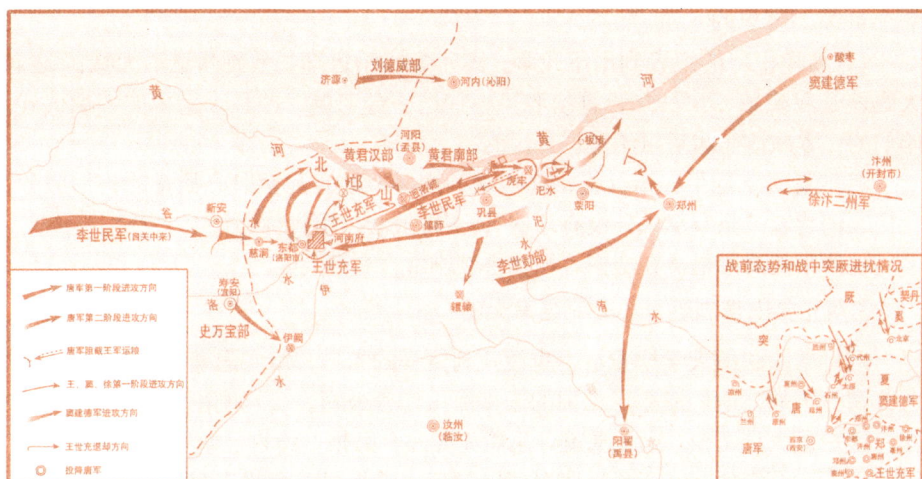

洛阳虎牢之战示意图

等地。

李世民与部将一同商议对策，部将多主张退避。他力排众议，采纳宋州刺史郭孝恪等人提出的力阻王、窦两军会合之策，决定分兵围困洛阳、据守虎牢要地，阻止窦军西进，伺机破敌，一举两克。遂命齐王李元吉围洛阳，自为前锋去虎牢阻击，并率精锐3500人，大军为后继。由于虎牢地形险阻，窦军不得前进，屯兵月余，数战不利，士气低落，将卒思归。国子监祭酒凌敬劝窦建德改道上党（今山西长治），下蒲津（今陕西大荔东），以迫使唐军为救关中而班师回朝，洛阳之围可不救自解。窦建德不听。此时，李世民获悉，窦军将趁唐军饲料用尽、牧马于河北时袭击虎牢，便将计就计，于五月初一，亲临广武山（西广武）观察窦军形势，在河中小洲留马1000余匹以诱其出战。次日，窦军果然全部出动，在汜水东岸布阵，横贯20里。李世民登高观察后，决定按兵不动，待其气衰，再行出击。两军相持至中午，窦军因饥饿而阵容不整。这时，李世民下令骑兵将领率队自虎牢入南山，循谷东进，偷袭窦军阵后。自率轻骑东涉汜水，主力随后，直冲窦军。唐军在窦建德正和群臣议事之时突至，前后夹击，使窦军阵势大乱。唐军追击30里，俘获5万余人，窦建德受伤被俘。王世充出降，李世民回军洛阳。

李世民于此战中围城打援、避锐击惰、奇兵突袭、一举两克。至此，李世民基本完成了唐王朝的统一事业。

⊙海尔服务甲天下，大妈广告传全国

听说，山东青岛一位老大妈，经过几年的精心挑选决定买一台海尔牌空调来陪她度过难熬的夏天。谁知天有不测风云，拉空调的出租车司机竟然乘老大妈请人搬空调时，悄悄拉走了她的空调。老大妈的心"唰"的一下子就拔凉拔凉的，"啊"一声就抽过去了。几个好心人手忙脚乱掐人中、做人工呼吸，而老大妈慈眸半睁，操着浓重的青岛口音来了一句堪称世纪经典的台词："海尔啊！我等你、想你这么久，终于还是没有等到你，但我还是要感谢你，让我拥有了

一个可等、可想的东东。"

《青岛晚报》的记者刊出了此事。海尔集团销售部长看到报道后大喊："这老大妈就是我亲娘，快马加鞭再给我'娘'送一台空调，并且一定要安装调试好。咱们的'零烦恼'售后可不是说着玩的。"

海尔集团就是牛，不仅提供高质量的产品，而且配套以高质量的售后服务，使广大消费者"只有享乐，没有烦恼"，买得放心，用得称心。

这件事使海尔电器在全国各地销售额剧增，名声大噪。

⊙两兄弟出奇制胜，小公司名声大噪

两兄弟在法国大学毕业后，也没找到像样的工作，就寻思着也赶时髦开个广告公司。于是，他们成立了法国的未来海报广告公司。公司刚刚成立时，名气很小，客户也少之又少。两兄弟就寻思着先弄一个海报，给自己做做广告再说。

于是，他们便在某工作区张贴了一幅巨大的海报，海报上只有一个漂亮的女郎和一行文字。女郎穿三点式泳衣，双手叉腰，体魄健美，笑容可掬。女郎身边的一行文字是："9月2日，我将脱去上面的。"

过往的行人和工作区的人员谁也不知道这幅海报是什么意思，也不知道是谁张贴的。一时之间，人们议论纷纷，都把目光盯在了9月2日。

9月2日清晨，人们发现漂亮女郎依旧双手叉腰，依旧面向行人露出迷人的微笑。但"上面的"果然没有了，裸露的是健美的胸部。女郎身边的一行字也换成："9月4日，我将脱去下面的。"

出奇的海报不但引起了过往行人和工作区人员的评头品足，还引起了新闻记者们的注意。记者们四处探寻采访，希望能得到蛛丝马迹，但却一无所获。

9月4日凌晨，许多人早早地起来，去海报处看个究竟——漂亮女郎"下面的"果然不见了。女郎背向行人，一丝不挂，身材修长、匀称，是健与美的完美融合。女郎的身旁照旧有一行字："未来海报广告公司，说得到，做得到！"

未来海报广告公司顿时成为新闻焦点，无人不知、无人不晓了。

◇简评

从哲学上看，"形"是运动的物质，而"势"是物质的运动。《军形》讲的是客观物质力量的积聚，《势篇》讲的是主观能动作用的发挥，这两篇是紧密联系不可分割的姐妹篇。我们从中也可看出，孙武在认识上反映了"物质是第一性的，意识是第二性的"这一朴素的唯物主义思想。

"势"篇中，孙子集中论述了如何用兵的问题。在这里，他提出了"奇正"的概念。对于军队的管理，无论人数多少，道理都是相同的，这就是靠军队编制和发号施令。而三军将士遭遇敌军的全面进攻却不会失败，则靠用兵中"奇正"战术的灵活运用。"正"与敌军交战，"奇"是取胜的主要力量。但在历次作战中，"奇"与"正"的运用又是灵活多变的，正如四季交替、五音变化、五味协调一样，是不可以穷尽的。"奇"与"正"如同圆形，无始无终，变化多样。

水是柔软的，石头是坚硬的，然而水却能把石头冲走，这完全是因为势。势可由多种因素形成，如由战争中的士气、斗志、勇敢、无畏等形成的气势；由兵力、火力、速度等形成的优势；由地形、地貌、地物形成的地势；由季节、天候、温度等形成的天势等。这种势是压倒敌人反抗，摧毁敌人斗志的必要条件。

孙子所讲的"势"，是指由一方向另一方发起军事挑战或进攻，由此形成的使双方或多方面临的军事"战势"。把它引用到企业经营中，企业谋划的某一重大经营战略、行动决策或是经营者在市场竞争中所展现的某种（如科技进步、新产品开发、营销策划等）竞争态势，由此会形成各种经营者面临的"商势"。但不论是"战势"还是"商势"，都有一个"求之于势"的问题。按照孙子的思想，求势的根本出发点是"取势"，即在充分利用、把握势态的发展变化中，以势酿势，实现克敌制胜的战略目的，这从《势篇》的其他论述中可以看出。而要能够"取势"，则必须先做到"识势"。所谓"识势"，有两层内涵，一方面是对形势的发展和趋向变化要有超前认识的眼光和谋断能力，另一方面是对自己是否具有取势的条件和实力（主要是是否拥有可以委任并能担当重任的核心人才）要有清醒的认识。不能"识之于势"，也就难以"取之于势"，因此，"识势"是"求势"的前提条件。正因为如此，世人把识时务者称为俊杰之才。但是，如果一个统帅虽有"识势"的战略远见，身边也有能够担当重任的人才，他却不能充分利用，最后还是会落入"失势"的惨败境地。这也是在今天的市场竞争中决定企业经营胜败的一个关键问题。

孙子认为，如何择人任势是一件极其重要的事情。只有充分发挥将帅的指挥才能，造成和利用有利态势，才能出奇制胜地打击敌人。同时，孙子还认为，通过合理的编组、统一的指挥、奇正的配合、虚实的运用，也能使部队的整体力量发挥到极致，形成以石击卵的必胜之势。

在本篇的后半部分中，作者进一步分析了用兵的战术。善用兵者，能够在战场复杂的情况下镇定自若，在交战双方你争我夺的混沌状态下严整不败。要善于以假象迷惑敌人、调动敌人，造成有利于己、不利于敌的态势。这如同从万丈高山上滚落的圆石一般，势不可当。而用兵打仗就是要造成这样的态势，从而取得战争的胜利。

从《势篇》中我们可以看到，孙武的思想是多么缜密，论辩是多么严谨，结论又是多么具有普遍意义啊！

虚实篇

◇**原文**

孙子曰：凡先处战地而待敌者佚[1]，后处战地而趋战者劳[2]。故善战者，致人而不致于人。能使敌人自至者，利之也；能使敌人不得至者，害之也。故敌佚能劳之，饱能饥之，安能动之。

出其所不趋，趋其所不意。行千里而不劳者，行于无人之地也；攻而必取者，攻其所不守也。守而必固者，守其所不攻也。故善攻者，敌不知其所守；善守者，敌不知其所攻。微乎微乎，至于无形；神乎神乎，至于无声。故能为敌之司命。

进而不可御者，冲其虚也[3]；退而不可追者，速而不可及也[4]。故我欲战，敌虽高垒深沟，不得不与我战者，攻其所必救也；我不欲战，画地而守之，敌不得与我战者，乖其所之也。

故形人而我无形[5]，则我专而敌分。我专为一，敌分为十，是以十攻其一也，则我众而敌寡；能以众击寡者，则吾之所与战者，约矣[6]。吾所与战之地不可知，不可知，则敌所备者多；敌所备者多，则吾所与战者，寡矣[7]。故备前则后寡，备后则前寡，备左则右寡，备右则左寡。无所不备，则无所不寡。寡者，备人者也；众者，使人备己者也。

故知战之地，知战之日，则可千里而会战。不知战地，不知战日，则左不能救右，右不能救左，前不能救后，后不能救前，而况远者数十里，近者数里乎？以吾度之，越人之兵虽多，亦奚益于胜败哉！故曰胜可为也。敌虽众，可使无斗。

故策之而知得失之计[8]，作之而知动静之理[9]，形之而知死生之地[10]，角之而知有余不足之处[11]。故形兵之极，至于无形[12]；无形，则深间不能窥，智者不能谋[13]。因形而错胜于众，众不能知。人皆知我所以胜之形，而莫知吾所以制胜之形。故其战胜不复，而应形于无穷。

夫兵形象水，水之形，避高而趋下，兵之形，避实而击虚。水因地而制流，兵因敌而制胜。故兵无常势，水无常形。能因敌变化而取胜者，谓之神。故五行无常胜[14]，四时无常位[15]，日有短长，月有死生。

【注释】

[1]凡先处战地而待敌者佚：处，占据。佚，即"逸"，指安逸、从容。此句意为在作战中，若能率先占据战地，就能使自己处于以逸待劳的主动地位。

[2]后处战地而趋战者劳：趋，奔赴，此处为仓促之意。趋战，仓促应战。此句意为作战中若后据战地仓促应战，则疲劳被动。

[3]进而不可御者，冲其虚也：御，抵御。冲，攻击、袭击。虚，虚懈之处。此句谓我军进击而敌无法抵御，是由于攻击点正是敌之虚懈处。

[4]退而不可追者，速而不可及也：速，迅速、神速。及，赶上、追上。此句意为我军后撤而敌不能追击，是由于我军后撤迅速，敌追赶不及。因此，撤退的主动权也操于我军之手。

[5]故形人而我无形：形人，使敌人现形。形，此处作动词，显露的意思。我无形，即我军无形迹（隐蔽真形）。

[6]吾之所与战者，约矣：约，少、寡。此句说能以众击寡，则我军欲击之敌必定弱小，难有作为。

[7]吾所与战之地不可知，不可知，则敌所备者多；敌所备者多，则吾所与战者，寡矣：此句意为我方与敌欲战之地，敌既无从知晓，就不得不多方防备，这样，敌之兵力势必分散；敌之兵力既已分散，则与我军局部交战之敌就弱小且容易战胜了。

[8]策之而知得失之计：策，策度、筹算。得失之计，即敌计之得失优劣。意即应当仔细筹算，以了解判断敌人作战计划之优劣。

[9]作之而知动静之理：作，兴起，此处指挑动。动静之理，指敌人的活动规律。意为挑动敌人，借以了解其活动的一般规律。

[10]形之而知死生之地：形之，以伪形示敌。死生之地，指敌之优势所在或薄弱环节、致命环节。地，同下文"处"，非实指战地。即以示形于敌的手段，来了解敌方的优劣环节。

[11]角之而知有余不足之处：角，较量。有余，指实、强之处。不足，指虚、弱之处。此谓要通过与敌进行试探性较量，来掌握敌人的虚实强弱情况。

[12]故形兵之极，至于无形：形兵，指军队部署过程中的伪装佯动。即故意示形于敌，使敌不得其真，以至形迹俱无。

[13]深间不能窥，智者不能谋：间，间谍。深间，指隐藏极深的间谍。窥，刺探、窥视。形佯动达到最高境界，则敌之深间也无从摸清底细，聪明的敌人也束手无策。

[14]故五行无常胜：五行，木、火、土、金、水。古代认为这是物质组成的基本元素。战国五行学说认为这五种元素的彼此关系是相生又相胜（相克）的。孙子此言谓其相生相克间变化无定数，如用兵之策略奇妙莫测。

[15]四时无常位：四时，指四季。常位，指一定的位置。意即春、夏、秋、冬四季推移变换，永无止息。

◇**解题与读法**

虚实两个字相对成义。"虚"，是空虚；"实"，是充实。这是虚实两个字的一般意义。这里用"虚实"两个字题篇，系专就军备设施的情形和兵力配备的状况而言，同泛论虚实两个字的意义有别。不过，单就军事来说，平时和战时也不完全一样：

一、平时军备设施完善叫作"实"，军备设施废弛叫作"虚"。

二、战时兵力配备周密叫作"实"，兵力配备疏漏叫作"虚"。

平时和战时虽不尽相同，但平时的"实"是战时"实"的基础。平时若"虚"，一旦国家发生战争，再想把兵力配备周密，没有漏洞，那就困难了。近代战术上说的情况判断，就是指审查兵力配备的虚实情况。不过，其所说尚不能尽本篇虚实的妙用。

本篇宜分4段读：从"孙子曰：凡先处战地而待敌者佚"起，到"安能动之"止，为第一段，总论转变虚实的要诀，其关键即在"致人而不致于人"。从"出其所必趋"起，到"可使无斗"止，为第二段，详论转变虚实的各种方法。从"故策之而知得失之计"起，到"而应形于无穷"止，为第三段，论战时侦察敌人虚实的步骤和运用虚实之秘在于以无形制胜。从"夫兵形象水"起，到"月有死生"止，为第四段，论虚实之用，神妙莫测，在避实击虚，因敌变化。

◇译文

孙子说，凡先占据战场、等待敌人的就主动、安逸，而后到达战场、仓促应战的就疲惫、被动。所以善于指挥作战的人，总是能够调动敌人而不被敌人所调动。能够使敌人自动进到我方预定地域的，是用小利引诱的缘故；能够使敌人不能抵达其预定地域的，则是设置重重困难阻挠的缘故。敌人休整得好，就设法使他疲劳；敌人粮食充足，就设法使他饥饿；敌人驻扎安稳，就设法使他移动。

要出击敌人无法迅速救援的地方，要奔袭敌人未曾预料之处。行军千里而不劳累，是因为行进的是敌人没有防备的地区；进攻而必定能够取胜，是因为进攻的是敌人不曾防御的地点；防御而必能稳固，是因为扼守的是敌人无法攻取的地方。所以善于进攻的，能使敌人不知道该如何防守；善于防御的，能使敌人不知道该怎么进攻。微妙啊，微妙到看不出任何形迹！神奇啊，神奇到听不见丝毫声音！所以，我军能够成为敌人命运的主宰。

前进而使敌人无法抵御的，是由于袭击敌人懈怠空虚的地方；撤退而使敌人不能追击的，是因为行动迅速而使得敌人追赶不及。所以我军要交战时，敌人即使高垒深沟也不得不出来与我交锋，这是因为我们攻击了敌人所必救的地方；我军不想交战时，占据一个地方防守，敌人也无法同我军交锋，这是因为我们诱使敌人改变了进攻方向。

要使敌人显露真情而我军不露痕迹，这样，我军兵力就可以集中而敌人兵力却不得不分散。我们的兵力集中在一处，敌人的兵力分散在十处，这样，我们就能以十倍于敌的兵力去进攻敌人了，从而造成我众而敌寡的有利态势。能做到集中优势兵力攻击劣势的敌人，那么同我军正面交战的敌人也就有限了。敌人很难知道我们所要进攻的地方。既然无从知道，那么他所须要防备的地方就多了；敌人防备的地方愈多，那么我们所要进攻的敌人就愈是单薄。因此，防备了前面，后面的兵力就薄弱；防备了后面，前面的兵力就薄弱；防备了左边，右边的兵力就薄弱；防备了右边，左边的兵力就薄弱。处处加以防备，就处处兵力薄弱。兵力之所以薄弱，是因为处处分兵防备；兵力之所以充足，是因为迫使对方处处分兵防备。

所以，如能预知交战的地点、预知交战的时间，那么即使跋涉千里也可以去同敌人会战。不能预知在什么地方打，也不能预知在什么时间打，那么就会导致左翼救不了右翼，右翼救不了左翼，前面不能救后面，后面不能救前面的情况，何况想要在远达数十里，近在数里的范围内做到应付自如呢？根据我的分析，越国的军队虽多，但对于决定战争的胜负又有什么帮助呢？所以说，胜利是可以造成的，敌军虽多，可以使他无法同我方较量。

所以要通过认真的筹算，来分析敌人作战计划的优劣和得失；要通过挑动敌人，来了解敌人的活动规律；要通过佯动示形，来试探敌人生死命脉之所在；要通过小规模的交锋，来了解敌人兵力的虚实强弱。所以佯动示形进入最高境界，就再也看不出什么形迹。看不出形迹，则即使是深藏的间谍也窥察不了底细，老谋深算的敌人也想不出对策。根据敌情变化而灵活运用战术，即便把胜利摆放在众人面前，众人仍然不能看出其中的奥妙。人们只能知道我军用来战胜敌人的办法，但却无从知道我军是怎样运用这些办法出奇制胜的。所以每一次胜利，都不是简单的重复，而是适应不同的情况，变化无穷。

用兵的规律就像流水。流水的属性，是避开高处而流向低处；作战的规律是避开敌人的坚实之处而攻击敌之弱点。水因地形的高低而制约其流向，作战则根据不同的敌情而制定取胜的策略。所以，用兵打仗没有固定刻板的态势，正如水的流动不曾有一成不变的形态一样。能够根据敌情变化而灵活机动取胜的，就可叫作用兵如神。五行相生相克没有固定的常势，四季轮流更替也没有不变的位置，白天有长有短，月亮也有圆有缺。

◇用计例说

⊙齐魏桂陵、马陵之战

齐魏桂陵、马陵之战，发生在战国中期，是齐、魏两国为争夺中原霸权而爆发的战争。在这两场战争中，由于齐国军事家孙膑将《孙子兵法》中的"避实击虚""攻其所必救""致人而不致于人"的战略思想进行了创造性地运用，因而一举击败了实力强大的魏国军队，使魏国的实力逐渐减弱，最终丧失了霸主地位。

战国初年，魏国在齐、魏、韩、赵、秦、楚、燕七国中最先成为强盛的国家。一方面，是由于魏国在三家分晋时，分得了今山西西南部的河东地区，这一地区，原本生产较发达，经济基础较好；另一方面，是由于魏国在魏文侯时期，任用了李悝、吴起、西门豹等人，进行了各方面的改革。魏国在政治上逐步废除了世袭的禄位制度，实行"食有劳而禄有功"的制度，建立起比较健全的封建地主政权。在经济上，魏国推行"尽地力"和"善平籴"的政策，并且兴修水利，鼓励开荒，促进了生产的发展。在军队建设上，建立了"武卒"制度，选拔勇敢有力的人加以训练，大大地提高了军队的战斗力。这些措施的实施，使魏国日益强盛起来。魏惠王时期，魏国将国都从安邑（今山西夏县北）迁到河南中部的大梁（今河南开封），从而使魏国的国力达到了鼎盛时期。

齐国在当时也是较大的诸侯国。公元前356年，齐威王即位以后，任用邹忌为相，改革政治，加强中央集权，进行国防建设，国力逐渐强盛。在魏国不断向东扩张的形势下，齐国为了同魏国抗衡，便利用魏国与赵、韩之间的矛盾，展开了对魏的斗争。

公元前354年，赵国为了同魏国抗衡，向卫国发动了进攻，企图夺取位于赵、魏之间的卫国领土，取得战略上的有利地位。卫国原是魏国的属国，现在赵要将它变为自己的属国，魏国当然不允许。魏国借口保护卫国，出兵包围了赵国的国都邯郸。赵与齐是盟国，当邯郸告急时，赵国派使于公元前353年向齐国求救。齐国此时正在图谋向外发展，因此答应救赵。

齐威王召集大臣商讨救赵的办法。齐相邹忌主张不去救赵，齐将段干朋则认为不救不仅对赵国失去信用，而且对齐国本身也不利。他从齐国的利益出发，提出了一个先让赵、魏两国相互攻战，使之两败俱伤，然后齐国"承魏之弊"出兵救赵的战略方针。齐威王同意了段干朋的意见。齐国以少量兵力南攻襄陵，以牵制魏国，坚定赵国抗魏的决心。齐军主力则按兵不动，静观事态发展，准备在时机成熟时出兵救赵。

公元前353年，魏国攻破了赵都邯郸。这时，齐威王认为出兵救赵的时机已经成熟，于是就命令田忌为主将，孙膑为军师，统率大军救援赵国。

孙膑原是《孙子兵法》作者——春秋时期著名军事家孙武的后裔。年轻时他曾和魏国人庞涓一起学习过兵法。庞涓后来在魏国做了将军，他自知能力不及孙膑，便不怀好意地将孙膑请到魏国。庞涓眼见魏惠王对孙膑十分欣赏，加重了他对孙膑的忌妒。于是庞涓伪造了罪名，私用刑法割断孙膑的双脚，并在他的脸上刺字涂墨，妄图使他永远不能出头露面。孙膑忍辱负重，在魏国待了很长一段时间，直到有一天他听说齐国使者来到魏国，才有机会以犯人的身份偷偷地见了使者。齐使了解到孙膑是个了不起的人才，就暗中把他藏在车子里，带回了齐国。不久，孙膑得到

四王冢
这4个在临淄附近的墓，相传是齐威王、齐宣王、齐湣王、齐襄王之墓，又名四豪冢。东西绵延约500米，每座高120余米，宛如4座山峰。

齐将军田忌和齐威王的赏识。这次齐军救赵，齐威王打算派孙膑为主将发兵前往，但孙膑不想把自己的名字暴露出来，以免引起庞涓的注意，于是孙膑推说自己是受刑身残的人，不宜为将。齐威王遂改用田忌为主将，孙膑为军师，大举伐魏救赵。

马陵之战要图

田忌打算直奔邯郸，同魏军主力交战，以解邯郸之围。孙膑不赞成他这种打法，提出了"批亢捣虚""疾走大梁"的正确策略。他说："要解开乱成一团的丝线，不能握拳去解，而要劝止别人打架，自己不能帮助去打。派兵解围的道理也一样，不能以硬碰硬，而应该避实击虚，避强击弱，击其要害，使敌人感到行动困难，有后顾之忧，自然就会解围了。现在魏、赵相攻，已经相持了一年多，魏军的精锐部队都在赵国，留在自己国内的是一些老弱残兵。我看你应该统率大军迅速向魏国都城大梁进军。这样一来，魏军必然回兵自救，我们可以一举而解救赵国之围，同时又能使魏军疲于奔命，便于我们打败他。"田忌采纳了孙膑的意见，率齐军主力向魏国国都大梁进军。大梁是魏国的政治经济中心，庞涓得知大梁危急的消息，大惊失色。魏军不得不以少数兵力控制历尽艰辛刚刚攻下的邯郸，而急忙以主力回救大梁。这时，齐军已将地势险要的桂陵作为预定的作战区域，迎击魏军于归途。魏军由于长期攻赵，兵力消耗很大，加之长途跋涉使士卒更加疲惫不堪。而齐军则是占有先机之利，以逸待劳，士气旺盛。因此，面对齐军的阻击，魏军完全陷入了被动挨打的局面，终于惨败而归。

魏军虽然败于桂陵，但魏国仍具有一定实力，并未因此而放弃邯郸。后来，因为秦国不断向魏国进攻，魏国没有力量同时与东方的齐、赵和西方的秦国进行战争，才放弃了吞并赵国的打算。真正使魏国的实力遭到严重削弱的是桂陵之战10年后发生的马陵之战。

公元前342年，魏国攻打韩国。韩国急忙向齐求救。齐相邹忌主张不救。田忌认为如不救韩，韩将有被魏吞并的危险，主张尽早救之。孙膑既不同意不救，亦不同意早救。他认为，现在韩、魏两军均未疲惫，如果不考虑利害得失发兵去救，将陷入政治上被动听命于韩、军事上代韩受兵的地位，胜利亦无把握。魏国此次出兵，意在灭韩，我们应因势利导，首先向韩表示必定出兵相救，促使韩国竭力抗魏。等到韩国处于危亡之际，再发兵救援，韩国到那时必然感激齐国，齐国既能"深结韩之亲"，又可"晚承魏之弊"；既可受韩重利，又可得到尊名，一举两得。齐威王采纳孙膑的建议，并亲自接待韩国使者，暗中答应出兵帮助。韩国仗恃着齐国的帮助，坚决抵抗。韩、魏先后 5 次交战，韩国均失败了。这时，韩国又向齐告急。齐威王在韩、魏俱疲的时机，又任命田忌为主将，孙膑为军师，率领齐军攻魏救韩。孙膑又使出"围魏救赵"的老办法，直向魏都大梁进军。魏国主将庞涓听到这个消息，立即把军队从韩国撤回来。这时，齐军已经越过齐国边界，进入魏国的国境了。孙膑知庞涓已从后面赶来，于是对田忌说："魏国的军队素来强悍英勇，看不起齐国，我们应因势利导，装着胆怯逃亡的样子，诱使魏军中计。兵法上说，乘胜追赶敌人，如果超过 100 里以上，就会因为给养路线太长，使上将有受挫折的危险；如果超过 50 里以外，因为前后不能接应，也只有一半军队能够赶上。现在我军进入魏国境内已有很远了，可用减灶之计。我们齐军今日进入魏地，在宿营地做 10 万个灶，明日只做 5 万个灶，后日到宿营地只做 3 万个灶，逐日减灶，使魏军认为我们怯战，逃亡士兵很多，他们必然趾高气扬，日夜兼程前来追击。这样，既消耗了他们的力量，又麻痹了他们的斗志，然后我们再用计来打败他们。"田忌采纳了他的计谋。

庞涓回兵进入国境，得知齐军早已前进，于是急起直追。一路上，庞涓仔细观察了齐军安营地方的遗迹，了解敌情。追了三天，虽然还没有追上，庞涓却喜形于色，很有把握地认定齐军怯战，逃亡士兵已过半数。他当机立断，决定甩下步兵，只统率一部分轻装的精锐部队，一天走两天的路程，快速追赶齐军。孙膑估计了庞涓追兵的行程，认定他们晚上必然到达马陵（今河北大名东南）。马陵道路狭窄，在两山中间，险阻重重，便于埋伏军队。孙膑命士卒将道路两侧树木统统砍倒，只留下最大的一棵树，其余的树乱七八糟地横在路上，以阻塞交通。在留下的那棵树的东面，剥去一大块树皮，露出白色的树干，在上面写上几个大字："庞涓死于此树下。"孙膑又在军中抽调精通射箭的士卒 1 万人，分成两队埋伏在道路两旁的险要之处，并吩咐他们只要看到树下的火光一亮，就立即朝树下放箭。他又调一部分军队隐蔽在离马陵不远的地方，只等魏军一到，便从后面截断退路。果然，那天晚上庞涓率领轻骑进入马陵道，他隐隐约约地看到一棵大树露出白木，上面有一行字，但瞧不清楚，于是他叫士兵点起火把来看。上面写的是"庞涓死于此树下"，庞涓心里一惊，知道上当了。这时，齐军万箭齐发，魏军溃散，庞涓自知败局已定，便羞愧自杀。齐军在庞涓自杀之后，乘胜进攻，大败魏军，俘虏魏国太子申。

马陵之战使魏国遭到前所未有的惨败。接着，齐、秦、赵从东西北三面夹攻魏国。公元前 340 年，秦商鞅用计抓到魏公子卬，大破魏军，魏国又一次惨败。后来到"会徐州相王"时，强盛一时的魏国终于向齐国表示了屈服。战国的形势由此发生重大转折，齐国代替魏国而称霸诸侯。

在桂陵之战和马陵之战中，孙膑都成功地运用了《孙子兵法·虚实篇》中所提出的"避实而击虚""攻其所必救"的作战原则，屡次将实力强大的魏军击败。在具体实施这些原则时，齐军善于选择魏赵、魏韩双方精疲力竭的有利时机攻击大梁，迫使魏军回师救援而进入齐军事先预计的战场，使魏军完全陷入了被动挨打的局面。齐军则因"知战之地，知战之日"而以逸待劳，一举获胜。从桂陵、马陵之战中，我们看到孙子的"避实而击虚""攻其所必救""先处战地而待敌""致人而不致于人"等军事理论由孙膑进行了富有创造性的运用，其合理性与科学性经受了事实的检验与历史的印证。

⊙成吉思汗西征花剌子模

成吉思汗高超的指挥艺术，历来为兵家、史家所推崇。40 余年的戎马生涯不但使他积累了丰富的军事斗争经验，更令他为后人留下了叹为观止的战略思想。

明末清初的历史学家顾祖禹曾赞叹道："吾尝考蒙古之用兵，奇变恍惚，其所出之道，皆师心独往，所向无前。故其武略比往古为最高。"成吉思汗用兵思想之博大精深，由此可见一斑。他的指挥艺

成吉思汗像

术、战法和战术与《孙子兵法》的"虚实篇"一脉相承。在蒙古军队著名的西征过程中，他在战略筹划上审慎、缜密而富于创造性，在许多方面都有十分出色的表现。

成吉思汗西征，首先，是正确选择作战对象。作战对象选择不准，或者过多，往往会导致整个战争的失败，造成大量人力、物力的浪费。成吉思汗选择作战对象的一般原则是：先弱后强，先小后大，先近后远，每次打击一个主要敌人，力避多面作战。这一战略原则在对外作战中体现得最为明显。他先兵临国力较弱的邻国西夏，强迫对方求和，然后进攻国力较强距离较远的金朝。当认识到金朝比西域诸国力量强，难以消灭时，便改变战略，转而实行南防西攻，由近及远依次攻灭西辽、花剌子模、钦察等国，最后"解决"大国金朝。弱敌攻灭了，就意味着强敌羽翼已失，力量被削弱，易于攻取；小敌攻灭了，大敌失去手臂，力量减弱，便于击灭；近敌消灭了，我方势力得以扩展，远敌由远变近，为下一步作战提供了便利条件。一次战争攻打一个主要敌人，便可局部形成对敌优势。

其次，是打击敌人要害。在对敌作战中，成吉思汗始终把消灭敌人有生力量和摧毁敌人经济潜力置于首位，而不在意方寸之地的争夺。凡作战，必千方百计地将敌军引诱到旷野平川，以便发挥骑兵野战的优势而予以歼灭。

再次，是及时准确地把握战机。成吉思汗对敌发动战争，从不贸然行事，善于根据敌方情况，抓住有利战机。一是在敌方内政极端腐败、各种矛盾尖锐激化、社会混乱动荡之时发动攻击；二是在敌方受到邻国牵制，不能以全力应战之时发动攻击；三是在敌方与他国联盟解体、新的联盟尚未建立、孤立无援之时发动攻击；四是当敌方自恃力强、放松戒备之时发动攻击。敌人内部矛盾尖锐，自身精力被消耗，就易于击败了；敌人受第三方牵制，难以全力应付进攻，敌人力量也

就由强变弱，利于攻灭了；敌方孤立无援，势单力薄，自是便于攻取了；强大之敌在骄傲没有戒备的时候，则是弱师，经不起对方的突然袭击。成吉思汗善于透过敌方外部假象，研究对方的真正实力，一旦发现敌人实力弱时便予以打击，这一思想是很高明的。用《孙子兵法·虚实篇》的话来说，就是"进而不可御者，冲其虚也；退而不可追者，速而不可及也"。尽管成吉思汗西征时蒙古还没有创制文字，成吉思汗也不可能读到《孙子兵法》，但大凡高明的用兵作战之道，它们之间都是有共通之处的。《孙子兵法·虚实篇》云："善战者，致人而不致于人。"意思是说善于作战的人，都善于调动敌人而不被敌人调动。成吉思汗西征就一直抓住了主动权。

成吉思汗在对西夏用兵，大举攻金的同时，开始西征中亚，希图征服更广大的疆域。

成吉思汗第一次西征的主要作战目标，是花剌子模。花剌子模位于阿母河（经中亚流入咸海南端的河流）下游，是当时中亚细亚的一个大国。在打通西征之途的障碍后，成吉思汗立即分兵四路，准备攻打花剌子模。宋宁宗嘉定十二年（1219年）初夏，成吉思汗从克鲁伦河畔出发，越过阿尔泰山，因为途经的一些小国都以"顺服之礼"来拜见成吉思汗，加入蒙古军队助战，因此他亲率的10多万大军很快便增至20万。越过天山后，大军加紧行进，于当年秋到达花剌子模边境。讹答剌城是成吉思汗进攻的第一个目标。此城位于库车西北500里，系边陲重镇。20万大军旌旗蔽日、杀气腾腾地开到城外。

成吉思汗在这里将兵马分为4路：由察合台、窝阔台率领第一路攻打讹答剌城；第二路、第三路由术赤等率领，攻取锡尔河畔的各个城镇，从左右两翼扫荡花剌子模边界；由成吉思汗本人率领的第四路为中军，直捣不花剌城。花剌子模国王早已做了防御部署。40万骑兵的大部分都留在撒麻耳干地区，2万留在讹答剌，另有几万守卫各地重要城镇。花剌子模的40万军队颇有战斗力，大象队也令蒙军胆寒，又是在本土作战，抵御20万蒙军（其实蒙古军队只有10多万，另近10万兵马是一些附属小国的从征部队），优势很大。但在战略部署上却分兵把关，各自为战，被动防御，摆出一副挨打的架势，优势也就变为劣势了。留下攻打讹答剌的蒙军四面围攻城池，守军十分顽强，双方僵持了5个月之久。海儿汗誓死不降，在一些部将逃跑的情况下，仍率领留下的勇士拼死力战。外城被攻破，他们就退到内

蒙古军西征作战图

堡继续坚守，最后只剩下海儿汗一个人被生擒活捉。蒙军攻下讹答剌城后，把城中百姓赶到野外，然后将城池和内堡夷为平地。第二路军首先进至锡尔河畔的速格纳黑城（今哈萨克斯坦图门阿鲁克邮站以北），他们招降守城军民，但当地人拒不投降。蒙军连续攻打了7天7夜，破城后杀尽城中幸存者。继续前进的蒙古军队又攻占了锡尔河下游的几座城市，于宋宁宗嘉定十三年（1220年）四月，兵临毡的城。没有任何战斗准备的市民们待蒙军架好越壕木桥和云梯时才仓促投入战斗，蒙军很快攻进城内，没有遇到任何抵抗，甚至无一人伤亡。随后，邻近城市养吉干又被蒙军攻下。同时，第三路军攻打忽毡（今塔吉克斯坦列尼纳巴德城）。该城守将是花剌子模的民族英雄铁木儿灭里。当蒙军攻城时，居民都躲进内城堡。高大坚固的城堡修在锡尔河中央河水分股的地方，有几千名勇士驻守。蒙军的弩炮射程不够，就运石填河，想尽办法企图接近城堡。几番激战，蒙军伤亡很大，十分疲劳。然而城堡也难以长期坚守，铁木儿灭里趁夜组织了70只船突围。蒙军虽在沿岸设下重重阻截的兵马，并沿河追赶，但骁勇善战的铁木儿灭里敢于以寡击众，以弱抗强，在给蒙军以重创之后，突出重围。

成吉思汗率领的中军目标是战略要地不花剌城。花剌子模有两个都城：旧都玉龙杰赤（今乌兹别克斯坦的乌尔坚奇），又称花剌子模城；新都撒麻耳干（今乌兹别克斯坦撒马尔罕）。除新、旧两都外，最大最繁荣的城市就是位于新旧两都之间的不花剌城（今乌兹别克斯坦布哈剌）了。如果中间的不花剌被攻破，新、旧两都的联系就被切断了，两都就可以各个击破。

宋宁宗嘉定十三年（1220年）四月初，成吉思汗率中路军到达不花剌城下。守城的2万多军队看见蒙古骑兵浩浩荡荡开来，十分恐惧，战斗刚开始了三天就想弃城逃跑。蒙军连日攻城，夜间正在休整之时，城中突然冲出一队人马，蒙军误以为是对方的夜袭，一时乱了阵脚。守军一直向西南狂奔，醒悟过来的蒙军立即组织追击，在阿姆河岸边追上这支溃不成军的队伍并将其全部消灭。第二天，不花剌人开城投降。但仍有部分勇士不降，退到内堡坚守。《世界征服者史》记载当时的情景："双方战火炽热。堡外，射石机矗立，弓满引，箭石齐飞；堡内，发射弩炮和火油筒。"这样战斗了几天，成吉思汗下令烧毁整个市区。守军陷入绝境，内堡终被攻破。蒙军将城墙、外垒统统荡为平川，所有青壮年人都被强征入伍，随同蒙军攻打撒麻耳干等城。

为保卫首都撒麻耳干，花剌子模国王摩诃末调集11万军队加强防守，还配备了相当于现代坦克部队的20头披着铁甲的大象。从首都的城防看，防御体系很坚固，守城军队也很有战斗力。但消极防御的部署，很容易使蒙军对各大城市进行分割围攻。花剌子模完全可以集中优势兵力与蒙军在本土进行野战，但该国的领导阶层都十分缺乏这种勇气。在听到蒙军已向首都开来的消息后，国王竟先逃跑了，一时间军心动摇。成吉思汗探知都城坚固难攻，为扫清外围所进行的攻城准备就用了几个月时间。真正的攻城战只打了8天，总攻于第三日清晨发起，守军冲出城外对阵，双方各伤亡了1000多人。第四日，蒙军围堵各个城门进行

蒙古骑兵攻战图

猛攻，守军仍拼死往外冲，并使用了大象。但蒙军集中火力射击大象，负伤后的大象在往回跑的过程中反倒踏死了不少后面的花剌子模步兵。战至第六日，蒙军大队开进城内。

这一年夏，花剌子模的旧都玉龙杰赤已是一片混乱。而此时，冲出蒙军重围的铁木儿灭里也来到玉龙杰赤，整顿军备，加强防御，混乱的都城恢复了秩序。不久，札兰丁及其两个兄弟也来到玉龙杰赤，守军增至近10万人。铁木儿灭里率军出击锡尔河下游的蒙军，收复了一些失地。谁知局势刚有好转，又出现原驻旧都突厥人、康里人将领的内讧，札兰丁及其两个兄弟相继离开玉龙杰赤。旧都人心再度大乱。术赤、察合台、窝阔台等率大军进抵都城。劝降被守军拒绝之后，蒙军用10多天填塞城外沟堑，随后发动总攻。玉龙杰赤横跨阿母河，中间有桥梁相连，城内饮水全靠这条河。蒙军一改惯用的火攻，派3000名勇士首先占领城内居民生命所系的大桥，因此遭到的抵抗异常激烈。一度占领桥梁的3000名蒙军被团团包围，经过残酷的白刃格斗，竟无一人生还。这一仗鼓舞了守城军民的士气，此城坚守了7个月之久，城外堆满了蒙军的尸体。成吉思汗大怒，撤换指挥不力的术赤、察合台，令窝阔台任全军统帅。此后，蒙军振作精神全力攻城，第一天就攻入城内，并焚烧街道。七天七夜的街战、巷战之后，整个玉龙杰赤被蒙军控制。

攻克一城两都后，蒙军又袭击沿途各地，于第二年春、夏两季扫荡了呼罗珊地区，征服了许多城镇。

追击札兰丁的行动与扫荡呼罗珊同步进行，为此，成吉思汗派出了一支3万人的部队。蒙军分兵之时，逃亡到哥疾宁的札兰丁却集中了十几万人的兵力。当蒙军追击到八鲁弯一带时，双方进行了一场大战。札兰丁分出左、中、右三路军，自己指挥中军。蒙军骄横轻敌，盲目发起进攻。札兰丁命令全军下马，一齐射箭，压住蒙军锋芒，然后上马反击，命左、右两翼包抄，自己一马当先率中军陷阵杀敌。蒙军溃败，伤亡惨重。这是花剌子模抗蒙所取得的一次巨大胜利。可是，为瓜分战利品而引发的内讧使札兰丁的十几万胜利之师很快就四散流离。成吉思汗则集结兵马火速赶来，优势又转向蒙军。两军在申河岸边展开血战。札兰丁只剩700名部下仍然往来拼杀，最后纵马从高崖跳入申河，游向对岸。成吉思汗惊叹道："生儿当如斯！"成吉思汗征服花剌子模后乘胜远征。哲别、速不台本率军追击花剌子模国王摩诃末。摩诃末死后，蒙军以追逐逃敌为由，乘胜展开横扫欧亚两洲的远征，把征战的脚步迈向更为深广的区域。

可以说，征服花剌子模，是成吉思汗实现霸业的第一步。成吉思汗西征的胜利也顺应了《孙子兵法·虚实篇》所说的："出其所不趋，趋其所不意。行千里而不劳者，行于无人之地也；攻而必胜者，攻其所不守也。守而必固者，守其所不攻也。故善攻者，敌不知其所守；善守者，敌不知其所攻。微乎微乎，至于无形；神乎神乎，至于无声。故能为敌之司命。"

⊙雅克萨之战

在清朝康熙年间，中国黑龙江军民抗击沙俄的雅克萨之战，也是极好地运用《孙子兵法》理念的成功战例。

16世纪中叶以前，俄罗斯是一个不大的封建农奴制国家，其东部边界远在伏尔加河流域以西。16世纪初，俄罗斯统治者统一了全国，逐步向东扩张，先后吞并了喀山和阿斯特拉罕两个汗国。以后又越过乌拉尔山，征服了西伯利亚汗国。到17世纪，沙俄政府更加积极地向东侵略扩张。明崇祯五年（1632年），沙俄扩张至西伯利亚东部的勒拿河流域后，建立了雅库茨克城，企图以之为跳板，侵略中国。

明崇祯十二年（1639年），沙俄侵略者从鄂温克人口中得知关于黑龙江的情况。此后，他们做梦都想占领黑龙江这个富饶的地方。崇祯十四年（1641年），雅库茨克督军彼得·戈洛文派遣一支70人的远征队寻找黑龙江，但中途受阻，没有到达中国边境。戈洛文在崇祯十六年（清崇德八年，1643年），派其文书官波雅科夫率领一支132人的队伍，沿勒拿河南下，越过外兴安岭，侵入中国领土。翌年，经精奇里江（今结雅河）闯入黑龙江，溜出黑龙江口，第二年遭到当地人的抵抗，逃回雅库茨克。

顺治六年（1649年），雅库茨克长官派哈巴罗夫率领70多名哥萨克人，经勒拿河、奥廖克马河和通吉尔河越过外兴安岭侵入黑龙江，强行占领中国达斡尔族人的辖区，但当地人民坚决予以抵抗，绝不屈服。哈巴罗夫感觉力量不够，遂留下斯捷潘诺夫一伙驻守，自己回雅库茨克求援。顺治七年（1650年），哈巴罗夫

康熙帝读书图

率领 130 人，携带着三门火炮和一些枪支弹药再次入侵黑龙江，强占雅克萨城（今俄罗斯奥罗迪诺南 50 公里处，黑龙江左岸阿尔巴金诺）。哈巴罗夫盘踞雅克萨期间，不断四处袭击达斡尔族居民，捕捉人质，掳掠妇女。顺治八年（1651 年）九月底，侵略军 200 余人由哈巴罗夫率领侵入位于黑龙江下游的中国赫哲族聚居的乌扎拉村，建立了一个"阿枪斯营"，企图在此过冬。愤怒的赫哲人和女真人袭击敌营失利后向清政府寻求保护和支援。

顺治九年（1652 年）二月，清政府令宁古塔章京海色率所部围剿乌扎拉村，打响了清军对沙俄侵略者的首次战争。清军同当地达斡尔、赫哲等族人民一起，打退了侵略军的进攻。沙俄侵略者死 10 余人，伤 78 人。但因海色麻痹轻敌，使俄军得以反扑，清军被迫撤离。此后，哈巴罗夫取消了下窜黑龙江的计划，乘船向黑龙江上游撤退。不久，哈巴罗夫被解职回国，由斯捷潘诺夫接替其职位。

清军入关后，在长达 40 年的时间里，用兵重点一直放在南方，东北边防并没有派重兵把守，甚至东北的兵力被源源不断地调往南方前线。黑龙江地区遭沙俄侵略者数年蹂躏后，居民四散，田园荒芜，引起了清廷对东北边境俄患的关注。此后，清朝开始征集军队，加强战备，准备将敌人赶出国门之外。

顺治十一年（1654 年），清廷令轻车都尉明安达礼统兵征罗刹，重创在松花江抢粮的俄军，斯捷潘诺夫率残部仓皇出逃，奔往呼玛尔（今呼玛南）过冬。顺治十二年（1655 年），清军由明安达礼率领抵达呼玛尔堡，围攻侵略者 20 余天，但因粮草不济，被迫撤退。顺治十五年（1658 年）六月，清宁古塔都统沙尔虎达率战舰 40 艘同侵略军激战于松花江下游，歼敌 270 人，击毙斯捷潘诺夫。顺治十六年（1659 年），清军收复雅克萨，拆毁呼玛尔堡。顺治十六年（1660 年），宁古塔将军巴海率水军破敌于古法坛村（今俄罗斯哈巴罗夫斯克东北）。至此，中国军民的坚决抵抗肃清了流窜于中国黑龙江流域的俄国侵略军。不久，沙俄侵略者又来到雅克萨筑城盘踞，并在黑龙江流域四处抢掠。清政府虽屡次遣人宣谕，反复告诫，都无济于事。在对俄交涉无效和平定"三藩"、统一台湾战争已告结束的情况下，康熙帝决定剿灭东北地区的沙俄入侵者，捍卫中国领土主权的完整。

康熙二十一年（1682 年）夏，清帝亲巡至关外，检阅军队，了解东北的边防情况，并做了相应的军事准备。十二月，调乌喇、宁古塔兵 1500 名驻扎于爱珲（今瑷珲）、呼玛尔两处，永远戍守。后又改令呼玛尔兵驻额苏里。同时，在这些地区召民屯种，开垦荒地，准备军用粮草。康熙二十二年（1683 年）七月，宁古塔副都统萨布素等率领部队进驻额苏里。十月，康熙帝任命萨布素为黑龙江将军，负责黑龙江上游、中游的防务，爱珲城（黑龙江城）遂成为边陲重镇。为了向黑龙江运送军粮，清廷就地在东北制造了 200 多艘运输船，在沙河、松花江各大渡口设粮草转运站，筹集的粮食足够三年之用。康熙二十一年（1682 年）十二月，清廷命户部尚书伊桑阿赴宁古塔督修战舰 56 艘及制作藤牌等战具。同时，在从爱珲至乌喇的 1300 里陆地上，设立 19 个驿站，这条驿路成为东北三将军驻地通向京师的干线。清廷的这些措施基本适合当时东北边防斗争的需要和特点，保障了雅克萨反击战的胜利以及后来建立的边界防守线的完整。

　　康熙二十四年（1685年）正月，康熙帝命都统公彭春等统兵，带3000人前往收复雅克萨。四月，清军携战舰、火炮、刀矛、盾牌等兵器从瑷珲出发，分水陆两路向雅克萨进发。五月二十二日（6月23日），抵达雅克萨城下。彭春立即向侵略者头目托尔布津递送了通牒，敦促俄军从雅克萨撤退，但俄军仗着巢穴坚固，不肯撤离。二十三日（6月24日），清军分水陆两路列营攻城，陆师布于城南，战船列于城东南，红衣炮（荷兰炮）置于城北。二十五日（6月26日）黎明，清军万炮齐发，飞矢如雨，摧毁了城内塔楼、教堂、仓库、钟楼，致使侵略者伤亡惨重，难以支持。二十六日（6月27日）中午，当清军在城下堆积柴薪，准备放火烧城时，托尔布津打出了白旗，经彭春同意后，俄军撤至尼布楚（今俄罗斯涅尔琴斯克）。

　　清军速战速决，荡平雅克萨城，随后撤回到瑷珲。但清军没有巩固胜利成果，军队被调回，使俄军得以卷土重来。康熙二十四年（1685年）秋，莫斯科派兵600人增援尼布楚。尼布楚督军弗拉索夫得知清军已经撤走后，先后派拜顿、托尔布津东下。七月，沙俄侵略者重占雅克萨，托尔布津仍任督军，开始重新修筑城墙，当时守城俄军已拥有11门大炮，人数也增加到826人。

　　面对俄方的背信弃义，清政府只得再次用兵。康熙二十五年（1686年）二月，清帝颁谕："其令将军萨布素等……统领乌喇、宁古塔官兵，驰赴黑龙江城。至日，酌留盛京兵镇守，率2000人，攻取雅克萨城，并量选候补官员，及现在八旗汉军内福建藤牌兵400人，令建义侯林兴珠率往。"清军2000余人五月从瑷珲出发，七月就抵达雅克萨城下，围攻俄军，命俄军投降，但托尔布津置若罔闻。八月，清军开始攻城，托尔布津中弹身亡，拜顿代其指挥，继续顽抗。二十五日（7月15日），清军考虑到俄军死守雅克萨，必待援兵，而且隆冬冰合

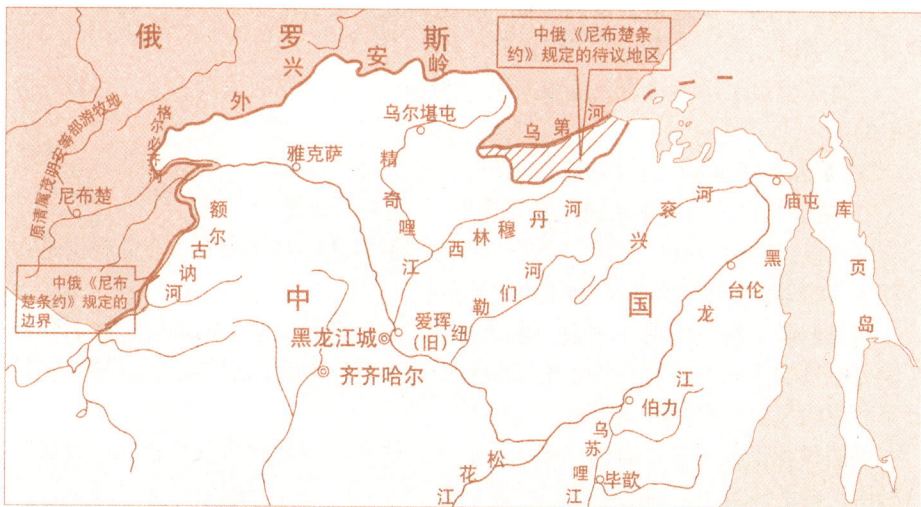

《尼布楚条约》划定的中俄边界

后，舰船行动、马匹粮草供应不便，于是在雅克萨城的南、北、东三面掘壕围困，在城西河上派战舰巡逻，切断守敌外援。这次围攻坚持了一年多，俄军大部分战死或病死，再也无法坚守雅克萨城。九月，沙俄遣使飞驰北京，投递国书，告知清廷，俄国政府已派大使前来举行边界谈判，并"乞撤雅克萨之围"，请求清政府停战。此时，准噶尔部噶尔丹正伺机在喀尔喀地区扩张，康熙帝为免分心，答应了沙俄的请求，命清军撤围，允许俄军残部撤往尼布楚。康熙二十七年（1688年）八月，清军撤至爱珲和墨尔根。

历时两年的雅克萨之战，以清军的胜利而告终，这是清王朝被迫进行的一次反侵略战争。在第一次雅克萨之战中，清军极好地运用速战速决、克敌制胜的《孙子兵法》战略，仅用两天时间就将敌军打败。在第二次雅克萨之战中，清军抓紧俄军粮草供应不便的大好时机，采用掘壕围困之战术，致使俄军军力大减，丧失战斗能力，不得不束手就擒，而清军的军力得以保持。这是运用《孙子兵法》作战的成功战例。

此后，中俄进行了边界谈判，康熙二十八年（1689年）七月，双方正式缔结《中俄尼布楚条约》，条约规定中俄两国东段边界为：自额尔古纳河，经格尔必齐河，沿外兴安岭至海。黑龙江以北、外兴安岭以南和乌苏里江以东地区均为清朝领土。

在这里，值得强调的是清军在雅克萨之战中出其不意攻击沙俄侵略者的分兵战术。《孙子兵法》说，"出其所不趋，趋其所不意"、"攻而必取者，攻其所不守也；守而必固者，守其所不攻也"，"善攻者，敌不知其所守；善守者，敌不知其所攻"。雅克萨之战中，清军运用了《孙子兵法》策略，进攻敌人所不曾防御的薄弱环节，让敌人显露真实情况而自己不动声色，并分散调动兵力，从而加强了清军的猛烈攻势。雅克萨之战为《孙子兵法》的"虚实篇"提供了有力的佐证。

⊙塞翁失马焉知非福，正确面对方可成功

日本东京的一家百货公司的老板，晚上请几个员工吃饭。可世上哪有免费的晚餐？吃完饭，他就要求员工连夜加班点货。

这时一个员工哆嗦着走到他跟前说："老板，我们点货时发现多了一台索尼牌唱机的内件。"

"这是怎么回事？"老板问道。

"这是因为白天售出唱机时漏装了内件。"员工回答说。

老板极为恼火，破口大骂："你们这些人，脑袋让门挤了吗？快点儿找出是哪位顾客买的唱机没装内件！否则谁也别睡觉！"

店员们搬出售货发票，一张一张地查对，然后根据发票上的地址、姓名向购买索尼唱机的人一一进行查询。忙了整整一个通宵，天亮以后终于在某旅馆里找到了那位购买索尼唱机的美国顾客。

美国顾客正为唱机没有内件而大动肝火，准备早餐后就去找该公司"算账"。这时候，电话铃响了，他急忙拿起话筒。

"您好！您昨天购买了一台索尼唱机，对吗？"

"是的！"美国顾客怒冲冲地说，"可是它没有内件！"

"真对不起！我们真的不是成心蒙您。这是我们工作的失误。我代表我们公司老板特此向您表示十二分的歉意。"

百货公司的工作人员一面在电话里向美国顾客再三道歉，一面通知顾客：公司马上派人把新的唱机给他送去，请他在住处稍候。

过了50分钟，一位副经理携一名年轻职员拿着老板亲笔写好的致歉信敲开了美国顾客的门。两人一见到顾客立即鞠大躬、行大礼，恭敬地递上了老板的谢罪信。副经理和年轻职员不但送来了新唱机，还加赠了著名唱片一张、蛋糕一盒、毛巾一条。年轻职员还郑重地宣读了一份公司的备忘录，上面记载了公司上下是如何通宵达旦地纠正自己所犯下的这一错误的。

美国顾客看到自己也没损失啥，还多少占了点儿便宜，一腔怨气也就没了，而且被老板的做法深深感动，逢人便说这家公司的好话。日本东京的这家百货公司也因此而大大地出了名。

兵法上说：主动是克敌制胜的关键。敌变我变，关键在于一个"先"字，掌握战场的主动权。因此，争取主动、避免被动，历来是兵家所不懈追求和渴望做到的。该百货公司的做法就是牢牢地掌握了主动权，变被动为主动，不但换回了不良影响，还为自己做了一次不大不小的广告。

⊙独辟牛仔服装新天地，李维顺应市场赚大钱

100多年前，美国作为新大陆，仿佛一片自由世界。那时候还免签证，世界各地人都往美国跑。有人在西海岸发现了金矿，淘金发了大财，就连祖辈擅长做生意的犹太人都不安分起来。德籍犹太人李维·施特劳斯抱着淘金发财的梦想来到旧金山。但是，他看到处处是乌泱乌泱的淘金人，自己就悄悄地改了主意，开始向淘金的人卖日用品，抽空就练自己的英语。

一次，他带了小商品和一批帆布向淘金者推销。在船上，小商品很快便销售一空。待抵达码头时，他携帆布去推销。他用自己夹杂着大量德语词汇的烂英语，费力地比画帆布可以用来搭帐篷、马棚，但就是卖不出去。懊丧之余，李维听到淘金者抱怨裤子不耐磨，没穿几天就破了。他灵机一动，立刻找到一家服装店，用自己的帆布做了几条裤子卖给淘金者。这回省劲，不用怎么比画就很快卖完了，还接到了大批的订单。此后，李维专门从事牛仔裤的生产、销售，并成立了李维·施特劳斯牛仔裤公司，设立专门的服装厂，大批量生产"淘金工装裤"，以淘金者和西部牛仔为销售对象。为了适应不同的身材，他设计了包括紧身在内的各种不同款式。

由于紧身耐磨、令人潇洒的帆布裤适应了人们的需要，既结实又好看，所以销路极好。

李维·施特劳斯取得了初步的成功，但是他并未就此止步，而是矢志不渝地投入到产品的深层次开发中。

李维不断发展自己的事业，他根据工人们的劳动特点，不断改进裤子面料和

样式以适应工人们的需求。最终，他找到一种法国哔叽布作为面料来生产裤子，既坚固耐用，又美观大方。与此同时，他还十分注意裤子的实用性。

因为考虑到人们习惯于将矿石的样品放进裤袋里，先前使用线缝制的裤袋不牢固，李维就在缝制臀部裤袋时改用金属钉钉牢，牛仔裤的扣子则用铜、锌的合金材料制成，并在重要的部位使用皮革镶起来。这样就形成了牛仔裤的特有样式，并且消费人群从工人发展到青年人，而后又打入社会各阶层，作为一种时髦服装拥有了广大的消费市场。

此后，李维公司根据人们不同时期消费观念的变化，又不断推出了新的样式，使牛仔裤做到耐穿、便宜、合身。时至今日，李维·施特劳斯公司已经在世界上12个国家设有加工厂，在许多国家和地区设了销售网，形成了年销售额达20亿美元的大型企业集团，令诸多服装加工业的同行为之震惊。

⊙闻一多借"雨"发挥，纪念会顺利进行

1945年"五四"那天是个周末，云南大学在操场上举行纪念大会。一大早儿，那些穿着便装、拖鞋和嘴里嚼着口香糖的同学们，被校方组织到会场，穿上校服排队，搬着板凳整整齐齐坐下。附近还有许多居民遛弯儿，提着菜篮子，拿着鸡蛋来看热闹。大家情绪高涨，就等着那个大喇叭里放出声音。

嗨！老天爷就是不给面子，大会刚开始，头顶上就开始掉雨点儿，而且雨越下越大。终于，下面开始了骚动，大家争相避雨，秩序开始乱起来。

主持会议的人连声嚷道："不要动，大家站好，就要开会了！……"然而，效果还是不大。此时，闻一多正好在讲台上。主持人就请他出面鼓鼓士气。

闻一多站起来，摘下墨镜一拱手，向正在朝四面移动的人群讲道："诸位！我给大家讲一个段子。2000多年以前，周武王决定起义，去打倒暴君纣王。就在出兵的那一天，和我们现在一样，忽然下起雨来了，许多人都觉得很不吉利，建议武王改期。这时候管占卜的出来啦！他说这不是坏事，这是'天洗兵'，是老天爷帮我们忙，把兵器上的灰尘都洗得干干净净的，打敌人就更有力啦！我们今天也碰上了这样的机会，这就是'天洗兵'！不怯懦的人回来！走近来！勇敢的人站过来！……"大家开始尖叫鼓掌，有人高叫："闻教授我们支持你！"

这时候天上电闪雷鸣，天地感应，会议继续进行……

⊙雀巢行剑走偏锋，三步"走"来大市场

雀巢公司针对不减肥不甘心的男人女人们推出了低卡路里系列冷冻食品，准备在"地球村"大甩卖。

俗话说：吃肥了，走瘦了。雀巢公司非得用"瘦熟肉"走肥腰包不可。

他们推了几箱"瘦熟肉"走西欧，不惜花高价从加拿大进口大部分原料，而且要支付高额关税，这是高价"走"。

而作为原料之一的加利福尼亚式的花茎甘蓝，在欧洲市场根本买不到，雀巢公司便雇请农民在西班牙种植，这是异地远"走"。

公司经理表示，为了使"瘦熟肉"在大西洋彼岸立足，公司宁愿经受 4 年的严重亏损，这是困难地"走"。

虽然点背不能怪社会，但也不会总点背的。这幸福的曙光就一点点地来到了雀巢公司的身旁。1985 年，"瘦熟肉"进入欧洲第一站——英国市场。这"熟瘦肉"正合英国人口味，尽管价格较贵，还是大受欢迎。1989 年销售额为 1 亿美元，利润相当可观。

雀巢公司现已拥有英国冷冻食品市场份额的 33%，在欧洲其他市场销售也不错，达到了市场好"走"的目的。看来这"走肥了"，也不是不可能实现的。

◇简评

孙子十分注重战争之前对敌方兵力等情况的了解。比如敌方兵力的优劣、敌方活动规律、战场上的具体情况等，这些都是对战争起着决定性作用的因素。取胜的关键点之一，是我方底细要深藏不露，战略战术要灵活机动。根据敌方情况和战场上具体情况的变化而灵活用兵，这就叫"神"。本篇涉及的作战具体问题，是极有价值的军事思想。

孙子主张要想在战略和战术上争取主动，就必须抢在敌人前面下手，切忌落后于敌，以免陷入被动挨打的局面。孙子认为凡是高明的将领，都应该主动调动敌人而不能被敌人所调动，让敌人牵着鼻子走。这也是我们今天所说的"争取主动、先发制人和主动出击"。战争是最讲先发制人的，因为谁掌握了主动权谁就能够取得胜利。

对于战场上的避实击虚问题，孙子强调了兵力分配上的不平衡。针对敌人兵力的强弱不同，产生的效果也不一样，需要注意虚与实这对矛盾。孙子提出了避实而击虚，虚破则实减；避强而击弱，弱亡则强消的辩证规律。

自然界中没有两片树叶是完全相同的，历史上也没有完全相同的两场战争，只有视战场上的具体情况的变化而变化才是取胜之道。所以，今天我们学习《孙子兵法》，必须坚持活学活用的原则，千万不能死搬教条。如果我们在政治上、经济领域里、为人处世中，能根据敌情变化而取胜，那才是真正学"活"了《孙子兵法》。

军争篇

◇**原文**

孙子曰：凡用兵之法，将受命于君，合军聚众，交和而舍[1]，莫难于军争。军争之难者，以迂为直，以患为利。故迂其途，而诱之以利，后人发，先人至，此知迂直之计者也。

故军争为利，军争为危[2]。举军而争利，则不及；委军而争利，则辎重捐[3]。是故卷甲而趋，日夜不处，倍道兼行，百里而争利，则擒三将军，劲者先，疲者后，其法十一而至。五十里而争利，则蹶上将军[4]，其法半至。三十里而争利，则三分之二至。是故军无辎重则亡，无粮食则亡，无委积则亡[5]。

故不知诸侯之谋者，不能豫交；不知山林、险阻、沮泽之形者，不能行军；不用乡导者，不能得地利。故兵以诈立，以利动，以分合为变者也。故其疾如风，其徐如林，侵掠如火，不动如山，难知如阴，动如雷震，掠乡分众[6]，廓地分利，悬权而动[7]。先知迂直之计者胜，此军争之法也。

《军政》曰："言不相闻，故为金鼓；视不相见，故为之旌旗。"夫金鼓旌旗者，所以一人之耳目也。人既专一，则勇者不得独进，怯者不得独退，此用众之法也。故夜战多火鼓，昼战多旌旗，所以变人之耳目也[8]。

故三军可夺气，将军可夺心。是故朝气锐，昼气惰，暮气归。故善用兵者，避其锐气，击其惰归，此治气者也。以治待乱，以静待哗，此治心者也。以近待远，以佚待劳，以饱待饥，此治力者也。无邀正正之旗[9]，勿击堂堂之陈[10]，此治变者也。

故用兵之法：高陵勿向，背丘勿逆，佯北勿从，锐卒勿攻[11]，饵兵勿食，归师勿遏，围师必阙[12]，穷寇勿迫，此用兵之法也。

【注释】

[1]交和而舍：两军营垒对峙而处。交，接触。和，和门，即军门。两军军门相交，

即两军对峙。舍，驻扎。

　　[2]军争为利，军争为危：为，这里作"是""有"解。此句意为军争既有有利的一面，也有不利的一面。

　　[3]委军而争利，则辎重捐：委，丢弃、舍弃。辎重，包括军用器械、营具、粮秣、服装等。捐，弃、损失。句意谓如果扔下一部分军队去争利，则装备辎重将会受到损失。

　　[4]五十里而争利，则蹶上将军：奔赴五十里而争利，则前军将领会受挫折。蹶，失败、损折。上将军，指前军、先头部队的将帅。

　　[5]无委积则亡：委积，指物资储备。军队没有物资储备做补充，亦不能生存。

　　[6]掠乡分众：乡，古代地方行政组织。此句意为掠取敌乡粮食、资财要兵分数路。

　　[7]悬权而动：权，秤锤，用以称物轻重。这里借作权衡利害、虚实之意。即权衡利弊得失而后采取行动。

　　[8]夜战多火鼓，昼战多旌旗，所以变人之耳目也：变，适应。此句意为根据白天和黑夜的不同情况来变换指挥信号，以适应士卒的视听需要。

　　[9]无邀正正之旗：邀，迎击、截击。正正，严整的样子。意为勿迎击旗帜整齐、部署周密的敌人。

　　[10]勿击堂堂之陈：陈，同"阵"。堂堂，壮大。即不要去攻击阵容强大、实力雄厚的敌人。

　　[11]锐卒勿攻：锐卒，士气旺盛的敌军。意谓敌人的精锐部队，我军不要去攻击。

　　[12]围师必阙：阙，同"缺"。在包围敌军作战时，当留有缺口，避免使敌作困兽之斗。

◇**解题与读法**

　　前4篇《计篇》《作战篇》《谋攻篇》《形篇》，讲的是政策，就是政治、经济、外交、内政。五、六两篇，《势篇》和《虚实篇》讲的是战略战术的应用，就是奇正的变化和虚实的妙用。本篇讲的是两军争胜的方略和规律，即"两军争胜"。

　　本篇宜分4段读，从"孙子曰：凡用兵之法"起，到"此知迂直之计者也"止，为第一段，论战斗的总方略，要在"以迂为直，以患为利"。从"故军争为利"起，到"不能得地利"止，为第二段，论军争的危险和伐谋、伐交的重要及孤立无援的后果。从"故兵以诈立"起，到"此军争之法也"止，为第三段，论战斗的三大基本原则和战斗行动的6项法则及战胜以后的必要措施和临机应变的策略。从"《军政》曰"起，到"此用兵之法也"止，为第四段，论指挥军队进退和治气、治心、治力、治变的各项法则及攻击敌人时应当注意的8项变则。

◇**译文**

　　孙子说：大凡用兵的法则，将帅接受国君的命令，从征集民众、组织军队直到同敌人对阵，在这中间没有比争夺制胜条件更为困难的了。而争夺制胜条件最困难的地方，在于要把迂回的弯路变为直路，要把不利转化为有利。同时，要使敌人的近直之利变为迂远之患，并用小利引诱敌人，这样就能比敌人后出动而先抵达必争的战略要地。这就是掌握了以迂为直的方法。

军争既有顺利的一面，同时也有危险的一面。如果全军携带所有的辎重去争利，就无法按时抵达预定地域；如果丢下部分军队去争利，辎重装备就会损失。因此卷甲疾进，日夜兼程，走上100里路去争利，那么三军的将领就可能被敌所俘，健壮的士卒先到，疲弱的士卒掉队，其结果是只会有十分之一的兵力到位。走50里去争利，就会损折前军的主将，只有一半的兵力能够到位。走上30里路去争利，也只有三分之二的兵力能赶到。须知军队没有辎重就会失败，没有粮食就不能生存，没有物资储备就难以为继。

所以，不了解诸侯列国的战略意图，不能与其结交；不熟悉山林、险阻、沼泽的地形，不能行军；不利用向导，便不能得到地利。所以用兵打仗必须依靠诡诈多变来争取成功，依据是否有利来决定自己的行动，按照分散或集中兵力的方式来变换战术。所以，军队行动迅速时就像疾风骤起，行动舒缓时就像林木森然不乱，攻击敌人时像烈火，实施防御时像山岳，隐蔽时如同浓云遮蔽日月，冲锋时如迅雷不及掩耳。分遣兵众，掳掠敌方的乡邑，分兵扼守要地，扩展自己的领土，权衡利害关系，然后见机行动。懂得以迂为直方法的将帅就能取得胜利，这是争夺制胜条件的原则。

《军政》里说道："语言指挥不能听到，所以设置金鼓；动作指挥不能看见，所以设置旌旗。"这些金鼓、旌旗是用来统一军队上下视听的。全军上下既然一致，那么，勇敢的士兵就不能单独冒进，怯懦的士兵也不敢单独后退了。这就是指挥大部队作战的方法。所以夜间作战多用火光、锣鼓，白昼作战多用旌旗，这都是出于适应士卒耳目视听的需要。

对于敌人的军队，可以使其士气低落；对于敌军的将帅，可以使其决心动摇。军队刚投入战斗时士气饱满，过了一段时间，士气就逐渐懈怠，到了最后，士气就完全衰竭了。所以善于用兵的人，总是先避开敌人初来时的锐气，进而等到敌人士气懈怠衰竭时再去打击他，这是掌握运用军队士气的方法。用自己的严整来对付敌人的混乱，用自己的镇静来对付敌人的躁动，这是掌握将帅心理的手段。用自己部队接近的战场来对付远道而来的敌人，用自己部队的安逸休整来对付疲于奔命的敌人，用自己部队的粮饷充足来对付饥饿不堪的敌人，这是把握军队战斗力的秘诀。不要去拦击旗帜整齐的敌人，不要去进攻阵容强大的敌人，这是掌握灵活机变的原则。

用兵的法则是：敌人占领山地就不要去仰攻，敌人背靠高地就不要正面迎击，敌人假装败退就不要跟踪追击，敌人的精锐不要去攻击，敌人的诱兵不要企图消灭，对退回本国途中的敌军不要正面遭遇，包围敌人时要留出缺口，对陷入绝境的敌人不要过分逼迫。这些都是用兵的法则。

◇用计例说

⊙刘秀攻蜀之战

东汉初年，陕西隗嚣势力被刘秀摧毁后，刘秀于建武十一年（35 年）春挥兵攻蜀。割据蜀地的公孙述面对汉军攻势，采取东依三峡，北靠巴山，据险防守之策，派将军王元等屯军河池（今甘肃徽县西北）、下辨（今甘肃成县西北），防御汉军南攻，命翼江王田戎等守荆门、虎牙（今湖北宜昌东南隔江相望之二山），阻止汉军西进，并架浮桥，修望楼。刘秀据此采取南北合击、水陆并进、钳攻成都的作战方略，派大将岑彭、大司马吴汉、将军臧宫等率 6 万余名水陆军，5000 名骑兵，乘战船数千艘，溯江西进；命大将来歙等出天水（今甘肃通渭西北），看准机会，向南进发。

在闰三月中，岑彭为分割荆门、虎牙蜀军，焚烧浮桥、望楼，即从水路突破，攻占夷陵（今湖北宜昌境），继克沿江诸险，迫田戎退保江州(今四川重庆)。六月，岑彭留将军冯骏监视田戎，亲自率领主力北上攻破平曲（今四川合川西北）。此时，北面来歙率军大败王元军，攻占下辨，乘胜南进。公孙述派刺客杀来歙，阻止汉军南下，并对作战部署急速调整，派大司马延岑及王元等率军据守于广汉（今四川射洪南）、资中（今四川资阳）等地；为阻击汉军，派将军侯丹率 2 万人屯黄石（今

光武帝涉水图 明 仇英

四川江津境）。岑彭亦调整部署，留臧宫率降卒 5 万人，岑彭自率主力取道江州，溯江西上。八月，攻占黄石，击败侯丹军。接着，倍道兼行，攻克武阳（今四川彭山东），并出精骑直捣蜀之腹地广都（今四川成都南）。此时，臧宫溯涪江，袭击蜀军，歼 1 万余人，王元部被迫投降，延岑败逃于成都。十月，在武阳，公孙述派人刺杀岑彭，汉军退出武阳。刘秀急命吴汉率军 3 万人自夷陵沿江直上，接替岑彭。建武十二年正月，吴汉进抵南安(今四川乐山)，在鱼涪津(今四川乐山北)大败蜀军，继而绕过武阳，攻取广都。七月，江州被冯骏攻占。九月，臧宫连克涪县（今四川绵阳东）、繁（今四川新都西北）、郫（今四川郫县）等城，随即直

逼成都并与吴汉会师。

公孙述在汉军兵临城下时招募敢死士，袭击汉军，初获小胜，便以为汉军力尽。十一月十八日，公孙述贸然反击，自率数万人攻吴汉，派延岑击臧宫。吴汉以一部迎战蜀军，待其疲困后，遣精兵数万突然进击，蜀军大乱，公孙述战死。次晨，延岑举城降。至此，统一战争的最后胜利被刘秀取得。

刘秀攻蜀在战术上采取了《孙子兵法》"迂其途，而诱之以利"的方法，善于"以利动""以分合之变""先知迂直之计"，把握军争之法。从另一个角度来说，刘秀攻蜀南北合击，水陆并进，利用江汉地形之"地利"条件，采取远距离迂回战术克敌制胜。由此可见，刘秀攻蜀之战也是运用《孙子兵法》以智取胜的成功范例。

⊙松锦之战

松锦之战是发生于清崇德五年（1640年）至七年，在关外的松山、锦州等地进行的明、清两个政权的第二次决战。

宁远（今辽宁省兴城）、锦州等地的战略地位在努尔哈赤攻陷辽西大地之后，便显得格外重要。后金天命八年（1623年，明天启三年），富有远见卓识的备道袁崇焕在大学士孙承宗的协同和支持下，在宁远构筑坚城，宁远于是成为关北重镇。从那以后，袁崇焕又把宁远作为中心，先后收复了锦州、松山、可山（松山偏西南18里）、大凌河（今辽宁凌海东）等城池。天命十年（1625年，明天启五年）十月，辽东经略高第下令关外军民全部撤离并让他们入关。袁崇焕拒绝接受，不肯从命，坚决守卫宁远。天命十一年，努尔哈赤亲自率领大军进攻宁远，被袁崇焕打败。宁远城在修建之初便显示了它非同一般的作用。不久，袁崇焕升迁辽东巡抚，他乘后金向东出征朝鲜的时机积极扩展防线，着手修复锦州、大凌河诸城。皇太极得知这一消息非常生气。后金天聪元年（1627年）五月初，征朝大军班师回来后没有几天，他便统率大军扑向宁远。这时大凌河城还没有修成，锦州城也是刚刚竣工，明锦宁防线仅具雏形。大凌河的明军见城还没有修完而敌兵压境便主动弃城而逃。战斗主要在锦州、宁远城下进行。皇太极先指挥军队进攻锦州，被城内明军打得大败。他又赶忙派人从沈阳调来援兵，然后转攻宁远，又遭到宁远明

宁远城遗址

1626年，努尔哈赤亲率13万大军，号称20万，围攻明关外要塞宁远城（今辽宁省兴城市），遇到明将袁崇焕抗击，久攻不下，背发痈疽而死。

军沉重的打击。从宁远撤退后，皇太极又指挥大军第二次攻打锦州，但没有一点儿进展。最后，皇太极被迫撤兵。明朝以锦州、宁远为中心的锦宁防线经受住了严峻考验，从而证明了袁崇焕当初修筑宁远的正确性，也使明朝廷看到了宁、锦的战略作用。

后金天聪五年（明崇祯四年），明军又一次修筑大凌河城。消息传到沈阳，皇太极赶忙召集诸位将领，宣布即刻出征。他无论如何也不能坐视明朝将锦宁防线再继续向前推进一步。

皇太极兵临大凌河城下，将该城团团围住。三个月后，明大凌河守将祖大寿被迫出降，不久他设计逃回锦州。金军拿下大凌河城后，摧毁城池之后就离去了。从此以后，明军便再也无力向前推进防线了。

自从进攻锦、宁失败以后，皇太极改变了对明作战的方针策略，他决定绕开锦、宁，在山海关以西进攻明朝，入关抢掠财物，因而发动了5次入关战役。在5次入关战役中，清军掠获了大量人口和财富，但却没有能够在内地保住一寸土地，主要是因为锦、宁明军挡住了往来通道，致使他们在内地无法立足。锦、宁成了皇太极入主中原的最大障碍。因此，皇太极决定寻找机会突破锦、宁防线。

早在崇德三年第三次入关战役期间，皇太极便乘锦、宁明军支援内地的大好时机，亲自率领多铎、济尔哈朗等进攻山海关，多铎部行至中后所（今辽宁绥中县城，在宁远西南），被祖大寿打得大败。第二年，多尔衮率军出关，皇太极决定与他的军队互相配合，率代善、孔有德等满、汉军队进攻锦州的侧翼——松山。清军动用了红夷大炮，并掘地攻城，然而都没有奏效，围城20余日，无功而返。这说明锦、宁防线很难轻易攻破，一场大战已不可避免。

崇德五年正月，都察院参政张存仁、祖可法等人，联名上奏皇太极，提出了打败明朝的三种方案：第一是"刺心之术"，直接夺取京师，然后攻占河北；第二种为"断喉之着"，首先攻破山海关，进而直捣中原；第三种是"剪枝之术"，屯广宁，"逼临宁、锦门户"，逼得明军耕种自废，难以图存，然后清军由锦州至宁远，再由宁远至山海关步步进逼。在这三种方案中，张存仁等汉官们更倾向于第一种，并称之为上策。

但是皇太极早有打算，他认为第三种方案更加切实可行。此外，为了"逼临宁、锦门户"，皇太极对张存仁等提出的在广宁（今辽宁北镇）屯种的方案进行了修正，他选择了离锦州更近的义州（今辽宁义县）。这个地方位于锦州北90里，属于冲要之地，适宜屯种。崇德五年三月，皇太极任命济尔哈朗为右翼主帅，多铎为左翼主帅，命二人率领军队在义州筑城、屯田，以骚扰锦、宁明军，不让他们在那里耕种。随后，皇太极又将粮食、人马源源不断地输送到义州。

张存仁眼见皇太极采纳了先破锦、宁的"剪枝之术"，于是在崇德五年四月十一日向皇太极启奏，陈述了攻取锦州之计。其要点是：第一，以屯种为基础，长期（数月至一年）有效地围困锦州，并随时寻找可乘之机；第二，策反锦州城内的蒙古军，想办法招降祖大寿。张存仁的建议基本上被皇太极采纳。

五月初，皇太极亲自前往义州巡视屯田，之后马上来到锦州城下。他派人将锦州城东、西、北面明军和百姓所耕种的庄稼全部收割，同时给城中的守军写了一封书信，对蒙古族的士兵进行劝降。皇太极巡视锦、义后，决定实行轮番屯驻、步步紧逼的办法围困锦州。他把军队分为两班，每班三个月，命令他们轮流围困，一步一步缩小对锦州的包围圈。

　　继济尔哈朗之后，多尔衮、豪格等人奉命轮换防守，继续带兵围困锦州。多尔衮等人连续攻下了锦州周围的墩台、哨所，明军所守的锦州城形势危急万分。

　　清军围困锦州之举引起了明廷的震惊。崇德五年五月，崇祯帝命蓟辽总督洪承畴出关督师。洪承畴进士出身，曾经担任陕西三边总督，镇压农民军多年，很有一些韬略。出关以后，他一路来到前线城市——锦州东南的杏山城。崇德五年七月二十一日，他率领刘肇基（前屯卫署分练总兵）、吴三桂（宁远团练总兵）、马科（山海总兵）、曹变蛟（蓟镇东协总兵）等部于杏山城阻击清兵，有力地阻止了清军继续南扰的势头。双方在松、杏一带形成僵持局面。

　　明军想要解锦州之围，于是保证松、锦、杏诸城的军粮供应便成了首要问题。没有粮食，锦州守军便没有办法继续支撑下去，而解围部队也难以长久地驻守在松、杏。考虑到这一点，洪承畴利用清军围城不严之机，从宁远向锦、松、杏等城输送大批粮食。当时，清军主帅是多尔衮，他下令大军把营帐移到郊外，在离锦州城稍远的国王碑（锦州东北 20 里左右）一带驻扎，同时允许士兵轮流回家。由于清军移营后撤，锦州所受的压力大大地得到缓解。洪承畴乘这个机会命令光先、曹变蛟、马科、刘肇基等将杏山的粮食运往松山，再由吴三桂等人从松山运到锦州，从而将大批粮食由宁远一步一步运到了锦州、松山等前沿城市，在一定时期内和一定程度上解决了锦州、松山等地的军粮问题。皇太极认为多尔衮围城不严，坏了他的大事，将他贬为郡王，罚银 1 万两，同时也处罚了其他围锦将领。

　　崇德五年十二月，张存仁见清军围锦没有产生预期的效果，便上奏皇太极，建议明春围锦时要环城挖壕，严密围困锦州，并且要先破锦州的羽翼——松山、杏山、塔山诸城。崇德六年三月，又到了换班的时间，济尔哈朗替下了多尔衮，率军继续围困锦州。他来到锦州后，在城的四周每面设立八营，绕着城墙挖掘很深的战壕，沿着战壕修筑垛口，在近城一带又设哨兵巡逻。几乎将锦州围了个水泄不通。崇德六年三月底，守卫锦州东关外城的蒙古兵叛变，清军乘机攻破外城。锦州一时陷于危急之中。

　　自崇德六年正月以来，因为洪承畴的一再奏请，明援辽

洪承畴祠原址

大军陆续出关。四月十六日，七位总兵（王朴、杨国柱、马科、曹变蛟、白广恩、吴三桂、王廷臣）一齐来到宁远，四月下旬，洪承畴挥师北上，率七镇兵马与清兵激战于锦州城南的东、西石门。明军分两路向清军的驻地发起了猛烈攻击，虽然偶尔会有伤亡，但仍然不肯退缩，表现了无畏敢战的精神。此次战役中清军也小有伤

调兵信牌

木质，长20.3厘米，宽31.2厘米，厚2.6厘米。为皇太极统一东北各部时使用的调兵信牌，牌中间汉字为"宽温仁圣皇帝信牌"。

亡。六月六日，洪承畴指挥明军与清军大战于松山西北，明军向清军营地发起了攻击，攻占了三个旗的营地，并重创清军。明军斗志昂扬，逐渐在松山一带取得了主动地位。

崇德六年七月，明廷继而下达了大举出击的命令。这不但使明军在松锦战场的战果和优势全部丧失，而且也最终导致洪承畴全军覆没。本来，洪承畴主张稳扎稳打，长期坚持，寻求机会解除锦州之围，理由是久持松、杏，以资转饷，且锦守颇坚，未易撼动。若敌再越今秋，不但敌穷，即朝鲜亦穷矣（皇太极令朝鲜出粮、出人助战）。然而当时的兵部尚书陈新甲担心兴师（指明军）日久耗费军饷，又怕清兵再次绕过锦、宁入关抢掠，因而主张速战解围。他给洪承畴写了一封书信，激洪进兵，又上疏崇祯帝请求速战。崇祯帝起初是支持洪承畴实行持久战的，可听陈新甲等人一说又改变主意，秘密下令洪克期进兵。洪承畴没有办法，只好硬着头皮出战。七月二十六日，洪在宁远大誓将士，决定出兵。他将粮饷留在塔山靠近海边的笔架山，然后率领着13万大军向松山进发。二十八日，大军来到松山城，他指挥部分军队抢占乳峰山西侧高地，从而对驻扎在山东侧的清军形成了居高临下的态势；其他部队则驻扎在松山城与乳峰山之间。这样，明军的增援部队扑向锦州，围锦清军便陷入了腹背受敌的境地。

八月二日以后，双方多次发生激烈战斗，明军虽然稍稍占上风，但没有太大的进展，锦州之围并没有被打破。这时，清军的统帅又换上了多尔衮。他见明军人多势众、咄咄逼人，便被迫采取守势以待援兵。在清援兵还没有到达之前，明军策划军务的绥德知县马绍愉曾建议洪承畴乘机进击，洪未加理睬；大同监军张斗主张派兵驻守松山城南之长山岭，以防后路被抄，竟被洪奚落。

洪承畴自认为很高明，拒绝采纳部下建议，这也是造成明军后来惨败的原因之一。

虽然洪承畴并没有大规模出击，但明军的阵势和锐气足以使多尔衮感到不安。八月六日，多尔衮派出的使者赶到了沈阳，报告了前线敌军人多势众的情况。皇太极指示多尔衮等待时机攻取，不可轻举妄动。八月十一日，多尔衮的使者再次来到沈阳，请求紧急增援。皇太极认为事关重大，决定亲自出征。当时，皇太极患病未愈，鼻中流血不止，不得不将动身日期向后拖了几天。十四月，他再也坐

不住了，决定起程，途中用碗来装流出的血，流了一天，血才止住。到了八月十九日，皇太极一行来到了松山附近的戚家堡。

皇太极率主力部队开到前线后，决定实行围锦打援的计策，与明军决战。早在七月二十三日，洪还没有进抵松山之前，汉军固山额真在廷柱就已经估计到明朝大军一定会前来解锦州之围，他建议清军在松、杏与塔山之间的高桥设下埋伏，挖掘长壕，断绝敌人运送粮饷的通道。所以皇太极来到前线后便欲结营于高桥。多尔衮认为，高桥与他率领的围锦清军相距甚远，难以互相声援，因而建议皇太极把大军驻扎在离锦州较近的松山与可山之间。皇太极认为他的建议很有道理，便采纳了。清军一字排开，连绵不绝地驻营，横截大路，切断了松山与杏山之间的联系，同时也切断了明军的退路和饷道。八月二十日，明军见清军突然开到，后路被抄，顿时一片慌乱，赶忙回头向南，对清军主力主动发起攻击，但是没有分出胜负。当日，皇太极下令全军在松、杏之间的主要路段挖壕三道，壕深八尺，宽丈二，狭长的辽西走廊登时出现了一道"天堑"。同时他还派兵夺取了明军在笔架山的军粮12堆。明援军被困在松山一线。二十一日，明军大规模出击，企图突出重围，被壕堑所阻。明军两次突围都没有成功，军中粮食仅够三天食用，困守松山便等于坐以待毙。皇太极估计明军严重缺粮，可能会在当晚溃逃，便在松山以南的杏山、塔山、小凌河口等明军必经之处布下了天罗地网。

在皇太极紧张地布置伏兵的时候，洪承畴也在苦苦地思索出路。二十一日晚，在第二次突围无效后，洪承畴马上召集诸将，共同商讨对策。起初，洪主张趁粮食未尽之前与清军决一死战，以战图存。但是诸将意见很不一致，大多数人主张回宁远就食。就在这个关键时刻，陈新甲的同党、监军张鹿麒致书洪承畴，表示支持回宁远就食的意见。最后，洪承畴迫于众议，不得不改变最初的打算，决定有计划地强行突围。他命令王朴、白广恩、唐通三总兵为左路，吴三桂、马科、李辅明（宣府总兵杨国柱死后李代之）三总兵为右路，两路齐头并进，强行突围，回宁远就饷后带来粮饷再战。洪自己留下来与曹变蛟和王廷臣二总兵守松山，等待援兵。但是诸将没有执行他的命令。会议刚散，大同总兵王朴便率领自己的部队出逃，于是其他5总兵也各自统领军队一窝蜂似地向杏山、塔山等地奔去。

果然不出皇太极所料，明军钻进了清军的埋伏圈中。明军六镇兵马从松山一路南逃，沿途受到了清军的围追堵截，伤亡惨重。明军试图经海岸逃走，当时正值

皇太极像

夜晚，难辨方向，又正赶上海水涨潮，许多士兵被海水淹死，"自杏山以南沿海至塔山一路，赴海死者，不可胜计"。8位总兵在士兵的护卫下辗转逃回了宁远，虽然性命得以保全，但也狼狈不堪。明军突围生还者共约3万余人，六镇明军突围后，皇太极指挥大军于二十二日包围松山城，当日夜里，曹变蛟指挥军队分路突围，接连闯清营数次，一度攻入皇太极御营，全都被清军击退。

明崇祯山海关镇炮

松锦之战历时很长，然而真正的会战只发生在六镇明军突围的几天内。从八日二十一日夜明军自松山突围，到二十六日王朴、吴三桂率残兵逃回宁远，短短几天内清军消灭明军53783人，并缴获了大量马匹、甲胄。

这次战役之后，松、锦、杏、塔诸城便处于清军的团团包围之中，九月十三日，皇太极因爱妃病势危急忙赶回沈阳，将前线军务交给了诸位将领。

转眼到了第二年（崇德七年）。经过松山之役后，明朝已经再也没有能力援救松、锦诸城了。洪承畴困守松山，里无粮草，外无援兵。七年二月，守卫松山的明副将夏成德投降清军，松山遂陷，洪承畴等人被俘。皇太极下令将洪承畴和祖大寿之弟送到沈阳，其余官吏全部诛杀，一共杀死3000余人（夏成德部下得免）。三月，守卫着"饥民相食"的锦州城的大将祖大寿，见松山城破，大势已去，也只好献城归降。清军将不属于祖大寿系统的军卒全部杀光。松、锦一破，松锦之战便进入了尾声。四月九日，济尔哈朗等指挥军队用红夷大炮攻克了塔山，歼灭明军7000余人。二十二日，清军炮轰杏山城，击毁城垣25丈，然后准备攻入城去，明军被迫乞降，至此，松锦之战全部结束。松锦之战从锦州围城到杏山迫降，历时两年多。通过松锦之战，皇太极消灭了明朝在北方的主力部队，为日后清军的入关进京打下了坚实的基础。明朝在这一次战役中损兵折将，失去了关外八城的一半，此后明朝凭关（山海关）、宁（宁远）而守，在与清的对抗中越来越显得吃力了。

皇太极的"剪枝之术"，即"屯广宁，绝耕作"，亦是《孙子兵法》"以迂为直"战术的灵活运用。《孙子兵法》说，"军无辎重则亡，无粮食则亡，无委积则亡"，也就是说，军队要作战，必须要具备兵械、粮食和其他物质储备。皇太极下令截断明军粮道，收割明军民的庄稼，并紧紧围困锦州城，亦符合《孙子兵法》"以佚待劳，以饱待饥"之"治力"法则。但由于多尔衮放松警惕，致使明军有可乘之机，围城无效，清军采取明围城、暗挖壕的方式，亦收到良好的成效。如果明洪承畴军乘清军换防之际突围而出，局势可能会向有利于明军的方面转化。由于坐失良机，明军只能束手待毙。当明军幡然醒悟突围而出时，却因"不知山林、险阻、沮泽之形者"，违反了《孙子兵法》"不能行军"的规则，"不能得地利"。皇太极之用兵，"避其锐气，击其惰归"，"以治待乱，以静制哗"，"以佚待劳，以饱待饥"，在"治心""治力"方面均占了上风。

◇**简评**

　　孙子认为：善战的人，一般可以做到扬长避短、避敌锋芒、以逸待劳，充分掌握自己士兵的体力和情绪，采用机动变化的用兵方法。这其中包括如何用兵的具体问题。作为将领，应当善于了解敌我双方的具体状况，但有些时候还要掌握基本法则，即"八戒"。这一篇里，孙子以其丰富的军事智慧，告诫了人们在战争前和战争中应当引起注意的问题。

　　军争，是指武装斗争，指敌我双方在战场上对抗的作战行动。孙子认为军争的主要目的是争取战争主动权，并提出了争取战争主动权的基本原则是"兵以诈立，以利动，以分合为变"。也就是充分利用假象来迷惑敌人，以利益来调动敌人，根据敌情、地形和天气的变化，灵活地集中和分散兵力。

　　孙子强调军争并不是轻而易举的，而且，军队打仗中最难的在于"以迂为直，以患为利"。追究其根本目的，两军作战要取胜就是为了化不利条件为有利条件，寻找合适的机会消灭敌人。交战双方都在掩盖自己的真正实力，企图破坏对方的作战计划。于是，交战的双方都企图在对方的思维中形成折射，而不是直来直去，以此来达到最佳效果。

　　"以迂为直"是兵法中较高的境界，正如英国军事理论家利德尔·哈特说的那样："最漫长的战略道路通常是达到目的的最短途径。"

九变篇[1]

◇原文

孙子曰：凡用兵之法，将受命于君，合军聚众。圮地无舍[2]，衢地交合[3]，绝地无留，围地则谋，死地则战，途有所不由，军有所不击，城有所不攻，地有所不争，君命有所不受。故将通于九变之地利者，知用兵矣；将不通于九变之利者，虽知地形，不能得地之利矣。治兵不知九变之术，虽知五利，不能得人之用矣。

是故智者之虑，必杂于利害。杂于利，而务可信也[4]；杂于害，而患可解也[5]。

是故屈诸侯者以害[6]，役诸侯者以业[7]，趋诸侯者以利[8]。

故用兵之法，无恃其不来，恃吾有以待也；无恃其不攻，恃吾有所不可攻也。

故将有五危：必死，可杀也；必生，可虏也；忿速，可侮也；廉洁，可辱也；爱民，可烦也。凡此五者，将之过也，用兵之灾也。覆军杀将，必以五危，不可不察也。

【注释】

[1]九变：九，数之极，九变，多变之意。这里指在军事行动中针对外界的特殊情况，灵活运用一般原则，做到应变自如而不是墨守成规。

[2]圮地无舍：圮（pǐ），为毁坏、倒塌之意。圮地，指难于通行之地。舍，止，此处指宿营。圮地无舍即在难以通行的山林、险阻、沼泽等地不可宿营。

[3]衢地交合：衢，四通八达，衢地即四通八达之地。交合，指结交邻国以为后援。

[4]杂于利，而务可信也：务，任务，事务。信，同"伸"，伸张、舒展，这里有完成之意。句意为如果考虑到事物的有利的一面，则可完成战斗任务。

[5]杂于害，而患可解也：意谓在有利情况下考虑到不利的因素，祸患便可消除。解，化解、消除。

[6]屈诸侯者以害：指用敌国所厌恶的事情去伤害它从而使它屈服。屈，屈服、屈从，这里作动词用。诸侯，此处指敌国。

[7]役诸侯者以业：指用危险的事情去烦劳敌国而使之疲于奔命，穷于应付。业，

事也，此处特指危险的事情。

[8]趋诸侯者以利：趋，奔赴、奔走，此处作使动用。句意指用小利引诱调动敌人，使之奔走无暇。一说以利动敌，使之追随归附自己。

◇解题与读法

曹注距孙子较近，他的"九变，一云五变"之说，当有所据，似非虚构。独惜文献不足，无从质证，实属遗憾！但因有此一说，却给了人们一种解决本篇悬案的钥匙。本篇原名"五变"，后误为"九变"，至于篇名的意义，实由篇首"涂有所不由"到"君命有所不受"五句而得。假使没有曹注这一启示，千古疑谜既难揭穿，庐山真面更难目睹了。

本篇宜分三段读：从"孙子曰：凡用兵之法"起，到"不能得人之用矣"止，为第一段，论为将者能深明五变之利，通五变之术，方能利用地形，发挥部队的作用。从"是故智者之虑"起，到"恃吾有所不可攻也"止，为第二段，系申明变通尽利之道，要在兼权利害，熟计得失，以为应敌制变的策略。从"故将有五危"起，到"不可不察也"止，为第三段，论两军争胜时，将军的性情一有偏向，就不免有覆军杀将的 5 种危险。

◇译文

孙子说：大凡用兵的法则，将帅接受国君的命令，征集民众、组织军队，出征时在沼泽连绵的"圮地"上不可驻扎，在多国交界的"衢地"上应结交邻国，在"绝地"上不要停留，遇上"围地"要巧设奇谋，陷入"死地"要殊死战斗。有的道路不要通行，有的敌军不要攻打，有的城邑不要攻取，有的地方不要争夺，国君的命令有些不要执行。所以将帅如果能够精通各种机变的利弊，就是懂得用兵了。将帅如果不能精通各种机变的利弊，那么即使了解地形，也不能够得到地形之利。指挥军队而不知道各种机变的方法，那么即便知道"五利"，也是不能充分发挥军队的战斗力的。

所以，聪明的将帅考虑问题，必须充分兼顾到利害的两个方面。在不利的情况下要看到有利的条件，大事便可顺利进行；在顺利的情况下要看到不利的因素，祸患就能预先排除。

要用各国诸侯最厌恶的事情去伤害它，迫使它屈服；要用各国诸侯感到危险的事情去困扰它，迫使它听从我们的驱使；要用小利去引诱各国诸侯，迫使它被动奔走。

用兵的法则是，不要寄希望于敌人不来，而要依靠自己所做的充分准备；不要寄希望于敌人不进攻，而要依靠自己拥有使敌人不敢进攻的实力。

将帅有 5 种重大的险情：只知道死拼蛮干，就可能被诱杀；只顾贪生活命，就可能被俘虏；急躁易怒，就可能中敌人轻侮的奸计；一味廉洁好名，就可能入敌人污辱的圈套；不分情况"爱民"，就可能导致烦劳而不得安宁。以上 5 点，是将帅的过错，也是用兵的灾难。军队遭到覆灭，将帅被敌擒杀，都一定是由这

5种危险引起的，这不可不予以充分的重视。

◇用计例说

⊙晋齐鞍之战

周定王十八年（前589年）春，卫穆侯派孙良夫、石稷、宁相、向离将等率军入侵齐国。四月，卫穆侯的军队和齐国军队在新筑（今河北魏县南）遇到了一起。石稷想退归，孙良夫认为：军队出征，遇上敌人就回去，如何向国君复命？如果不能打仗，就应当不出兵。现在既然遇到敌人，就要和他们一分高下。新筑之战中，卫军大败。孙良夫又说："卫国军队战败，您如果不顽强坚持，拖住敌人的军队，我们就会全部被俘。假若丧失了军队，还有什么脸面回报君命？"他见大家都不回答，便又说："您是卫国之卿，假若损失了您，那就是卫国的羞耻，您率领大部队回国，我在这里掩护。"于是石稷通告军中，卫国援军的战车已经大批来到，以此鼓舞士气。石稷率领军队力战，齐军的攻势被打退了，齐军退守鞫居（今河南封丘境内）。石稷在新筑大夫仲叔于奚的救援下，才得免于难，撤军回卫国。

新筑之战后，卫军主将孙良夫没有返卫，直接到晋国去搬救兵。这时鲁国臧孙许也到晋国请求援助。两人都找到晋国执政大臣郤克，请他帮助。晋景公答应给郤克700辆战车前往救援鲁、卫两国。郤克说："这是城濮之战中晋国的兵车数量，当时有先大夫的机敏和先王的机智，所以得胜，而我和先大夫相比，还不足以做他们的仆人。因此，请允许派800辆战车。"晋景公答应了。晋军由郤克率领中军，士燮辅佐上军，栾书率领下军，韩厥做司马，出兵援助鲁国和卫国。鲁国的臧孙许为向导开路，季文子率领鲁军和晋军会合，这时候，齐军伐鲁、胜卫，正凯旋而归。晋军追踪而至，在现在的山东省莘县北追上了齐国军队。

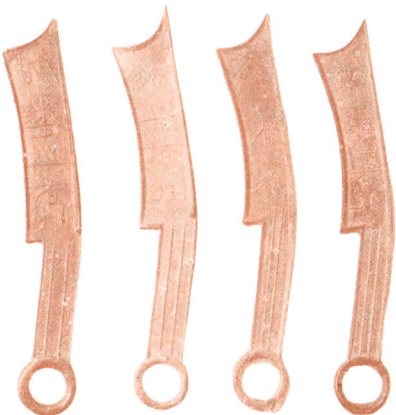

齐刀币　春秋
随着经济的发展，春秋初期铜币和金币等金属货币相继面世，此时商品交易形式是以物易物和金属货币并用。齐刀币由古代石刀演化发展而来，主要流通地区是齐、赵、燕三国。

周定王十八年（公元前589年）六月十六日，支援鲁、卫两国，追赶齐国军队的晋国军队到达靡笄山（今山东济南千佛山）下。齐顷公派使者向郤克请战说："您带领国君部队光临敝邑，敝国士兵人数很少，请在明天早晨相见。"郤克说："晋国和鲁国、卫国都是友邦。他们告诉我们，大国不分早晚都在敝邑土地上发泄气愤，寡君不忍，所以派下臣前来向大国请求，同时又不准我们的部队在您的领土上长期停留。因此，我们只能前进而不能后退，您的命令我们会照办的。"齐顷公则高傲地表示，无论晋是否同意，都必有一战。齐军的商固单枪匹马，杀入晋军，拿石头砸人，把晋军士兵抓住，然后坐上战车回到齐军，在齐军营地耀武扬威、鼓舞士气。

六月十七日，晋、齐两军在鞍（今山东济南市西）展开激战，这就是晋齐鞍之战。邴夏为齐顷公驾车，逢丑父为车右。晋国解张为郤克驾车，郑丘缓为车左。齐顷公轻蔑地说："干掉敌军才吃早饭！"齐顷公的战车马不披甲，驶向晋军，齐军遂冲杀过去。晋军主将郤克为箭所伤，血流到鞋上，但他使军中鼓声不断，驾车手解张一边激励郤克，一边左手握缰策马、右手握槌击鼓。在郤克的指挥、调度下，晋军将士士气大作。齐军大败，晋军乘胜追击。晋军司马韩厥站在战车中央驾车，与车左、车右一起追赶齐顷公。顷公御者邴夏欲射杀韩厥。顷公因为他是王子而放过了他，于是只杀死了车左和车右，韩厥躬身隐车，顷公乘机逃逸，并与车右逢丑父换了位置。当他们再度被韩厥追上时，逢丑父让齐顷公取水，齐顷公得坐郑国父驾御的副车逃归。韩厥把逢丑父当成了齐顷公，将其活捉。

追赶齐军的晋国军队，从丘舆（今山东益都县西南）一直进入齐国，攻打丘舆附近的马陉，齐顷公派执政大臣国佐把齐国所得到的国宝玉器和齐国以前霸占的鲁国和卫国的领土，交还给鲁、卫、晋等国，以求媾和。晋人还要求把国母萧同叔子作为人质，并使齐国境内田陇全部东向，这样才能媾和。国佐认为这个要求太过分了，据理力争，并说："如果你不同意的话，我们就将收集残余力量同你们决一死战。"在鲁、卫两国劝谏下，晋国接受了齐国提出的条件。此年七月，晋军和齐国国佐在爰娄（今山东省临淄西）结盟，齐把汶阳（今山东宁阳县北）之南归还给鲁国。鲁成公为表示感谢，亲自来到上郑（今山东阳谷境内）犒赏晋军，把车辂和三命的车服赐给晋军的三位高级将领——郤克、上燮、栾书，晋军的司马、司空、舆帅、侯正、亚族等一般将领，也都得到了鲁成公赏赐的一命的车服。

爰娄之盟，使晋国力量日益壮大，而齐国则成为晋国的附属国。次年（前588年）十二月，齐顷公到晋国行朝聘礼。

在晋齐鞍之战中，我们完全可以领会到《孙子兵法》"九变"中阐明的真理。当卫军和齐军在新筑相会时，石稷想退兵回去，而孙良夫坚持战斗。新筑一战中，卫军大败，而孙良夫坚持卫国与齐军死战，以扭转全军覆没的命运，这种选择合乎孙子兵法"死也则战"的原则。后来终于击退强敌，保存实力。可以说，新筑亦是孙子所说的"衢地"。孙良夫出晋请求晋、鲁的救助，也是遵循"衢地"交合的智慧之道。因为这些，小小卫国面对强敌，也能保存实力。

齐顷公在决策中则有失明智。当郤克好言相劝请求其休战时，他却一意孤行，非决一死战不可。《孙子兵法》说："智者之虑，必杂于利害。杂于利而务可信也，杂于害而患可解也。"意思就是，聪明的将帅考虑问题，要充分考虑到利与害两个方面。在不利的情况要看到有利的条件，大事可顺利进行；在顺利的情况下要看到不利的因素，祸患就能预先排除。由于被胜利冲昏头脑，齐顷公终于在鞍之战中惨败，差一点儿被晋军俘虏。

当齐国向晋军请和时，晋人曾据胜而傲，也提出过极端的要求，当齐国佐以"决一死战"予以拒绝时，晋国听从了鲁、卫两国的意见，避免了一场不必要的战争。这也是符合《孙子兵法》中"役诸侯者以业，趋诸侯者以利"的原则的。由此可见，《孙子兵法》不仅仅可以用于战争中，也可以用于政治上。

⊙周亚夫平七国之乱

公元前 154 年（汉景帝时期），吴、楚等 7 个诸侯国联兵发动叛乱。这次叛乱的规模相当大，发动这场叛乱的主谋和首领是吴王刘濞。他倚仗吴国封地广大，财力富足，蓄谋夺取皇位。汉景帝在获得吴、楚等 7 王发动叛乱的情报后，决定迎击叛军，平息叛乱。汉景帝任命周亚夫为太尉，率军东进。受命于危难之际的周亚夫在全面分析了敌我双方兵力及特点的基础上，提出了以梁疲敌的作战计划，即避免过早地与敌正面交锋，暂时舍弃梁国的部分地区，以此消耗敌军的实力；同时以截其粮道为辅助。这一作战计划的实施，使吴楚联军力疲粮尽，周亚夫率军一击而胜，使西汉王朝化险为夷，转危为安。从周亚夫平定 7 国叛乱的战例中，我们可以看到周亚夫对《孙子兵法·九变篇》中提出的作战原则既有灵活运用，又有创新发挥。在整个战争进程中，他都力争主动制敌，最终以较小的代价，换取了最大的胜利。

刘邦战胜项羽建立西汉王朝以后，为了巩固封建家族的统治地位，实行大封同姓子弟为王的政策，企图以家族血缘维护其统治，杜绝异姓篡权。他所封的同姓王，主要有齐、燕、赵、梁、代、淮阳、楚、吴等。他们的封地共有 9 郡，占整个疆土的大半，而皇帝直辖的不过 15 郡。朝廷规定封地内的经济由诸王支配，而法令、军队则由朝廷统一管理、掌握。随着经济的不断发展，这些王国财富日增，势力日强，逐渐形成了割据状态。到了汉景帝时期，诸侯国的割据势力几乎到了要与朝廷分庭抗礼的地步，严重影响了西汉王朝的统一。这时，忠于朝廷的官吏提出了削弱割据势力的主张，被汉景帝采纳。汉景帝先削夺了诸侯国在赵的常山郡，楚的东海郡，吴的会稽、豫章郡等几个郡县的统治权，将这些领地收归朝廷管辖。削地政策的实施，加剧了各诸侯王对朝廷的不满，公元前 154 年，吴、楚等 7 个诸侯王联兵发动了叛乱。

在 7 国之中，吴王刘濞是最先起兵的，也是叛乱的首领。起兵之初，他亲自去胶西说服并约定了胶西王出兵参加反叛朝廷的行动。接着又派遣使者游说齐、菑川、胶东、胶西、济南等诸王参加。在他的游说、动员下，胶西、胶东、济南、楚、赵等 5 国先后起兵反对朝廷。吴王经过一

争功图 汉
此图描绘汉初天下始定，各位将领争功的场面，最后叔孙通奏议立礼仪规范，使高祖体会到做皇帝的高贵。

番奔走，认为联盟已成，于是开始筹划如何占据汉王朝的统治中心长安，夺取统治权。

吴王计划让诸王国的军队从南、北、东方三面合击关中。他向各诸侯王提出，由越兵先攻占长沙以北地区，再西趋巴蜀、汉中；越、楚、淮南、衡山、济北诸王会同吴军西取洛阳；齐、菑川、胶东、胶西、济南诸王与赵王先攻占河间（今河南献县）、河内（今河南武陟），再入临晋关（今陕西大荔东），或与吴军会师洛阳；燕王北取代郡（今河北蔚县东北）、云中（今内蒙托克托东北）后，再联合匈奴南下，入萧关（今宁夏固原东南），直取长安；吴、楚军主力先占荥阳，与齐、赵军会师，直取长安。吴王这一战略进攻计划如果真能够实现，它对汉王朝的统治中心长安将产生很大的威胁。然而，吴王对诸王联盟的稳定性估计过高，其他诸王并没有完全按他的计划行事。公元前154年正月，吴王野心勃勃地亲率20万人的军队，从吴都广陵出发，北渡淮河，会合楚军一同西进准备攻打梁国。汉景帝得知吴王起兵，便命令周亚夫率兵东攻吴、楚，同时另外派兵对付齐、赵。周亚夫东进前向景帝请求说："吴军士气正盛，剽悍轻捷，难与他们正面争锋。我们可以暂时把梁国舍弃给吴国，然后断绝敌军的粮道，这样就能制服他们。"汉景帝同意了周亚夫的计划，于是周亚夫率军从长安出发，准备向洛阳进军。

周亚夫原准备经崤（今函谷关南崤山）、渑（渑池）至洛阳。这时，他的属下赵涉提醒他说："吴王知道将军的动向，必定会在淆、渑之间安置间谍，设法阻止军队东进。"他建议周亚夫放弃原路线，改走经蓝田出武关至洛阳的路线，这样虽比走原路线多用一二天时间，但却可以神不知、鬼不觉地安全抵达洛阳，控制军械库。周亚夫听从了这一建议，立即改变了进军路线，迅速由蓝田出武关，经南阳至洛阳，并派兵抢先占领了荥阳要地，控制了洛阳的武库和荥阳的敖仓。这时，吴楚联军已开始向梁国发动进攻。吴楚联军在棘壁（今河南永城西北）与梁王的军队交战，歼灭梁军数万人，占领了梁国的部分地区。梁军退守睢阳（今河南商丘南），又被吴楚联军包围，梁国在这非常危急的时刻，请周亚夫派兵救援，但周亚夫却领兵向东北进发，在昌邑(今山东金乡县西北)修筑起坚固的防御阵地，准备坚守。吴楚联军一再进攻睢阳，梁王天天派使者去请求发兵，周亚夫按照原定的策略，没有同意发兵救梁。梁王为此上书景帝，景帝派使者去给周亚夫下达命令，要他率兵救梁。周亚夫仍然坚守营垒，不肯发兵。但是他派出轻骑兵迂回到吴楚联军的背后，绝其粮道。梁军面对吴楚联军的四面包围，一面竭力坚守，一面派出精锐部队袭扰吴军。吴楚联军久攻睢阳不下，军队又缺乏足够的粮食，军中的士气受到挫败。西取荥阳、洛阳的企图亦无法实现，退路又受到周亚夫军队的威胁。于是吴楚联军调转兵力进攻下邑，寻找周亚夫军队的主力决战。周亚夫则深沟高垒，不理睬敌军的挑战。吴楚联军多次挑战，终不能如愿，便使出声东击西之计：吴楚派部分兵力到汉军的东南角佯攻，周亚夫识破敌军诡计，派兵加强西北面营垒的军事力量。当吴楚联军主力进攻西北角的时候，西北角汉军即

时给予吴楚联军以有力的打击。吴楚联军攻汉军营垒不克，引汉军出来决战又不得，兵疲粮尽，只好引军撤退。这时，周亚夫立即派精锐部队追击，大破吴楚联军，楚王刘戊被迫自杀，吴王刘濞丢弃了大部分军队，带着几千名亲兵将士逃到丹徒（今江苏丹徒），企图依托东越做最后的挣扎。周亚夫在乘胜追击中，俘虏了全部吴国将士，并悬赏黄金1000斤捉拿吴王。一个多月后，东越王在汉军的威胁和利诱下，诱杀了吴王。周亚夫用了三个月的时间，终于将七国叛乱联军的主力——吴楚联军的叛乱平息了。

当吴楚联军向梁进攻时，其他诸王都各怀异心。齐王背约不出兵，越王则观望吴楚联军战事，只有胶东、胶西、菑川、济南四王举兵。四王军队在胶西王的统一指挥下，改变了进攻洛阳与吴楚联军会师长安的计划，而去围攻齐王郡城临淄。结果，临淄没有攻下，却遭到景帝所派汉军的打击，四王军队全部被汉军击败。最后，胶西王、赵王自杀，其余诸王被杀，七国叛乱彻底失败。

在西汉王朝平定七国叛乱的战争中，周亚夫起了举足轻重的作用。在平叛中，周亚夫指挥军事行动、指挥作战都显得十分灵活，他能够根据实际情况与敌军的特点制定相应的策略，以达到战胜敌人的目的。如周亚夫临时改变行军路线，遵循孙子所说"涂有所不由"的原则，避免了在不利的地形下遭到吴王军队的袭击，以保证军队顺利地到达目的地。在吴军进攻梁国时，周亚夫能坚定地执行既定的"委之以梁"的策略，让吴楚联军攻梁而消耗实力；坚持不分兵救援梁王，做到了孙子所说的"地有所不争，君命有所不受"；周亚夫还根据敌我双方兵力情况，灵活地处理进攻与防守的关系。在对吴、楚联军的作战中，能以防御的战略手段，完成战略进攻所能够完成的任务，最终使敌人兵败身亡。可见，周亚夫是孙子所说的那种"通于九变之地利"的杰出的军事指挥者。

周亚夫像

⊙黄天荡之战

南宋年间，金兵南下侵扰，赶到明州海边，一路上不断遭到百姓组织起来的义军的袭击。金将兀术考虑到长江沿岸还驻着宋军的大批人马，不敢久留，带领金兵抢掠了一阵以后，就向北方退兵。

建炎四年（1130年），兀术将宋高宗追上，率军焚烧了临安城（今浙江杭州）后向北退回。行前，纵兵大掠，因满载掳掠辎重不能陆行，于是选择了从秀州（今浙江嘉兴）、平江（今江苏苏州）、常州（今江苏）沿运河而行。三月丁巳，金军至镇江（今江苏），被浙西制置使韩世忠阻挡。韩世忠原先驻军秀州青龙镇、江湾（今上海境内）一带，闻兀术已赴平江，于是移师镇江等候兀术。韩世忠是主张抗金的将领，他对金兵的侵略暴行十分气愤，决心趁金兵北撤的时候，狠狠阻击。

金兵到了以后，韩世忠率领兵士8000人驻扎在焦峙（今江苏镇江北焦山）。

兀术到了江边，打听到韩世忠不放他们过江，就派使者到宋营下了战书，准备和宋军一决生死。韩世忠跟兀术约定了决战的日期。金兵有10万人，宋军总共才8000人，双方兵力悬殊很大。韩世忠清楚，要打赢这场仗，只有依靠士气。决战的时刻到了，韩世忠和夫人披挂上阵，将士见主帅夫人上阵助战，士气顿时高涨。一场战斗下来，金兵被杀伤的数不胜数，兀术的女婿龙虎大王也被宋军活捉了。

车船模型

南宋水军曾在抗金战役中使用这种车船。

兀术又派出使者到宋营，表示愿意把从江南抢来的财物全部还给宋军，只求让他们渡江，韩世忠不答应。兀术又提出把他带来的一匹名马献给韩世忠，也被韩拒绝。兀术不能过江，只好带着金兵乘船退到黄天荡（今江苏南京市东北）。哪里知道黄天荡是一条死港，船驶进那里，找不到出路。正在为难之际，有人献计说："这里原来有一条河道，可以直达建康，只是现在堵塞不通，如果兵士能将它开凿出来，就可以逃过宋军的追击了。"兀术立刻命令金兵开挖河道。金兵人多，挖了整整一夜，就开凿了一条25公里长的水道。兀术赶忙指挥金兵沿水道逃到建康，不料半路上又遇到宋将岳飞的堵截，不得已又退回黄天荡。

金兵在黄天荡被宋军围困了48天，将士们叫苦连天。四月，福建人王某经不住兀术的悬赏，向他献计说："舟中载土，上铺平板，穴船板以棹桨，待无风时出击。韩世忠的海船庞大，无风不能动，可以用火箭射击，将他打败。"兀术依计而行，宋军大败，韩世忠乘小船退回到镇江。

兀术摆脱韩世忠的阻击，带兵回到建康，又大肆抢掠了一番，准备撤回北方，到了静安镇（今江苏江宁西北），又遭到了岳飞军的袭击，被杀得一败涂地，狼狈逃窜。岳飞赶走金兵，收复了建康。金军吃了苦头，从此再也不敢轻易渡江了，南宋都城临安（今浙江杭州）和半壁江山得以保全。

从黄天荡之战例上，我们可以做如下分析，金兀术失败首先是因为他兵陷于《孙子兵法》所说的"绝地"之中，选择与宋军决战就是一个大错误。金兵作为北方游牧民族在镇江与江南士兵水战，实在是自不量力，镇江亦可以算是沼泽连绵的"圮地"。金军北撤因遭江南军民抗击，自然士气低迷，而韩世忠军队严阵以待，更有梁红玉击鼓助威，士气大振。孙子说："涂有所不由，军有所不击，城有所不攻，地有所不争，君命有所不受。故将通于九变之地利者，知用兵矣，将不通九变之利者，虽知地形，不能得地之利矣。"这句话对金兵来说，是他们所不理解的，所以，金军在镇江大败，也是理所当然的。

黄天荡对金兀术来说是死地。照常理，宋军获胜是天经地义的。但韩世忠也没有考虑到"九变之地的不利"，所以当金军采取火攻之术时，战舰尽被焚烧，损失惨重，这是他始料不及的。由此可见，《孙子兵法》"是故智者之虑，必杂于利害。杂于利，而务可信也；杂于害，则患可解也。"的正确性。

◇简评

在这一部分中，孙子提出了在 9 种不同地形下怎样随机处理用兵作战的问题（本篇中只谈到 5 种地形）。

"九变"并非只指 9 种变化，而是多样性无穷的变化，因为 9 是数之极，亦即千变万化。孙子很注重空间，行军作战要讲地形的优势。我们现今择地而居，择业而为，亦无不与空间息息相关。空间不对，不适合，必然难以舒展。

将帅受命于君王，然而君王毕竟无法真正地把握战场的瞬间变化。君王的命令总有与战前制定的战略目标、战术设计有不同之处，君王的指令也无法赶上战场上的"变化"速度。因此，根据实际情况"君命有所不受"，是将帅进行灵活指挥的一大原则。机械地执行君王指令而不考虑战场形势，只能出现良机丧失、军队失败的结果。

本篇中还认为善于用兵的将领，对于有利的一面和有害的一面都应该综合考虑，只有这样，才能消除祸患。但是，作为将官，将面临 5 种危险，即"必死可杀""必生可虏""忿速可侮""廉洁可辱""爱民可烦"。对于这 5 种危险，应当时刻加以提防。所有这些认识，都是在总结战争实践的基础上产生的，有十分重要的军事价值。

本篇为补充《军争篇》治变未尽之意，特立专题，再做系统的发挥，实无异《军争篇》的续篇。篇名"五变"，系取篇首所举五事，沿以立名。实则，两军争胜时，千变万化，岂区区五变所能包括？这不过是举隅示例，要在善学者，便能触类旁通，因敌制变。张预说得好："变者，不拘常法，临事适变，从宜而行之之谓也。"

一切事物，有常则，即有变则，为任何事物所不能外，不独战争一事。本篇就两军争胜提示 5 大变则，为全篇主脑，而以虑事"必杂于利害"一语为眼目，读者从此悟入，见利思害，遇害思利，兼权熟计，以为应敌制变的策略，自然是动无不利，战无不胜。

行军篇

◇**原文**

孙子曰：凡处军[1]、相敌[2]：绝山依谷，视生处高，战隆无登，此处山之军也。绝水必远水；客绝水而来，勿迎之于水内，令半济而击之，利；欲战者，无附于水而迎客；视生处高，无迎水流，此处水上之军也。绝斥泽[3]，惟亟去无留，若交军于斥泽之中，必依水草而背众树，此处斥泽之军也。平陆处易，而右背高，前死后生，此处平陆之军也。凡此四军之利，黄帝之所以胜四帝也[4]。

凡军好高而恶下，贵阳而贱阴，养生而处实[5]，军无百疾，是谓必胜。丘陵堤防，必处其阳，而右背之。此兵之利，地之助也。上雨，水沫至，欲涉者，待其定也。凡地有绝涧[6]、天井[7]、天牢[8]、天罗[9]、天陷[10]、天隙[11]，必亟去之，勿近也。吾远之，敌近之；吾迎之，敌背之。军行有险阻、潢井、葭苇、山林、翳荟者，必谨覆索之，此伏奸之所处也。

敌近而静者，恃其险也；远而其挑战者，欲人之进也；其所居易者，利也，众树动者，来也；众草多障者，疑也。鸟起者，伏也；兽骇者，覆也。尘高而锐者，车来也；卑而广者，徒来也；散而条达者，樵采也；少而往来者，营军也。辞卑而益备者，进也[12]；辞强而进驱者，退也[13]；轻车先出居其侧者，陈也[14]；无约而请和者，谋也；奔走而陈兵车者，期也；半进半退者，诱也。杖而立者，饥也；汲而先饮者，渴也；见利而不进者，劳也。鸟集者，虚也；夜呼者，恐也；军扰者，将不重也；旌旗动者，乱也；吏怒者，倦也；粟马肉食，军无悬缶[15]，不返其舍者，穷寇也。谆谆翕翕[16]，徐与人言者[17]，失众也；数赏者，窘也；数罚者，困也；先暴而后畏其众者[18]，不精之至也；来委谢者，欲休息也。兵怒而相迎，久而不合，又不相去，必谨察之。

兵非益多也，惟无武进，足以并力、料敌、取人而已[19]。夫惟无虑而易敌者，必擒于人。

卒未亲附而罚之，则不服，不服，则难用也；卒已亲附而罚不行，则不可用也。故令之以文，齐之以武[20]，是谓必取。令素行以教其民，则民服；令不素行以教其民，则民不服。令素行者，与众相得也[21]。

【注释】

[1] 处军：行军、宿营、处置军队，即在各种不同地形条件下，军队行军、作战、驻扎诸方面的处置对策。处，处置、安顿、部署的意思。

[2] 相敌：相，觇视、观察。相敌即为观察、判断敌情。

[3] 绝斥泽：斥，盐碱地。泽，沼泽地。绝斥泽即通过盐碱沼泽地带。

[4] 黄帝之所以胜四帝也：这就是黄帝所以能战胜四方部族首领的缘由。黄帝是传说中的汉族祖先，部落联盟首领。传说他曾败炎帝于阪泉，诛蚩尤于涿鹿，北逐獯鬻，统一了黄河流域。四帝，四方之帝，即周边部族联盟的首领，一般泛指炎帝、蚩尤等人。

[5] 养生而处实：指军队要选择水草和粮食充足、物资供给方便的地域驻扎。养生，指水草丰盛、粮食充足，能使人马得以休养生息。处实，指军需物资供应便利。

[6] 绝涧：指两岸峻峭、水流其间的险恶地形。

[7] 天井：指四周高峻、中间低洼的地形。

[8] 天牢：牢，牢狱。天牢是对山险环绕、易进难出的地形的形象描述。

[9] 天罗：罗，罗网。指荆棘丛生、军队进入后如陷罗网无法摆脱的地形。

[10] 天陷：陷，陷阱。指地势低洼、泥泞易陷的地带。

[11] 天隙：隙，狭隙。指两山之间狭窄难行的谷地。

[12] 辞卑而益备者，进也：敌人措辞谦卑恭顺，同时又加强战备，这表明敌人准备进犯。卑，卑谦、恭敬。益，增加、更加之意。

[13] 辞强而进驱者，退也：敌人措辞强硬，在行动上又示以驰驱进逼之姿态，这是其准备后撤。

[14] 轻车先出居其侧者，陈也：轻车，战车。陈，同"阵"，即布阵。句意为战车先摆在侧翼，是在布列阵势。

[15] 军无悬缶：缶，汲水用的罐子，泛指炊具。此句意思是敌军已收拾起了炊具。

[16] 谆谆翕翕：恳切和顺的样子。

[17] 徐与人言者：意谓语调和缓地同士卒商谈。徐，徐缓温和的样子。人，此处指士卒。

[18] 先暴而后畏其众者：指将帅开始对士卒粗暴，继而又惧怕士卒。

[19] 足以并力、料敌、取人而已：指能做到集中兵力、正确判断敌情、争取人心则足够了。并力，集中兵力。料敌，观察判断敌情。取人，争取人心，善于用人。

[20] 故令之以文，齐之以武：令，教育。文，指政治道义。齐，整饬、规范。武，指军纪军法。此句的意思是用政治、道义来教育士卒，用军纪军法来统一、整饬部队。

[21] 令素行者，与众相得也：意为军纪军令平素能够顺利执行的，是因为军队统帅同兵卒之间相处融洽。得，亲和。相得，指关系融洽。

"行军",简单说,就是军队行进。用现代军事学上的术语来讲,"行军"就是从一配备序列向其他配备序列的变动。本篇讲的"行军",并不是指平时的军队行进,而是指战时的军队行进。这是读者应该认清的第一点。

本篇虽用"行军"名篇,但内容并不限于专论军队的行进,而是涉及战时有关军队行进的各项要务——处军、相敌、前卫兵力的编制和任务以及统御军队的基本规律。这是读者应该认清的第二点。

本篇讲的行军和现代军事学上战备行军之说虽颇相似,但内容却又不尽一致。导致其不尽一致之处主要有以下两种原因:一、因本篇涉及的范围较广;二、因本篇对现代战备行军所讨论的细目,又多不详。总此二因,现在如果引用新学说以资比附时,必须划清界限,以免混淆。今再引曹操注于下,以资讲解。曹操注:"择便利而行也。"只用了 6 个字,便括尽了本篇大义。

本篇宜分 4 段读:从"孙子曰:凡处军相敌"起,到"此伏奸之所藏处也"止,为第一段,论战时适应地形,申明行军、驻军,及作战的各种措置。从"敌近而静者"起,到"必谨察之"止,为第二段,论战时侦察敌情,以准备战斗的各项要目。从"兵非益多也"起,到"必擒于人"止,为第三段,论战时前卫兵力的编制和任务。从"卒未亲附而罚之"起,到"与众相得也"止,为第四段,论统御军队,平时要有教育,战时要有威信。

◇译文

孙子说,凡是部署军队和观察判断敌情,都应该注意:通过山地,要靠近有水草的山谷,驻扎在居高向阳的地方,不要去仰攻敌人占领了的高地,这是在山地部署机动军队的原则。横渡江河,必须在远离江河处驻扎;敌人渡水来战,不要在他到水边时予以迎击,而要等他渡过一半时再进行攻击,这样才有利;如果要同敌人决战,不要紧挨水边布兵列阵;在江河地带驻扎,也应当居高向阳,不可面迎水流,这是在江河地带部署军队的原则。通过盐碱沼泽地带,应该迅速离开,不要停留;倘若同敌人相遇于盐碱沼泽地带,那就一定要靠近水草并背靠树林,这是在盐碱沼泽地带部署机动军队的原则。在平原地带要占领平坦开阔地域,而侧翼则应依托高地,做到前低后高,这是在平原地带部署机动部队的原则。以上四种部署军队之原则带来的好处,正是黄帝之所以能战胜其他"四帝"的原因。

在一般情况下驻军,总是喜欢干燥的高地,厌恶潮湿的洼地,重视向阳之处,轻视阴湿之地,靠近水草丰茂、军需供应充足的地方,所以将士百病不生,这样,克敌制胜就有了保证。在丘陵堤防地域,必须占领朝南向阳的一面,而把主要侧翼背靠着它,这些对于用兵有利的措施,是利用地形作为辅助条件的。上游下雨涨水,洪水骤至,若想要涉水过河,得等待水流平稳后再过。凡是遇上绝涧、天井、天牢、天罗、天陷、天隙这 6 种地形,必须迅速离开,不要靠近。我军远远离开它们,而让敌人去接近它们;我军应面向它们,而让敌人去背靠它们。行军过程中如遇到有险峻的道路、湖沼、芦苇、山林和草木茂盛的地方,一定要谨慎地反复搜索，这些都是敌人可能设下伏兵和隐藏奸细的地方。

敌人逼近而保持安静的，是倚仗他占领着险要的地形；敌人离我很远而前来挑战的，是想引诱我军入其圈套；敌人之所以驻扎在平坦地带，是因为他这样做有利可图；许多树木摇曳摆动，这是敌人隐蔽前来；草丛中有许多遮障物，这是敌布疑阵。鸟雀惊飞，这是下面有着伏兵；野兽骇奔，这是敌人大举突袭。尘土又高又尖，这是敌人的战车驰来；尘土低而宽广，这是敌人的步兵开来；尘土四散有致，这是敌人在砍伐柴薪；尘土稀薄而又时起时落，这是敌人正在结寨扎营。敌人的使者措辞谦卑却又在加紧战备的，这是想要进攻；敌人使者措辞强硬而军队又做出前进姿态的，这是准备撤退；敌人战车先出动，部署在侧翼的，这是在布列阵势；敌人尚未受挫而主动前来讲和的，必定是有阴谋；敌人急速奔跑并摆开兵车列阵的，是期待同我决战；敌人半进半退的，是企图引诱我军。敌兵倚着兵器站立，这是饥饿的表现；敌兵打水的人自己先喝，这是干渴缺水的表现；敌人明见有利而不进兵争夺，这是疲劳的表现；敌军营寨上方飞鸟集结，表明是座空营；敌人夜间惊慌叫喊，这是其恐惧的表现；敌营惊扰纷乱，这表明敌将没有威严；敌阵旗帜摇动不整齐，这说明敌人队伍已经混乱；敌人军官易怒烦躁，表明全军已经疲倦；用粮食喂马，杀牲口吃肉，收拾起炊具，不返回营寨，这是打算拼死突围的穷寇。敌将低声下气同部下讲话，这表明敌将已失去人心；接连不断地犒赏士卒，这表明敌人已无计可施；反反复复地处罚部属，这表明敌军处境困难；敌方将领先对部下凶暴，后又害怕部下的，是最不精明的将领；敌人派遣使者前来送礼言好，这是敌人希冀休兵息战。敌人逞怒同我对阵，可是久不交锋而又不撤退，这就必须审慎地观察他的意图。

兵力并不在于愈多愈好，只要不是轻敌冒进，而能够做到集中兵力、判明敌情、取得部下的信任和支持，也就足够了；那种既无深谋远虑而又自负轻敌的人，一定会被敌人所俘虏。

士卒还没有亲近依附就施行惩罚，那么他们就会不服，不服就难以使用；士卒已经亲附，而军纪军法仍得不到执行，那也无法用他们去作战。所以，要用怀柔宽仁的手段去教育他们，用军纪军法去管束他们，这样就必定会取得部下的敬畏和拥戴。平素能严格命令，管教士卒，士卒就会养成服从的习惯。平素不重视严格执行命令，管教士卒，士卒就会养成不服从的习惯。平时命令能够得到贯彻执行，这表明将帅同士卒之间相处融洽。

◇用计例说

⊙关羽水淹七军

汉末三国名将关羽也是深谙《孙子兵法》的，他成功的战例是水淹七军。

东汉末年，曹操在汉中一带与蜀军交战，大败。蜀将关羽乘胜追击，率兵攻打樊城。樊城守将曹仁急忙派人请求曹操援助自己，为解樊城之围，曹操急令于禁、庞德率7路人马火速赶往支援。蜀魏两军经过几次交锋，不分胜负。不料一次在与庞德对阵时，关羽左臂中了魏军暗箭，两军于是形成对峙之势，战争一再拖延。

那时正是秋季，连绵的阴雨渐渐沥沥下个不停。蜀军远道而来，长期相持下去，必然粮草不济，难以为战。为求破敌之策，关羽一边养伤，一连苦苦寻求速战速决之法。有一天，其子关平报知关羽，于禁和庞德的7路人马移驻樊城以北，关羽听后，急忙带人上高处察看。看到襄江因暴雨连绵，水势猛涨，河水湍急，而于禁、庞德的7支大军沿城北的十里山谷驻扎。关羽观察了半天，忽然兴奋地喊了一声："这下我可生擒于禁了！"众将一听，都感到很疑惑。

返回营寨之后，关羽急令手下兵将赶造大小船只和木筏子，又派兵士到襄江上游的各谷口截流积水。于禁和庞德对蜀军行动一无所知，于是按兵不动，静观其变。

某天夜里，天下大雨，狂风骤起。蜀军乘势决口放水，一时间水流似山洪暴发，汹涌而下，直奔山谷而去。于禁、庞德见洪水铺天盖地而来，急忙组织士兵救急。魏军哪能挡得住这迅猛的洪峰，顿时乱作一团，四下逃命。于禁和庞德带着残存的魏兵躲在小丘上，总算熬到了天亮，这时四周已全部是水，连樊城也淹了大半。魏军被洪水淹死大半。剩下的兵将正疲于奔命之时，忽听战鼓雷鸣，杀声震天，关羽率军乘着大船和木筏子杀奔而来。而魏军此时已疲惫至极，无力再战。见大势已去，于禁只得束手就擒，庞德虽奋勇抵抗，终究身单力孤，被蜀兵活捉。魏军7路人马除战死的外，全部被蜀军活捉，蜀军大获全胜，并乘机将樊城据为己有。

关羽此战例成功的要素，在于关羽将《孙子兵法·行军篇》的战略灵活运用。《孙子兵法·行军篇》说"客绝水而来，勿迎之于水内，令半济而击之"，其意思是如果敌人渡水来战，不要等到他们到岸上再迎击，可以等他渡过一半再战。同时，《孙子兵法》也说"兵之利，地之助也"，"上雨、水沫至、欲涉者，待其定也"。而于禁、庞德恰在襄江连日阴雨、水势暴涨时渡江，并且在"绝地""天井"等地驻扎，与兵法相背。而关羽却驻扎高处，得天时地利之势，然后决水，淹没七军。由此可见，关羽水淹七军是运用《孙子兵法》的绝好例证。

⊙东西魏沙苑—渭曲之战

东晋时期，刘裕北伐灭南燕、后秦之后，于公元420年农历六月迫晋恭帝让位，自立为帝，国号为宋，史称刘宋。刘宋政权占领了中国黄河以南的大部分地区，而北方则被鲜卑族拓跋氏建立的北魏政权所占领，形成南北对立的两个政权。而后，南方经历了齐、梁、陈等朝代的更迭；北方则分裂为东、西魏，后变为北齐、北周。沙苑、渭曲之战即发生在北魏分裂后的东、西魏之间。

公元534年，统一了中国北方的北魏分裂为东魏和西魏两个政权。西魏建都长安（今陕西西安），政权为丞相宇文泰所把持。东魏建都邺（今河北临漳南），政权为丞相高欢所把持。双方政权为吞并对方，进行过多次的战争，发生于公元537年的沙苑—渭曲之战只是其中的一次。在这次战争中，东魏出动20万大军进攻西魏，西魏军则以7000精骑迎战。由于西魏军统帅宇文泰在兵法方面高出东魏高欢一筹，因而西魏军能够以弱胜强，赢得了这场战争的胜利。

公元534年，东魏倚仗地广人多，军事上占有相对的优势，便出动军队企图占领西魏重要关口潼关，但被西魏击退。此后，东魏两次出兵攻战潼关未果。宇文泰对于高欢多次袭击西魏要地愤愤不平，便于公元537年八月率军东进，攻占了东魏的军事要地恒农（今河南三门峡市西）。没过多久，东魏高欢就命大将高敖曹领兵3万，由洛阳向西反攻恒农，同时自率主力20万人，由太原、临汾南下，从蒲坂（今山西永济西）西渡黄河，进袭关中，从而拉开了沙苑—渭曲之战的序幕。

骑马出行图 壁画 南北朝

从高欢行动的趋向看，他是想分两路向长安方向推进。一路由高敖曹领军从洛阳出发打恒农，夺回恒农后向潼关、渭南方向推进；另一路由高欢亲自带领，从蒲坂西渡黄河，占领军事要道华州，然后向前推进，争取与高敖曹军会合。

西魏宇文泰得知高欢西进的消息，决定尽全力阻止敌军西进。他一面命大将王熊坚守华州（今陕西大荔），阻止魏军西进；一面派人到各地征调兵马，并从恒农抽调出近1万人回救关中。东魏高敖曹趁势包围了恒农。高欢军渡过黄河后，即攻华州城。然而华州城坚难攻，于是高欢命军队在距华州北30余里的许原屯驻。

宇文泰军回到渭南后，便欲进击高欢。部将们认为，各地征调的兵马还未赶到，敌我兵力悬殊较大，还是暂不迎战为好。宇文泰坚持己见。他解释说：现在东魏军远道而来，首攻华州不下，便屯兵许原观望，说明他们军队人数虽多，但没战斗力，也没有苦战克敌的精神，我们趁他立足未稳，地理不熟，趁机迎击。如果让其站稳脚跟，继续西进，逼近长安，那就会动摇人心，形势对西魏将更为不利。宇文泰的解释打消了部将的疑虑，西魏军抓紧做好北渡渭水的准备。

九月底，西魏军在渭水上搭好浮桥。宇文泰亲率轻骑7000，携带三天的粮秣，北渡渭水。十月一日，宇文泰军进至距东魏军60里处的沙苑（今陕西大荔南）驻扎下来。

宇文泰率军在沙苑扎营后，立即派人化装成许原一带的居民，潜入东魏兵营附近活动，侦察高欢军队的情况。经过侦察，宇文泰证实了自己的判断。在人数对比上，宇文泰认识到敌军确实多于自己，但东魏军战斗力不强，而且骄傲轻敌。这时，宇文泰部将李弼建议利用十里渭曲（渭河弯曲部分）沙丘起伏、沼泽纵横、芦苇丛生的有利地形，采取预先埋伏，布设口袋，诱敌深入的伏击之计，一举消灭敌人。这个建议正符合宇文泰出奇制胜的想法，于是，宇文泰欣然采纳此建议，决定利用渭曲复杂的地理环境打一场歼灭战。

高欢听说西魏军已进至沙苑，便决定寻找宇文泰所率的西魏军决战。高欢取胜心切，在未做认真部署的情况下便从许原率兵前来交战。西魏军见敌军出动，便依照先前的谋划在渭曲布设了埋伏，并规定伏兵以击鼓为号，突然袭击，围歼东魏军于既设阵地。高欢军行进至渭曲附近，大将解律羌举见到渭曲沼泽、沙丘起伏，茂密的芦苇纵横于沼泽地深处，觉得这种地形不利野战，便向高欢建议留下部分兵力在沙苑与宇文泰军相持，然后另以精骑西袭长安。高欢急于寻找宇文泰军决战，没有同意他的意见。高欢提出放火烧芦苇，以火攻的办法攻击西魏军，但是他的部将侯景提出异议说："我们应当活捉宇文泰以示百姓，如果火烧芦苇，把他一起烧死，尸体不好辨认，谁能相信呢？"高欢的另一部将彭乐也附和说："以我军的兵力，几乎是以一百个对他们一个，还怕打不赢吗？"在下属的盲目乐观与自信面前，高欢放弃了火烧芦苇的主张，下令挥军前进，进入沼泽沙丘搜索宇文泰军。东魏军自恃兵多势众，混乱地深入沼泽地，甚至毫无战斗队形。宇文泰待东魏军进入伏击圈后，擂鼓出击。西魏军从左右两翼猛烈冲击东魏军，将其截为数段。东魏军遭到突然袭击，本来乱糟糟的队形更加混乱不堪，在陌生而又复杂的地形中无法展开，自相践踏。西魏军趁势拼死奋战，杀东魏军6000余人，俘敌8万人。东魏军大败溃散，高欢逃至蒲津，渡河东撤。沙苑—渭曲之战以西魏的胜利与东魏的大败宣告结束。

沙苑—渭曲之战在东西魏多次交战中算不上是大的战役，但我们仍可从这一次战役中窥视出东西魏军在复杂地形条件下行军作战、处军相敌方面的长短优劣。从战争的全过程中可以看出，西魏宇文泰在军事部署及"处军""相敌"方面，均深得兵法要领。孙武在《孙子兵法·行军篇》中提出，处军的要领在于善于利用地形将军队布置好，地形的选择应于己有利而于敌不利；相敌的要领则在于正确地分析判断敌情，善于透过敌军的现象看到其本质。沙苑—渭曲之战决战前夕，宇文泰不为东魏的兵势所吓倒，还从高欢攻华州不下而屯兵许原的现象中分析、判断出东魏军人多势众却无战斗力的情况，制订了伏击制敌的计划。为了更准确地了解敌情，将敌军引入伏击圈，宇文泰将军队驻扎在许原敌营附近，并派人化装侦察，摸清了敌军的基本情况，最后歼敌人于事先布置好的伏击圈中，一举击败敌军。东魏军的失败，一方面是由于骄傲轻敌，另一方面也在于他们的贸然轻进。临战前，高欢及部将明知地形不利，易遭伏击，然主帅决策时听不进正确意见，反依错误建议行事，违背孙子所说的处军、相敌原则，最终导致了这次战争的失败。

《孙子兵法·行军篇》说："兵非益多也，惟无武进……夫惟无虑而易敌者，必擒于人。"对照东魏军的失败，孙子处军、相敌原则的重要价值，可见一斑。

⊙萨尔浒之战

万历四十七年（1619年），也就是后金天命四年，爆发了著名的萨尔浒之战。其直接导火线是努尔哈赤在此前一年进攻抚顺。后金大汗努尔哈赤于万历四十六年四月十三日宣布与明朝大恨有七、小恨无数，因而大誓三军，决定兴师攻明。他首先派人扮成商队入抚顺做内应，他亲率八旗主力2万人，随后进发。后金军里应外合，攻其不备，一举拿下了抚顺城。明军守将李永芳归顺，属下将士非死即降。与此同时，明朝的东州、马根丹二堡（均在抚顺附近）也被另一支八旗军队所攻克，明辽东总兵张承荫闻悉败报以后，率兵1万人前往援救，被后金军队一个回马枪打得落花流水，张承荫的部队全军覆没，他也阵亡。

努尔哈赤自起兵以来第一次与明朝公然决裂，并向明朝发起正面进攻的是抚顺之战。从此，他敲响了进攻明朝的战鼓，宣告明与后金（清）长达二三十年的战争的开始。

那么，为何努尔哈赤选择在万历四十六年向明朝公开挑战呢？显然，这不是他心血来潮的一时冲动，从表面上看，是因为他与明朝有"七大恨"，努尔哈赤才进攻抚顺的。所谓七大恨，主要内容是：（1）明朝无故杀死努尔哈赤的父亲、祖父；（2）明朝出兵保卫叶赫；（3）双方曾有不许私越边界的盟约，明朝军民出境被努

努尔哈赤像

尔哈赤杀死，明朝指责他擅杀，并令他交出凶手；（4）明朝不许努尔哈赤等收取在柴河、抚安一带所种的庄稼；（5）明扶持叶赫，使得叶赫将许给努尔哈赤的女子改嫁蒙古；（6）明朝偏听叶赫一面之词，遣使斥责努尔哈赤；（7）努尔哈赤吞并了哈达，明朝令他恢复哈达原地，叶赫率先进攻努尔哈赤，明朝却帮助叶赫，明朝是非不分，处处与建州为难，而偏袒叶赫、哈达。

自努尔哈赤出生以来，明朝与女真的关系在一定程度上由七大恨反映了出来（即女真接受明朝敕封，时叛时服，而明对女真则攻赏结合，分而治之），七大恨是对明廷的民族压迫和边吏无端欺侮的控拆。但努尔哈赤发布七大恨，主要的还是一种政治策略。七大恨誓文对内是发兵的动员令，号召女真人同仇敌忾，对抗明朝；对外则是对明朝的宣战书，打着报仇雪恨的旗号，表明后金师出有名。

事实上，努尔哈赤领兵侵犯抚顺另有原因。

第一，努尔哈赤的羽毛业已丰满，为他进攻明朝提供了可能性。这时他已统一了海西女真的三部，仅有叶赫在明朝的支持下苟延残喘，但也是只有招架之功，并无还手之力，威胁不大。随着实力的增长、政权的建立，努尔哈赤已无意像过去那样与明朝周旋。业已基本统一的满族的强大生气和女真贵族的贪欲为他兴兵攻明创造了条件。

第二，他目睹了明朝的政治腐败和边备废弛，认为攻明有极大的可能性。他曾多次同明朝打交道，对明朝大多数臣僚很无能的情况非常了解。自万历十八年以来，他曾多次入京朝贡，对明朝的政治腐败了解更深。明王朝的边备极为废弛，他灭了哈达，明廷出面制止，他第一次还是给了明朝面子，名义上恢复了哈达，可一年后又将哈达灭了，对此，明朝也没有采取任何行动来制止。

第三，从万历四十四年起，辽东就发生了严重水灾，后金地区受灾更重，粮食不足，饿殍塞途。在努尔哈赤看来，进攻明朝有很大的必要，以便夺取粮食、财物。

明廷进行了近 10 个月的战前准备。首先是增调人马。辽东兵力号称 8 万人，但精壮能战者只有 1 万余人，又分散于各地戍守，明廷无兵可用，乃征调福建、浙江、四川、山东、山西、陕西、甘肃等军队赴辽。到万历四十七年二月，集结了主客官军 8.8 万余名，其中包括来自朝鲜的 1.3 万人。其次进行了物质上的准备，加派辽饷，每亩 3.5 厘，共实派额银 200 余万两。明军的战略部署是分兵合进，后金的根据地赫图阿拉是其目标。四路进兵，从四面包围之，具体部署如下：东南路，总兵官刘綎率军出宽奠，会合朝鲜军 1.3 万人，从东南向赫图阿拉挺进；南路，辽东总兵李如柏率军由清河出鸦鹘关，从南面进攻赫图阿拉；北路，总兵马林率军由靖安堡趋开原、铁岭，从北面进攻赫图阿拉；西路，山海关总兵杜松率军由沈阳出抚顺关，沿浑河从西面向赫图阿拉进发。经略杨镐坐镇沈阳，为四路军总指挥。

后金方面通过侦察，努尔哈赤尽悉明军进攻方略，连明军战报也用重金雇人抄来。努尔哈赤知己知彼，确定作战方略，"明使我先见南路有兵者，诱我兵而南也。其由抚顺所西来者，必大兵也。急宜拒战，破此，则他路兵不足患矣"（《清太祖高皇帝实录》卷六），并概括为"凭尔几路来，我只一路去"。

万历四十七年（1619 年）正月，诸路军既集，朝廷恐大军屯集时间过长，耗费粮饷，要求速战。决策人物大学士方从哲、兵部赵兴邦皆不知边防情况，发红旗催战，杨镐不得已，于二月十一日誓师辽阳，约定四路大军于二十一日进军，二十一日赶上大雪迷路，推迟到二十五日。刘綎、杜松老将久历战阵，知敌未有可乘之机，劝杨镐慎重行事，杨镐不听，悬一剑于军门，威胁诸将再不听令将以军法从事，刘綎不敢再争。在不明敌情、不谙地势的情况下，大军盲目出征。

努尔哈赤阻击南路只率领了 500 名守军，他集中全部兵力，对杜松所率西路的 3 万明军进行迎击。

明军杜松一路出沈阳，从抚顺关出塞，道路平坦。三月初一出抚顺，沿浑河岸前进，第二天到达萨尔浒。得知后金为阻挡明军东进，正派兵构筑界凡城，杜松乃留下 2 万人驻守萨尔浒，自领 1 万人攻打界凡。这时，努尔哈赤率领的后金军队已到达界凡之东，把各个击破的战机抓住了，决定"先破萨尔浒所驻兵，此兵破，则界凡之众，自丧胆矣"（《清太祖高皇帝实录》卷六）。努尔哈赤派代善、皇太极带领二旗截击杜松，自己率六旗直攻萨尔浒，遭到数倍于自己的后金军的突袭的明军很快被全歼。努尔哈赤歼灭萨尔浒明军后，迅速挥师界凡，与代善、皇太极军会合。杜松 1 万人陷入后金军 6 万人的重围。明军死者遍野、血流成河，杜松阵亡，西路军全军覆没。在陕西久经战阵的杜松，是一员勇将，此次先行，打算取头功。他还随身带着锁链，准备亲缚努尔哈赤，说明他对敌情不明，轻敌妄动，终于导致覆亡的后果。

在西线全歼明军主力以后，努尔哈赤随即率师北上，迎击马林的北路军。马林虽为总兵，但庸懦无能，并非将才，一路上他退缩不前，贻误战机。三月二日，北路军得知杜松的西路军惨败的消息后，全军顿时大哗。马林急忙转攻为守，但求自保，将北路军分作三处扎营：马林率兵万人集结于尚间崖（今辽宁抚顺东北之白石山），北路监军潘宗颜率几千人扎营于斐芬山（在尚间崖东），游击龚念燧率少数兵力屯据斡辉鄂模（在尚间崖西），三营鼎足列阵，形成互为椅角之势。后金军尽管在兵力上占绝对优势，但针对明军的部署，采取了分割包围、一隅突破、各个歼灭的战术，而并没有采取全线出击的打法。由于龚念燧营被最为薄弱，所以首先成了被攻击的对象，在八旗军队的冲击下，龚念燧营，全军溃败。八旗军队在斡辉鄂模得手之后，马林所在的尚间崖又成为下一个目标，这里是明北路军的主力，马林依山布阵，环营挖了三道战壕，外布火器，内蓄精兵。两军相接以后展开了一场大战，激战方酣，前锋稍一失利，马林便率先逃跑，顿时营中大乱，副将麻岩等人率少数士兵经过艰苦抵抗，全部阵亡。在拿下尚间崖大营以后，努尔哈赤又转而进攻斐芬山的潘宗颜营。潘宗颜以开原兵备道佥事的身份作为北路监军，此人为人耿直，颇具胆识。他能在八旗军队的勇猛攻击下，冲杀在前，视死如归，所以军士虽少，但斗志旺盛，该部凭借山势施放火器，重创八旗军，但寡不敌众，在八旗军的凌厉攻击下终于全军败亡。北路的叶赫军队没有和马林等同行，他们来到开原中固城，听到了明军大败的消息后，便马上调转马头，潜逃回营。

四路明军已有两路败没，东路的刘綎军也难逃厄运。刘綎力大无比，号称忠勇，是一员虎将，这时虽已年迈但余威尚存。他善用大刀，人称"刘大刀"。120余斤的镔铁大刀能挥舞自如，轮转如飞。他在四川任事多年，手下有川、贵精兵数万。刘綎奉旨入京后，想调川军出关，但未及调动便被催上了征程。所以，此路在四路军中较弱，2万多名中朝联合军队，多属临时调凑，准备很差，由宽奠至赫图阿拉，沿途山高水深，道路险远，刘綎指挥军队艰难前进，行速较慢，当三月初四来到距赫图阿拉50里远的地方时，西北两路已经败没，而刘綎却全然不知。在结束了西、北战事以后，努尔哈赤便留4000人守卫都城，以得胜之兵全力迎击刘綎的东路军，对刘綎部的包围之势逐渐形成。努尔哈赤派降顺汉人扮成杜松军卒，令其手持令箭，诈称杜松已经旗开得胜，顺利进抵赫图阿拉，诱刘綎快速进军。刘綎不知是计，怕杜松抢得头功，竟然自率精锐为前锋，催马来到阿布达里冈（在赫图阿拉南，今辽宁省新宾榆树乡境内），完全走进了后金的埋伏圈。后金军队伏兵四出，向明军发起了攻击。老将刘綎陷入了重围，他面颊被削去了一半，身上受伤10多处，但仍然奋力拼杀，并手刃数十敌，最后落马身亡。击败刘綎以后，代善等又移师南行，扑向朝鲜军队所在的桓察（今辽宁富仁县西北）。这里还有明监军康应乾统领的明军余部，该部明军在八旗军队的攻击下一触即溃。助明作战的朝鲜军队迫于兵威，走投无路，自都元帅姜弘立、副元帅金景瑞以下，不战而降，归顺后金。明朝在朝军中的监军乔一琦情知无力回天，投崖而死，东路明军至此完全失败。

经略杨镐在东路刘綎军未败之前，四路出师，两路已败，知道大事不妙，急发令箭通知南（李如柏）、东（刘綎）两路回师，但东路刘綎部在令箭送到前业已败亡。怯懦无能的李如柏，原本不愿出师，上路以后他一直观望不前，接到杨镐

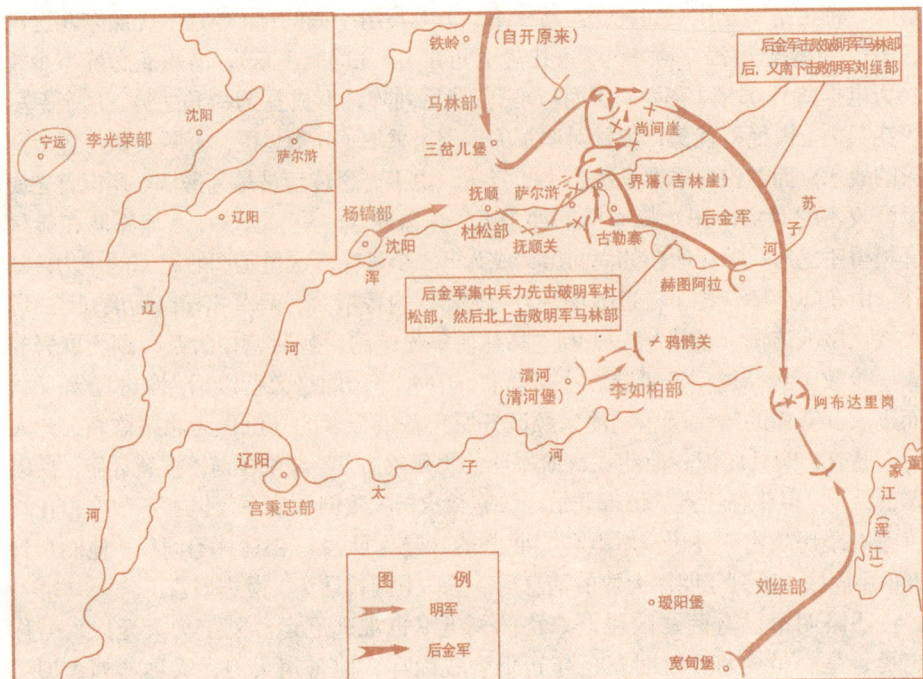

萨尔浒之战作战经过示意图

令箭，正中下怀，慌忙率军回师沈阳。在四路明军中，全师而返的仅有南路。

这场大战，在三个战场上进行了三次大战，历时5天，由于主战场在萨尔浒，故称萨尔浒之战。萨尔浒之战以后金的胜利、明朝的失败而告终。

从表面上看，明挟"天朝"之威以10万之众，竟败在了仅据一隅的"弹丸"后金的手中，似乎有些不可思议，事实上这也是必然的。《孙子兵法·行军篇》说："兵非益多也，惟无武进，足以并力、料敌、取人而已；夫惟无虑而易敌者，必擒于人。"意思是说，兵力并不是越多越好，只在于不是轻敌易进，而能够集中兵力，判明敌情，取得部下的信任和支持，也就足够了。那种既无深谋远虑而又自负轻敌的人，一定会招致失败。明军的行动首先就是违背了《孙子兵法》的精神，而后金努尔哈赤详细掌握了明军的一切情况，选择了最好的时机展开攻势。当时明王朝的政治腐败、武备废弛、危机四伏、日薄西山，正好和后金的励精图治、金戈铁马、众志成城、方兴未艾形成鲜明对照。在这次战争中，调集了全国兵力物力的明朝，期望通过犁庭扫穴，摧毁后金，阻止其入犯内地。结果因为号令不一，兵力分散，上下相蒙，军无斗志，在不明敌情的情况下出征，再加上将领有勇无谋，行军轻率，不熟悉《孙子兵法·行军篇》所列的地势，结果在萨尔浒遭后金军突袭被歼。

萨尔浒之战，归根结底，金、明双方统帅的素质是最主要的一点，努尔哈赤是女真各部经过大浪淘沙而涌现出来的英雄，是经过磨炼的，而杨镐是世袭制下无能的皇帝领导的平庸的将领，杨镐根本不可能与努尔哈赤相比。在萨尔浒之战中，努尔哈赤的军事天才得到了充分体现。他的每道命令都非常英明而果断，在他的领导下，后金军队上下一心，奋勇杀敌，每一步都赢得主动，终于取得了空前的大捷。孙子说，"令之以文，齐之以武，是谓必取"，"令素行者，与众相得"，这也是军队作战获胜的基本条件。

明金双方关系的转折是萨尔浒之战，这场大战以明朝的失败而告终。明朝在此战中损失将领310名，阵亡军丁45870名，战后"人心不固，兵气不扬"。同时，明朝200多年的基业也被这场大战震撼了，虽然战斗是远在后金的都城附近进行的，但明军的三路败没，不仅一时间"京师震动"，而且也沉重打击了明王朝，从此致命的辽事问题一直困扰着明王朝，而且局势日益严重。这场大战对于后金来讲，与其说是保卫政权的防守战，不如说是后金兵进攻辽沈的军事大演习，辽沈地区于两年之后便被努尔哈赤攻占了。所以说，萨尔浒之战是《孙子兵法·行军篇》思想的又一佐证，它是中国历史上较为著名的战例之一。

◇简评

这一篇主要讲如何"处军"和"相敌"的问题。

"处军"主要包括两个方面：一是在特殊情况下的行军与作战，如"处山""处水""处沼泽""处平陆"等特种地形下，怎样行军、怎样与敌军交战，孙子都提出了十分详细的计策；二是在特殊地形下怎样宿营的问题，如在山地、平地、江河、沼泽等地带驻扎宿营就有不同的要求。这是孙子根据黄帝战胜青、赤、白、黑四帝的经验进行的总结。

孙子在本篇中极为重视行军与地形的关系。他认为地形的利弊对用兵打仗有直接作用，明智的指挥官无疑会十分重视行军、作战及宿营与地形之间的关系。

对于如何"相敌"，孙子在这一篇中总结了历史上诸多战争的经验，提出了33种不同的现象，都应当具体情况具体分析并采取具体措施。孙子认为：用兵不以人多为贵，只要不轻敌冒进，并能集中兵力，判断敌情，就可灭敌取胜。

得人心者得天下，有着凝聚的人心、军心，再加上正确的用兵原则，必将走上通天大道。本篇内容十分丰富，读者可细细分析，深切领悟其中所包含的哲学思想。

"令之以文，齐之以武"，体现了孙子文武兼施、德威并重的治军思想和治军原则。这一思想和原则也同样适用于企业管理，孙子所讲的"文""武"之道，也就是今天企业的"硬性"和"弹性"管理。企业管理是一个过程，是管理者向被管理者施加影响和控制的过程，同时，管理又是一种艺术。决定这一过程和艺术的本质对象是人，核心是人。对人的管理和协调，既可以借制度约束、纪律监督，直至惩处、强制等手段进行刚性（硬性）管理，也可以依靠感召、启发、诱导和激励、奖励等方法进行柔性（弹性）管理。科学管理的关键在于它的精确性和规范性，即变放任管理为规范管理，依靠规章制度、法纪和组织职权进行程式化、有序化的管理。它所强调的是组织管理的战略、体制、结构等硬件，也就是硬管理。软管理是依据员工的思想，组织的共同价值和文化、精神氛围进行的人性化、人格化管理。

地形篇

◇原文

孙子曰：地形有通者、有挂者、有支者、有隘者、有险者、有远者。我可以往，彼可以来，曰通。通形者，先居高阳，利粮道，以战则利。可以往，难以返，曰挂。挂形者，敌无备，出而胜之；敌若有备，出而不胜，难以返，不利[1]。我出而不利，彼出而不利，曰支。支形者，敌虽利我，我无出也；引而去之，令敌半出而击之[2]，利。隘形者，我先居之，必盈之以待敌[3]；若敌先居之，盈而勿从，不盈而从之[4]。险形者，我先居之，必居高阳以待敌；若敌先居之，引而去之，勿从也。远形者，势均难以挑战，战而不利。凡此六者，地之道也，将之至任[5]，不可不察也。

故兵有走者[6]、有驰者、有陷者、有崩者、有乱者、有北者。凡此六者，非天之灾，将之过也。夫势均，以一击十，曰走[7]；卒强吏弱，曰驰[8]；吏强卒弱，曰陷[9]；大吏怒而不服，遇敌怼而自战，将不知其能，曰崩；将弱不严，教道不明，吏卒无常，陈兵纵横，曰乱；将不能料敌，以少合众，以弱击强，兵无选锋，曰北。凡此六者，败之道也，将之至任，不可不察也。

夫地形者，兵之助也。料敌制胜，计险厄、远近[10]，上将之道也。知此而用战者必胜，不知此而用战者必败。故战道必胜，主曰无战，必战可也；战道不胜，主曰必战，无战可也[11]。故进不求名，退不避罪，唯人是保，而利合于主，国之宝也。

视卒如婴儿，故可与之赴深谿；视卒如爱子，故可与之俱死。厚而不能使，爱而不能令[12]，乱而不能治，譬若骄子，不可用也。

知吾卒之可以击，而不知敌之不可击，胜之半也；知敌之可击，而不知吾卒之不可以击，胜之半也；知敌之可击，知吾卒之可以击，而不知地形之不可以战，胜之半也。故知兵者，动而不迷，举而不穷[13]。故曰：知彼知己，胜乃不殆；知天知地，胜乃不穷[14]。

[1] 挂形者……难以返，不利：在"挂"形地带，敌方如无防备，可以主动出击夺取胜利；如果敌人已有戒备，出击不能取胜，军队归返就会很困难，实属不利。

[2] 令敌半出而击之：令，使。句意为在敌人出兵追击前进一半时再回师反击他们。

[3] 必盈之以待敌：一定要动用充足的兵力堵塞隘口，来对付来犯的敌军。盈，满，充足的意思。

[4] 若敌先居之，盈而勿从，不盈而从之：从，顺随。此处意为顺随敌意去进攻。在"隘"形之地，敌若先我占据，并已用重兵堵塞隘口，我方就不可随意去攻打；如敌方还未用重兵扼守隘口，我军就应全力进攻，去争取险阻之利。

[5] 将之至任：指将帅所应担负的重大责任。至，最、极的意思。

[6] 兵有走者：兵，这里指败军。走，与以下"驰、陷、崩、乱、北"共为"六败"之名称。

[7] 走：跑、奔，这里指军队败逃。

[8] 驰：涣散、松懈的意思。这里指将吏软弱无能，队伍涣散难制。

[9] 陷：陷没。意为将吏虽勇强，但士卒没有战斗力，将吏不得不孤身奋战，力不能支，最终陷于败没。

[10] 计险厄、远近：指考察地形的险要，计算道路的远近。

[11] 无战可也：根据战争规律，没有必胜把握，那么拒绝君命，不同敌人交战，是可以的。

[12] 厚而不能使，爱而不能令：只知厚待而不能使用，只知溺爱而不重教育。厚，厚养、厚待。令，教育。

[13] 举而不穷：举，行动。穷，困窘、困厄的意思。句意为行动自如，不为所困。

[14] 胜乃不穷：指胜利不会有穷尽。

◇解题与读法

什么叫作地形？地形就是地表的自然形态。不过，这里讲的"地形"，不是泛论一般地形，而是专论战地的形势。可是，战地的形势，又随地而异，有的利于作战，有的就不利于作战。所以，要想利用地形辅助作战，一定要先明了战地的形势，以便开进、展开、攻击、防御时，借以立胜。孙子继《行军》篇后，又提出《地形》问题，集中讨论地形、天时、敌情、军心及将才等在军事上的交互作用。

本篇宜分 5 段读：从"孙子曰：地形有通者"起，到"不可不察也"止，为第一段，论战斗开始时，首在能利用地形以立胜，详论 6 种战地的性质和战法。从"故兵有走者"起，到"不可不察也"止，为第二段，论战斗开始时，固在能利用地形以立胜，但胜败的关键，实系于将才的优劣和士兵的强弱。从"夫地形者"起，到"国之宝也"止，为第三段，论战时知地、察己固属重要，但尤在于先知敌情，方能战无不胜。从"视卒如婴儿"起，到"不可用也"止，为第四段，论知地、知己、知彼虽属重要，但不得士兵信仰拱卫之心，还是难以获胜。从"知吾卒之可以击"起，到"胜乃不穷"止，为第五段，总论知彼知己、知地知天，乃可全胜。

◇译文

孙子说地形有"通""挂""支""隘""险""远"等六种。凡是我们可以去，敌人也可以来的地域，叫作"通"，在"通"形地域上，应抢先占领开阔向阳的高地，保持粮草供应的畅通，这样对敌作战就有利。凡是可以前进、难以返回的地域，称作"挂"，在"挂"形地域上，假如敌人没有防备，我们可以突然出击战胜他们，倘若敌人已有防备，我们出击就不能取胜，而且难以回师，这就不利了。凡是我军出击不利，敌人出击也不利的地域叫作"支"，在"支"形地域上，敌人虽然以利相诱，我们也不要出击，而应该率军假装退却，诱使敌人出击一半时再回师反击，这样就有利。在"隘"形地域上，我们应该先敌占领，并用重兵封锁隘口，以等待敌人的进犯。如果敌人已先占据了隘口，并用重兵把守，我们就不要去攻击；如果敌人没有用重兵据守隘口，那么就可以进攻。在"险"形地域上，如果我军先敌占领，就必须控制开阔向阳的高地，以等待敌人来犯；如果敌人先我占领，就应该率军撤离，不要去攻打它。在"远"形地域上，敌我双方势均力敌，就不宜去挑战，勉强求战，很是不利。以上六点，是利用地形的原则，这是将帅的重大责任所在，不可不认真考察研究。

军队打败仗有"走""驰""陷""崩""乱""北"六种情况。这六种情况的发生，不是由于天然的灾害，而是将帅自身的过错造成的。在势均力敌的情况下，以一击十而导致失败的，叫作"走"。士卒强悍，将吏懦弱而造成败北的，叫作"驰"。将帅强悍，士卒懦弱而溃败的，叫作"陷"。偏将怨愤不服从指挥，遇到敌人愤然擅自出战，主将又不了解他们的能力，因而失败的，叫作"崩"。将帅懦弱缺乏威严，训练教育没有章法，官兵关系混乱紧张，列兵布阵杂乱无章，因此而致败的，叫作"乱"。将帅不能正确判断敌情，以少击众，以弱击强，作战又没有精锐先锋部队，因而败北的，叫作"北"。以上六种情况，均是导致失败的原因，这是将帅的重大责任之所在，是不可不认真考察研究的。

地形是用兵打仗的辅助条件。正确判断敌情，积极掌握主动，考察地形险恶，计算道路远近，这些都是贤能的将领必须掌握的方法。懂得这些道理并去指挥作战，必定能够胜利，不了解这些道理去指挥作战的，必定失败。所以，根据战争规律进行分析，有着必胜把握的，即使国君主张不打，坚持去打也是可以的；根据战争规律进行分析，没有必胜把握的，即使国君主张一定要打，不打也是可以的。进不谋求战胜的名声，退不回避违命的罪责，只求保全百姓，符合国君利益，这样的将帅，是国家的宝贵财富。

对待士卒就像对待婴儿一样，那么士卒就可以同他共赴患难；对待士卒就像对待爱子一样，那么士卒就可以跟他同生共死。如果对士卒厚待而不能使用，溺爱而不能教育，违法而不能惩治，那就如同娇惯的子女一样，是不可以用来与敌作战的。

只了解自己的部队可以打，而不了解该敌不能去打，取胜的可能只有一半；只了解该敌可以打，而不了解自己的部队不宜去打，取胜的可能只有一半；既知道敌人可以打，也知道自己的部队能够打，但是不了解地形不利于作战，取胜的可能性仍然只有一半。所以，懂得用兵的人，他行动起来不会迷惑，他的作战措施变化无穷，而不致困窘。所以说，了解对方，了解自己，争取胜利也就不会有危险。懂得天时，懂得地利，胜利也就可以永无穷尽了。

◇用计例说

⊙井陉之战

项羽分封诸王不久，齐地田荣叛乱，项羽于是率领大军北上，准备攻打齐地。趁楚都彭城空虚之机，刘邦率军攻击彭城。项羽知道后，急带兵回救，将刘邦打得大败。刘邦西逃，忽闻魏王豹反叛，便令大将韩信击魏。韩信采用佯攻蒲坂、暗渡夏阳的计谋，一举平定了魏地。

定魏之后，韩信、张耳率几万军队进攻赵国。井陉关是由代入赵的必经之路。赵王歇和陈馀闻听汉军将要攻赵，把主力军集中在井陉关。当时赵军号称有100万人，军容甚壮。广武君李左车对成安君陈馀说："听说汉将韩信渡过黄河，俘虏魏王，活捉夏说。刘邦派张耳做韩信的帮手，正想办法要攻下赵国。这支队伍乘战胜之威疾驰而来，其势锐不可当。兵行千里，粮草便有供应不上的危险。一旦汉军粮草供应困难，就只能靠打些湿柴烧饭，士兵们就一定会受饿。井陉关形势险恶，两辆车不能并行，骑兵也不能排成一列。在这样的隘道中，大军绵延几百里，鱼贯而行，军需粮草一定会走在后面。因此，我们可以利用井陉关的地利，击败汉军。我请求拨给我3万精兵，抄山间小路拦截汉军的后勤补给。您留在这里率领大军深掘战壕，高筑营垒，坚守阵地，不要出兵同汉军交战。在这种战局下，汉军进退不得，我带军拦住他们的退路，他们没有粮草军需品，不用10天功夫，韩信和张耳的人头便会悬在军垒之前！希望您认真考虑我的策略，否则，我军就会有莫大的危险。"

陈馀是一个不懂战略战术的儒生。他认为，正义的军队作战时不必用奇谋诡计便能战胜敌人，所以陈馀根本没有把韩信放在眼里，也不采纳李左车的计策。

韩信深知井陉关隘路的兵家大忌，在进山之前就派密探前去赵国窃取情报。当韩信得知陈馀拒绝了李左车的建议后，才放心大胆地带着部队向那狭长的隘路进军。离井陉口还有30里时，韩信下令大军停止前进，安营扎寨。一天深夜，韩信选出2000名轻骑兵，每人拿着一面汉军小旗，从小路走，到了可以看见赵军动静的山坡上，隐蔽起来等候攻击的命令。

韩信指示率兵的军将说："我军主力同赵军稍一交锋就佯装战败，赵军一定会全力以赴来追赶我们。此时，你们快速冲入赵军营垒，把赵军旗帜拔掉，插上我汉军的旗帜，夺取营垒，堵死赵军的后路！"

第二天清晨，大部队还没有出

萧何追韩信 三彩绢枕

发，韩信命部下军将给士兵发一点儿早餐慰劳大家。将领们都半信半疑。韩信又同身边的将领们商议说："目前，赵军占据有利地形，见不到我军的主将和主力部队，他们是不会轻易出来的。我们应该想办法，诱敌出战。"于是派1万人做先头部队，开出营寨，面对赵军，背靠河水，摆成了阵势。赵军一见汉军摆成这种只能前进不得后退的阵容，纷纷嘲笑汉军的愚昧无知。

天色已经大亮，韩信登上战车，插上大将旗帜，擂响战鼓，大军浩浩荡荡开到井陉关前。赵军将士对汉军已心存轻视，求胜心切，立即冲出关门抗击汉军。两军相持一段时间，韩信、张耳假装战败，抛弃主帅的旗鼓，迅速撤退到排在水边的军阵之中。赵军见汉军后退，于是全军出动，争先恐后地掠夺汉军的旗鼓，向汉军追了过去。

韩信和张耳带领的先头部队退到水边，与那里的主力部队会合，然后发起反攻。将士们奋勇当先，以一当十，挡住了赵军的冲击。双方一时胜负难决，形成拉锯战。此时，隐蔽在赵营附近的汉军2000轻骑兵见赵军倾巢而出，便迅速冲入赵军营垒。赵营中的士兵被韩信的这一招弄得人慌马乱，被汉军打得东奔西窜。汉兵拔掉赵军的军旗，换上了汉军的军旗，死死守住井陉关口。

关口外的赵军军心大乱，将士东窜西逃，赵将虽竭力制止奔逃，斩杀逃亡士兵，仍然起不了什么作用。汉军两面夹攻，将士奋勇杀敌，赵军死的死，降的降，成安君陈馀被杀，赵王歇被活捉。

韩信见胜局已定，于是传令军中："活捉李左车，不许伤害。谁捉到李左车，奖赏千金！"命令传下不久，就有人把李左车绑到韩信跟前。韩信立即下帅车，亲自给李左车松绑，请他坐上自己的战车，自己坐在下座，行弟子礼与李左车交谈。

战斗结束后，将士把俘虏、斩杀的首级和缴获的军械物资交上，同向韩信祝贺。有人问韩信："兵法讲，列阵时要右边靠山，左边靠水，然而我们此次作战，将军却背水列阵，与兵书所讲刚好相反。您事先告诉我们说，破了赵军再吃饭，当时我们以为是鼓励之语而已，现在果真如此。不知你用的是什么战术？"韩信大笑，解释道："这在兵法上是有依据的，只是各位没注意到而已！兵书中讲，陷之死地而后生，置之亡地而后存。我指挥的这些士兵平时没有受过我多少训练，我并不了解他们的实际作战能力，按照俗语说是'指挥百姓作战'。在这种情况下，唯有把军队放在只

栈道遗址
公元前206年，韩信率汉军东征，当时，汉中入关的栈道已被烧毁，不能行军，韩信用"明修栈道，暗度陈仓"之计，遂得关中。

进不退的绝境，使每个人意识到，只有拼命才能活命，殊死作战才能取生。相反，如果把军队安置在可进可退的有利地形，若遇上危险，士兵便想着逃跑，又怎么能与如此强大的赵军作战呢？"诸将听后惊叹不已，说："这是我们万万没想到的。"

夺下井陉关，汉军轻而易举地平灭了赵国。战后，韩信招降燕人，南与成皋（今河南荥阳汜水镇）战场汉军互相呼应，对楚军的侧后方形成极大威胁。

这次战役，韩信深入险地，背水设阵，一举歼灭赵军，成为中国古代战争史上灵活用兵、以少胜多的著名战例。

关于地形，《孙子兵法》说："有挂者、有支者、有隘者、有险者、有远者。"从井陉之战来说，陈馀明知道井陉关山谷在地形上属于隘地，却拒绝了李左车的建议，结果不设阵防，被韩信抢得了先机，招致惨败。孙子说"地形有交，将军至任，不可不察"，自有一番道理。

孙子说："知天知地，胜乃不穷。"这是兵法中相当具体形象的策略。我们可以从这个战例上得到许多有益的启示。

⊙成皋之战

井陉一战后，韩信获得全胜，李左车被他奉为上宾，两人一起商讨军事。李左车对韩信说："陈馀虽然不是战无不胜的将军，但确实胸有韬略，只因一次差错，身死水滨，遗恨终生。从目前局势分析，将军巧用木筏渡黄河，突袭魏国，俘虏魏王豹，又在阏与捉住夏说。接着一战攻克井陉关，战胜赵国，不到一个上午打败 20 万赵军。这几次大战役称得上名震天下。听说敌国的人们心怀恐惧，以为自身生命朝不保夕，都放下锄头，只图眼前吃些好的，顾不得日后，等待将军的攻伐。这局势确实对将军特别有利。然而，汉军将士长年在外征战，奔波南北，十分疲乏。若用这支军队跋涉千里到燕国去作战，燕国城防坚固，士卒众多，恐怕一时难以攻下，或许会相持日久。到那个时候，汉军的弱点会完全暴露给对方，时间越往后，弱点也就越明显，容易陷入被动局面，且粮草供应愈困难。到那地步，较弱的燕国不能征服，强大的齐国也就更难对付了。东方燕国和齐的问题不解决，楚汉战争的形势也就难见分晓。我以为，将军想远途伐燕的战略不太妥当，是以己之短，攻彼之长，用汉军的短处与燕军的长处相较量。从眼下的形势来判断，不如命令将士解下盔甲，放下武器，留守赵国，安抚百姓。这样一来，赵国百姓会感激汉军的开明，因此，酒肉粮食的供应就会源源不断地送来。汉军休整后，大规模北进，开到通往燕国的大道上，整军待发。然后，派一个能言善辩的使者带上信札送往燕国，把汉军的神威讲给燕国国君，燕君必会惊恐万分，乖乖地归顺过来。等到收服燕国之后，再派使者到齐国去，将利害关系向他们说明。齐国即使有聪明人，在那样的形势下也不知如何才好，齐也只得顺应时势归降汉王了。燕齐归汉，天下大事也就豁然明朗了。用兵之道，注重声东击西，先声夺人，刀兵相见乃是下策。" 韩信听李左车说得头头是道，佩服地说："妙极了！"依照他的计策，将大军休整后开到燕国边界，让一个使者到燕国去送信。燕受到威胁，立即表示愿意归顺汉王。韩信派人报告刘邦，请求立张耳为赵王，镇守赵国。刘

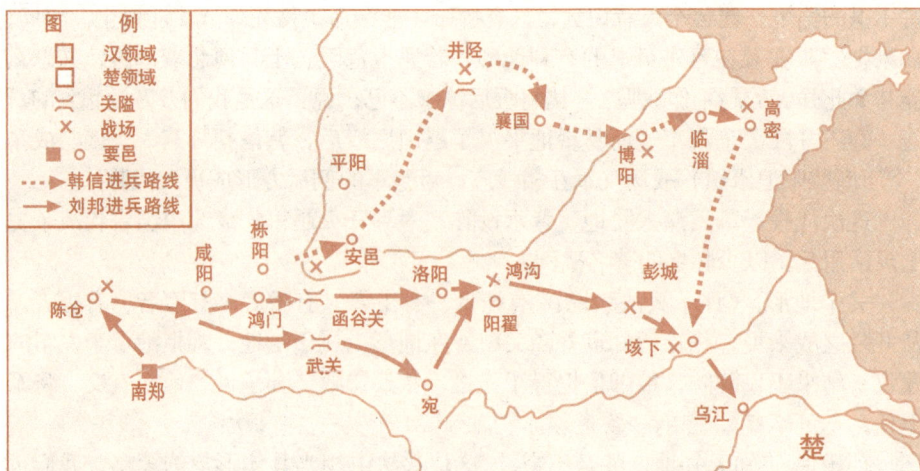

楚汉相争示意图

邦一听先后夺取赵、燕，大为高兴，就封张耳为赵王。

在韩信征服赵、燕的同时，汉王刘邦率汉军主力正与楚王项羽苦战于荥阳和成皋一带。汉军驻守荥阳，筑起甬道，同时利用河上交通运输粮食等军需品。为了切断刘邦的粮草补给，项羽屡次出兵侵夺汉军所运粮草。汉军粮食匮乏，刘邦深以为患，要求与楚讲和，中分天下，荥阳以西为汉王之地，以东为楚王之地。项羽也苦于连年征战，准备答应刘邦的请求。项羽的谋士范增劝阻道："汉军是可以打败的。如果现在不抓住时机把刘邦除掉，恐怕会养痈成患，待他站稳脚跟，后悔就晚了！"项羽听取了范增的建议，拒绝了刘邦的要求，率主力急围荥阳。刘邦在荥阳城中被团团围困，粮草断绝，孤立无援。部下陈平建议刘邦设法离间项羽同范增的关系，除掉范增，项羽也就容易对付了。刘邦采纳了陈平的计策。结果范增被项羽逼走。项羽加紧围攻荥阳，情况十分紧急。汉将纪信献计，让自己穿王者袍服，乘皇舆，从东门出来，假装汉军出降。楚兵信以为真，高呼万岁，一些楚将趁机掳掠城中放出的美女。就在此慌乱时刻，汉王刘邦带了数十快骑，由城的西门夺路而去，直奔成皋（今河南荥阳汜水）。

汉王刘邦逃出荥阳后，向南入宛、叶之间，得与九江王英布会合，集合散兵，再次入守成皋。成皋地形险要，春秋时称"虎牢关"，是众人觊觎的一个重要关口。汉王四年（前203年），项羽兵围成皋，刘邦寡不敌众，同夏侯婴从成皋北门渡河逃往修武（今河南西北部）。到修武后，得到韩信、张耳的军队，其他各路战将也渐渐汇聚过来，汉军又振作起来。楚军攻下成皋后，打算向西继续进军，遭汉兵阻拒，两军相持不下。

此时，彭越渡过黄河攻击楚的东阿，杀死楚将薛公，进逼楚军大本营。项羽听说后方情况危急，立即回兵向东击彭越。刘邦见项羽东归，想率军渡河南进，受郑忠劝谏，便留军于河内，派刘贾带兵东去助彭越，烧掉楚军的粮草。项羽先后击破刘贾，杀败彭越。

为争中原之地，刘邦带领军队向南渡过黄河，第三次入据成皋，占领广武，取得敖仓的军粮。项羽平定东方的乱局，掉头西来，在靠近广武的地方安营扎寨。楚汉两军相持数月。

东方的彭越经过休整，再次由梁地起兵，向楚军的后方发起进攻，拦截楚军粮运，项羽深为不安。他想尽快结束与刘邦的争斗，可一时又难以取胜。项羽对刘邦说："天下战乱不宁，生灵涂炭，只因你我二人相争。我愿意同你单枪匹马决战，一人对一人，一决雌雄。不要因为你我二人祸害天下！"刘邦冷笑着说："我刘邦宁肯斗智，不愿斗力！"

无奈之下，项羽派勇士到汉军阵前挑战，刘邦高挂免战牌，并安排部队中擅长射箭的一位楼烦人将挑战的楚兵射死。项羽再派，又被射死，连续三次。项羽大怒，亲自披甲上阵，前去挑战。楼烦人又要射箭，项羽怒目责叱，楼烦人闻声丧胆，不敢放箭，返身回到营垒，不敢再出来。刘邦派人责问，方知因害怕项羽而致，刘邦也很吃惊。

项羽靠近汉军阵前责骂刘邦，刘邦反指责项羽的不义行径。项羽大怒，要与刘邦一战，刘邦不理，并历数项羽的罪状。

受到刘邦一番臭骂，项羽恼羞成怒，让暗中埋伏的弩手向刘邦疾射。刘邦毫无防备，胸部受伤。为稳定军心，他却握住了自己的脚说："这混蛋射中了我的脚趾！"

为免使楚军乘机攻汉，张良请汉王刘邦勉强起床，登上帅车，巡视三军，慰劳将士，以安士卒，然后，退回成皋养伤。病情刚刚好转，刘邦便西行入关到栎阳，慰问父老乡亲。在栎阳停留4天，又回到前线，统军于广武，拉开了与项羽再战的序幕。

成皋之战，刘邦及其谋臣武将注意政治、军事多方面的配合，把翼侧迂回、正面相持和后方袭扰的战术相结合，调动、疲惫、削弱直至战胜强敌。它在中国古代战争史上占有重要地位，为后世兵家提供了丰富的用兵韬略。

成皋可等同于《孙子兵法·地形篇》所说的"远"地，这是对项羽而言的。"远形者，势均难以挑战，战而不利。"孙子也说："料敌制胜，计险厄、远近，上将之道也，知此而用战者必胜，不知此而用战者必败。故战道必胜，主曰无战，必战可也；战道不胜，主曰必战，无战可也。故进不求名，退不避罪，惟人是保。"其大意也就是要正确判断敌情，积极争取主动，要考察地形，计算道路远近。同时要分析有没有战胜的可能性，然后决定打与不打。在这一点上，项羽求战心切，而刘邦却忍而避之，以静制动，争取主动性。结果项羽被刘邦牵制，陷入被动局面，疲于奔命，最终导致决定性的失败。成皋之战证明了孙子兵法的正确性。

⊙雍丘、睢阳之战

唐朝名将张巡，生于邓州南阳（一说蒲州河东），聪明颖慧，有才干，博闻强识，读书不过三遍即终身不忘。熟悉兵法，擅长用兵。他进士出身，天宝年间任清河令，为人重气节，讲义气，常常倾财救济危困。宰相杨国忠权势显赫，有人劝他追随杨国忠以求飞黄腾达，被他断然拒绝。他出任真源令时，当地土豪华

持戈骑兵画像砖 唐

南金骄奢淫逸，不遵守法规，张巡依法将其镇压，被赦免的华南金余党没有敢不弃恶从善的。另外，张巡为政宽宏简约，人民十分信赖他。

安史之乱爆发后，谯郡太守杨万石投降安禄山，还逼迫张巡也向叛军投降。张巡到达真源后，挑选精兵1000人，起兵讨伐叛军，西行至雍丘（今河南杞县）与单父尉贾贲招募豪杰，同兴义举。

天宝十五年二月，雍丘令令狐潮投降叛军，率兵攻打雍丘，贾贲率兵迎击，英勇牺牲。张巡率兵苦战，击退叛兵。从此张巡统率贾贲余部，自称是灵昌太守、河南都知兵马使吴王李祗的先锋使，坚守雍丘城。

三月初二，令狐潮与叛将李怀仙、杨朝宗、谢无同率军4万扑向雍丘。雍丘军民见敌人是自己的几倍，非常害怕。张巡鼓励士兵说："贼兵仗着兵强马壮，有轻敌之心，我们若出其不意偷袭他们，叛兵必定惊慌溃败。他们的势力一旦受挫，雍丘城自然可以保住了。"张巡命1000余人守城，自己率领1000余士兵，组成几个分队，打开城门直向叛兵冲去。敌营被冲溃，只好收兵。次日，叛军又来攻城，摆上百余门大炮轰城。城墙被毁坏，张巡于是在城上立木栅拒敌，密密麻麻的敌人开始登城，张巡命士兵点着浸过油的藁草向叛兵头上扔去，迫使敌军撤退。张巡抓住战机进击，与敌人周旋60余日，大小300余战。雍丘守城士兵食不解甲，受了伤包扎一下继续战斗，彻底击退了叛兵进犯，并俘获2000人，一时声势大振。

雍丘城由于长期被围，城中弹尽粮绝。张巡侦察到叛军有几百艘运粮盐船往雍丘城开来，马上在城南埋伏下人马。趁令狐潮倾力攻城时，张巡悄悄派勇士渡过河抢回1000石盐米，缓解了缺粮危机。接着张巡又向敌人"借箭"：命令士兵扎了1000多个藁草人，给它们披上黑衣，远远望去，宛如真人。一天夜里，把这1000多个草人用绳子缒到城下，叛兵哪知是假，对草人一阵猛射，箭如雨下。当搞清中计后，唐兵已得到数十万矢。过了些时候，张巡又夜缒士兵，叛军以为仍是草人，没有防备心。只见下城的500勇士以破竹之势攻到贼营。叛军顿时大乱，慌忙逃窜，被唐兵追赶10余里。令狐潮气急败坏，恼羞成怒，增派士兵围城。张巡屡屡出奇制胜，以1000余名士兵制服数万叛兵，迫使敌人退守陈留，不敢轻易围城。

十二日，令狐潮见久围雍丘城不下，于是在雍丘北筑城扎寨，企图长期围困雍丘，断绝雍丘的粮援。这时雍丘东北的鲁郡、东平郡、济阴相继失陷，叛将杨朝宗率领2万步骑兵袭击宁陵，切断张巡的后路。张巡分析局势，感到雍丘是小城，储备又不足，一旦敌人大举围攻，必难坚守，决定放弃雍丘移兵退守宁陵。

宁陵东与睢阳毗邻，两地相距仅45里。张巡于是率领3000名士兵与睢阳太守许远、城父令姚訚会合。

张巡、许远在宁陵城西北与杨朝宗激战，昼夜交锋数十次，大破叛兵，杀敌1万多人。杨朝宗十分狼狈，连夜逃走了。

肃宗任命张巡为河南节度副使。为鼓励士兵杀敌，张巡派人与河南节度使虢王李巨联系，申请一些空白委任状与赐物，以酬劳立功将士。但是李巨仅给30通折冲、果毅告身，赐物一点儿也不给。张巡写信责问，李巨竟不理会。

叛军发生内讧，安禄山被谋士严庄和儿子安庆绪杀死。安庆绪自立为帝，任命叛将尹子奇为汴州刺史、河南节度使，与唐兵争夺睢阳。睢阳位于汴河沿岸，是联结关中与江淮的交通枢纽，有十分重要的战略地位。叛兵为占据江淮这块富庶的地方，派重兵围攻睢阳。至德二年正月二十五日，尹子奇率领30万人猛攻睢阳。张巡与许远的部队合计共6800人，迎战叛兵。张巡身先士卒，在前线督战，不分昼夜，有时一天会打20多次仗。唐兵经16天艰苦鏖战，共擒获叛将60多人，杀敌2万余，士气大增。许远佩服张巡指挥有方，诚恳地对他说："我是一儒生，不懂兵法，您智勇双全，就请您来主持军务吧。"张巡爽快地答应了。从此，许远负责调发粮饷、修理武器、加固城防诸事，张巡则带兵打仗，统筹方略，二人配合默契，使叛军不能得逞。

到三月，尹子奇又带兵大举攻城。张巡在阵前慷慨激昂地对将士们说："我受国恩，已准备为国而死，所痛心的只是各位为国捐躯杀敌，却得不到应有酬勋。"将士听了此话无不感动激奋，纷纷请战。张巡命令宰杀牛羊，犒劳士兵，然后率城内所有士兵迎战。

叛军正嘲笑唐军兵少时，睢阳城士兵如闪电一般直向敌人冲来。只见张巡一马当先，扛着旌旗跑在最前面。各位将领也不甘落后，率兵冲杀。唐兵一鼓作气，斩杀叛将30多人和3000士卒。叛军大败，逃到几十里外。第二天，尹子奇重整队伍又来攻城，张巡再次亲自挂帅，与敌昼夜拼杀30余回合，屡次击败敌人。但是叛军仗着兵多势众，仍旧不停地攻城。

五月，尹子奇加紧围攻睢阳城。张巡避免与强敌正面交锋，战术灵活多变，以智取胜。他让士兵在夜里鸣鼓整队，做出一副要出击的样子，叛兵只好通宵戒备。黎明时分，城中的鼓声渐渐微弱，唐兵也都忽然不见了。防备一夜的叛兵早已十分疲惫，看到城里已偃旗息鼓，于是也解甲休息。就在这时，只见城门大开，张巡与将军南霁云、郎将雷万春等10余名大将各带50名骑兵冲到叛军营前。敌营阵脚大乱，50多名将领顷刻刀下毙命，5000多士卒丧生。张巡想临阵斩尹子奇，只是大家都不认识他。张巡心生一计，以藁草为箭矢，射进叛军营内，中箭的士兵误以为唐兵已没有箭矢了，连忙向尹子奇报告，尹子奇喜出望外，亲自出马督战。张巡命南霁云一箭射去，正中尹子奇左眼，他疼痛难忍，赶忙鸣金收兵，只好逃命。

七月初六，尹子奇再次征兵数万围攻睢阳。当初，张巡储蓄了6万石粮食，城中军民可以使用一年。虢王李巨命张巡把一半粮食拨给濮阳、济阴二郡，张巡据理力争，却没有结果。济阴得粮后投降了叛军，睢阳城却由于长期被围而开始断粮，每日只能供应一盒米，将士只好以茶纸、树皮充饥。由于缺粮，来不及补充阵亡将士，士兵减员，仅剩 1600 人。士兵由于饥饿伤病和战斗力大为削弱。叛军虽然屡战屡败，但是给养充足，又可随时征兵补员，得以不断攻城。这次叛兵见守城力量有所削弱，开始架云梯登城。张巡一面加固城防工事，一面令士兵在城墙上凿了三个洞，待云梯接近城时，第一个洞中伸出一根顶端带铁钩的大木，将云梯钩住，使之不能后撤；第二洞的木棍则将云梯顶住，使其不能靠城；第三个洞伸出的木棍顶端挂着一个燃烧着大火的铁笼，将云梯从中烧断，梯上士兵也全被烧死。叛军又用钩车钩塌了城上栅阁，张巡于是在大木上安上连锁和大铁环，毁坏钩车。叛军造木驴攻城，张巡命士兵将熔化的铁汁浇到木驴上。叛军又在城西北用土囊和木头搭台阶攻城，张巡白天不理会，命令士兵每晚从城墙上往下扔松明、干草等易燃物。这样干了十几天，竟未被发觉。随后，张巡派兵出击，顺手点燃了台阶，将台阶完全烧毁了。叛军苦心经营的一个又一个计划均遭到失败。最后，尹子奇也佩服张巡用兵神奇，不得不暂时停止攻城，在城外挖了三道深壕，并设立木栅，打算打持久战。

城中唐兵只剩下 600 人，张巡和许远于是分兵而守，张巡守东北，许远守西南，二位将领与士兵同甘共苦，同寝共食。张巡对叛将展开攻心战术。一次，张巡诘问李怀忠在叛军中待了多长时间，父祖是否做官。李怀忠一一回答。张巡对他晓以大义说："您家世代做官，食天子俸禄，为何要跟随叛贼，背叛朝廷呢？"怀忠有些动摇，但说："您所说不差，我从前做朝廷将领，曾多次奋力战死，结果被俘虏，看来天意如此啊。"张巡说："自古以来谋反叛逆的都没有好下场的。一旦事平，您的父母妻儿难免被杀，难道您就忍心让他们受戮吗？"李怀忠掩泣而去，不久就带着数十人投降了唐兵。被张巡劝说投诚的前后有 200 多人。

当时，谯郡许叔冀、彭城尚衡、临淮贺兰进明都拥兵自重，不去救援。睢阳城里日益困难，张巡不得已派大将南霁云率 30 名骑兵突围向临淮的贺兰进明求援。南霁云等人奋力冲破敌军阻拦，有两名骑兵阵亡。南霁云飞马狂奔到临淮，贺兰进明不打算出兵援救，说："睢阳城失陷已是意料中的事了，现在去救还有什么用。"南霁云慷慨陈词道："假如睢阳城失陷，霁云愿意以死向您谢罪。退一步说，睢阳不保，也要殃及临淮，两地如皮毛相依。皮之不存，毛将焉附，怎能见死不救。"原来，宰相房琯与贺兰进明不和，让贺兰进明做河南节度使，又派许叔冀做贺兰进明的都知兵马使，两人都兼任御史大夫。许叔冀自恃兵精粮足，官职又与贺兰进明相同，不甘受其节制。贺兰进明对许叔冀十分提防，怕分兵救援

骑兵交战图 唐

时遭到他的袭击，再加上忌妒张巡、许远，因此不愿救援。但他十分欣赏南霁云的勇敢，想留下他，于是备下丰盛的酒宴款待，引南霁云入座。南霁云痛不欲生，说："霁云昨天离开睢阳的时候，睢阳城已经断粮一个多月了，我虽然饥肠辘辘，但一想到忍饿守城的将士们，实在咽不下这美酒佳肴，您坐拥强兵，眼看着睢阳要陷没，却不出兵救援，这岂是忠义之士的作为？"南霁云越说越激动，伸手拔出身上利剑，切下自己的一个手指，"霁云既然不能完成主将所交的使命，就留手指为证，也好回报主将。"在座的人都为南霁云的行为所震慑，有的将领感动而泣。

南霁云见贺兰进明不肯出兵，便立即告辞，临行时他张弓搭箭射中佛寺的砖墙，狠狠地说："有朝一日我能破贼回来，一定要诛杀贺兰进明，这箭就表示我的决心。"霁云飞奔到宁陵，与城使廉坦同率领 3000 骑兵回救睢阳，一路边战边行。至城下时，被敌人发觉，一场激战后只剩下 1000 余人。这一天晚上下了大雾，张巡从城外激战声中听到南霁云的声音，于是开城门将其接入。城中守兵得知救援无望，皆痛哭失声。叛兵见城援断绝，攻得更加急迫。

到了十月，睢阳城弹尽粮绝，岌岌可危。有人建议弃城东走。张巡、许远商议后认为睢阳是江淮的屏障，一旦失守，叛军长驱直入，江淮必不能保。而且士兵疲惫不堪，撤退也十分困难。再者睢阳周围还有唐军，不如竭力保城等待援兵。当下张巡动员仅存的 400 名士兵，人人准备与城共存亡。城里茶纸、树皮也吃完了，便开始吃马。马尽之后，又吃麻雀老鼠……

初九，叛军再次攻城。将士饥病难耐，已无缚鸡之力。张巡见状，知大势已去，拱手向西而拜说："臣已竭尽全力，不能保全此城，生既不能报答陛下，死后也要做厉鬼杀贼。"睢阳城终于失陷，他和许远等人被俘。尹子奇问他："听说您每次作战，都把眼眶裂开，牙齿咬碎，这是什么原因呢？"张巡回答："我志在吞掉你们这些叛贼，只可惜力不从心！"尹子奇用刀撬开他的嘴，果然只剩下三四颗牙齿。张巡大骂道："我为皇上而死，哪像你们这些依附叛贼、猪狗不如的人！"尹子奇虽然十分恼怒，但也佩服他的气节，不想杀他。周围人劝道："张巡是个守节的人，一定不会向我们投降。况且他很得士心，留下终是后患。"尹子奇又劝降南霁云。张巡大呼："男子汉大丈夫死就死矣，不可因为不义而苟且偷生！"南霁云微笑点头。张巡、南霁云、姚訚、雷万春等 36 将同日被杀，许远被押到偃师（今属河南），也不屈而死。张巡死前镇定自若，容貌不改，死时年仅 49 岁。

《孙子兵法·地形篇》说地形有"通""挂""支""隘""险""远" 6 种，张巡所坚守的雍丘城兼而有之，他善于利用孙子兵法中的战术，灵活机动，屡屡挫败叛军的进攻。

张巡用兵不拘阵法，常常随机应变，出奇制胜，以少胜多。张巡也是孙子所言的"进不求名，退不避罪，唯人是保，而利合于主的国之良将"，不愧为"国之宝也"。他在力守睢阳城时，真的像孙子所说的"视卒如婴儿，故可与之赴深谿；视卒如爱子，故可与之俱死"。每每临战，他身先士卒，一旦有士兵气馁后退时，他总是说："我不离开战场，你也赶紧杀敌！"所以将士个个奋勇争先。他以诚待人，体恤士兵，城中数万兵民被他问过姓名的，都一一记在心里。他又赏罚分明，号令严明，与将士同甘共苦，所以将士都愿意和他一起拼死守城。张巡之战败是因贺兰进明拒绝援救所致，不是孙子说的"驰""陷""崩""乱""北"。

孙子云："知吾卒之可以击，而不知敌之不可击，胜之半也；知敌之可击，而不知吾卒之不可以击，胜之半也；知敌之可击，知吾卒之可以击，而不知地形之不可以战，胜之半也；故知兵者，动而不迷，举而不穷。"张巡是明白这一点的，因此，他的行动十分镇定、机智，所采取的方法也变化无穷，丝毫不感到困窘而自乱阵脚。

⊙采石之战

采石是古代长江下游江防要地，又名牛渚山，位于今安徽马鞍山市西南隅，长江东岸，北通南京，南达芜湖。与采石渡口隔江相望的是和州（今安徽和县）横江渡。牛渚山为南京西南屏障，有"宁芜要塞"之称。东汉末年名将孙策袭夺牛渚营后，设重兵驻守，始为戍兵要地。隋置牛赭圻镇，唐设采石戍，到宋时叫作采石镇。戍、镇位于牛渚山上，居高临下，俯视采石渡口。牛渚山三面环水，西南麓突入江中，名为采石矶（又名牛渚矶），与岳阳城陵矶、南京燕子矶并称为"长江三矶"。采石矶附近江面水势平缓，历来为大江南北重要津渡，"古来江南有事，从采石渡者十之九"。公元975年，宋朝军队在采石展开一场大战，从而灭亡了南唐。

当时有一位江南书生叫樊若水，在南唐考进士，屡试不中，即谋归宋，以图富贵。平常无事之时，以钓鱼为名，乘了一只小船，忽来忽往，或左或右，在江中游行，把江南岸的宽窄和江水的深浅都测量得十分清楚。常把一根长绳从南岸系定，用船引至北岸，如此量过数十次，因此江南的尺寸不差累黍。听到宋廷要出师讨平江南，樊若水便潜赴汴京，见过太祖，即取长江图奉上。太祖接过细看，见长江的曲折险要，均详细载明，至采石矶一带，还注明江南的阔狭及水的深浅。太祖大喜，当即授樊若水为右参赞大夫，命赴军前候用。下谕令荆湖造黑黄龙船数千艘，遣使监督，限期造成，又以大舟装载巨竹，自荆湖东下。这时江南屯戍的边将，见宋军到来，还以为是来巡江，并不出兵拦阻。直待宋军到了池州，方才大悟，原来宋军是南侵。由于城中毫无防范，只得弃城遁去。曹彬兵不血刃得了池州，即进军铜陵，才有江南兵到来厮杀，却被宋军乘锐而上，杀得四散奔逃。曹彬统领人马顺利抵达石牌。樊若水已奉命赶到部队前面，制造浮桥，先于江岸隐僻之处督工试办，然后移至采石矶，三日就造完，不差尺寸。曹彬见浮桥已成，就命潘美带着步兵，先行渡江。兵履其上，如同平地一般。

南唐后主得到禀报后，立即下令都虞候杜真率步兵1万人，镇海节度使同平章事郑彦华督水军1万人，共同抗击宋军，且面谕道："我军必须水陆相济，方可获胜，切勿互相推诿！"杜、郑二将领命而去。郑彦华统领战船，直趋浮梁，鸣鼓而进，意在截断浮梁，使宋军首尾不能相顾。潘美闻得有兵来攻打浮梁，即选5000弓弩手，排列两岸。待江南战船驶来，一声鼓响，箭如雨下，江南兵被射死无数，一时间难以抵挡，只得败退。杜真所领步兵已从岸上赶来，潘美不待他摆成阵势，便挥兵冲杀过去，势如狂风骤雨一般。杜真的部下，方才跑得喘息未定，岂能抵敌？片刻间，就被杀得七零八落，落荒而逃。

宋军已捣破白鹭洲，进逼新林港，又分兵攻下溧水等地。宋军所至，势如破竹，各郡县纷纷投降。宋师曹彬直逼秦淮，夹河列阵。秦淮河在金陵城南，水道可达城中。江南兵水陆数万，列阵城下，据河而守。潘美率兵临河，由于船只未到齐，部下有些顾虑。潘美大怒道："我兵自汴至此，战无不胜，攻无不克，任是什么险阻，也不能阻挠我军，奈何因这一衣带水，便裹足不前呢？"说罢，纵马直前，绝流而渡。见主将跃马而渡，各军也就跟着过去。江南兵见宋师渡河，拼死抵挡，但终是招架不住，只得退入水寨，坚守不出。巧值宋都虞侯李汉琼用巨舰满载苇葭而来，就因风纵火，焚毁南城水寨，寨中守卒，不是葬身火海，就是葬身鱼腹，水寨顷刻被破。后主李煜不禁着急起来，亲自上城巡视。登陴而望，但见宋师已在城外立下营寨，铺天盖地，这时才知不妙，立即下令急召都虞侯朱令赟他接到后主的急旨，便率领水师1万，由湖口顺流而下，意欲断绝宋军的归路，焚毁采石矶的浮梁，令他军心摇动，然后挥师截击。曹彬探知消息，招战棹都部署王明，授了计谋，命往采石矶防堵来军。王明领了密计，飞速前去。那朱令赟带着战舰，连夜驶下，将近采石矶，遥望前面，帆樯如云，好似有数千艘战舰排列在那里。朱令赟一见，大吃一惊，又值天色已晚，恐为敌人所伏击，便传令将战船在皖口停泊一夜，待至天明，再行进兵。哪知到了半夜，忽闻战鼓如雷，水陆相应，许多敌舰顺江而来，火炬照得满江通明，岸上江中，两下夹攻，喊声不绝，也辨不出有多少宋师。朱令赟不知虚实，唯恐中计，急命军士纵火，将船堵住，令其不能近前。不料北风大作，自己的战舰都在南面，那火势随风卷来，没有烧到敌船，自己的战船反而着火，全军顿时惊溃。朱令赟也慌了手脚，急命各舰拔碇返奔，无奈舰身高大，转动不便，早被敌军乘势逼近，跳过船来，刀枪

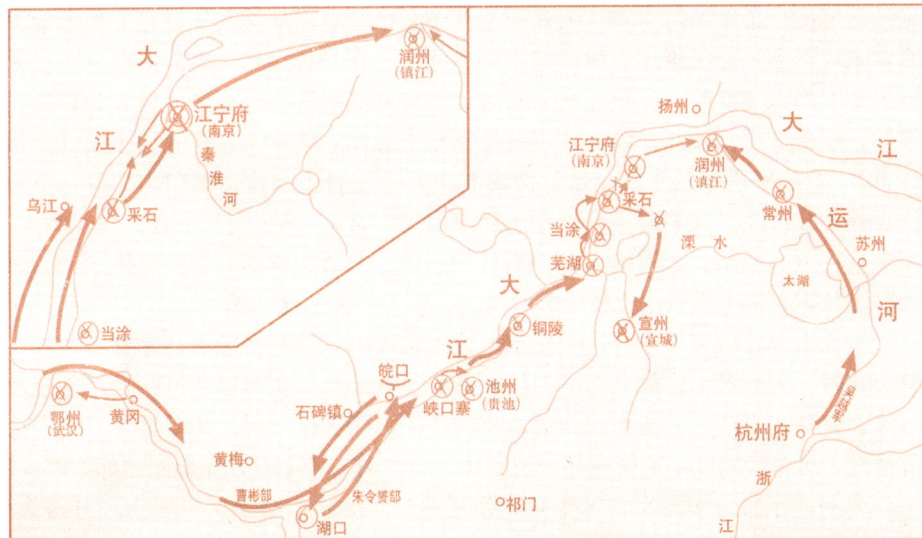

宋灭南唐之战要图

— 325 —

齐施，乱砍乱戳，兵士的头颅纷纷滚下水去。朱令赟束手就擒，原来擒获他的那位宋将就是王明。他领了曹彬的密计，在浮梁上下，竖着无数长木，悬挂旗帜，作为疑兵，远远望去，好似帆樯。又预约刘遇，带了步兵，从岸上杀来，水陆夹击。果然朱令赟中计，不战自乱。宋师不过5000名步卒、5000名水师，总共才1万人，击败了江南10万水师。曹彬也可算善于用兵了。

南宋抗金时的采石之战，是历史上著名的战例之一。南宋绍兴二十一年（1161年），金帝完颜亮率师南侵，欲渡采石，进逼建康。南宋名臣虞允文，据牛渚，扼天堑，以少胜多，大败金兵，它与北宋以1万兵马打败南唐10万兵马的采石之战非常相似，有异曲同工之妙。

正隆六年秋，金帝完颜亮调集32万大军，分路出兵，意在一举灭宋。十月初，完颜亮亲率主力17万人进抵淮河北岸，欲从寿春（今安徽寿县）渡淮。南宋担任淮西防务的建康都统制王权，闻金军来攻，不加抵御，致使金军顺利渡淮。宋军退至和州（今安徽和县），将士纷纷请战，王权畏惧，乘船先逃，部众只得随之败退采石。进入和州后，完颜亮拆房造船，准备十一月初八渡江。

王权军不战自溃，使南宋凭借的长江天险受到考验。为挽救危局，宋廷解除了王权职务，命诸军统制李显忠负责江防，派督视江淮军马府参谋军事虞允文催李显忠赴任，并到采石犒师。虞允文十一月初至采石，见形势紧急，在金军即将渡江、李显忠未至的紧急情况下，集兵1.8万人，主动指挥迎战金军。他将步骑军隐蔽于高地后，严阵以待，并分水军的海鳅船为5队：一队居中；两队载以精兵，为东西翼，由当涂（今属安徽）民兵组成，踏车驶舟，军民协力截击金军舟船；两队分别隐蔽在小港，作为后备力量。金军大批舟船由杨林河口驶出，部分船只冲开宋军战船，强行登岸。虞允文往来指挥将士迎战，部将时俊等见虞允文挺身在前，遂率领兵将奋勇拼杀，很快消灭了登岸金军。海鳅船在江中来往冲击，并施放霹雳炮，金军纷纷落水，大多死于江中，余船退出杨林河。虞允文判定金军必再来攻，当晚命时俊率海鳅船控制杨林河口。在杨林渡口，再次击败金军，并烧毁金军船只300艘。完颜亮从采石渡江的计划最终落空，只得退回和州，转往扬州，准备从瓜州渡江。虞允文识破金军东去意图，遂率军星夜驰援镇江（今属江苏），李宝率水军从平江出发，沿海北上，于十月下旬抵达石臼山，得知金舰队正停泊在唐岛（又名陈家岛，今山东灵山卫附近）。李宝出其不意，先发制人，用火攻冲入金船队。金军绝大部分船只被烧毁，未着火的船只企图顽抗，宋军将士跳上敌舰，奋勇拼杀。金舰队全军覆没，仅苏保衡一个人逃脱。

得知水军已被宋军全歼，利用水军攻占临安的企图已经破灭，完颜亮不禁大怒。这时，完颜褒乘完颜亮南下之机，夺取了金政权，黄河以北已归附新皇帝金世宗。完颜亮无奈，只得孤注一掷，妄图渡江占领江南地区，命令金军三天内全部渡江，违令者处死，致使内部矛盾激化。十一月二十七日，完颜亮被部下杀死。十二月初，东路金军退出，宋军乘机收复两淮地区；中路金军也于十二月退兵，宋军收复洛阳及长水、嵩州、永宁等县。完颜亮南侵之行以失败告终。

纵观宋朝两次采石大战，我们可以发现北宋将士能正确利用采石矶一带的地形条件，以正确判断敌情，掌握主动。而南唐李煜却并不设防，当得知宋军侵入后，才慌忙组织防御，显然被动。再加上宋军有备而来，施以火攻，南唐军败亡无法避免。所以孙子说："地形者，兵之助也，料敌制胜，计险厄、远近，上将之道也。"至于金兵入侵南宋在采石被歼，主要是虞允文善于利用采石一带有利地形，在"通形"之地"先居高阳"，趁敌不备，出而胜之，主动出击，牵制敌人。我们也可以说采石亦为"支地"，"敌虽利我，我无出也，引而去之，令敌半出而击之"。当金军大批水军冲开宋军强行登岸时，宋军以火炮轰击，胜券在握，然后施与火攻之术，加上地形有利，宋军获胜是无疑的。此战，虞允文在紧急关头挺身而出，组织与指挥采石军民迎战金军。由于他兵力部署有序，指挥果断，充分发挥宋军的水上优势，从而转败为胜，扭转了战局。

◇**简评**

地形是战争中经常要遇到的客观条件，由于地形复杂多变，用兵打仗的将领应该多多地考察，同时还要了解敌人兵士和将领的情况，根据战场的具体情况决定作战的方案。战场上看起来即使是很简单的情况，敌人也可能早已设下了计谋；有时很复杂的情况，因为我们有了周密的计划，也是可以打胜的。

首先，孙子在本篇中把军队作战时的地形分为6类，即通形、挂形、支形、隘形、险形、远形。他还就这6种不同地形的实际情况，提出如何抢占有利地形，或变不利地形为有利地形，或双方均处于有利地形或不利地形的情况下，将帅应怎样指挥作战。他认为：将领应当首先掌握地形，然后才能确定基本的作战原则。

孙子还提出军队有"走""弛""陷""崩""乱""北"这6种必败的情况。他通过对这6种必败情况的综合分析，提出了军队的将领在指挥作战时应避免以一击十、兵强将弱、擅自出战、治军无法、以小击大等被动、盲动的行为。这是每一位将领都应当加以认真考虑研究的问题。

其次，孙子论述了将领与士兵之间的关系，认为将领应关怀又不能溺爱、宽厚又不能放纵，应严格要求士兵、爱兵如子，才能与之共赴危难。

最后，将领应既了解自己又了解敌人，尤其在进攻和地形方面更应如此。

企业是进行现代化生产经营的场所，包含着极其复杂的经营管理系统，包括计划系统、生产系统、技术系统、质量控制系统、营销系统、财会系统等等。企业内职工众多，分属各系统，各有不同的职责范围。要使整个系统像一台机器一样向着统一的目标高效、快速、有序、协调地运转，就必须建立健全科学严密的组织、管理机构和统一的纪律、完备的规章制度、严格的管理法则。同时，还必须有一个基于员工的心理、认识基础之上的组织共同价值观、文化氛围和精神氛围，使员工的创造潜能得到最充分的发挥，步调朝向同一目标行进。现代企业管理进入了这样一个硬管理与软管理有机结合的时代，有效地实现这两者的结合是管理工作高效率的源泉，也是企业活力的源泉。这是须要我们的企业领导者认真学习、探索和研究的一个具有重大现实意义的课题。

九地篇

◇原文

孙子曰：用兵之法：有散地、有轻地、有争地、有交地、有衢地、有重地、有圮地、有围地、有死地。诸侯自战其地，为散地[1]；入人之地而不深者，为轻地[2]；我得则利，彼得亦利者，为争地；我可以往，彼可以来者，为交地；诸侯之地三属，先至而得天下之众者，为衢地[3]；入人之地深，背城邑多者，为重地[4]；行山林、险阻、沮泽，凡难行之道者，为圮地[5]；所由入者隘，所从归者迂，彼寡可以击吾之众者，为围地[6]；疾战则存，不疾战则亡者，为死地[7]。是故散地则无战，轻地则无止，争地则无攻，交地则无绝，衢地则合交，重地则掠，圮地则行，围地则谋，死地则战。

所谓古之善用兵者，能使敌人前后不相及，众寡不相恃，贵贱不相救，上下不相收，卒离而不集，兵合而不齐。合于利而动，不合于利而止。敢问：敌众整而将来，待之若何？曰：先夺其所爱，则听矣。兵之情主速，乘人之不及，由不虞之道[8]，攻其所不戒也。

凡为客之道[9]：深入则专，主人不克；掠于饶野，三军足食；谨养而勿劳，并气积力[10]；运兵计谋，为不可测。投之无所往，死且不北[11]；死焉不得[12]？士人尽力。兵士甚陷则不惧，无所往则固，深入则拘，不得已则斗。是故，其兵不修而戒，不求而得，不约而亲，不令而信，禁祥去疑，至死无所之。吾士无余财，非恶货也；无余命，非恶寿也。令发之日，士卒坐者涕沾襟，偃卧者涕交颐。投之无所往者，诸、刿之勇也[13]。

故善用兵者，譬如率然[14]。率然者，常山[15]之蛇也，击其首则尾至，击其尾则首至，击其中则首尾俱至。敢问：兵可使如率然乎？曰：可。夫吴人与越人相恶也，当其同舟而济，遇风，其相救也如左右手。是故方马埋轮，未足恃也[16]；齐勇若一，政之道也；刚柔皆得，地之理也。故善用兵者，携手若使一人，不得已也。

将军之事，静以幽，正以治。能愚士卒之耳目，使之无知；易其事，革其谋，使人无识；易其居，迂其途，使人不得虑。帅与之期，如登高而去其梯；帅与之深入诸侯之地，而发其机，焚舟破釜，若驱群羊，驱而往，驱而来，莫知所之。聚三军之众，投之于险，此谓将军之事也。九地之变，屈伸之利，人情之理，不可不察。

凡为客之道，深则专，浅则散。去国越境而师者，绝地也。四达者，衢地也。入深者，重地也。入浅者，轻地也。背固前隘者，围地也。无所往者，死地也。是故散地，吾将一其志；轻地，吾将使之属[17]；争地，吾将趋其后；交地，吾将谨其守；衢地，吾将固其结；重地，吾将继其食；圮地，吾将进其途[18]；围地，吾将塞其阙；死地，吾将示之以不活。故兵之情：围则御，不得已则斗，过则从。

是故不知诸侯之谋者，不能预交；不知山林、险阻、沮泽之形者，不能行军；不用乡导者，不能得地利。四五者不知一，非霸王之兵也[19]。夫霸王之兵，伐大国，则其众不得聚；威加于敌，则其交不得合。是故不争天下之交，不养天下之权，信己之私，威加于敌，故其城可拔，其国可隳[20]。施无法之赏，悬无政之令，犯三军之众，若使一人。犯之以事，勿告以言；犯之以利，勿告以害。投之亡地然后存，陷之死地然后生。夫众陷于害，然后能为胜败。故为兵之事，在于顺详敌之意，并敌一向，千里杀将，此谓巧能成事者也。

是故政举之日，夷关折符，无通其使[21]，厉于廊庙之上，以诛其事，敌人开阖，必亟入之，先其所爱，微与之期，践墨随敌，以决战事。是故始如处女，敌人开户；后如脱兔，敌不及拒[22]。

【注释】

[1] 诸侯自战其地，为散地：意思是诸侯在自己领土上同敌人作战，遇上危急就容易逃散，这种地域叫作"散地"。

[2] 入人之地而不深者，为轻地：进入敌地不深，官兵易于轻返的地区叫作"轻地"。

[3] 先至而得天下之众者，为衢地：谁先到达就可以得到四周诸侯的援助，这样的地方叫作"衢地"。

[4] 入人之地深，背城邑多者，为重地：进入敌境已远，隔着很多敌国城邑的地区，叫作"重地"。

[5] 行山林、险阻、沮泽，凡难行之道者，为圮地：凡是山林、险要隘路、水网湖沼这类难行的地区，叫作"圮地"。

[6] 围地：意为道路狭隘，退路迂远，敌人能以少击众的地区。

[7] 疾战则存，不疾战则亡者，为死地：地势险恶，只有奋勇作战才能生存，不迅速力战就难免覆灭的地区，叫"死地"。

[8] 由不虞之道：由，经过、通过。不虞，不曾料想，不曾意料到。句意为要

走敌人预料不到的路径。

[9] 为客之道：客，客军，指离开本国进入敌国的军队。这句的意思是指离开本国进入敌国作战的规律。

[10] 并气积力：并，合，引申为集中、保持。积，积蓄。意为保持士气，积蓄战斗力。

[11] 投之无所往，死且不北：将士兵置于无路可走的境地，虽死也不会败退。投，投放。

[12] 死焉不得：焉，疑问代词，何、什么的意思。此句意为"士卒死且不惧，那还有什么不能做到呢？"

[13] 诸、刿之勇也：像专诸、曹刿那样英勇无畏。诸，专诸，春秋时吴国的勇士。公元前 515 年，专诸在吴公子光招待吴王僚的宴席上，用藏于鱼腹的剑刺死吴王僚，自己也当场被杀。刿，曹刿，春秋时期鲁国的武士。在齐鲁柯地（今山东东阿）会盟上，他劫持齐桓公，迫使齐同鲁订立盟约，收回为齐所侵的鲁国土地。

[14] 率然：古代传说中的一种蛇。

[15] 常山：即恒山，五岳中的北岳，位于今山西浑源南。西汉时为避讳汉文帝刘恒的"恒"字，改称"常山"。

[16] 方马埋轮，未足恃也：意为将马并排地系缚在一起，将车轮埋起来，想用此来稳定部队，以示坚守的决心，是靠不住的。

[17] 吾将使之属：属，连接。使之属，使军队部署相连接。

[18] 进其途：要迅速通过。

[19] 四五者不知一，非霸王之兵也：意为九地的利害关系，有一不知，就不能成为霸主的军队。四五者，泛指。

[20] 隳：毁坏、摧毁之意。

[21] 政举之日，夷关折符，无通其使：政，指战争行动。举，实施、决定。夷，封锁。折，折断，这里可理解为废除。符，通行证。使，使节。句意为决定战争行动之时，要封锁关口，废除通行凭证，不同敌国的使节相往来。

[22] 始如处女，敌人开户；后如脱兔，敌不及拒：开始如处女般柔弱沉静，使敌人放松戒备，随后如脱逃的兔子一样迅速行动，使敌人来不及抗拒。

◇解题与读法

本篇讲的 9 种地形和前篇讲的 6 种地形，同为"地形"，但迥然不同。前篇讲的 6 种地形，系讲排兵布阵的地理形势，所以，专就地形的广狭、险夷和距离远近说；本篇讲的 9 种地形，系指远征军进入敌境后所遇的战地形势和士兵的心理，所以，兼就人情说。日人北村佳逸说："九地，是论各种地势，即研究人地合一。"北村佳逸这句话，确有见地。

本篇虽取名"九地"，但篇内所讲，并不仅限于专论 9 种地形。用"九地"名篇的缘故，实因本篇开场先讨论 9 种地形的性质和战法，篇末结束语里又有"九地之变"一语。这也是"学而""为政"之类，取便称说，并无深意。

本篇宜分 4 段读：从"孙子曰：用兵之法"起，到"吾将示之以不活"止，为第一段，总论九地的名目、性质及其战法（九地之变）。从"是故政举之日"起，到"敌不及拒"止，为第二段，论宣战后，政府的方略、措施及随敌屈伸，以趋利避害的各项策略（屈伸之利）。从"凡为客之道"起，到"此谓将军之事也"止，为第三段，论深入敌境后，将军的决心和处置。从"九地之变"起，到"不可不察也"止，为第四段，总结全篇论述的纲领。

本篇在全书中最为驳杂错乱，难以贯通。不仅错简颠倒，衍文重出，而且又有《军争》篇窜入本篇，以致上下文不相衔接，找不着头尾。

◇译文

孙子说：按照用兵的原则，军事地理上有散地、轻地、争地、交地、衢地、重地、圮地、围地、死地。诸侯在本国境内作战的地区，叫作散地。进入敌国不远而易返的地区，叫作轻地。我方得到有利，敌人得到也有利的地区，叫作争地。我军可以前往，敌军也可以前来的地区，叫作交地。同几个诸侯国相毗邻，先到达就可以获得诸侯列国援助的地区，叫作衢地。深入敌国腹地、背靠敌人众多城邑的地区，叫作重地。山林险阻、水网沼泽这一类难于通行的地区，叫作圮地。进军的道路狭窄，退兵的道路迂远，敌人可以用少量兵力攻击我方众多兵力的地区，叫作围地。迅速奋战就能生存，不迅速奋战就会全军覆灭的地区，叫作死地。因此，处于散地就不宜作战，处于轻地就不宜停留，遇上争地就不宜强攻，遇上交地就不要断绝联络，进入衢地就应该结交诸侯，深入重地就要掠取粮草，碰到圮地必须迅速通过，陷入围地就要设谋脱险，处于死地就要力战求生。

从前善于指挥作战的人，能够使敌人前后部队不能相互策应，主力和小部队无法相互依靠，官兵之间不能相互救援，上下之间无法聚集合拢，士卒离散难以集中，集合起来阵形也不整齐。至于我军，则是见对我有利就打，对我无利就停止行动。试问："敌人兵员众多且又阵势严整，将向我发起进攻，那该用什么办法对付他呢？"回答是："先夺取敌人的要害之地，这样他就不得不听从我们的摆布了。"用兵之理，贵在神速，乘敌人措手不及的时机，走敌人意料不到的道路，攻击敌人没有戒备的地方。

在敌国境内进行作战的一般规律是：深入敌国的腹地，我军的军心就会坚固，敌人就不易战胜我们。在敌国丰饶的田野上掠取粮草，全军上下的给养就有了足够的保障。要注意休整部队，不要使其过于疲劳。保持士气，积蓄力量，部署兵力，巧设计谋，使敌人无法判断我军的意图。将部队置于无路可走的绝境，士卒就会宁死不退。士卒既能宁死不退，那么，他们怎么会不殊死作战呢？士卒深陷危险的境地，心里就不再存有恐惧；无路可走，军心自然就会稳固；深入敌境，军队就不会离散；遇到迫不得已的情况，军队就会殊死奋战。因此，这样的军队不须整饬就能注意戒备，不用强求就能完成任务，无须约束就能亲密团结，不待申令就会遵守纪律。禁止占卜迷信，消除士卒的疑虑，他们就至死也不会逃避。我军士卒没有多余的钱财，这并不是他们厌恶钱财；我军士卒置生死于度外，这也不是他们不愿长寿。当作战命令颁布之时，坐着的士卒泪沾衣襟，躺着的士卒泪流满面。把士卒投置到无路可走的绝境，他们就都会像专诸、曹刿一样勇敢。

善于指挥作战的人，能使部队自我策应如同"率然"蛇一样。"率然"，是常山地方的一种蛇，打它的头部，尾巴就来救助；打它的尾巴，头就来救助；打它的腰身，它的头尾都来救助。试问："可以使军队像'率然'一样吗？"回答是："可以。"那吴国人和越国人是互相仇视的，但当他们同船渡河而遇上大风时，他们相互救援，配合默契就如同人的左右手一样。所以，只是用把马并缚在一起、深埋车轮这种显示死战决心的办法来作战，那是靠不住的。要使部队能够齐心协力奋勇作战如同一人，关键在于管理教育有方；要使优劣条件不同的士卒都能够发挥作用，根本在于恰当地利用地形。所以善于用兵的人，能使全军上下携手团结，指挥起来如同一人，这是因为客观形势迫使部队不得不这样。

在指挥军队这件事情上，要做到考虑谋略沉着冷静而幽邃莫测，管理部队公正严明而有条不紊。要能蒙蔽士卒的视听，使他们对于军事行动毫无所知；变更作战部署，改变原定计划，使人无法识破真相；不时变换驻地，故意迂回前进，使人无从推测我方的意图。将帅向军队赋予作战任务，要像使其登高而去掉梯子一样，使军队有进无退。将帅率领士卒深入诸侯国土，要像弩机发出的箭一样一往无前。要烧掉舟船，打碎锅，以示死战的决心。对待士卒，要能如驱赶羊群一样，赶过去又赶过来，使他们不知道要到哪里去。集结全军官兵，把他们投置于险恶的环境，这就是指挥军队作战的要务。9种地形的应变处置，攻防进退的利害得失，全军上下的心理状态，这些都是作为将帅不能不认真研究和周密考察的。

在敌国境内作战的规律通常是：进入敌国境内越深，军心就越是稳定巩固；进入敌国境内越浅，军心就容易懈怠涣散。离开本土，进入敌境进行作战的地区，叫作绝地；四通八达的地区，叫作衢地；进入敌境纵深的地区，叫作重地；进入敌境浅的地区，叫作轻地；背有险阻、面对隘路的地区，叫作围地；无路可走的地区，叫作死地。因此，处于散地，要统一军队的意志；处于轻地，要使营阵紧密相连；在争地上，要迅速出兵抄到敌人的后面；在交地上，就要谨慎防守；在衢地上，就要巩固与诸侯列国的结盟；遇上重地，就要保障军粮的供应；遇上圮地，就必须迅速通过；陷入围地，就要堵塞缺口；到了死地，就要显示殊死奋战的决心。所以，士卒的心理状态是：陷入包围就会竭力抵抗，形势逼迫就会拼死战斗，身处绝境就会听从指挥。

因而，不了解诸侯列国的战略意图，就不要预先与之结交；不熟悉山林、险阻、沼泽等地形情况，就不能行军；不使用向导，就无法获得有利的地形。这些情况，如有一样不了解，都不能成为称王争霸的军队。凡是称王争霸的军队，进攻敌国，能使敌国的军民来不及动员集中；兵威加在敌人头上，能够使敌方的盟国无法配合策应。因此，没有必要去争着同天下诸侯结交，也用不着在各诸侯国里培植自己的势力，只要施展自己的战略意图，把兵威施加在敌人头上，就可以拔取敌人的城邑，摧毁敌人的国都。施行超越惯例的奖赏，颁布不拘常规的号令，指挥全军就如同指挥一个人一样。向部下布置作战任务，但不说明其中的意图。

动用士卒，只说明有利的条件，而不指出危险的因素。将士卒投置于危地，才能转危为安；使士卒陷身于死地，才能起死回生；军队深陷绝境，然后才能赢得胜利。所以，指挥作战这种事，在于谨慎地观察敌人的战略意图，集中兵力攻击敌人之一部，千里奔袭，擒杀敌将。这就是所谓巧妙用兵，实现克敌制胜的目标。

因此，在决定战争方略的时候，就要封锁关口，废除通行符证，不允许敌国使者往来，要在庙堂里反复秘密谋划，做出战略决策。敌人方面一旦出现间隙，就要迅速地趁机而入。首先夺取敌人的战略要地，但不要轻易与敌约期决战。要灵活机动、随机应变，以决定自己的作战行动。因此，战斗打响之前要像处女那样显得沉静柔弱，诱使敌人放松戒备；战斗展开之后，则要像脱逃的兔子一样行动迅速，使得敌人措手不及，无从抵抗。

◇用计例说

⊙巨鹿之战

《孙子兵法·九地篇》说："帅与之深入诸侯之地，而发其机。焚舟破釜。"说明将帅要赋予军队作战任务，如箭射出一样，一往无前。要烧掉舟船，打碎饭锅，以示死战的决心。这一点，在项羽与秦军的巨鹿之战中得到充分的运用。此战中项羽获得全胜，加速了秦朝的灭亡。

作为中国古代战争史上著名战争的巨鹿之战是秦末农民战争中最激烈的一次战役。这次具有决定性的战役，不仅击垮了秦王朝主力部队，更重要的是奠定了反秦斗争胜利的基础。

陈胜、吴广牺牲后，全国各地起义军队伍纷纷打出原先六国的旗帜，继续反秦。其中以楚国名将项燕的后人项梁及其侄子项羽领导的楚军势力最为强大。秦朝将领章邯率秦军凶猛反扑，项梁光荣牺牲。章邯又向张耳、陈馀率领的赵军发起进攻。张耳和赵王退到巨鹿，被秦军的王离部队围困，又因寡不敌众，形势危急，只好向其他各路起义军请求援助。

谁能担负起救助赵军这个艰巨的任务呢？就作战勇武而言，公推项羽，可他的粗暴残忍又令楚怀王和身边的老臣对其颇不放心。正当此时，项梁谋士宋义在赴齐国途中遇到的齐国使者高陵君极力举荐宋义，他向楚怀王进谏说："宋义在秦军进攻武信君之前就告诉我武信君必败。两军尚未交战，就看出败亡的征兆，这才称得上真正懂得兵法。如果不是听从宋义的劝告，我早就赶到楚营了，今天恐怕也不会站在这个地方跟大王您说话了。"

戏马台

在今江苏徐州，始建于公元前 206 年，据传西楚霸王项羽定都彭城后，在此建高台，作为指挥士兵操练、观赏士卒赛马的场所。

楚怀王听从高陵君的建议，请宋义来议事。一番谈话后，楚怀王很高兴，遂决定由宋义为上将军、项羽为次将、范增为末将，一同率军前去救赵，诸将都属宋义率领。为此，宋义就有了"卿子冠军"的雅号。

宋义率领救赵的大军浩浩荡荡地到了安阳（今山东省曹县东），他知道秦军势力强大，不敢贸然前去交锋，就在安阳驻扎下来。项羽见宋义屯兵不前，甚为着急，就建议宋义说："我听说秦军包围赵军。里外合击，必能击败秦军。"宋义说："你说的办法太鲁莽了，我认为还是再观望一下。现在，秦赵相斗，秦若战胜，必然疲惫，我可乘其敝，以逸待劳，击败秦军；如果赵胜，我则可率兵进而灭掉秦国。所以我们还是让秦赵分出个胜负再说。论披甲作战，我比不上将军；可在谋划方面，你就不如我了。"

为了防止项羽擅自行动，宋义向军中下了一道命令："猛如虎、狠如羊、贪如狼者，如有违反命令者，一律斩首。"

这个时候，宋义将儿子宋襄派到齐国去做相国，并亲自将其送到无盐（今山东郓城县东）。他还置办酒席，大宴宾客，灯红酒绿，热闹非凡。可此时，部队已驻扎46天了，军中粮米所剩不多，可偏偏屋漏又逢连绵雨，士卒又寒又饥。项羽又向宋义进谏说："我们奉怀王之命，应戮力攻秦，如今久驻此地，今年收成不好，百姓贫苦，军中无粮，士卒靠菜豆度日，我们应该尽快渡河，在赵国得到补给，并加以休整，然后同其一道攻秦。可你却饮酒作乐，大会宾客，说什么要观望秦赵相斗，以乘其敝。秦兵这么强大，攻新立之赵，好比以虎食羊，必然灭赵，赵灭则秦军势力更加强大，有何敝可乘！尤其需要指出的是，我国军队刚刚战败，怀王坐不安席，国内之兵全部都交给了将军，国家安危，在此一举。你不怜惜士兵而徇私，不是社稷之臣！"

宋义听后暴跳如雷，大声斥责项羽。项羽见宋义一意孤行，不听劝告，且难以容人，一气之下，抽出宝剑将宋义的人头砍落在地。出帐后，他手提宋义的头，对士兵们说："宋义与齐国密谋反楚，楚怀王密令我将其杀掉，请大家不要多心！"

诸将被这突来的变故震慑住了，大家都不敢多说一句话。本来，众人对宋义让大家不明不白地驻扎、忍受饥冻就很不满，这会儿见宋义已死，心里都很高兴。于是诸将说："首立楚国者是将军，将军如今杀掉宋义，是诛乱，我们都赞成！"宋义死后，军中不能无统帅。诸将商议后，共立项羽为假上将军。随后，项羽派人将宋义的儿子宋襄杀掉，又派将军桓楚向楚怀王报告。怀王只好立项羽为上将军，当阳君英布、蒲将军都属项羽指挥。

就这样，项羽威震楚国，名闻诸侯。他稳定军心，率兵救赵。他先派当阳君英布、蒲将军率2万士兵渡过漳河，救巨鹿。两将军渡河后，占据了有利地势，把章邯向王离军供应粮食的甬道断绝了，于是王离军也开始尝到缺粮的苦头。随后，项羽率领全军渡河。待全军渡过河后，他吩咐士兵，每人带上三天的干粮，凿沉船只，砸破饭锅，烧掉营舍，以示必死的决心，"破釜沉舟"的典故即出自这里。

船只全部被凿沉以后，项羽率大军包围了秦将王离。两军相遇，互不相让。秦军气焰嚣张，他们出兵以来，所向无敌，根本不把楚军放在眼里。如今见楚军破釜沉舟，认为他们背水设阵，不懂兵法，更加轻视他们。楚军唯一的出路就是战胜王离军，所以楚军士兵个个英勇顽强，义无反顾。双方的将领也是各怀必胜之心。王离是秦国的骁将，他出兵以来屡战屡胜，从未失过手；项羽则发誓要替叔父报仇，战胜秦军。双方武艺高强，各怀绝技，各显锋芒，枪来鞭往，互不相让，仅在三天的时间里就进行了 9 次较量。毕竟是项羽略胜一筹，他率军彻底断绝了王离运输粮食的甬道。王离军没有粮草供应，体力不支，终于领教了楚军的厉害。王离率军仓皇逃窜，项羽乘胜追击，一鞭将其打于马下，然后命士兵将其捆绑起来。秦将苏角死于乱军之中，秦将涉间见大势已去，不愿降楚，在军营里放了一把火，将自己活活地烧死在里面。

楚军在这一仗里不但大败秦军，而且在攻秦的诸侯军中也名声大震。当时，前来救赵的诸侯军有十几队兵马。他们顾忌秦军的威势，都不敢与其作战。楚军攻击秦军时，诸侯都只是远远观看。他们看到楚军战士每个都是以一当十，项羽作战如入无人之境，又听到楚兵进攻的呼声震动天地，他们这才发现天下竟然还有如此勇猛善战的军队，震惊得大气不敢出，伸出的舌头都忘了缩回去。

项羽击破秦军，把诸侯将军召集起来。诸侯将军入辕门，都不敢站立仰视，人人都是双膝跪地，爬着进去，每个人都对项羽佩服得五体投地，同时内心又非常惧怕，因为他们从披甲作战之日起，从来没见过如此勇武之人。

项羽经过这一仗不仅在楚军中成为堂堂的上将军，在诸侯将军的心目中，也成了公认的上将军。大家公推项羽担当此任，都愿做他的属下，共同灭秦。项羽恃才傲物，也不推辞。

紧接着，赵王歇和张耳出了巨鹿城，他们先是向诸侯上将军项羽拜谢，又去各营谢过救赵的诸侯将军。张耳见了陈馀后，责斥陈馀不肯救赵，陈馀也抱怨张耳疑心太重，在争吵中，陈馀解下印绶，推让给张耳。张耳惊愕，但在别人的劝告下，他又收回。陈馀见状，带着几百个亲信离开赵国，到大泽之中去渔猎。昔日的两个好朋友反目成仇。

王离败阵后，章邯军驻扎在棘原（巨鹿南），项羽军驻扎在漳南，两军展开了拉锯战。

这时候的章邯真是被逼到了绝境，国内是欲置他于死地的赵高，前面是项羽这员要替叔父报仇的猛将，真是进退两难。他经过再三考虑，觉得在赵高手下，只能是自投罗网，况且就是自己不死，秦国形势已是危在旦夕，与诸侯对抗到底，也没有什么好下场，是死路一条。与其为秦王朝殉葬，还不如投降楚军，或许还有一条生路。就这样，他悄悄地派军侯始或去同项羽联络，欲订立盟约。

项羽于秦二世三年（公元前 207 年）七月，同章邯、司马欣、董翳在约定地点签约。章邯总算有了一条生路。此时，他在赵高手下所受的委屈一起涌上心头。他向项羽哭诉赵高的残忍，项羽好言劝慰。随后，项羽立章邯为雍王，把他留在楚营里；立司马欣为秦军上将军，带着投降的一二十万秦军走在队伍的前面；项羽自己带着章邯，率领诸侯的将士和楚军，浩浩荡荡向秦国进攻。

可以说，巨鹿也是《孙子兵法·九地》中所说的"死地"。孙子要求"吾将示之以不活"，也就是要显示殊死奋战的决心。当时张耳和赵王被秦军围困日久。项羽也认识到，只要竭力抵抗，拼死战斗，即使身处绝境也会使自己杀出一条血路来。因此，当宋义按兵不动，采取观望态度，导致楚军粮草紧缺时，项羽建议应主动出击，掠取粮草，这也合乎孙子兵法"凡为客之道：深入则专，主人不克；掠于饶野，之军足食"的道理。当宋义执迷不悟时，项羽杀死了他，并背水一战，破釜沉舟，同时鼓励士兵，决然击敌。《孙子兵法》说："兵之情主速，乘人之不及，由不虞之道，攻其所不戒也。"项羽在秦军王离气焰嚣张、自傲轻敌之时，发动猛烈攻势，截断秦军粮道，保证了整个战斗的胜利。

在巨鹿之战中，项羽采取灵活机动的战术，抱着与秦军拼死而战的决心，终于解了巨鹿之围，也成了诸侯伐秦的盟主，打出了威风，受到了诸军的敬仰。由此可见，巨鹿之战也全面而形象地体现出《孙子兵法》中"九地"的战略思想。

⊙李愬奇袭蔡州

唐朝在安史之乱后，国家开始从鼎盛走向衰弱，各地出现了藩镇割据的局面。各地节度使割据一方，独揽军政、财政大权，营造自己的独立王国，并在实力雄厚之时抗拒朝廷。藩镇割据势力的发展，进一步削弱了唐王朝的统治。唐王朝为了维护统一的局面，恢复中央集权，便在国家财力比较丰厚和边疆形势逐渐缓和的情况下，开始致力于削平藩镇割据之事。元和二年（807年），唐宪宗顺利地平定了西川、夏绥、镇海三镇的叛乱，开始向淮西、成德的割据势力讨伐。李愬奇袭蔡州就是唐军平定淮西节度使吴元济割据势力的战例。在这场奇袭战中，李愬针对士兵因屡战屡败而产生的厌战心理，制定了利用险峻的地形、恶劣的天气袭击敌人的策略，以此稳定士兵的情绪，坚定他们殊死作战的决心。最后，他的军队在雪夜攻下了蔡州城，活捉了吴元济。这场战斗的胜利，对平定淮西、成德的藩镇割据势力起了决定性的作用。

元和九年（814年），淮西节度使吴少阳病死，其子吴元济世袭吴少阳之职，拒纳唐朝吊祭使者，并且发兵在今河南舞阳、叶县、鲁山一带四处烧杀掳掠。唐宪宗决定对他用兵讨伐，朝廷调集军队从四面进攻淮西。朝廷南、北方向的军队曾稍有进展，东、西路军则被淮西军击败。元和十年至元和十一年（815～816年），朝廷曾多次调整征伐淮西的东、西路军的统帅。朝廷派唐邓节度使高霞寓接任原西路军将领严绶，而高霞寓在朗山的一次战斗中击败了淮西军后，不久就在文城栅（今河南遂平西南）大败。其后，再换袁滋接替高霞寓。在仍没有什么进展的情况下，李愬作为唐、邓、随节度使代替袁滋，继续执行从西面进攻淮西的任务。

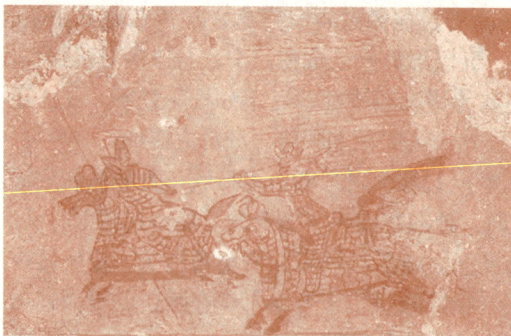

甲骑具装战斗图 唐

可以说，李愬是在西路军屡战不利的情况下上任的。

元和十二年（817年）正月，李愬到达蔡州。当时，唐军在连败之后士气低落，士兵都十分惧怕作战。李愬上任后对士兵说："天子知道我李愬柔懦，能忍受战败之耻，所以派我来安抚你们。至于攻城进取，那不是我的事。"士卒们听了李愬的这些话，才稍稍安下心来。

李愬针对官兵们的这种心理状态，首先做了许多安定军心的工作。他亲自慰问士卒、抚恤伤病员。当地由于战乱频繁，大批老百姓逃往他乡。李愬派人安抚当地百姓，以他的军队保护他们。在军中，李愬也不讲究长官的威严，不强调军政的严整。他的这些行动，一方面安抚了士兵，另一方面也是向敌人佯示无所作为。他的行动果然麻痹了吴元济，吴元济对这位上任前地位不高也没有什么名气的唐军将领放松了戒备。

在将士情绪稍稍稳定一些后，李愬开始着手修理器械，训练军队，以提高军队的战斗力。他制定并实行了优待俘虏及降军家属的政策。在先后俘获了吴元济手下的官员、将领丁士良、陈光洽、吴秀琳、李祐等人后，对他们给予信任，并且委以官职，并通过他们逐渐摸清了淮西军的虚实。

唐代铠甲复原图

同年五月，李愬夺取了蔡州的一些外围要点并占领了蔡州以南的白狗、汶港、楚城等地，切断了蔡州与附近申州、光州的联系。五月二十六日，李愬派兵攻打朗山。淮西军队前来救援，唐军遭到内外夹击而失利。他手下诸将都懊丧不已，但李愬并不气馁，他说："我如连战皆胜，敌必戒备。此次败北，正可麻痹敌军，为以后攻其不备奠定基础。"他在战后招募了敢死的勇士3000人，早晚亲自训练，以增加军队的突击力，为袭击蔡州做准备。

九月二十八日，李愬经周密准备，率军出其不意地攻占了关房（今河南遂平）外城，淮西军1000余人被歼，其余人退到内城坚守。李愬命军队佯退诱敌，淮西军以骑兵500追击，官兵受惊欲退。李愬下令道："敢后退者斩。"于是官兵又回军力战，击退敌军。将士们要乘胜追击，攻取其城，李愬不同意。他认为，如不取此城，敌人必分兵守之，而敌人兵力分散，正好利于夺取蔡州，因此他下令还营。这时，降将李祐向李愬建议："蔡州的精兵都在洄曲及周围据守，蔡州城内都是些老弱兵卒，可以乘虚直抵蔡州城。等外边的叛军听到消息，吴元济就已经被擒了。"李祐的意见，正好与李愬的想法不谋而合。

十月，李愬见袭击蔡州的条件已经成熟，便开始做战斗部署：李愬命随州刺史镇守文城栅；命降将李祐李忠义（即李宪）率3000士兵为前驱，自己率3000人为中军，李进城率3000人为后军，奇袭蔡州。为严守行动秘密，军队从文城栅出发时，李愬不告诉他们行动的目的地，只命令说往东前进。这一天天气阴晦，风雪交加，军队东行60里后，到达张柴村。李愬率军迅速拿下了这个村子，全歼淮西军布置在这里的守军及通报紧急情况的烽火兵，抢占了这一要地。李愬命令士兵稍事休息，吃点儿干粮，并布置留下500人截断桥梁，以防洄曲方面的淮西军回救蔡州，另留500人以警戒朗山方向的救兵。布置完毕后，李愬亲自带领部队乘夜冒雪继续向东急进。将领们请示去哪里，李愬告诉他们去蔡州城捉拿吴元济，将士们听了都大惊失色，以为此去必死无疑。这夜的天气异常寒冷，大风夹送着大雪，旌旗也被风撕裂，沿路都可看见冻死的兵士和马匹。军队所经的道路非常险峻，官军从未走过。因为李愬宣布了严格的军纪，因而没有人敢违抗。军队继续行进了70里，赶到蔡州时，天还没亮。近城处有个鹅鸭池，李愬命令惊打鹅鸭以掩盖军队行进的声音，分散淮西军的注意力。

自从吴少阳抗拒朝廷以来，官军不到蔡州城下已有30多年了，因此，蔡州城的戒备松弛，淮西军未做防备。李愬的军队很快进入了蔡州城并占领了战略要地。天明雪止之时，有人告诉吴元济说唐军已至并占领了蔡州。这时，吴元济根本不相信唐军会来得如此迅速，后来听到李愬的号令，才仓促率亲兵登上牙城（内城）抗拒。蔡州民众帮助唐军火烧内城南门，唐军破门擒获吴元济。当时，吴元济的部将董重质拥有精兵数万据守洄曲。李愬派人厚抚董重质的家属，叫董重质之子前往招降董军，使这部分淮西军归降朝廷。申、光二州的守兵见蔡州已破，也先后投降。平定吴元济之战至此宣告结束。

淮西藩镇平定后，成德方面的割据势力慑于唐军的压力，也先后上表归顺朝廷。

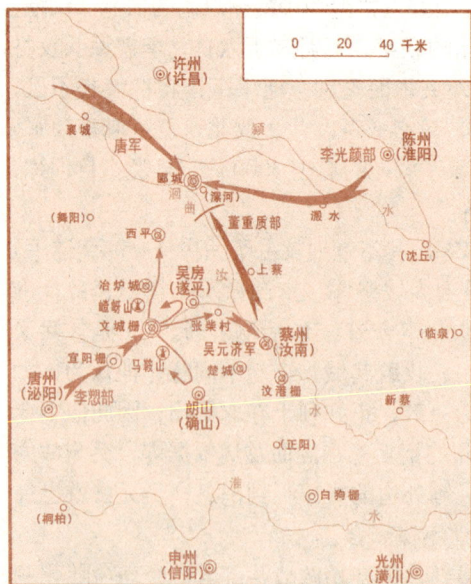

李愬奇袭蔡州之战示意图

淮西、成德为唐代藩镇割据势力中的强镇，这两个方面割据势力的削平与归顺，使唐王朝又获得了暂时的统一。

从李愬奇袭蔡州而取胜的过程可以看出，李愬不仅通晓孙子所说的一些重要的用兵原则如示弱惑敌、速战速决、避实击虚等等，而且他还善于根据士兵的心理状态，利用地形、气候等作战条件对士兵心理的影响，确保军队战斗力的充分发挥。这就是《孙子兵法·九地篇》所说"投之亡地然后存，陷之死地然后生"。李愬很清楚他所率领的是一支多次战败、士气受到影响的军队，要想让这支军队有战斗力，就必须将士兵置于恶劣的环境中。那时，"兵士甚陷则不惧，无所往则固，深入则拘，不得已则斗"。因此，他选择了风雪严寒之夜，让士兵"由不虞之道，攻其所不戒"，最后一举成功。李愬的因势利导、因情用兵以及他将兵法原则与地理条件相结合的出色作战指挥才能，奠定了他在中国军事史上的地位。

⊙ 襄樊之战

13 世纪宋元战争中的襄樊之战是一次关键性战役。

在 13 世纪初，北方草原新兴的蒙古族崛起。蒙古铁骑在具有雄才大略又用兵如神的军事天才成吉思汗的统率下，逐渐威胁到其他民族政权的生存。从 1205 年开始，蒙古几次对西夏用兵，最后在 1227 年灭了西夏。与此同时，蒙古又开始进攻金朝。1234 年，蒙古与南宋合力将金朝消灭。灭金之后的第二年即 1235 年，蒙古野心又一次膨胀，开始了征服南宋的战争。从此，蒙古与南宋之间进行了长达几十年的战争。南宋军民的顽强抵抗和蒙古接连发生的内乱，使蒙古征服南宋的野心迟迟未能实现。1552 年，蒙古为达到迂回进入南宋的战略目的，开始将侵略矛头对准云南大理国。1253 年，忽必烈率军 10 万，远征云南，灭了大理国。1271 年，在平定内部叛乱后，忽必烈改蒙古国号为"大元"，正式建立元朝，并继续向南宋大举进兵。

元世祖忽必烈采用的战略为先取襄阳和樊城，然后由汉水入长江，长驱东下，征服南宋。襄阳和樊城地处汉水中游，夹汉水而对峙，借浮桥而往来，相互声援，上指秦陇，下控荆楚，在南宋抗元防线上有重要地位。

蒙古都元帅阿术于至元四年（1267 年）八月侵扰襄阳，进入南郡（今湖北江陵），攻取仙人、铁城等栅寨，俘虏居民 5 万。还军时，南宋军队在襄、樊之间邀击。阿术自安阳滩渡河，留 5 万精兵在牛心岭布阵，等待攻击宋军。然后又立些虚寨，设置疑火迷惑宋军。夜半时，宋军至，蒙古伏兵起而攻之。宋军大败，死者 1 万余人。十一月，蒙古南京宣慰使刘整对忽必烈说："攻宋应该先攻下襄阳，然后由汉水进攻长江，可直抵临安，削平南宋。"忽必烈采纳了刘整的建议，下诏征发诸路兵，命阿术与刘整经略襄阳。十二月，宋改任吕文焕为知襄阳府兼京西安抚副使。

至元五年，蒙古阿术领兵围襄阳，在白河口及鹿门山修筑栅栏，通往襄阳的道路全部被切断。蒙古还任刘整为都元帅，与阿术共同议事。在刘整的建议下，征调汉军对付山水、寨栅，并训练水兵。十一月，宋襄阳军向蒙古沿山诸寨发动进攻，被阿术军打败。襄、樊长期受到围困，外援断绝，供饷困难，甚至不得不撤除木房当柴烧、缝起纸币做衣穿。

至元六年正月，阿术领兵侵掠复州（今湖北天门）、德安府（今湖北安陆）、京山等处，掳掠 1 万人而去。蒙古又征调诸路兵马增援襄阳，遣史天泽与枢密副使呼刺出前往襄阳。史天泽军至襄阳后修筑长围，起自万山，围百丈山，使襄阳、樊城南北交通阻隔、音信不通，又筑岘山、虎头山成为一字城，连接各处城堡，打算长期围困。三月，阿术率军自白河围樊城。

宋沿江制置副使夏贵于春季河水上涨时曾率轻骑运粮至襄阳城下，因担心蒙古军袭击，将粮食交付给吕文焕后立刻返回。七月，大雨频繁，汉水暴涨，夏贵分遣舟师在东岸林谷之间出没。一日，夏贵领兵赴新城（今湖北保康、房县一带），至虎尾洲，被蒙古万户解汝楫等舟师所败，士卒溺汉水而死者甚众，战舰50多艘全部沉没。范文虎率领舟师赶来援助夏贵，至灌子滩，也被蒙古军打败。范文虎驾轻舟逃跑。

至元七年（1270年），宋又命李庭芝为京湖制置大使，督师援救襄樊。范文虎倚恃其岳丈贾似道的势力，为所欲为，不服李庭芝的管束。二月，襄阳出步骑兵万余人，兵船百余艘，进攻万山堡，败于蒙古万户张弘范。蒙古派刘整在襄樊前线造战舰5000艘，训练水兵7万人。又采纳张弘范的建议，加强襄、樊外围的城栅堡垒，围困宋军，襄樊与外地的水陆交通彻底中断。

至元八年（1271年）四月，宋范文虎与蒙古阿术在湍滩交战。宋军失败，统制朱胜等100余人被蒙古俘获。宋军进援襄阳的计划失败。五月，蒙古以东路兵围襄樊，其余分路征讨，以牵制宋军。六月，范文虎又一次率领卫卒及两淮舟师10万人进至鹿门，救援襄阳，又被蒙古军打败。范文虎连夜逃走。

十一月，忽必烈采用刘秉忠（即僧子聪）的建议，取《易经》"大哉乾元"之意，将国号改为大元，元朝统治正式建立。随后元朝加紧对南宋的进攻。至元九年（1272年）三月，元阿术、刘整等攻破樊城外廓，襄、樊两城夹汉水而立，汉水上有浮桥，两城可相互声援。城中所储备的粮饷都可支用数年，沿长江上游的商旅还可以取道襄阳之南，为襄樊守军提供一些必需的物资。两城的守将利用这些条件长期固守。蒙古军队断绝襄、樊与外界的联系之后，宋朝援军无法攻破敌军的封锁。襄阳守将吕文焕竭力据守，城中只剩下粮食还可以维持供应，而盐、薪、

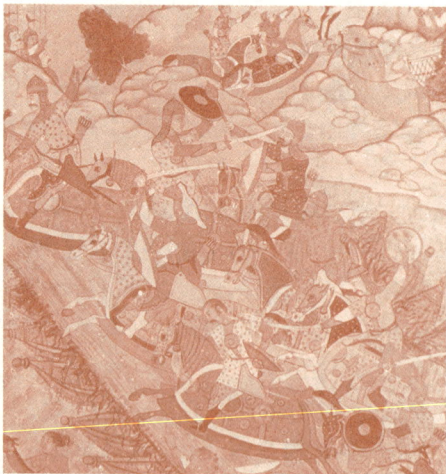

蒙古军攻城图
图绘发生在13世纪的一次战斗。画面中蒙古部队为了对南宋军队控制的一座城市进行包围，正从一座用船巧妙架设起来的桥上进行强攻，以便跨越长江。

布帛等却严重缺乏。守樊城的张汉英同样危机四伏、形势紧急。他招募一名善于游水的兵士，将蜡书藏于头发里，自己潜埋于积草下面，游水出城去求救援兵，并指引宋军从荆、郢方面入援，结果在水中被元军所俘。襄樊南路荆、郢以及北路邓州都已与之断绝联系。南宋下诏京湖制置大使李庭芝移屯郢州（今湖北钟祥），军队全部屯驻郢及均州、河口一带，扼守要津。李庭芝在襄樊西北部的均州、房州督造轻舟百余艘，并招募3000名敢死队，由民兵都辖张顺、张贵统领，溯汉水入援襄阳。宋军突破了元军的封锁，张顺战死，张贵进入襄阳城。城中的百姓得知后，精神振奋，勇气倍增。后来张贵在返回郢州迎接援

军的途中与元军力战后被俘，英勇献身。

1273 年，元军采用水陆夹攻的办法，烧断襄樊浮桥，隔断两城之间的联系。以发射巨石的远射程新武器"回回炮"集中轰击樊城。在坚守 6 年之后，樊城终于被元军攻破。南宋将领范天顺力战不屈，死不投降，最后自缢身亡。守将牛富率领 100 多人的小分队进行巷战，最后身负重伤，投火而死，以身殉国。元军又攻襄阳，襄阳久处围困之中，更加孤立无援，吕文焕每次巡视宋城将士时都痛哭而回。他屡次向朝廷告急，权臣贾似道表面上奏请皇帝，要求去边疆指挥军事，而暗中却指使台谏上书挽留自己。樊城已破，襄阳危在旦夕，朝廷视而不见，依旧日日歌舞升平。元军开始用回族人亦思马因所造的巨炮攻城，吕文焕被迫出降。至此，经过了 5 年多的攻击，元军占领了襄、樊二城。南宋门户大开，形势急转而下。

蒙古射猎图　元
此图是反映元代蒙古人围猎活动的佳作，也是蒙古人服装的极好展示。

襄樊之战的最后结局，决定了南宋灭亡的命运。

元军攻下襄樊后，兵分水陆两路，大举南进，势如破竹，所向披靡。南宋守将或败或降，沿江重镇相继陷落。1275 年，元又兵分三路，进攻南宋首都临安，于第二年攻陷临安，南宋皇帝和太后及宋皇室官员悉数被俘。临安失陷后，不少军民仍坚持抵抗。直到 1279 年崖山海战，南宋流亡政权垮台，南宋最后灭亡。

依照《孙子兵法·九地篇》的分析，此时的襄樊已经是属于"死地"了，也就是疾战则生，不疾战则亡。在这里守军处处陷于消极防守地位，没有得到主动权。蒙古兵除了行使兵法中的诡道用疑火迷惑守军外，还发动速战，进行突然袭击，重创了宋军。

襄樊亦是"争地"和"交地"，按照孙子的分析，必须要迅速抄到敌军背后袭击，或者谨慎防守。孙子兵法要求兵临死地，必须齐心协力，奋勇作战，要管理有方，让每个士卒发挥作用。可范文虎借岳父贾似道之势，不听调度，结果襄樊粮道被截，守军被困，处处受制于蒙古军队。当襄樊危急之时，贾似道拒绝出援，终于导致襄樊失守。南宋政治腐败，奸臣当道，更不知兵法的运筹，其灭亡就不足为怪了。

⊙明宁远保卫战

袁崇焕（1584～1630），字元素，广东东莞人，万历四十七年进士。广宁之役，明军溃败，朝中诸臣都想退保山海关。袁崇焕当时任兵部主事，他单骑出关，察看敌情，还朝后说："给我军马钱谷，我一人足守辽东。"朝中官僚已被后金吓破

了胆，闻其豪言，封他为关外监军，很高兴地让他出关迎敌。朝廷发饷20万两，令其招募人马。王在晋接替熊廷弼为辽东经略，很倚重袁崇焕，令其出关驻中前所，理前屯卫事，后来又让他到前屯去安抚那些流民。袁崇焕受命，"即夜行荆棘虎豹中，以四鼓入城，将士莫不壮其胆"（《明史·袁崇焕传》）。

在辽东的防御策略上，王在晋与袁崇焕截然不同。王在晋素无远略，主张于山海关外八里铺筑城防守。袁崇焕反对这种消极的防御之策。二人争持不下，上报朝廷。首辅叶向高犹豫不决，但大学士孙承宗支持袁崇焕，愿亲自出关考察敌情。朝廷于是任命孙承宗为辽东经略，王在晋被调任南京兵部尚书。

袁崇焕图

袁崇焕主张守宁远，孙承宗遂命袁崇焕与总兵满桂负责宁远防御。袁崇焕在宁远用了两年的时间，修筑城墙，激励士卒，宁远从而成为关外重镇，商业繁盛，居民安居乐业，被视为乐土。

天启五年夏，孙承宗与袁崇焕决定遣将分据锦州、松山、杏山、在屯及大小凌河，修筑城郭，收复失地200里，宁远城成为内地。孙承宗与袁崇焕在关外4年，修复大城9座、营堡45个，练兵11万，立水营5座、车营12座、火营2座、前锋后劲营8座，选甲胄、器械、炮石、弓矢数百万，开屯5000顷，拓地400里，岁入银15万两，可以说，他们对关外的经营是卓有成效的。

天启五年十月，关外形势陡转直下。孙承宗辞职还乡，高第代其为辽东经略，高第到任后，尽反孙承宗之所为。他认为关外不足守，尽撤锦州、右屯守备，移将士于关内。袁崇焕力争，言兵法有进无退，既然这两座城池已经收复，不可以轻易撤退。二城一失，宁远、前屯震动，关门尽失保障。高第坚持己见，还想撤宁、前二城的防御。袁崇焕愤然称："我宁前道也，官此，当死此，我必不去。"（《明史·袁崇焕传》）高第便撤锦州、石屯、大小凌河及松山、塔山、杏山守备，尽驱兵入关，抛弃的粮食有10万之数。士兵百姓的尸体堆弃于道路旁，哭声震天。关外只剩下袁崇焕坚守宁远孤城。

得知高第撤军关内，努尔哈赤乘机出兵。天启六年（1626年）正月，后金军13万人大举西渡辽河，二十三日抵达宁远，将宁远城团团围住。袁崇焕刺血为书，誓与将士坚守城池，将军民迁入城内，坚壁清野，以待来犯之敌。城内由同知程维模负责稽查奸细，传檄前屯守将赵率教、山海关守将杨麒，要是哪里有宁远城的逃兵，可进行斩杀。士卒知逃无生路，守心益坚。二十四日，后金大军发起攻击，袁崇焕在这场战争中首次使用西洋巨炮轰击敌营，一炮歼敌数百，努尔哈赤指挥后金士兵苦战，一定要攻下宁远城，即使城上箭石如雨，也绝不后退，带盾牌攻六城，将宁远城凿开两丈多的缺口三四处。城上守军以火毯、火把焚之，引燃其盾牌，挖城的兵士被烧死，才稍稍后退，努尔哈赤认为宁远城小势孤，志在必得，但三天急攻，伤亡众多，只得撤围。途中尽焚宁远东觉华岛上积储，退回沈阳。朝中闻宁远被围，兵部尚书王永光集众臣议战守之策，虽然议论纷纷，但均一筹莫展。高第与总兵杨麒拥兵山海关，坐视不救。朝廷上下均以为宁远必不保。袁崇焕的捷报入京，满朝文武很是震动，立即命袁崇焕为佥都御史。三月，复设辽东巡抚，以袁崇焕担任。

宁远之役，是明对后金作战以来的第一次重大胜利。努尔哈赤自兴兵以来，所向披靡，唯宁远一城，攻之未下，遂愧恨而归，不久病死。亦有记载称努尔哈赤被袁崇焕红夷大炮击中，身负重伤，回沈阳后伤重而死。

袁崇焕在宁远之役后，为争取战备时间，在山海关外400里的锦州、中左、大凌河三城构筑防线，同时派人向后金议和。

后金方面，努尔哈赤刚刚死去，皇子们发生皇位之争。皇太极继位，他年轻气盛，雄心勃勃，早欲问鼎中原。但当时后金新占辽沈地区，统治并未稳固，皇太极要进行政治改革，加强皇权，又要解决西部蒙古、东部朝鲜问题，以免三面受敌，遂与袁崇焕不断书信往来。但双方均无议和诚意，都是漫天要价，议和仅成了缓兵的幌子。

皇太极趁机解决朝鲜问题。袁焕则趁后金大军出征之时，抢修锦州、中左、大凌河三城。

天启七年（1627年），皇太极出兵征服了朝鲜，回师沈阳后，得知袁崇焕正在关外修筑城防，决定先发制人，率先向明军发起进攻。皇太极亲率八旗大军，于五月六日从沈阳出发，到广宁后，分三路进军，迅速攻占了大小凌河和右屯卫等城堡。五月十一日，大军包围了锦州城。赵率教率3万人守锦州，后金军全力攻城西一隅。赵率教命全城兵士尽趋西城防御。城上明军火炮齐发，矢石如雨，顶住了后金军连续14天的进攻，后金军损失惨重。袁崇焕认为宁远兵不可轻举妄动，选精骑4000，命尤世禄、祖大寿率领，增援锦州，另遣水军牵制后金军，尚未出发，后金军已分兵于二十八日来攻宁远。袁崇焕与中官应坤、副使毕自肃在城内坚守，列营壕内，用巨炮击敌，令满桂、无世禄、祖大寿到城外迎敌。激战中，双方各有伤亡，满桂身负重伤，贝勒济尔哈朗、萨哈廉、瓦克达都受伤。后金军遂弃宁远不攻，全力攻锦州，皇太极亲自督战，但锦州城守御工事已竣工，城池困若金汤，将士众志成城，一时间难以攻下。后金兵不耐酷热，士气低落。六月五日，皇太极饮恨撤围。这场战役，被称为宁锦大捷。事后，朝中专权者魏忠贤不喜欢袁崇焕，命其党羽论袁崇焕不救锦州之罪。袁崇焕只得辞官还乡。

《孙子兵法》之《九地》谈到军事地理"散地""轻地""争地""交地""死地"等。在袁崇焕固守宁远之时，宁远已经成为"死地"，当时高第撤锦州、石屯、大小凌河及松山、杏山诸军民防卫，宁远城已成为孤城。在这"死地"上，袁崇焕誓死作战，坚壁清野，守志益坚。《孙子兵法》说："谨养而勿劳，并气积力；运兵计谋，为不可测。投之无所往，死且不北；死焉不得？士人尽力。兵甚陷则不惧"，它的意思是要注意休整部队，不要使他们感到疲劳，保持士气，积蓄力量，部署兵力，巧设计谋，使敌人无法了解。袁崇焕坚守宁远，已经将部队置于绝境，同时断绝了退路，军士的疑惧也就打消了，他们就会拼死一战。正因为袁崇焕指挥有方，军士齐心拼力，宁远一战取得大胜，实是袁崇焕运用《孙子兵法》战术之功。

⊙太平军北伐之战

从咸丰三年四月初（1853年5月）太平军自浦口开始北伐，到咸丰五年四月底（1855年5月底）北伐军完全失败为止，为了夺取京津，太平天国进行了为期两年的北伐作战，其过程大致分为三个阶段：长驱北上，驻止待援，最后失败。

天官副丞相林凤祥和地官正丞相李开芳率军自扬州西进（扬州防务交由曾立昌负责），四月六日，会合自天京出发的春官副丞相吉文元、检点朱锡琨部，由浦口北上，进军清王朝的统治中心北京。北伐军共有9个军的番号，约2万余人。临行前，洪秀全诏曰："师行间道，疾趋燕都，无贪攻城夺地糜时日。"待北伐军进抵天津后，再派兵增援，这也是洪秀全等所做的决定。

北伐军经由皖北进军，而没有自扬州沿运河北上。清廷对太平军的北进意图一时判断不清，不知北伐军是牵制和吸引进攻扬州的清军兵力，还是挺进黄河以北。咸丰帝只得调兵前堵后追，仓皇命清兵南下黄河一线堵截，并让琦善统筹苏皖地区的作战行动。

北伐军由林凤祥亲率，自浦口出发，在乌衣镇一带击败察哈尔都统西凌阿率领的黑龙江马队后，连下安徽滁州、临淮关、凤阳、怀远、蒙城，到达亳州（今安徽亳县）时是五月四日。蒙亳一带是捻党活动的中心地区，北伐军路过时，吸收许多劳苦群众参军，扩大了自己的队伍。北伐军五月六日放弃亳州，于次日攻克清军兵力薄弱的河南归德府城（今河南商丘），缴获火药4万余斤以及大量铁炮。之后，北伐军便北上刘家口（归德北），打算由这里北渡黄河，取道山东北上。由于山东巡抚李德已在沿河布防，并将大小船只一律集中北岸，太平军只得沿河向西，连下宁陵、睢州、杞县、陈留，于五月十三日进逼开封。因攻城未克，北伐军便撤往中牟县的朱仙镇，林凤祥在此发给北王韦昌辉一封信，告以归德战况及未能渡河的原因，以及北伐途中所遇到的情况诸如谷米甚缺、通信不便等。这时，北伐军的声势由于沿途大量吸收捻党和淮北各地群众参军而更大。

由于开始时清军前线将领对于北伐军的兵力和行动企图判断不清，以为不过两三千人，意在牵制扬州外围的清军，就仍以重兵围攻扬州，这就为北伐军的长驱北进提供了有利条件。及至北伐军进抵蒙亳地区时，北伐军将渡河北上的消息才为清廷所察知，但北伐军已成蔓延之势，清廷便陆续令各路清军驰援河南：急调江宁将军托明阿率兵2000余人由江苏清江浦北上，并由都统西凌阿率滁州的残兵败将尾追；令山东、直隶督抚查禁河防，防止太平军北上；陆续从山西、陕甘等地调兵8000人开赴河南协防；命江北大营帮办军务胜保带兵1900名北上追击。胜保迟至五月十二日才自扬州附近启程，而北伐军此时早已攻破归德，正沿黄河向西进发。

北伐军五月十七日撤离朱仙镇，经中牟、郑州、荥阳，十九日到汜水、巩县地区，这是洛阳归黄沙入口处，停有不少民船。从二十二日起，北伐军利用这批船只，开始抢渡黄河。五月二十五日，托明阿率盛京、吉林马队数千赶到汜水。北伐军一面继续抢渡，一面阻止敌人。五月二十八日，北伐军主力全部渡过黄河。担任阻击任务的数千人被清军截断，未及渡河，后转战于河南、湖北、安徽，损失大半。最后安徽太湖于七月中旬被攻下，向东与西征军胡以晃会合。

洪秀全塑像

五月二十六日北伐军渡过黄河后攻破河南温县，六月二日进围怀庆府。当时城内仅有清军300人，连同团勇壮丁，总计不过1万人，由怀庆知府余炳焘等督率，他们死死守着以待援军。林凤祥等本以为怀庆清军单薄，可以迅速攻克，补充粮食弹药后继续北上，不想屡攻不下，于是团团围住怀庆城，在城外安营扎寨，加筑木城，挖掘深壕，一面继续攻城，一面阻援。

清廷对于太平军北渡黄河极度震惊，于六月八日任命直隶总督讷尔经额为钦差大臣，以理藩院尚书恩华和江宁将军托明阿帮办军务，所有黄河南北各路清军统一归他管理。六月中旬，托明阿率部6000人，胜保率部1900人，恩华率部5000余人，先后赶到怀庆外围。讷尔经额由彰德（今河南安阳）移营怀庆东北的清华镇。

北伐军对怀庆久攻不下，消耗很大，而增援的清军却越来越多，为了摆脱被动局面，北伐军不得不于七月二十八日主动撤围西进。由于北伐军在怀庆滞留了两个月，使清廷得以在黄河以北纠集兵力，加紧布防，从而使北伐军进军京津地区的困难加大了。

撤离怀庆后，北伐军便绕道济源，翻山越岭进入山西，连下垣曲、绛县、曲沃，于八月中旬进至平阳（今山西临汾）、洪洞一带，清军迎头堵截，命讷尔经额调兵对正定、井陉等要塞进行控制，妄图把北伐军消灭于山西南部地区。但北伐军自洪洞转而向东，经屯留、潞城、黎城，复入河南，攻破涉县、武安。北伐军于八月二十七日由山间小路突袭河南、直隶交界的临淮关，击溃立足未稳的讷尔经额所部清军（由怀庆回防直隶）1万余人，接着连下直隶沙河、任县、隆平（今河北隆尧）、柏乡、赵州（今河北赵县）、栾城、晋州（今河北晋州）、深州（今河北深州）。

清廷满朝被北伐军绕道山西插入直隶的行动所震动，北京城内的官僚豪绅纷纷逃散。咸丰帝立即将讷尔经额革职，以胜保为钦差大臣，随后又任命科尔沁郡王僧格林沁为参赞大臣，惠亲王绵愉为秦命大将军，会同胜保进剿。僧格林沁于是率领京营禁兵、蒙古马步军共4500名屯驻涿州，屏蔽京师，并策应胜保军，以达到在滹沱河南合击和消灭北伐军的企图。

在深州一带稍事休整后，林凤祥、李开芳等于十月二十二日率军东走，连破献县、沧州，于二十七日占领天津西南的静海县城和独流镇，前锋进至杨柳青，清王朝围歼太平军于滹沱河南的计划也因此而落空。

为了方便进行休整和待援，北伐军还想占据天津。当时，天津清军甚少，天津城内的官僚豪绅立即组织团练武装，并破坏运河堤岸，引水环城，以使太平军的行动受到阻碍，加之在北伐军占领静海的当天，胜保即率军赶到，僧格林沁也移营于天津西北之杨村（今天津武清），因此，北伐军未能实现占领天津的计划。

静海县城和独流镇两地相距 18 里，均位于子牙河以东的运河线上。北伐军既然无法占领天津，便退出杨柳青，在静海、独流两地驻扎下来，由林凤祥、李开芳分别率部固守，同时报告天京，要求迅即派出援军。他们在这里筑木城、建望台、挖堑壕、埋地雷、竖木桩，坚守以待援兵。

自咸丰三年四月初北伐军从浦口出发，到十月二十七日占领静海、独流的近半年中，北伐军一直保持着进攻姿态，并掌握着作战的主动权，队伍也扩充至四五万人。但到达静海独流后，北伐军在远离后方接应的情况下驻扎下来，等待援兵，从而陷入重围，被迫转入防御。这是北伐军进军中的一个明显的转折，至此，实际上已无法实现进攻北京的计划了。胜保有 2 万余人围攻静海、独流，胜保设大营于良王庄，以主力围困独流镇，由西凌阿带领少量部队围困静海县城，僧格林沁也自杨村移营独流镇以北 30 余里一带以声援，同时对太平军进袭北京进行防堵。此外，尚有 2.7 万余名团练武装在天津及其附近各县配合清军作战。

开始，凭借优良的武器和充足的给养，胜保军连日进行围攻，企图迅速消灭北伐军，但北伐军依托木城、堑壕顽强抵抗，使胜保军屡攻屡挫，以致束手无策。北伐军有时也抓住有利时机，反击清军，并击毙率领火器营的副都统佟鉴和天津壮勇统领谢子澄等。由于久攻不下，胜保多次受到清廷指斥，最后不得不要求与僧格林沁移营前线的部队合力围攻。

在静海、独流一带凭借临时构筑的工事的北伐军忍受着严寒和饥饿，抗击着三四万清军和团练的不断围攻，整整坚持了 100 天，使其坚韧顽强的战斗精神得以充分体现，但终因被围日久，粮食、弹药均缺乏，援军又无消息，于咸丰四年（1854 年）正月八日不得不突围南走。

自静海、独流突围后的北伐军，经大城县，于正月九日到达沙漳府的束城镇，并占据附近的桃园、西成、辛庄等六七个村庄。这一带村落稠密，树木丛杂，太平军就地取材，迅速建造了一些防御工事如土垒、木城等。

僧格林沁和胜保企图在北伐军撤退途中将其歼灭，率领马队紧追不舍，当天就追到束城。不久，大队清军赶到，对北伐军继续实行包围。清军在四周挖掘深壕，设置木栅、鹿砦，防止太平军突围，并不时发起进攻。太平军凭垒固守，清军一接近，便施放枪炮，投掷火罐、火球，杀伤大量的敌人。

束城是个粮弹给养难以补充的小镇，因此，北伐军在这里驻守一个月后，又于二月九日乘着大雾再次突围，途经献县，于十一日抵达阜城。

阜城也是一个积水很多、房屋甚少的小邑，太平军除据有全城外，还占领城北的连村、对村、杜家场和城西南的塔露头村、红叶屯等村落，周围密布鹿砦、树栅，有的地方多达五六层，准备坚守。

到阜城后，北伐军很快又被3万多清军包围。不久，城北各村落入敌手。在二月二十七日的战斗中，吉文元受伤牺牲，北伐军的处境更加困难。幸运的是这

清军在漫长战线上转运粮草的情景

时北伐援军已渡过黄河北上，清廷为使春不与北伐军会合，即命胜保带领1万余清军（内有马队2000），赶往山东防堵，这就使阜城的压力减轻了，使北伐军得以在此坚守两个月的时间。

在预定计划中，天京当局在得知北伐军抵达天津后应立即派出后续部队，北上增援，由于天京外围及西征战场的形势均较紧张，援军未能预先筹组和即时派出。在危急的情况下，天京当局临时决定放弃扬州，以便腾出部队北上增援。但清军的江北大营已围困扬州，守军曾立昌部难以撤出，于是由天京派出夏官副丞相赖汉英率部前往扬州外围接应。于十月十三日出发的赖汉英，十一月七日才接出曾立昌部，放弃扬州。之后，留兵一部退守瓜洲、仪征，主力前往安庆，准备北援。原拟由燕王秦日纲领北伐援军，但秦日纲将这一艰巨使命交给了曾立昌等人，自己仍留守安庆。

共有15个军、7500人的北伐援军，由夏官副丞相曾立昌、冬官副丞相许宗杨、夏官副丞相陈仕保等率领，迟至咸丰四年正月七日才从安庆出发，经桐城、舒城、六安、正阳关、颖上，于二月三日到达蒙城。在这一带，援军吸收了大批捻党和游民等入伍。二月上旬，北伐援军入河南永城、夏邑，中旬转至江苏萧县西北的蔡家庄、包家楼一带，就地取材，扎木筏渡过黄河，并占领丰县，二月二十一日入山东境。但担任掩护任务的两三千人未能渡河，退回河南永城，尔后活动于安徽六安一带。由于山东清军正集结于北部地区，防堵北伐军南下，鲁西地区兵力空虚，故北伐援军进入山东后，如入无人之境，连下金乡、巨野、郓城、莘县、阳谷、冠县，于三月三日直逼距阜城仅200余里的漕运咽喉要地临清城下，这时，援军已有三四万人的兵力。

自阜城出发的奉命阻击北伐援军的胜保部队，经故城入山东，于三月七日到达临清外围。北伐援军一面阻击南下的胜保军，一面猛攻临清城，三月十五日，西南城墙两处被其用地雷轰塌，随后北伐援军攻入城内，但城内粮草弹药已被清军全部焚毁，仅得一座空城。在援军攻临清期间，调兵遣将的清廷很快集结兵力一万六七千人（内有马队4000余名），加上团练等约有两三万人。援军入城后，清军随即对临清形成合围，对援军营垒及城垣不断用重炮猛轰。援军屡战不利，不得不于三月二十六日放弃临清，南退至李官庄、清水镇一带，部队有1万余人

的伤亡逃散者。

如果北伐援军坚持北上，很快便能与北伐军会师。当时，清廷甚为恐慌，咸丰帝惊呼"将毙，又添双翼"。但援军在临清作战失利后，对下一步的行动在领导层中发生了激烈争论，曾立昌认为清军已经疲乏，又屡胜而骄，主张乘势趋阜城，但许宗杨和陈仁保等不顾北伐军数万将士的安危，说什么众心欲南趋，北行恐多逃亡，不如南行。双方争执不决，最后南返的主张占了上风。援军于四月一日南退冠县，在清军的追击和地主武装的袭击下，被杀两三千人，新附之众纷纷溃散。曾立昌渡黄河时淹死（一说被杀），陈仁保渡河后在安徽凤台县境内阵亡，杨秀清将只身逃回天京的许宗杨投入大牢。

天京方面于咸丰四年三月又决定派燕王秦日纲再次组织增援，但秦借口北路官军甚多，兵单难往，不愿北行。天京当局终因金陵、庐州（今安徽省合肥市）以及湖南方面战事十分紧张，无力抽兵而作罢。此后，北伐军作最后的奋战只有依靠自己的力量了。

北伐军于咸丰四年四月九日由阜城突围东走，占领东光县的连镇。连镇横跨运河，分东西两镇，分别由林凤祥、李开芳率部据守。当天，僧格林沁即率马队追来，不久步兵也赶到，北伐军又被紧紧包围起来。北伐军为了另择一处牵制清军，便商定由李开芳率领经过挑选的健卒600余人骑马突围南下。李开芳于五月二日率队自东连镇突围成功，过吴桥，入山东东部，于五月三日袭占高唐。胜保在歼灭北伐援军后，于四月二十三日返抵连镇外围，得知北伐军突围南下，便立即率马队跟踪追击。

此时，太平军仅有六七千人留守连镇，而僧格林沁则拥兵两三万人。清军在连镇四周挖掘深壕，构筑土城，壕深宽各二丈余，土城厚八九尺，高一丈五六尺，上安抬枪、火炮，每隔一丈支帐篷一座，设兵10名，严密围堵，企图困死太平军。可是围攻数月，清军不但未能取胜，反而损兵折将，士气越来越低，以致清廷不断指斥僧格林沁。太平军方面，由于久据连镇，粮食匮乏，仅以黑豆充饥，及至年底，粮食几尽。于是，在加紧军事进攻的同时，僧格林沁乘机开展诱降活动，北伐军前后出降者达3000余人。咸丰五年正月初一，太平军放弃西连镇，集中力量防守东连镇。利用僧格林沁的诱降阴谋，林凤祥于正月初二派萧凤山（原系清朝县丞）等90余人诈降清军，以便联络群众内应，配合守军出击，把清军的围困打破。但这项计划被清军识破，诈降的90余人全部被害。清军于正月十九日对东连镇发起总攻，集中炮火轰击木城，北伐军将士拼死抵抗。林凤祥在督战时身受重伤，士气大受影响。不久，清军在木城被攻破的情况下纷纷攻入。太平军将士与敌人展开白刃战，杀伤大量清军，最后太平军大部阵亡，其余或被俘，或从运河潜逃。受伤后藏于地道深处的林凤祥后被清军搜获，解送北京，后被清军所害。

胜保在李开芳率领的600余人（突围途中扩充近1000人）占据高唐的当天，便率马队300名赶到，不久大队清军聚集高唐城外，使这支太平军又陷入重围。得知援军溃败的李开芳，早已退出临清，而高唐城高池深，粮草尚多，遂组织居民在城外立栅筑垒，开掘壕沟，并在城内挖掘了许多地道直通城外，准备依城固守。这时，胜保拥兵 1 万余，先后用云梯、吕公车攻城，均未得逞，便改用临时铸造的重炮轰击。太平军利用壕沟地道做掩护保存自己，并于黑夜抢修被敌人轰塌的城墙。以后，清军又采取挖地道、埋地雷的办法，也未能破城。凭借坚固的防御工事，太平军利用夜晚袭击敌营前后 30 余次，使清军伤亡不少。

胜保由于高唐久攻不下便先后受到拔去花翎和革职留任的处分。留守连镇的北伐军被歼后，清廷便把胜保解京问罪，而命僧格林沁移师进攻高唐。

一月二十三日，僧格林沁选精兵 8000 余名，抵达高唐外围，使围城清军增至 3 万余人。此时，李开芳得知林凤祥部已覆没，决意突围南返。从俘获的太平军人员中得到李开芳等急欲突围的情报后，僧格林沁便于一月二十九日夜密令南面清军分开队伍，故作疏防之势，诱使太平军由此突围。这一诡计没有被李开芳识破，于是，他便于当日午夜率部突击，向南疾走。僧格林沁以马队 500 余名衔尾紧追，李开芳部遂入据离高唐约 50 里的茌平县冯官屯。

太平军占据有三村相连外有高墙的冯官屯后，又掘壕立栅，严密防守。二月一日，僧格林沁率马队赶到，首先占据西边二村，然后在四面安放大炮，向冯官屯轰击，将房屋尽行轰塌。在屯内，太平军挖掘了纵横交错的壕沟、地道和地窖，待敌人进至枪械射程以内时，通过工事射孔开枪射击，清军始终无法攻入屯内。最后，僧格林沁决定采用恶毒的水灌法，强迫大批民工挖了一条全长 120 余里的水渠（历时月余），引运河水至冯官屯。三月五日，开始放水浸灌，屯内平地水深数尺，壕沟地洞与粮草火药均被水淹没。这时，僧格林沁一面用大炮轰击，一面对太平军展开诱降活动。四月十六日，清军围攻其急，太平军粮弹告罄，陷入绝境。率 80 余人突围的李开芳被清军俘获（一说降于清军），后解送北京，于四月二十七日慷慨就义。

至此，经过两年多艰苦卓绝的奋战，这支由数万精锐组成的北伐军，终于全军覆没。

分析太平军北伐路线，《孙子兵法》所说"九地"几乎全部包括在内。当时洪秀全命北伐军"师行间道，疾趋燕都，无贪攻城杀地糜时日"，这种决策是明智的。《孙子兵法》说，处于散地不宜作战，处于轻地不可停留，遇上争地不宜强攻，

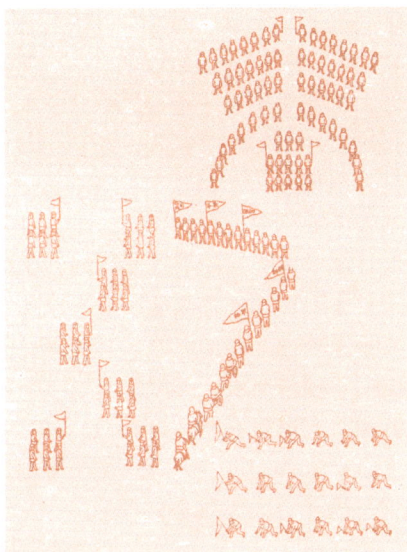

太平军战阵图
其中包含四种战阵，分别为：螃蟹阵、牵线阵、百鸟阵、卧虎阵。

碰到圮地必须迅速通过，陷入围地就要设谋脱险，处于死地要力战求生。太平军北伐失败的第一个原因就是盲目地攻城，怀庆城是太平军得利、清军也有利的地方，是孙子所说"争地"，《孙子兵法》说争地不宜强攻，而太平军明知此城难以强攻，却竭尽全力猛攻，不但消耗了物力和兵力，而且丧失了北伐速战速决的战机，结果引来了清廷的援军，不得不放弃攻城计划，而清廷因此也加紧了布防，增大了太平军北伐的困难。而太平军死守的束城和阜城，可以说是孙子所说的圮地，属于水网沼泽难以通行的地带。《孙子兵法》说，圮地不宜坚守，应当迅速通过，太平军却死守此地，结果攻防十分残酷，幸而北伐援军赶来，阜城之围渐解。太平军攻占的临清却是一座空城，粮草难以供给，可以力战突围，但是北伐军突围后不但没有决一死战继续北上，而且选择南退，完全没有考虑到孙子兵法所说的用兵之道贵在神速，乘敌人措手不及的时机，走敌人意料不到的道路，攻击敌人没有戒备的地方，这一出奇制胜的方略，从主动出击转入被动防御，从而使北伐军战斗力大大削弱。《孙子兵法》说："为兵之事，并敌一向，千里杀将，此谓巧能成事者。"从另一个角度来说，也就是指导战争决策，必须谨慎地观察敌人的战略意图，集中兵力攻击敌人之一部，千里奔袭，擒杀敌将，实现克敌制胜的目标。洪秀全下令北伐的初衷是符合孙子兵法的，可惜在太平军北伐途中，没有进行总体的系统调度，各部自行其是，号令不一，没有根据"九地"之别实行灵活机动的战术，导致太平军不能首尾相顾，互相联动，最后才造成北伐的失败。

◇**简评**

本篇名为"九地"，其中有散地、轻地、争地、交地、衢地、重地、圮地、围地和死地。孙子极其细致地分析了这9种不同种类的地形，从战略战术的实施上，提出了精辟的论点，即：散地不宜作战、交地行军不能间断、争地不宜进攻、衢地应结交诸侯、重地应获取粮物、圮地应迅速通过、围地应设计谋略、死地应拼死一战。

接着，孙子在本篇里又谈道，善于用兵的人，能够从各个环节上瓦解、分化敌人，使自己的军队协力齐心、勇往直前。这就要求将领在任何场合都要做到冷静而沉稳，有条不紊，机动灵活，了解敌方情况而又不被敌人所了解。将领应当了解9种战略地形的变化和士兵的心理状态，全面考虑自身所处的环境及各有关方面的情况，才能有效地打击敌人、消灭敌人。

孙子着重从人的心理因素和情绪因素的角度去论述如何因利乘便，利用地形发挥人的积极性，以克敌制胜。孙子介绍了在不同战略地理环境下掌握将士心理、激励士气的方法。他强调将帅要善于掌握和运用地理环境，实行隐蔽、突然、快速的行动，因情制敌去夺取胜利。

孙子根据总结出的9种作战地点，有针对性地提出了对待的办法，这就使将帅有了选择的余地。同时，孙子又提出了多变的理由，更重要的是对敌方、我方官兵的心理进行了分析。《孙子兵法》是我国历史上最早的也是最优秀的军事心理专著。

火攻篇

◇原文

孙子曰：凡火攻有五：一曰火人，二曰火积，三曰火辎，四曰火库，五曰火队。行火必有因，烟火必素具。发火有时，起火有日。时者，天之燥也；日者，月在箕、壁、翼、轸[1]也，凡此四宿者，风起之日也[2]。

凡火攻，必因五火之变而应之。火发于内，则早应之于外。火发兵静者，待而勿攻；极其火力，可从而从之，不可从而止。火可发于外，无待于内，以时发之[3]。火发上风，无攻下风。昼风久，夜风止。凡军必知有五火之变，以数守之[4]。

故以火佐攻者明，以水佐攻者强；水可以绝，不可以夺。

夫战胜攻取，而不修其功者，凶[5]，命曰"费留"[6]。故曰：明主虑之，良将修之。非利不动，非得不用，非危不战。主不可以怒而兴师，将不可以愠而致战；合于利而动，不合于利而止。怒可以复喜，愠可以复悦，亡国不可以复存，死者不可以复生。故明君慎之，良将警之[7]，此安国全军之道也[8]。

【注释】

[1] 箕、壁、翼、轸：中国古代星宿之名称，是二十八宿中的 4 个。

[2] 凡此四宿者，风起之日也：四宿，指箕、壁、翼、轸 4 个星宿。古人认为月球行经这 4 个星宿之时，是起风的日子。

[3] 以时发之：根据气候、月象的情况实施火攻。以，根据、依据。

[4] 以数守之：数，星宿运行度数，此指气象变化的时机，即前所述"发火有时，起火有日"等条件。句意为等候火攻的条件。

[5] 不修其功者，凶：意思是不能及时论功行赏以巩固胜利成果，则有祸患。

[6] 命曰"费留"：意为赏不及时。指若不及时赏赐，军费将如流水般逝去。命曰，名为。费留，耗财，不及时论功行赏。

[7] 故明君慎之，良将警之：所以明智的国君要慎重，贤良的将帅要警惕。慎，慎重。警，警惕、警戒。

[8] 此安国全军之道也：这是安定国家保全军队的根本道理。安国，安邦定国。全，保全。

"火攻",就是用火攻击。本篇用"火攻"名篇,是采用篇首两字,取便称说,亦因本篇系专论火攻的目标、条件及法则。

本篇宜分5段读:从"孙子曰:凡火攻有五"起,到"五曰火队"止,为第一段,论火攻的形式。从"行火必有因"起,到"风起之日也"止,为第二段,论火攻的必备条件。从"凡火攻,必因五火之变而应之"起,到"以数守之"止,为第三段,论实行火攻和预防火攻的各项法则。从"故以火佐攻者明"起,到"不可以夺"止,为第四段,论火攻的效力优于水攻。从"夫战胜攻取,而不修其功者"起,到"此安国全军之道也"止,为第五段,分论安国全军之道。

◇译文

孙子说,火攻的形式共有5种:一是焚烧敌军人马,二是焚烧敌军粮草,三是焚烧敌军辎重,四是焚烧敌军仓库,五是焚烧敌军粮道。实施火攻必须具备一定的条件,火攻器材必须平时即有准备。放火要看准天时,起火要选好日子。所谓天时,是指气候干燥;所谓日子,是指月亮行经箕、壁、翼、轸4个星宿位置的时候,凡是月亮经过这4个星宿时,就是起风的日子。

凡用火攻,必须根据5种火攻所引起的不同变化,灵活机动部署兵力策应。在敌营内部放火,就要及时派兵从外面策应。火已烧起而敌军依然保持镇静,就应慎重,不可立即发起进攻,等待火势旺盛后,再根据情况做出决定,可以进攻就进攻,不可进攻就停止。火可以从外面燃放,这时就不必等待内应,只要适时放火就行。从上风放火时,不可从下风进攻。白天风刮久了,夜晚风就容易停止。军队必须掌握这5种火攻方法,灵活运用,等待放火的时日条件具备时再进行火攻。

用火来辅助军队进攻,效果殊为显著,用水来辅助军队进攻,攻势必能加强。水可以把敌军分割隔绝,但却不能焚毁敌人的军需物资。

凡打了胜仗,攻取了土地城邑,而不能及时论功行赏的,就必定会有祸患。这种情况叫作"费留"。所以说明智的国君要慎重地考虑这个问题,贤良的将帅要严肃地对待这个问题。没有好处不要行动,没有取胜的把握不要用兵,不到危急关头不要开战。国君不可因一时的愤怒而发动战争,将帅不可因一时的怨愤而出阵求战。符合国家利益才用兵,不符合国家利益就停止。愤怒还可以重新变为欢喜,怨愤也可以重新转为高兴,但是国家灭亡了就不能复存,人死了也不能再生。所以,对待战争,明智的国君应该慎重,贤良的将帅应该警惕,这是安定国家保全军队的根本道理。

◇用计例说

⊙火烧博望、新野

中国古典小说《三国演义》可以说是《孙子兵法》的又一形象的诠释。诸葛亮躬耕南阳,刘备三顾茅庐,以诚相邀,诸葛亮辅佐汉室,妙计高招迭出,成为人们的美谈,其成功战例皆合乎《孙子兵法》。除举世闻名的赤壁之战外,诸葛亮成功的火攻战例还有博望、新野之战。

《三国演义》是这样记述火烧博望和新野的：

建安十三年六月，夏侯惇打算领兵南征。荀彧进谏说："不可轻视刘备，他有诸葛亮为军师，将军此去，必然有失。"夏侯惇说："我看刘备像鼠辈一样，我一定会把他抓住。"徐庶说："将军不可轻视刘玄德，他现在又得到诸葛亮的辅佐，如虎添翼。"曹操问："诸葛亮是什么样的人？"徐庶回答说："此人复姓诸葛，名亮，字孔明，道号'卧龙先生'。他上通天文，下晓地理；熟读兵书，机智深不可测，不是等闲之辈。"曹操说："与你相比怎样？"徐庶回答："我是萤火之光，他却像明亮的皓月，徐庶怎敢和诸葛亮相比！"夏侯惇叱骂他说："元直此言差矣。我看诸葛如草芥，没什么可怕的！我若不生擒刘备，活捉诸葛，我愿把自己的头颅献给丞相！"曹操说："军无戏言。"夏侯惇回答："愿立军令状。"曹操说："你早日胜利，以慰我心。"夏侯惇于是辞别曹操，带兵启程。

孔明出山图 明 佚名

新野刘备得到了孔明的辅佐，对孔明以师礼相待，关羽、张飞心中不悦，说："孔明年幼，有什么才学？兄长太尊敬他了！"玄德说："我得孔明，犹鱼得水也。你弟兄不可再多说了。"关、张见此，不言而退。玄德得空便亲自结帽。孔明看到了，正色道："明公不是有远志吗，为什么做这种事？"玄德于是扔到地上说："这是什么话！我暂且忘忧罢了。"孔明问："明公自认为比刘荆州怎样？"玄德说："比不上。"孔明又说："明公自认为比曹操怎样？"玄德说："实在不如他。"孔明说："都比不上，而明公的军队不过数千人，以此待敌，万一曹兵来了，用什么来迎接他们？"玄德说："我正愁这件事没有好办法。"孔明："可招募民兵，由我教导他们，等候敌人。"玄德于是招募新野民众3000余人，早晚演练阵法，一进一退，不失其节。忽然接到报告说曹操命夏侯惇领兵10万，杀奔新野，关羽、张飞先得到消息，张飞说："可令孔明前去迎敌了。"

二人说话间，玄德请二人商议军机。关羽进谏，玄德说："夏侯惇领兵10万，火急到来，如何迎敌？"云长踌躇未决。张飞说："哥哥使'水'去便可以了。"玄德说："计谋依照孔明，勇力仍需二弟，这哪用说？"关、张出来后，玄德请孔明议事。玄德说："现在夏侯惇领10万兵到来，怎么迎接他们？"孔明说："只怕二位不肯服从。如让亮带兵，须借剑、印。"玄德当即给了他。孔明聚集众将听令。张飞与云长说："听令去，别理会他。"孔明说："博望离这里90里，左有山，名为豫山，右有林，名为安林，可以埋伏军马。云长可带领1500人去安林背后山峪中埋伏，看到南面火起，便可出来，到博望坡以前屯粮草处纵火烧掉他们。关平、刘封可带领500人，预备引火的东西，在博望坡后两边等候，至初更兵到，便可放火了。去樊城让子龙回来，任命他为前部，不要赢，只要输，人马退后。主公带领一支军马，作为救援。依计而行，不得有失。"关张问孔明说："我等皆离县百里埋伏，你在哪里？"孔明说："我独自守县。"张飞大笑曰："看看他的计谋！我们都去厮杀，你在家里坐着，是何道理？"孔明说："剑、印在此，违令者必斩！"玄德说："岂不闻'运筹帷幄之中，决胜千里之外'？兄弟不可违令。"张飞冷笑而去。张飞对关云长说："我们且看他的计策灵不灵，那时再来问他不迟。"二人便依令去了。大家都不知孔明的韬略，不肯服从。子龙领军来后，孔明告知计策后让子龙去准备，刘玄德问道："我怎么办？"孔明回答说："今日可引兵在博望山下屯驻。来日黄昏，敌军必到坡下，主公便逃走，放火为号，主公可回头掩杀，天明罢兵。亮与糜竺、糜芳领500人守县。孙乾、简雍准备庆喜筵席，安排功劳簿。"派兵完后，刘备也有点儿怀疑。

却说夏侯惇和于禁、李典兵至博望，选一半精兵做前锋，其余跟随粮草车行。已牌时候，夏侯惇在前，望见尘头飞起，便将人马摆成阵势。夏侯惇问道："这是什么地方？"乡导官答道："前面便是博望坡，后面是罗川口。"夏侯惇传令，让于禁、李典稳住阵脚，自己亲自出马到阵前，副将同宗夏侯兰、护军韩浩及数十骑将阵势摆开。看到敌军所在，夏侯惇大笑。众将问道："将军为什么笑呢？"他回答道："我笑徐庶在丞相面前夸诸葛亮村夫为'冠绝天下之人'，现在看他用兵便可看出来，以此等军马为前部与我对阵，正如犬羊与虎豹斗一样。我在丞相面前一时夸口，要活捉刘备、诸葛亮，现在必应前言。你与我弟弟催促军马，星夜踏平新野，我的心愿就算完成了。"说完后便纵马向前答话。

新野之兵摆成阵势，子龙出马。夏侯兰骂道："刘备是忘恩负义之徒！你们这些军马正如孤魂随鬼！"子龙大骂："你们追随曹操这个鼠贼！"夏侯惇大怒，拍马向前，来战子龙。两马交战，没有几个回合，子龙押后阵抵挡。约走10余里，子龙回马又战，几回合后又败走。韩浩拍马向前提醒道："赵云诱敌，恐有埋伏。"夏侯惇说："敌军这样，即使十面埋伏，我又有什么怕的呢？"夏侯惇赶到博望坡后，突然一声炮响，玄德领一支军队冲出来，接应交战。夏侯惇回头对韩浩说："这就是埋伏之兵！我今晚不到新野，誓不退兵！"于是催军前进掩杀。玄德、子龙抵挡不住，退后便走。这时天色已晚，浓云密布，又无月色，昼风不起，夜风不作，昼风既起，夜风必大。夏侯惇只顾催军赶杀，前面败军退却。夏侯惇传令紧追后军掩杀。于禁、李典赶到窄狭处，两边都是芦苇。李典对于禁说："欺敌者一定会失败。"于禁说："敌军甚猥，不用害怕！"李典说："南路狭窄，山川相逼，树木丛杂，恐怕敌人会使火攻。"于禁说："曼成的话很正确。我马上追上都督，你止住后军。"李典勒回马，大叫："后军慢行！"但人马走动，哪里拦得住。于禁停马大叫："前军都督停住！"夏侯惇正走着，见于禁从后军赶来，便问为什么。于禁便回答道："我们想南道路狭，山川相逼，树木丛杂，恐怕敌人会使火攻。"夏侯惇猛然醒悟，说道："文则的话对极了。"正想回马，却听背后喊声如雷响起，远远看见一片火光，随后两边芦苇也烧着了，四面八方都是火，狂风大作，人马相互践踏，死者不计其数。夏侯惇冒烟突围而逃，背后子龙赶来，军马堵在一起。

且说李典急奔回博望坡时，在火光中被拦住，当先一将领正是关云长。李典纵马，夺路而逃。夏侯惇于禁见粮草车辆着火，便从小路逃走。夏侯惇韩浩来救粮草，恰好遇到张飞。交战数回合，张飞一枪刺死夏侯兰，韩浩逃走了。这样杀到天明才收军，杀得尸横遍野，血流成河。孔明叫人将船筏放火烧毁，军马尽投奔樊城去了。

曹仁领着败残军马在新野屯住，派曹洪去见曹操，诉说失利之事。曹操大怒道："诸葛村夫居然敢这样！"于是指挥三军到新野，曹操让军士一面搜山，一面填塞白河，紧接着又兵分8路，一齐去取樊城。数次飞报曹操兵马已到博望后，玄德慌忙叫伊籍回江夏整理军马，一面求计于孔明。孔明说："主公且放心。上次一把火，烧了夏侯惇大半人马，这一次曹军又来，必让他中这条计。我们在此屯扎不住了。"便差人四门挂榜，晓谕居民："不管老小男女，限今日皆跟我们往樊城暂避，不可自误。曹军若到，必行不仁，伤害百姓。"然后便差麋竺送各官老小到樊城。百姓即将起身，诸葛亮又唤诸将听令，先对关云长说："带领1000人各带布袋，放水淹，然后顺水下来接应。"关云长受计去。孔明叫来翼德："领1000兵在白河渡口埋伏。曹军被淹，这里水势最慢，人马必从此逃难，可乘势杀死他们来接应云长。"翼德领计去了。孔明又对子龙说："引3000兵先带着芦荻干柴，放在新野县近城人家屋上，暗藏硫磺焰硝引火之物。明天是昴日鸡直日，黄昏后必有大风，大风一起，曹军必入城安歇。你将3000兵分为四队，自领一半军队，另一半分为三队：县南、北、西三门，各500人。先将火枪、火炮、火箭射入城去，看火势大作，城外就只管呐喊，只留东门让敌人逃生。你在东门外埋伏好了，假如看到败军乱窜，不可截杀，只在背后攻打他们，败军无心恋战，必然奔走。这就是以寡敌众，一定会成功。天明会合收兵，便回樊城，不可延误。"赵云听令后也离去。孔明再叫来麋芳、刘封二人："可带2000人，一半红旗、一半青旗，去新野县外30里鹊尾坡（地名）前摆开，青红旗号混杂。如曹军一到，你们二人便将人马分开：麋芳引红旗军走在左，刘封引青旗军走在右。敌军疑心，必不追赶。你们就分开去县东、西、南、北角上埋伏，只要看到城中火起，便可追杀败兵，然后到白河上流接应主公。不可耽误。"二人受计去了。孔明调拨已定，与玄德登高观察。

曹仁、曹洪为前部先锋，领大军10万、战将数员，前面有许褚领3000名铁甲军，朝新野进发。到上午时，来到鹊尾坡。许褚问乡导官："此处至新野县有多少路？"乡野官答道："只有30里。"许褚差数十骑先行探听，望见坡前人马摆开，拨马回报，说前面依山傍岭一队人马，尽打青红旗号，不知有多少人。许褚叫人执一面皂旗，领着3000人

蹬弩放箭图 东汉

— 355 —

一齐向前。刘封、糜芳分为4队，青红旗号各归左右，旗色不杂、队伍不乱，许褚勒马停止追赶。左右说："为什么不追杀呢？"许褚说："前面必有埋伏。你们就在这里驻扎，我去禀告先锋。"许褚骑马来见曹仁，曹仁说："难道没听说兵法有虚实？此是疑兵，一定没有埋伏，可速进兵，我会追上来。"许褚回到坡前，提兵器杀入，到林下追寻，没看到一个人。此时太阳快要落山了。许褚正想进县，只听得山上大吹大擂，忙领军观察，只见山岭上一簇旌旗丛中有两把伞盖，左玄德，右孔明，二人对坐饮酒。许褚见了大怒，寻找道路上山，狭路上檑木炮石打下来，许褚不能前进。只听得山后喊声大震，许褚想找路厮杀，天色已晚。曹仁说："先去抢城，安歇军士。"他们从四门突破进城，并无阻挡之兵，城中又不见一人。曹洪说："这是计穷势孤，所以尽带百姓连夜逃跑。众人暂且安身，来日天亮再进军。"此时各军饥饿疲乏，都去夺房造饭。曹仁、曹洪就在衙内安歇。初更后，狂风大起，守门军士飞报起火了。曹仁说："这火是军士造饭不小心遗漏之火，不可自惊。"话还没说完，数次飞报南、北、西三门等处都起火。曹仁急忙叫众将上马，满县火起，上下通红。当夜之火，又胜博望烧屯之火。曹仁带领众将寻路逃跑。忽然一人报告说东门无火，曹仁等急冲出东门，军士逃出，相互践踏，死伤无数。

曹仁等刚脱离火海，背后一声喊起，赵云带领一队人马赶来。混杀一阵，曹仁败军各逃性命，谁肯回身厮杀？正奔逃时，糜芳又带领一支部队冲杀一阵。曹仁大败，夺路而走，忽然喊声再次大起，又遇刘封带领一队人马追杀一阵。败军奔到四更时分，人困马乏，大半焦头烂额，退到河边，人马都下河喝水。士兵争相取水，互相喧嚷，马见河水，乱行嘶吼。接着关羽引水淹曹兵，取得大胜。

《孙子兵法》说，用火来辅助军队进攻，效果非常好。如果用水再辅助进攻，攻势必能加强，尽管水能把敌军分割隔绝，不能焚毁敌人的军需物资，但在新野一战中，水火袭击互用取得了成功。曹军惨败，全靠诸葛亮熟读《孙子兵法》并加以运用。孙子所说的火攻五法，诸葛亮就用了两种即焚烧粮草、焚烧兵马，诸葛亮看准天时严密部署，"火攻"战略用得恰到好处。

⊙赤壁之战

曹操在公元200年的官渡之战中击败袁绍后，分别于公元204年和207年取得了攻取邺城、北征乌桓的胜利，一举消灭了袁绍集团的残余势力，占领了司隶、兖、豫、绿、青、冀、幽、并等州，统一了北方。接连而来的胜利坚定了曹操早日统一天下的雄心，他开始积极准备南下消灭南方的割据势力，统一全国。曹操咄咄逼人的攻势，促成了南方两个主要割据势力——东吴孙权与荆州刘备的联合。孙、刘联军精确地分析了曹军的兵力、作战特点及长处短处、战场条件等客观情况，找出了曹军不善水战的致命弱点，决定采取以长击短、以火助攻的作战方针，出其不意地以火攻击败曹军，促成了三足鼎立局势的形成，同时也制造了一个以火攻战胜强敌的典型战例。

公元208年春，曹操在邺城修建玄武池训练水军，准备向南方进军，同时派人到凉州拉拢马腾及其子马超，分别授予他们卫尉和偏将军之职，以避免南下进军时他们父子作乱，使其侧后受到威胁。

曹操南下进攻的目标是荆州的刘表和东吴的孙权。荆州牧刘表年老多病，无所作为，只求偏安一方，其子刘琦、刘琮为争夺继承权而相互争斗，内部不稳。在官渡之战时投奔袁绍的刘备这时投奔了刘表，刘表让他屯兵新野、樊城，为自己

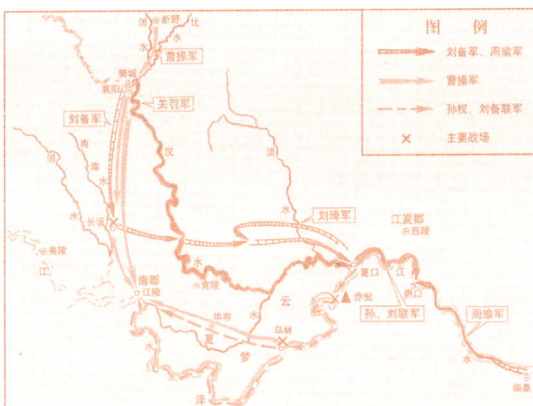

赤壁之战示意图

据守阻止曹军南下的门户。这时的刘备虽寄人篱下，但仍是雄心勃勃。他乘此机会积极扩充军队，访求人才，争取荆州地主集团的支持。当时他已经拥有了诸葛亮、关羽、张飞、赵云等谋士猛将，想在时机成熟时取代刘表，占据荆州，夺取天下。曹操南下进攻的另一重要目标是东吴的孙权，孙权当时占有扬州的吴郡、会稽、丹阳、庐江、豫章、九江等6郡，国力较强。孙权拥有精兵数万，在周瑜、鲁肃、张昭、程普、黄盖等人的支持辅助下，其统治基础牢固，内部也比较团结，加上他们拥有长江天险，因此成为曹操统一天下的主要障碍。

当曹操还在忙于消灭袁氏残余势力时，孙权的手下鲁肃便提出应乘曹操忙于北方战争的时机去消灭江夏（今湖北新洲）太守黄祖，占领荆州，以控制长江流域。公元203年，孙权按照鲁肃的建议，开始讨伐黄祖。黄祖退守夏口（今湖北武汉），孙权围攻不克。至公元208年，孙权突破黄祖军防线，打败了黄祖，占领了江夏。这时，曹操怕荆州被孙权抢先占领，遂出兵荆州。这年阴历七月，曹操率步骑数十万大举南下。曹军一部分兵力向宛、叶（今河南叶县西南）进行佯动，吸引刘表军队，另一部向新野方向出其不意直下荆、襄。八月，刘表病死，其子刘琮继位。当曹军逼近时，刘琮不战而降。

这时，刘备正在与襄阳仅一水之隔的樊城训练军队，准备应战。他听到刘琮投降的消息时，曹操的军队已到达宛城，离樊城很近了。刘备自知自己的力量抵挡不了声势浩大的曹军，便率领随行人员向江陵退却。曹操怕江陵被刘备占领，便亲率轻骑5000，日夜兼程猛追，一昼夜行300余里，在当阳长坂坡追上刘备。刘备猝不及防，被曹操打败，仅同诸葛亮、张飞、赵云等几十人向夏口方向退却，与刘表长子刘琦会合。这时，他们总共仅有1万水兵，1万步兵，退守在长江南岸的樊口（今湖北鄂城西北）。

曹操顺利地占领了江陵，除获得刘表的降兵8万外，还获得了大量的军事物资。曹操意欲顺流而下，占领整个长江以东地区。这时他的谋士贾诩建议利用荆州的丰富资源，休养军民，巩固新占地区，然后再以强大优势迫降孙权。曹操由

于一路进展顺利，滋长了轻敌情绪，没有听取贾诩的意见，坚持继续向江东进军。

曹操占领江陵后，不仅刘备感到了即将被吞没的危险，东吴的孙权也感到了战火即将烧到他的身边。局势的发展迫使刘备、孙权都产生了联合抗曹的意向。这时，东吴派鲁肃以为刘表吊丧为名，急切地前往荆州探听虚实。鲁肃到达夏口时，听到刘琮投降、刘备南撤的消息。鲁肃在当阳遇见刘备，建议刘备与孙权联合抗击曹操，刘备欣然同意，并派诸葛亮同鲁肃一起去拜见孙权。

诸葛亮见到孙权后，看出孙权对刘备的实力有所怀疑，便说服孙权说刘备虽然在长坂坡战败，但是还有关羽、刘琦率领的水陆精锐2万多人。曹军远道而来，经过长途跋涉，已经很疲乏了，几战之后，其势成强弩之末，没有多大劲头了，而且北方人不习惯水上作战，荆州民众也不是真心归附曹操。如果孙、刘两家能同心协力，联合抗曹，一定能击败曹军，造就三足鼎立的形势。孙权听了诸葛亮的分析，增强了联合抗曹的信心，决定与刘备合作，携手抗曹。

但是东吴内部在如何对付曹操的问题上，存在着两种不同的态度。以张昭为代表的东吴官员主张不抵抗曹军，而鲁肃等人则坚决反对投降。鲁肃劝孙权将周瑜从鄱阳召回商讨对策。周瑜赶回来后，和鲁肃一起力劝孙权坚定抗曹决心。周瑜认为，曹操虽然统一了北方，但是他的后方局势并不稳定。现在曹操舍弃北方军队善于骑战的长处，登上战船与我们做水上争斗，是以其短击我之长，况且现在适值隆冬，曹军必然会给养不足，北方士兵长途跋涉，水土不服，必生疾病。这些都是用兵的大忌。曹操不顾忌这些不利因素，必然会导致失败。针对曹操的兵力情况，周瑜也做了分析。周瑜说曹操号称拥有水军陆军80万，据他分析，曹操能从北方带来的军队不过十五六万，而且已经疲惫不堪；所得刘表的军队，最多七八万，况且他们又心存疑惧，没有斗志。这样的军队，人数虽多但并不可怕。周瑜请求孙权给他精兵5万，便足以打败曹操。孙权听完周瑜对曹军兵力、作战特点、战场条件的分析，决定与刘备联合抗击曹操。孙权拨精兵3万，任命周瑜、程普为左右都督，鲁肃为赞军校尉，率领军队逆江而上，和刘备军队会合，共同抗击曹操。

这时在夏口的刘备面对日益逼近的曹军，心中非常焦急，每天派人探听孙权军队的消息。公元208年阴历十月的一天，他得到了孙权水军到来的报告，就急忙派人慰劳，并且亲自乘船迎接周瑜。刘孙联军会合后，继续沿长江西上，到赤壁（今湖北嘉鱼东北）与曹军的先头部队相遇。联军击败了曹军的先头部队，曹军退回江北的乌林与主力会合，双方在赤壁一带隔江对峙。

曹军的情况正如周瑜、诸葛亮所预料的那样，军中正流行疾病，同时

赤壁之战旧址
今为湖北蒲圻赤壁。

曹军多半不习水性，受不了江上风浪的颠簸。曹操针对这一情况，命令手下将战船用铁索连接在一起，在船上铺上木板，以减少船身的摇晃。这样做船上确实平稳多了，但却彼此牵制，行动不便。曹军铁索连船的弱点，被周瑜部将黄盖发现了，他向周瑜建议说联军兵力少，不宜与曹军长期相持，必须设法破敌，现在曹军把战船首尾相接，我们可以采用火攻的方法将他们击败。黄盖的建议使周瑜受到启发，他制订了以黄盖诈降接近曹营，然后放火奇袭曹军战船以乱曹军的作战计划。他要黄盖写了封降书，派人送到江北曹营。曹操接到降书后深信不疑，还与送信人约定了投降的时间与信号。公元208年十一月的一天，黄盖带领10艘大船，向北岸急驶而去，船上装满干柴草，里面浸上油液，外面用布裹上伪装，插上约定的旗号，同时预备好快船系在大船之后，以便放火后换乘。快接近曹军水寨时，黄盖命士兵举火，并齐声呼喊："黄盖来投降了！"曹军以为真的是黄盖来投降了，纷纷走出船舱观望。这时，黄盖的船只已经靠近了水寨，10艘大船的士兵同时放火，冲向曹军水寨，然后跳上小艇退去，这时的天空正刮着猛烈的东南风，顷刻间，曹军的战船都燃烧起来。火势一直蔓延到了岸上，曹营的官兵被这突如其来的大火烧得惊慌失措，在一片慌乱中，曹军士兵被烧死、溺死、互相踩死的不计其数。孙刘联军乘势猛杀过来，将曹军杀得人仰船翻。曹操被迫率领残兵败将从陆路经华容向江陵方向撤退。在泥泞的道路上，曹军战马陷入泥潭之中，曹操派人到处寻找枯枝杂草垫路，才使骑兵勉强通过。孙刘联军水陆并进实行追击，一直追到南郡（今湖北江陵境内）。曹操留曹仁、徐晃驻守江陵，乐进驻守襄阳，自己率残余部队退回北方。赤壁之战以孙权、刘备联军的胜利和曹操的失败而告终。

纵观赤壁之战全过程，可见曹操的失败绝非偶然。曹操依仗其优势兵力，在一路进展顺利的情况下难以保持清醒的头脑，产生了骄傲轻敌的情绪，以己之短击敌之长，使自己的优势丧失；在受降的过程中又疏于戒备，面对奇袭惊慌失措，最终导致了失败。而孙刘联军则善于利用自己的有利条件，在发现敌军的弱点时，果断实施火攻，一举战胜强敌。在实施火攻过程中，周瑜、刘备完全遵循了《孙子兵法·火攻篇》中提出的实施原则、步骤与方法，即事先准备好火具，选择干燥而有风的天气。放火之后，乘敌混乱之时以主力配合进攻敌军，做到了"火发于内，则早应之于外"。赤壁之战的以弱胜强，成为《孙子兵法·火攻篇》的成功例证。

⊙火烧连营

章武三年（223年），蜀汉刘备率军在猇亭展开大战，兵分8路战吴。猇亭大战，蜀军大胜。在此之前，蜀汉五虎上将已损却黄忠、关羽、张飞三人，猇亭一战，吴军折马忠、潘璋二将。战后，吴起用陆逊。陆逊本名陆议，字伯言，汉校尉陆纡之孙，九江都尉陆骏之子。陆逊奉命受拜为大都督，调集诸路军马，水陆并进，命令部属阵兵于各个隘口。

刘备灭吴心切，于猇亭尽驱水军顺流而下，在江边一字排开驻扎水寨，深入吴境。黄权进谏说："水军沿江而下，进则容易，退则难。臣愿为前驱，以当其寇。

陛下宜在后阵，这样才万无一失。"刘备回答道："既吴贼害怕，朕亲率大军长驱直入，有何阻碍？现在耽误时间，何日才能成功？"众官苦谏，刘备不从，遂分兵两路，命黄权督江北之兵，以防魏寇，刘备自督江南诸军，夹江结营，以图进取。

探子打听到消息，连夜报入许都。近臣入内奏知魏主说："今蜀兵树栅连营，纵横 700 余里，分 40 余屯，都依靠山林扎寨。今黄权督兵在江北岸，每日出哨 100 余里，不知何意？"魏主听到后，仰面大笑，说："刘备死限到了！"群臣问魏主狂笑的原因，魏主说："刘玄德不晓兵法！岂有 700 里营寨可拒敌的？这是兵法之大忌也。玄德必遭东吴陆逊之手，朕所以知其死限将至。几日之内，有消息。"众大臣都半信半疑，皆请拨兵准备。魏主说："陆逊若胜，必尽举吴兵去取西川。吴兵远去，国中空虚，朕虚托以兵助战，令三路一起进兵，东吴唾手可得。"众大臣祝贺说："神妙之算！"魏主下旨命鲁仁出濡须，曹休带领一队人马取洞口，曹真带领一队人马出南郡："三路军马会合日期，暗袭东吴。朕自来接应。"

马良到东川去参见孔明，呈上图本说："现在移营夹江，横占 700 里，下 40余屯，皆依溪傍涧，树林茂盛之处。陛下令将手图拿来给丞相看。"孔明看完，拍案叫苦："是什么人叫主上如此下寨？此人应斩！"马良回答："都是主上自己做的，不是他人的计谋。"孔明叹道："汉朝气数不长了！"马良问其原因，孔明说："包原隰险阻而结营，此兵家之大忌。又岂有连营 700 里而可拒敌的？灾难快到了！陆逊据守不出，正是为此。你应当赶快去，劝说天子改屯诸营，不可如此。若相距遥远，则难以救应。"马良说："倘吴兵取胜，那么我该怎么办呢？"孔明说："陆逊不敢来追，成都无虞。"马良说："陆逊为何不追？"孔明回答："怕魏兵袭击。主上若有失，当到白帝城躲避。我入川时，已伏下 10 万兵在鱼腹浦。陆逊若来，我必擒之。"马良大惊失色道："前于鱼腹浦来往数次，丞相为什么用诈？"孔明说："后来必见，不必多问。"马良求了表章，火速到御营。孔明回到成都，令军救应。

四川成都刘备墓

刘备墓也叫刘备惠陵，在四川成都南郊武侯祠的正殿西侧。据史载，章武三年四月，刘备病死永安宫，五月梓宫还成都，八月葬惠陵。后主从诸葛亮之愿，先后将甘、吴两位夫人合葬于此，墓地呈圆锥形，树木参差。绿草如茵，古柏森然。

陆逊见蜀兵懈怠，军心涣散，丧失了警戒，开帐对大小将士说："我自受命以来，未尝出战，今观蜀兵，足知动静。今欲先取江南岸一营，谁敢去取？"话还没说完，韩当、周泰、凌统等应声而答："我们愿前往。"陆逊却对阶前末将淳于丹说："我和你带 5000 人，去取江南等四营，蜀将傅彤所守。今晚就要成功。"淳于丹带领军队前去准备了。陆逊又唤来徐盛、丁奉，说："你们各领兵 3000 人，屯于寨外 5 里。

若淳于丹败回，有兵赶来，应当救援，却不可赶去。"二将受令，带领军队前去。

淳于丹在黄昏时候带兵出发，到蜀寨前，已三更之后。淳于丹让士兵鼓噪而入。蜀营内一队人马出来，为首的是蜀将傅彤，挺枪出马，直取淳于丹，淳于丹敌不住，拨马而走。忽然喊声大振，一队人马拦住去路，以大将赵融为首。淳于丹夺路而走，折军大半。正走着，山后一队人马出来拦住，为首的是番王沙摩柯。淳于丹死战得脱，他让剩下的 100 余骑残兵先逃，背后三路军赶来。到离营五里的地方，吴将徐盛、丁奉二人杀来，蜀兵退去，把淳于丹救了回来。淳于丹带箭入见陆逊请罪。陆逊说："不是你的过错，我欲试敌之虚实。破蜀之法，我明白了。"徐盛、丁奉说："蜀兵势大，难以破之。"陆逊大笑道："我这计策只瞒不过诸葛亮。天幸此人不在，使我成大功！"遂集大小将士听令，让朱然于水路进兵，来日午后南风大作，用船装载茅草，依计而行；韩当带领一队人马袭击江北岸，周泰带领一队人马攻江南岸，每人手持茅草一束，内藏硫磺焰硝，各带火种、枪刀，到蜀营顺风举火，蜀兵 40 屯，只烧 20 屯，每间一屯而烧一屯。各军欲带干粮，不能后退，连夜追赶，到擒刘备为止。众将听了军令，各受计而去。

初更时分，忽然刮起了东南风，只见蜀军御营左屯起火，正打算救火，又见御营右屯起火。风紧火急，树林皆着，喊声大震。两屯军马齐出，奔向御营，御林军自相践踏，死者无数。后面吴兵杀到，又不知敌人的虚实。刘备急上马去，奔先锋冯习营时，冯习营中火光连天而起。江南、江北照耀如同白日。冯习慌忙上马，带领数十骑逃跑，正逢吴将徐盛军到，围住冯习，将他乱箭射死。徐盛带领军队去追刘备。

刘备看见了整个营寨陷于火海中，便往西奔走，被吴将丁奉拦住，打算回返时，后面徐盛追至，两下夹攻。刘备大惊，四面无路。忽然喊声大震，一队人马杀入重围，原来是张苞，救了刘备，带着御林军逃窜，前面一队人马又到，张苞出迎，原来是蜀将傅彤，两队人马合兵一处前行。背后吴兵追至，刘备前到一山，名为马鞍山。张苞、傅彤请刘备上山，山下喊声又起，原来是陆逊大队人马，马鞍山早已被团团围住了。刘备在山上令张苞、傅彤死据山口。刘备遥望遍野火光不绝，死尸重叠，塞江而下。次日，吴兵愈多，四下放火烧山，军士乱窜，刘备惊慌。忽然火光中一人带领数人杀上山来，刘备一看是关兴。关兴伏地请求说："四下火光逼近，不可久停。陛下速奔白帝城，再收军马。"刘备说："谁敢断后？"傅彤奏道："臣愿以死当之！"

当日黄昏，关兴在前，张苞在后，留傅彤断后，保着刘备杀下山来。吴军将领看到刘备想逃跑，皆要争功，各自带领大军遮天盖地往西追赶。刘备令军士脱下袍铠并烧掉，以断后军。正行进着，喊声大震，吴将朱然带领一队人马从江岸上杀来，截住去路。刘备叫道："朕死于此处矣！"关兴、张苞想要突围，被乱箭射回，各带重伤，不能杀出。背后喊声又起，陆逊带领大军从山谷中杀来。刘备正慌急之间，只见前面喊声大震，朱然军队人马纷纷落涧，一支军队突然冲杀进来，前来救驾。刘备听知，大喜道："朕复生矣！"救驾者是常山真定人，姓赵，名云，字子龙，官授虎威将军。此时赵云在川中江州，听到吴、蜀交兵，遂带领军队到来。

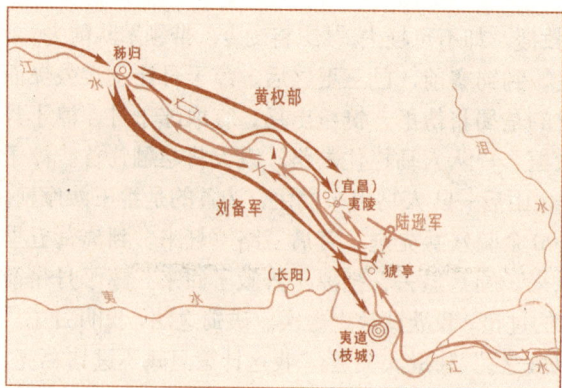

猇亭之战示意图

忽见东南一带火光冲天，赵云心惊，远远探视，想不到竟是刘备被困其中，赵云奋勇冲杀而来。陆逊听说是子龙，命令军队退去。赵云冲杀时，偶遇朱然，一枪将朱然刺于马下，杀散吴兵，救出刘备，向着白帝城的方向奔去。刘备说："朕逃脱，手下将士怎么办？"赵云回答："敌军在后，不可久待。陛下先入白帝城歇息，臣再带兵来营救。"到白帝城时，刘备只剩下 100 多人了。

《孙子兵法》说："主不可以怒而兴师，将不可愠而致战。"也就是说，国君不应当因为愤怒而起兵，将领不应当因愤怒而出战。而刘备发兵猇亭，众官苦谏，他拒而不听，从而导致蜀国的败亡。《孙子兵法·火攻篇》中说："亡国不可以复存，死者不可以复生。故明君慎之，良将警之。此安国全军之道。"由于刘备急躁攻心，妄自连营 700 里，终于给陆逊提供了可乘之机。陆逊举火烧毁连营，刘备的败绩便更明显了。结果，刘备败走白帝城，不久身死托孤，实属其违背《孙子兵法》所造成的遗憾。

◇简评

战争对国家的财力、物力、人力资源消耗巨大，所以，任何国家都希望战争能够速战速决。但是，作战时，如果仅仅依靠战士的肉搏血战，或者运用笨重的刀枪，不但不能速战速决，而且还会耗费时间、财力、物力和牺牲军人的生命。所以，为了缩短战祸的时间，扩大战果，迅速有效地歼灭敌人的有生力量，孙子主张在必要时和在适宜的条件下，可以用火助攻或者以水助战，以求速战速决。

孙子是把"火攻、水攻"作为作战形式写入兵法的古今中外第一人。孙子在《火攻》篇中详细地阐述了火攻的规律与具体方法、注意事项等。由于孙子生活时代的限制，2000 多年前的战争也仅能依靠火、水这些自然条件辅助作战。孙子说"以火佐攻"主要强调火攻。当然，水攻也是战争中的一种手段，只要运用得好，也可以由弱变强，使不利成为有利。

孙子在强调了火攻的必要条件后，又提出了如何配合火攻，强调"必因火之变而应之"。根据火攻情况，视时视地随机应变，还应该对于"火攻"这一手段加以注重，灵活运用，从而让"五火助攻"显出真正的神威。

孙子说的这 5 种火攻的方法，在后来的战争中，都被将帅反复地使用过。

"它山之石，可以攻玉。"在激烈的现代战争、现代商战、现代体育竞赛和高科技发明创造中，巧妙"借"得外在辅助力量，从而事半功倍，是杰出的军事家、企业家、教练员、运动员和科学家们稳操胜券、事业有成的重要手段之一。

用间篇

◇原文

孙子曰：凡兴师十万，出征千里，百姓之费，公家之奉，日费千金；内外骚动，怠于道路，不得操事^[1]者七十万家。相守数年，以争一日之胜，而爱爵禄百金^[2]，不知敌之情者，不仁之至也，非人之将^[3]也，非主之佐也，非胜之主也。故明君贤将，所以动而胜人，成功出于众者，先知也。先知者，不可取于鬼神，不可象于事^[4]，不可验于度^[5]，必取于人，知敌之情者也。

故用间有五：有因间^[6]，有内间，有反间，有死间，有生间。五间俱起，莫知其道，是谓神纪，人君之宝也。因间者，因其乡人而用之；内间者，因其官人而用之；反间者，因其敌间而用之；死间者，为诳事于外^[7]，令吾间知之，而传于敌间也^[8]；生间者，反报也^[9]。

故三军之事，莫亲于间，赏莫厚于间，事莫密于间。非圣智不能用间，非仁义不能使间，非微妙不能得间之实^[10]。微哉微哉，无所不用间也！间事未发而先闻者，间与所告者皆死。

凡军之所欲击，城之所欲攻，人之所欲杀，必先知其守将、左右、谒者、门者、舍人^[11]之姓名，令吾间必索知之。

必索敌人之间来间我者，因而利之^[12]，导而舍之，故反间可得而用也。因是而知之，故乡间、内间可得而使也。因是而知之，故死间为诳事，可使告敌。因是而知之，故生间可使如期。五间之事，主必知之，知之必在于反间，故反间不可不厚也。

昔殷之兴也，伊挚在夏^[13]；周之兴也，吕牙在殷。故惟明君贤将，能以上智为间者，必成大功。此兵之要，三军之所恃而动向也^[14]。

【注释】

[1] 操事：指操作农事。

[2] 而爱爵禄百金：而，如果。爱，吝惜、吝啬。意指吝啬爵位、俸禄和金钱而不肯重用间谍。

[3] 非人之将：不懂用间谍执行特殊任务的将领，不是领导部队的好将领。非人，

不懂得用人（间谍）。

[4]不可象于事：象，类比、比拟。事，事情。意为不可用与其他事情类比的方法去求知敌情。

[5]不可验于度：指不能用征验日月星辰运行位置的办法去求知敌情。验，应验、验证。度，度数，指日月星辰运行的度数（位置）。

[6]因间：间谍的一种，即本篇下文所说的"乡间"，意为依赖与敌人的乡亲关系，获取情报，或利用与敌军官兵的同乡关系，打入敌营从事间谍活动，获取情报。

[7]为诳事于外：诳，欺骗、瞒惑。此句意为故意向外散布虚假情况，用以欺骗、迷惑敌人。

[8]令吾间知之，而传于敌间也：意思是让我方间谍了解自己故意散布的假情报并传给敌方间谍，诱使敌人上当受骗。在这种情况下，事发之后，我方间谍往往难免一死，所以称之为"死间"。

[9]生间者，反报也：反，同"返"。意思是那些到敌方了解情况后能够活着的间谍是回来报告敌情的人。

[10]非微妙不能得间之实：微妙，精细奥妙，这里指心精细、手段巧妙。实，指实情。意为不是精心设计、手段巧妙的将领，不能取得间谍的真实情报。

[11]守将、左右、谒者、门者、舍人：守将，主将。左右，守将的亲信。谒者，指负责传达通报的官员。门者，负责守门的官吏。舍人，门客，指谋士幕僚。

[12]因而利之：趁机收买、利用敌间。因，由，这里有趁机、顺势之意。

[13]伊挚在夏：伊挚，即伊尹，原为夏桀之臣，后归附商汤，商汤任用他为相，在灭夏过程中，伊尹发挥了很大的作用。夏，夏朝，大禹之子夏启所建立的中国历史上第一个奴隶制王朝，共传十七世，至夏桀时为商汤所灭。

[14]三军之所恃而动向也：军队要依靠间谍所提供的情报而行动。

◇解题与读法

古文中"间"通作"闲"，《说文·门部》："闲，隙也。从门，从月，会意。"夜里把两扇门闭了，月光从两扇门中间的缝里透入，这门缝儿就叫作"闲"。引申其义，把一切空隙都叫作"闲"。文言文把乘隙侦察敌情，或离间敌人的人员叫作"闲"，口语叫作"间谍"，也叫作"探子"。"用"，是使用，"用间"，就是使用间谍。为符合现代汉语习惯，文内均把"闲"改为"间"。

本篇宜分5段读：从"孙子曰：凡兴师十万"起，到"知敌之情者也"止，为第一段，论用间的意义和作用。从"故用间有五"起，到"生间者，反报也"止，为第二段，论间谍的种类及其性质。从"故三军之事"起，到"间与所告者皆死"止，为第三段，论用间的秘诀和纪律。从"凡军之所欲击"起，到"故反间不可不厚也"止，为第四段，论用间察敌的方法和反间的重要性。从"昔殷之兴也"起，到"三军之所恃而动也"止，为第五段，论用上智为间，必成大功，固举伊、吕为证，以结全篇。

◇译文

孙子说，凡兴兵十万，征战千里，百姓的耗费和军费开支每天都要花费千金，前方、后方动乱不安，民夫疲惫地在路上奔波，不能从事正常耕作生产的多达70

万家。这样相持数年，就是为了决胜于一旦。如果吝惜爵禄和金钱，不肯重用间谍，以致因为不能掌握敌情而导致失败，那就是不仁慈到极点了。这种人不配做军队的统帅，称不得是国家的辅佐，也不是胜利的主宰者。所以，英明的君主和贤良的将帅之所以一出兵就能战胜敌人，功业超越普通人，就在于能够预先掌握敌情。要事先了解敌情，不可用求神问鬼的方式来获取，不可拿相似的事情做类比推测得出，不可用日月星辰运行的位置去做验证。一定要取之于人，从那些熟悉敌情的人口中去获取。

间谍的运用方式有 5 种：即因间、内间、反间、死间、生间。这 5 种间谍同时使用起来，使敌人无从捉摸我方用间的规律，这就是使用间谍的神秘莫测的方法，也正是国君克敌制胜的法宝。所谓因间，是指利用敌人的同乡做间谍。所谓内间，就是利用敌方的官吏做间谍。所谓反间，即是利用敌方间谍为我所用。所谓死间，是指故意制造、散布假情报，通过我方间谍将假情报传给敌间，诱使敌人上当受骗，一旦真情败露，我间则难免一死。所谓生间，就是侦察后能活着回来报告敌情的人。

所以在军队中，没有比间谍更为亲近的人，给予奖赏，没有比间谍更为优厚的，没有什么事情比间谍更为秘密的了。不是才智超群的人不能使用间谍，不是仁慈慷慨的人不能指使间谍，不是谋虑精细的人不能分辨间谍提供的情报。微妙啊微妙，没有什么时候不能使用间谍！间谍的工作还未开展，而秘密却已泄露出去的，那么间谍和了解内情的人都要处死。

凡是要准备攻打的敌方军队，要准备攻占的敌方城池，要准备刺杀的敌方人员，都须预先了解其主管将领、左右亲信、负责传达的官员、守门官吏和门客幕僚的姓名，指令我方间谍一定要将这些情况侦察清楚。

一定要搜查出敌方派来侦察我方军情的间谍，从而用重金收买他，引诱开导他，然后再放他回去。这样，反间就可以为我所用了。通过反间了解敌情，乡间、内间也就可以利用起来了。通过反间了解敌情，这样就可以使死间传播假情报给敌人了。通过反间了解敌情，这样就能使生间按预定时间返回报告敌情了。五种间谍的使用，国君都必须了解掌握。了解情况的关键在于使用反间，所以对于反间不可不给予优厚的待遇。

从前殷商的兴起，在于重用了在夏朝为臣的伊尹，他熟悉并了解夏朝的情况；周朝的兴起，是由于周武王重用了了解商朝情况的姜子牙。所以，明智的国君，贤能的将帅，能够任用智慧高超的人充当间谍，就一定能建立大功。这是用兵中的关键步骤，整个军队都要依靠间谍所提供的敌情来决定军事行动。

◇用计例说

⊙皇太极用间杀袁崇焕

《孙子兵法》的"用间"与"三十六计"中的"借刀杀人"一计是相通的。在后金入侵时期，皇太极就利用《孙子兵法》中的"死间"，借明朝崇祯之手清

聚奎塔

鹏道士郭知部武縣鄠宋崇焕立

天啓元年秋月 吉旦

袁崇焕题写的聚奎塔匾额

除了袁崇焕这个"眼中钉"和"拦路虎"。后金天聪三年（1629年，明崇祯二年）十月，皇太极亲统大军进攻明朝，从此揭开了5次入关之役的序幕。由于天聪三年是农历己巳年，所以第一次入关之役又称"己巳之役""己巳虏变"。

大军于十月二日从沈阳出发，由喀喇沁部布尔噶都台吉为向导，取道已经降明的内蒙科尔沁、喀喇沁部，一路西行，直指明边。十月二十日，当大军行至喀喇沁的青城时，大贝勒代善、三贝勒莽古尔泰面见皇太极，力主回师。皇太极起初很为难，后借助于岳托、阿济格等一批年轻贝勒的支持，终于说服了代善和莽古尔泰，进兵才得以继续进行。

皇太极于十月底指挥军队分三路从蓟镇突入明边，连降汉儿庄、马兰营等边城，明朝巡抚王元雅上吊自杀。金军一路疾进，经蓟州、三河、顺义、通州等地，北京已岌岌可危。

蓟辽督师袁崇焕，一闻敌警便亲率大军入关勤王。十一月十六日，他和祖大寿率精骑驰至北京城下。十七日，后金军队到达距北京20里的牧马厂。二十日以后，后金军队多次发起攻击，均被袁崇焕率军击退，皇太极下令还营。在这个极度危险的时候，袁崇焕千里赴援，率兵勤王，护卫京师，忠心可鉴，但京师骤然被围，人心慌乱，谣言四起。因为袁崇焕早年曾与皇太极假意言和，又由于这次入关又急于趋护京师，一路上尾随金兵未曾寻机搏战，所以有人说袁试图勾结后金，有谋反之心。崇祯帝听后颇为心动，当袁以士马疲惫为由请求大军入城休息的时候，他拒绝了袁崇焕的请求。

假如说京城的谣言只是让崇祯帝产生了猜疑的话，那么皇太极的反间计则使崇祯帝对谣言坚信不疑。

后金军在初抵京郊时曾俘获了明朝的两个太监杨春和王德成。皇太极知道崇祯帝宠信宦官，便决定借助杨、王二宦官除掉袁崇焕。从袁军阵前还营之后，皇太极便找来副将高鸿中和参将鲍承先，对他们交代事项，二人接受了命令。他们回到营中，坐在杨、王二太监睡觉的地方故作耳语，故弄玄虚地说："今天撤兵是大汗的计策，在撤兵之前曾见大汗单骑前行，敌营中有两人前来面见大汗，商量了许久才离开，看来袁巡抚与大汗有密约，事情马上就要大功告成了。"太监杨春本来就没有困意，高、鲍二人的谈话他都听到了，并且还自以为是得到了重要情报。天聪三年十一月二十九日，高、鲍二人又把杨春故意放走。杨回到京城后，便将"偷听"到的话密告崇祯帝。同年十二日一日，崇祯帝以"议饷"的名义召袁崇焕、祖大寿等入见，当面指责袁崇焕擅杀毛文龙和进京逗留不战两大"罪过"，不由分说，便将他打入监狱，后来袁崇焕被处以磔刑，冤死于西市。祖大寿在袁被捕以后异常害怕，忙率领大军撤回去了。

可以说，清兵的胜利入关和明朝的覆灭，除了明代朝政的腐败和奸佞当道、政治失察外，清代领导者活用《孙子兵法》，机动灵活地作战，全方位地展开攻势，也是极其重要的一个原因。所以说，《孙子兵法》是中国人智慧的结晶，是古代军事战争的经验总结，它被不断地应用于实践中，成为放之四海而皆准的真理，则是人们有目共睹的。

◇简评

战前和战争期间对敌方情报的刺探，是己方制定正确作战方案的依据之一。因此，如何使用间谍是本篇论述的主要问题。孙子说：贤明的国君和善战的将领，都十分重视战前对敌方情况的了解，而不是祈求于鬼神，不从表面现象去推测实质，也不从日月星辰的运行推验实践。使用间谍的方式有5种，即因间、内间、反间、死间、生间。如果同时采用这5种方式，就会使敌人无法了解其中的奥秘，这便是使用间谍的神妙之处。英明的将帅必须掌握乡间、内间、反间、死间、生间这5种基本方法，懂得"莫亲于间，赏莫厚于间，事莫密于间"的用间基本原则，更要发挥谋略的作用，将各种方法综合运用，变而神之，使敌人防不胜防。

很显然，间谍和谍报活动在现代世界是多么重要。当今世界，一方面是科技进步发展，西方那些具有霸权主义思想的国家越来越多地把侦察卫星送入太空，充当"间谍"角色；另一方面他们千方百计收集情报，离间、颠覆他国的政权。因此，用间与反间的斗争，在今天表现得更为激烈。

《用间》篇作为孙子兵法的最后一篇与首篇《计篇》遥相呼应，首尾浑然一体，从而构成了一部完整的兵法体系。可见孙子在总体策略上研究之透彻、见解之深刻、思维之缜密。